法古文選讀

金國正 主編

法律出版社
LAW PRESS · CHINA

編寫組

主　　編：金國正

編寫成員：吴　敏　胡淑慧　金國正
樂中保　羅雲鋒　王　泉
易花萍　陳重業　王智群

出版説明

古代漢語的學習是大學語文的重點與難點,我們一直在探索怎樣把古代漢語的學習與專業學習結合起來,以激發學生的學習興趣、提高學習效率。為此,我們教研室同人合作編輯,在法律出版社出版了《法古文選注》一書,希望為法律專業的本科生、研究生及其他對中國法律文化感興趣的青年朋友提供一個簡明的古代漢語讀本。可巧 2017 年 5 月華東政法大學書院制教育改革正式啟動,文伯・崇法書院於同年 10 月率先招收法學大類新生,我們的《法古文選讀》被作為書院首批通識課程獲得重點扶持。由於之前的《法古文選注》並非作為教材出版,為適應課程建設需要,我們對編輯體例作了一定修改,全書文字統一以繁體出版,又增加了課後的學習提示與思考題。在文本由簡體轉換為繁體的過程中出現了許多錯誤,幾經校閲仍不免有漏網之魚,希望能在今後的使用過程中逐漸予以徹底清除。編選注釋過程中,我們參考了諸多資料,限於體例未能一一列出。書成於眾手,舛錯失誤之處在所難免,敬請讀者不吝指正。

此書在選目上仍基本沿襲前書而稍有增減,總以便於教學為要。書雖以"法古文"為名,但與醫古文不同的是,法學界對此名並無統一認知,相似出版物中也有以"法學文選"或"法學文獻"等為名者。由於我們教材的編寫立足點是古代漢語而非專業的法律思想史或法制史,因此選目比較寬泛,舉凡政治、軍事、歷史、經濟等與法律有所關涉而堪稱經典的作品亦以選入,法律文書類專業的法律文獻(此書所附判詞)則反而較前書有所刪減。我們在注釋中力求準確簡明,部分典故或疑難字詞的注釋不避重出,以免翻檢之勞。書末附錄古代漢語基礎知識,分漢字、詞義、工具書、古書的釋讀四部分介紹,以期我們的讀者對古代漢語有較為系統的認知;又附錄了古文中常用的法律詞語例釋,對一些基本的法律詞語作了追根溯源的辨析。

本書由金國正主編,主要負責擬定選目和編寫體例、分派注釋和撰稿任務,並由其最後統稿。全書具體分工如下:

吳敏:《尚書》、《左傳》

胡淑慧:《國語》、《戰國策》、《鹽鐵論》、桓譚、王充、葛洪

金國正:《管子》、《墨子》、《商君書》、《韓非子》、《呂氏春秋》

樂中保:《論語》、《孟子》、《荀子》、《老子》、《莊子》、《漢書》

羅雲鋒:《禮記》、《淮南子》、陸賈、賈誼、晁錯、《史記》

王泉:唐代部分、通論部分的第二、四章及附錄二《法古文常用詞例釋》

易花萍:宋元明清部分

陳重業:判詞部分

王智群:通論部分的第一、三章

王晓驪老师貢獻了一篇《張中丞傳後敘》,謹此誌謝!

目錄

法古文選讀

尚書 3

呂刑 3

左傳 11

鄭伯克段於鄢 11

鄭人鑄刑書 15

叔向刑不隱親 17

晏嬰論“和”與“同” 19

國語 22

趙宣子論比與黨 22

戰國策 24

馮諼客孟嘗君 24

管子 29

明法 30

論語 33

刑罰不中則民無所措手足 34

季氏將伐顓臾 35

語錄十五則 37

孟子 41

以五十步笑百步 41

天下惡乎定 43

人之有四端 44
不以規矩不能成方員 46
荀子 48
有治人無治法 48
聽政之大分 50
人之性惡 51
刑當罪則威 53
老子語錄 56
莊子 60
胠篋（節選） 60
在宥（節選） 63
墨子 66
尚同上 66
商君書 70
開塞 70
修權 75
語錄數則 78
韓非子 81
難三（節選） 82
定法 83
五蠹（節選） 87
心度 94
語錄數則 96
呂氏春秋 101
去私 101
察今 103
禮記 107
苛政猛於虎 107
大同與小康 108
博學 111

淮南子 113
主術訓(節選) 114
陸賈 121
至德(節選) 121
賈誼 124
過秦論(中) 124
治安策(節選) 128
晁錯 135
賢良對策(節選) 135
史記 140
商君列傳(節選) 141
張釋之列傳 147
酷吏列傳(節選) 153
漢書 165
刑法志(節選) 165
鹽鐵論 172
刑德 172
桓譚 178
王霸 178
王充 181
非韓(節選) 181
葛洪 186
抱朴子・用刑(節選) 186
貞觀政要 193
公平(節選) 193
刑法(節選) 197
魏徵 202
諫太宗十思疏 202
韓愈 206
張中丞傳後敘 206
復讎狀 211

柳宗元 215
封建論 215
斷刑論 223
白居易 227
論刑法之弊 227
宋史 231
包拯傳 231
歐陽修 239
縱囚論 239
王安石 242
復讎解 242
司馬光 246
上體要疏(節選) 246
蘇軾 249
刑賞忠厚之至論 249
宋慈 253
《洗冤集錄》序 253
方孝孺 257
深慮論(其六) 257
黄宗羲 261
原法 261
唐甄 266
省刑 266
沈家本 271
法學名著序 271

附錄一　古代判詞選

龍筋鳳髓判 279
非時興造判 280

白氏長慶集 284
　予行盜判 285
名公書判清明集 287
　受人隱寄財產自輒出賣 288
折獄新語 290
　占產事 290
吳中判牘 293
　丁四姐判 293

附錄二　古代漢語基礎

第一章　漢字 299
　第一節　漢字的起源與形體演變 299
　第二節　漢字的構造 308
　第三節　古今字、異體字、繁簡字 314
第二章　詞義 321
　第一節　字、詞之別 321
　第二節　古今詞義的關係 322
　第三節　詞義演變的結果 323
　第四節　本義與引申義 327
第三章　工具書 334
　第一節　文字方面的工具書 334
　第二節　詞彙方面的工具書 339
第四章　古書的釋讀 345
　第一節　注釋 345
　第二節　句讀與標點 356
　第三節　古文今譯 365

附錄三　法古文常用詞例釋

法 373

律 373
令 374
格 374
式 375
禁 375
刑 376
罰 376
懲 377
犯 377
辟 378
獄 379
賊 379
盗 380
殺 380
罪(辠) 381
報 381
斷 382
訊 382
劾 383
鞫(鞫) 383
勘 384
嫌 384

法古文選讀

尚書

《尚書》是現存史書中最古老的散文集和歷史文獻,是上古時代記載帝王言行的書籍。全書分虞書、夏書、商書、周書四大部分,記事上起於傳說中的堯舜時代,下迄春秋中期的秦繆公,大約記載了我國從原始社會末期到春秋中葉的歷代典故、治國謀略、君主詔令、臣僚奏議以及誓詞和宣言。

《尚書》注本除唐孔穎達的《尚書正義》(十三經注疏本)通行外,孫星衍的《尚書今古文注疏》(萬有文庫本),採輯漢魏隋唐舊注,兼取清代學者王鳴盛、江聲、段玉裁等的研究成果,是《尚書》注釋本較完備的一種。

吕刑

題解

《吕刑》是西周統治者為鞏固周王室的統治,在大臣吕侯的建議下,廢止嚴酷的舊法,以"明德慎罰"為指導原則而制定的一部重要法典。作為法典的《吕刑》,其原件已失傳,其相關內容由於《尚書·吕刑》篇得以保存下來。

《尚書·吕刑》主要記載了穆王向諸侯大臣宣佈《吕刑》時所發表的講話。在講話中,穆王總結了歷史經驗教訓,概述了五刑、五罰、五過的刑罰體系,規定"五刑之屬三千"的刑罰條款數目,確定了"五過之疵"的司法官吏責任。

惟吕命①,王享國百年②,耄荒③,度作刑,以詰四方④。

①吕:吕侯,周穆王時大臣,又作"甫侯"。　命:古時臣告君也可稱"命",此可作"建議"解。

②王:穆王。據《史記》載,穆王即位時年五十,執政五十五年,所謂"享國百年"是把即位前的五十年也算在內。

③耄：年老曰耄。　荒：荒忽，年老精神衰退貌。

④詰：禁戒。　四方：指諸侯。

王曰："若古有訓，蚩尤惟始作亂，延及於平民。罔不寇賊①，鴟義姦宄②，奪攘矯虔③。苗民弗用靈④，制以刑，惟作五虐之刑曰法⑤。殺戮無辜，爰始淫為劓、刵、椓、黥⑥。越茲麗刑並制⑦，罔差有辭⑧。民興胥漸⑨，泯泯棼棼⑩，罔中於信⑪，以覆詛盟⑫。虐威庶戮，方告無辜於上⑬。上帝監民⑭，罔有馨香德⑮，刑發聞惟腥⑯。皇帝哀矜庶戮之不辜，報虐以威，遏絕苗民，無世在下⑰。乃命重、黎絕地天通，罔有降格⑱。群后之逮在下⑲，明明棐常，鰥寡無蓋⑳。

①寇賊：寇掠賊害。

②鴟義：謂喪失天良的行為。　姦宄：違法作亂。

③奪攘矯虔：爭奪竊盜，詐騙強取。

④靈：當作"令"，政令。

⑤五虐之刑：五種酷刑。

⑥爰始淫為劓、刵、椓、黥：開始放肆使用劓、刖、椓、黥等刑罰。淫，過分、放肆。劓：指割掉鼻子。　刖：指砍去受罰者左脚、右脚或雙脚，亦有指刖刑是削去膝蓋骨（臏骨）。　椓（zhuó）：古代的宫刑，男子去勢，女子幽閉。　黥：又稱墨刑、黥面，在犯人的臉上或額頭上刺字或圖案，然後塗上墨炭，再也擦洗不掉，作為罪人的標誌。

⑦越茲：於是。　麗：預設圈套使其陷於罪而後罰之，如今之"釣魚執法"。刑：殺。　並制：並用。

⑧差：擇。　辭：申述情由。

⑨民興胥漸：百姓逐漸向互相欺詐方面發展。　胥，互相。　漸，逐漸。

⑩泯泯棼棼：紛紛亂亂。

⑪罔中於信：沒有忠信。

⑫覆：背叛。　詛盟：誓約。

⑬虐威庶戮：受了虐刑和被侮辱的人。　方告：並告。　上：上帝。

⑭監：視，此處有考察的意思。

⑮馨香德：指芬芳的德政。

⑯刑發聞惟腥：刑法所發散的聞之只有腥氣。

⑰報虐以威:用威罰處置施行虐刑的人。　遏絕苗民:制止和消滅行虐的苗民。世:後嗣。

⑱乃命重、黎絕地天通,罔有降格:於是命令重、黎禁止地民和天神相互感通,神和民再不能升降來往了。　重,司天之官;黎,司地之官。

⑲群后之逮在下:高辛、堯、舜相繼在下。

⑳明明棐常,第一個"明":彰明。棐,扶持。彰顯賢德之人,扶持常道之人。鰥寡無蓋,無蓋:没有壅蔽。

"皇帝清問下民①,鰥寡有辭於苗②。德威惟畏,德明惟明③。乃命三后恤功於民④。伯夷降典⑤,折民惟刑⑥;禹平水土,主名山川;稷降播種,農殖嘉穀。三后成功,惟殷於民⑦。士制百姓於刑之中,以教祗德⑧。穆穆在上,明明在下⑨,灼於四方,罔不惟德之勤⑩,故乃明於刑之中⑪,率乂於民棐彝⑫。典獄⑬,非訖於威⑭,惟訖於富⑮。敬忌,罔有擇言在身⑯。惟克天德,自作元命,配享在下⑰。"

①清問:訊問。

②有辭於苗:對苗民有怨言。

③德威惟畏,德明惟明:(於是提拔賢人),賢人所懲罰的,人都畏服,賢人所尊重的,人都尊重。

④三后:指下文的伯夷、禹、稷。　恤功於民:擔憂民眾的事務。　恤:憂。

⑤伯夷:堯時大臣,傳為堯制定禮法。　降:頒佈。　典:法典。

⑥折民:判斷下民的案情。　折,判斷。

⑦殷:殷盛。

⑧士制百姓於刑之中,以教祗德:士師用公正的刑罰制禦百官,教導臣民敬重德行。　士:士師,古代執掌禁令刑獄的官。　制:制止。　祗:敬重。

⑨穆穆:恭敬。　明明:努力治事。

⑩罔不惟德之勤:没有人不勤行德政。

⑪故乃明於刑之中:所以能勉力於刑罪的公平。　刑之中:用刑得當。

⑫率乂於民棐彝:治理老百姓以扶持常道。　率:句首助詞。　乂:治。　棐:輔。　彝:法。

⑬典獄:負責斷獄。

⑭非訖於威:不是終於作威。　訖:終止。

⑮富:仁厚。

⑯敬忌,罔有擇言在身:又敬、又戒,自身不說壞話。

⑰惟克天德,自作元命,配享在下:他們肩負上天仁愛的美德,自己造就了好命,所以配天命而在下享有祿位。

王曰:"嗟!四方司政典獄①,非爾惟作天牧②?今爾何監③?非時伯夷播刑之迪④?其今爾何懲⑤?惟時苗民匪察於獄之麗⑥,罔擇吉人⑦,觀於五刑之中,惟時庶威奪貨⑧,斷制五刑⑨,以亂無辜。上帝不蠲⑩,降咎於苗,苗民無辭於罰,乃絕厥世⑪。"

①司政典獄:指各諸侯。

②惟作天牧:為天治民。

③監:重視。

④時:指示代詞,這。　播刑之迪:施行刑罰的道理。

⑤懲:懲創,猶失敗的教訓。

⑥時:是,指示代詞。　麗:罹,陷網。

⑦吉人:善良的人。

⑧惟時:因此。　庶威:虛張威勢。　奪貨:乘機掠奪財物。

⑨斷制:裁決。

⑩蠲:赦免。

⑪乃絕厥世:斷絕了他們的後嗣。

王曰:"嗚呼!念之哉!伯父、伯兄、仲叔、季弟、幼子、童孫,皆聽朕言,庶有格命①。今爾罔不由慰曰勤②,爾罔或戒不勤。天齊於民③,俾我一日④,非終惟終在人⑤。爾尚敬逆天命⑥,以奉我一人⑦。雖畏勿畏,雖休勿休⑧。惟敬五刑,以成三德⑨。一人有慶⑩,兆民賴之⑪,其寧惟永⑫。"

①庶有格命:或許會享有好命。　格,通"嘉"。　格命,嘉命。

②由:用。　慰:寬慰。

③齊:整頓。

④俾:使。

⑤非終:不是一貫犯罪。　惟終:一貫犯罪。

⑥敬逆:恭敬地接受。　逆,迎接,接受。

⑦奉:助。

⑧雖畏勿畏,雖休勿休:雖然遇到可怕的事,不要害怕;雖然可以休息,也不要休息。休,一作"喜"。

⑨三德:三種德行。聯繫上文"敬逆天命以奉我一人",要求敬順;"雖畏勿畏",要求公正;"罔或戒不勤"、"雖休勿休",要求勤勞。三德當指敬順、公正和勤勞。

⑩慶:善。

⑪賴:利。

⑫其寧惟永:國家的安寧就會長久了。

王曰:"吁!來,有邦有土[①],告爾祥刑[②]。在今爾安百姓,何擇非人[③]?何敬非刑[④]?何度非及[⑤]?兩造具備[⑥],師聽五辭[⑦]。五辭簡孚[⑧],正於五刑[⑨]。五刑不簡,正於五罰[⑩];五罰不服,正於五過。五過之疵:惟官、惟反、惟內、惟貨、惟來[⑪]。其罪惟均[⑫],其審克之[⑬]。

①有邦,指諸侯。有土,有採地的大臣。

②祥刑:善刑,不專靠懲罰而注重德教,故稱善刑。　祥:善。

③何擇非人:要選擇什麼呢,不是吉人嗎?

④何敬非刑:要慎重什麼呢,不正是刑罰嗎?敬,慎重。

⑤度:謀劃。　及:當從《史記》作"宜",得宜。

⑥兩造:原告和被告。

⑦師:法官。　聽:平治、審理。　五辭:入於五刑的訟辭。

⑧簡:核實。　孚:誠信。

⑨正:治,處理。　於:以。　五刑:墨、劓、剕、宫、大辟五種刑罰。

⑩五罰:五等罰金。

⑪疵:弊端。　官:畏官勢。　反:報恩怨。　內:諂媚內親。　貨:索取貨賄。來:"求",受人請求。

⑫其罪惟均:與犯人同罪。　馬融說:"以此五過出入人罪,與犯法者等。"

⑬克:《漢書·刑法志》引作"核",核實。

"五刑之疑有赦[①],五罰之疑有赦,其審克之。簡孚有眾[②],惟貌有稽[③]。無簡不聽[④],具嚴天威。墨辟疑赦[⑤],其罰百鍰[⑥],閱實其罪[⑦]。

剕辟疑赦,其罰惟倍⑧,閱實其罪。剕辟疑赦,其罰倍差⑨,閱實其罪。宮辟疑赦,其罰六百鍰,閱實其罪。大辟疑赦,其罰千鍰,閱實其罪。墨罰之屬千⑩,劓罰之屬千,剕罰之屬五百,宮罰之屬三百,大辟之罰其屬二百。五刑之屬三千。

①疑:疑案。　赦:減免。

②簡孚有眾:核驗於大眾。　孫星衍說:"簡孚有眾者,即《王制》所云疑獄,泛與眾共也。"即疑案要在眾人中核實驗證。

③貌:細微。　稽:查考。

④無簡不聽:沒有核實不能治罪。

⑤疑赦:可疑就從輕處罰。

⑥鍰(huán):古代重量單位。　鄭玄說:"鍰,六兩也。"

⑦閱實:覈實其罪行。

⑧倍:百鍰的一倍,即二百鍰。

⑨倍差:一倍半,即五百鍰。

⑩屬:指刑罰的條目。

"上下比罪①,無僭亂辭②,勿用不行③,惟察惟法,其審克之。上刑適輕④,下服⑤;下刑適重,上服。輕重諸罰有權⑥。刑罰世輕世重⑦,惟齊非齊⑧,有倫有要⑨。罰懲非死,人極於病⑩。非佞折獄,惟良折獄,罔非在中⑪。察辭於差,非從惟從⑫。哀敬折獄,明啟刑書⑬,胥占⑭,咸庶中正⑮。其刑其罰,其審克之。獄成而孚,輸而孚⑯。其刑上備⑰,有並兩刑⑱。"

①比:比照,比例。

②僭:差錯,與"亂"為近義詞疊用。　辭:供辭。

③不行:已廢除的法律。

④適:宜。

⑤下服:往下減一等處理。　服:治,處置。同理,"上服"即加一等處理。

⑥權:變,即靈活性。

⑦世輕世重:刑罰要根據社會情況決定輕重。　世,社會。

⑧惟齊非齊:同與不同。

⑨倫:條理。　要:綱要。

⑩罰懲非死,人極於病:刑罰雖不置人死地,但受刑罰的人感到比重病還痛苦。

⑪非佞折獄,惟良折獄,罔非在中:不是巧辯的人審理案件,而是善良的人審理案件,就没有不公正的。佞:佞人,善於巧言的人。

⑫察辭於差,非從惟從:從矛盾處考察供詞,不服從的犯人也會服從。　差:指供詞的矛盾。

⑬敬:當從《尚書大傳》引作“矜”,憐憫。　啟:打開,意指明白地檢查刑書。

⑭胥:相互。　占:量度,斟酌。

⑮庶:讀為“度”,法度。　度中正:以中正為法度。

⑯孚:服。　輸:變更。王引之説:“《廣雅》輸,更也。獄詞或有不實,又察其曲直而變更之,後世所謂平反也。獄辭定而人信之,其有變更而人亦信之,所謂人自以為不冤也。”

⑰上備:以慎重為上,指刑罰貴在慎重。　備:慎。

⑱有並兩刑:有時也可以把兩種罪行合併考慮,只罰一種。

王曰:“嗚呼!敬之哉①!官伯、族姓②,朕言多懼。朕敬於刑,有德惟刑③。今天相民④,作配在下⑤,明清於單辭⑥。民之亂⑦,罔不中聽獄之兩辭⑧,無或私家於獄之兩辭。獄貨非寶,惟府辜功,報以庶尤⑨。永畏惟罰,非天不中,惟人在命⑩。天罰不極,庶民罔有令政在於天下⑪。”

①敬之哉:謹慎啊。

②官伯:司政典獄。　族姓:同姓大臣。

③朕敬於刑,有德惟刑:我重視刑罰,有德於老百姓的也是刑罰。

④相:扶助。

⑤配:天之配匹,就是天牧。

⑥明清於單辭:明察一面之詞。單辭,一面之詞。

⑦亂:治。

⑧中聽:公平審理。　兩辭:原告和被告兩方面的訴辭。

⑨獄貨非寶,惟府辜功,報以庶尤:獄訟接受賄賂不是好事,那是獲罪的事,我將以眾人犯罪來論處這些人。獄貨,訴訟中得了貨財。　府:取、獲。　辜:罪。　功:事。　報:判決。　尤:罪。

⑩非天不中,惟人在命:不是天道不公,只是人們自己終結天命。　在,終。

⑪天罰不極,庶民罔有令政在於天下:上天的懲罰不加到他們身上,眾民就不

知在天下有美好的政治了。 極,至。 令政,善政。

王曰:"嗚呼!嗣孫,今往何監①?非德於民之中?尚明聽之哉!哲人惟刑,無疆之辭,屬於五極②。咸中有慶③。受王嘉師,監於茲祥刑④。"

①嗣孫,今往何監:子孫們,從今以後,我監察什麼呢?

②哲人惟刑,無疆之辭,屬於五極:治理老百姓要運用刑罰,使無窮無盡的訟辭合於五刑。哲,通折,制。王引之說:"哲,當讀為折,折之言制也。" 辭,訟辭。屬,合。 五極,就是五刑。極,誅。

③咸中有慶:都能公正適當,就有福慶。 中:公平,案件處理得恰當正確。

④師:眾,民眾。 監:明察。

【語言要點】

1. 字詞理解

耄荒 以覆詛盟 以教祗德 告爾祥刑 其審克之 惟貌有稽 閱實其罪 上刑適輕,下服 察辭於差 明清於單辭 庶民罔有令政在於天下 非訖於威 上帝不蠲 乃絕厥世

2. 語句通釋

(1)耄荒,度作刑,以詰四方。

(2)罔不寇賊,鴟義姦宄,奪攘矯虔。

(3)刑發聞惟腥,明明棐常,鰥寡無蓋。

(4)惟克天德,自作元命,配享在下。

(5)一人有慶,兆民賴之,其寧惟永。

(6)上下比罪,無僭亂辭,勿用不行。

(7)天罰不極,庶民罔有令政在於天下。

(8)簡孚有眾,惟貌有稽。

【思考與討論】

1. 什麼是"五過之疵"?《呂刑》對此有何規定?說說你的評價。

2. 試分析《呂刑》有關"贖刑"的規定,聯繫歷史和現實,評說一下它的意義。

左傳

《左傳》原名《左氏春秋》，漢代人認為它解說和闡述了《春秋》，西晉杜預按時序合《春秋》正文與《左傳》為一，因此又稱為《春秋左氏傳》。《左傳》既是我國最早的編年體史書之一，也是儒家的經典之作，還是一部優秀的歷史散文巨著。此書傳為與孔子同時的左丘明所作，但作者權屬至今仍沒有一致看法。

全書約十八萬字，以魯國十二位國君（隱、桓、莊、閔、僖、文、宣、成、襄、昭、定、哀）為世次，按年月順序記錄了自魯隱公元年至魯哀公二十七年（前722年～前468年）共計二百五十四年間的各諸侯國的重要史實，較為系統而具體地記述了春秋列國政治、經濟、軍事、外交諸方面的重大事件。

《左傳》雖為歷史著作，但有鮮明的政治與道德傾向，強調等級與宗法秩序，也體現出一定的"民本"思想。文學上，其敘事能力最為人稱道，許多頭緒紛繁的歷史大事件在作者筆下表現得有條不紊、繁而不亂。所記外交辭令說理透闢，感情豐富，措辭典雅巧妙而有分寸，令人心折。

《左傳》列於《十三經》，注解者眾多。其中以晉杜預集解、唐孔穎達注疏的《春秋左傳正義》最為通行。楊伯峻的《春秋左傳注》（中華書局）則便於今人閱讀。

鄭伯克段於鄢

題解

本篇選自《左傳·隱公元年》，記述了鄭莊公兄弟勾心鬥角、爭權奪位而互相殘殺的故事，既刻畫了鄭莊公的老謀深算和虛偽狠毒，又寫出了共叔段的野心勃勃和貪得無厭，也表現了其母武姜的愛惡之偏和潁考叔的以孝感君。文中表現出以道德評判代替政治和法律權衡的傾向，值得關注。

初①,鄭武公娶於申②,曰武姜③。生莊公及共叔段④。莊公寤生⑤,驚姜氏,故名曰“寤生”,遂惡之。愛共叔段,欲立之。亟請於武公⑥,公弗許。

①初:當初。文中追述三十五年前鄭莊公之父武公娶親之事。

②申國:姜姓國,在今河南南陽一帶。

③武姜:“武”是丈夫的謚號,“姜”是母家姓氏。

④共(gōng)叔段:莊公的弟弟,名段,後來出奔至共政治避難,因稱共叔。 共,國名,在今河南輝縣。

⑤寤生:牾生,難產。寤,通“牾”。

⑥亟:屢次。

及莊公即位,為之請制①。公曰:“制,巖邑也②,虢叔死焉③。佗邑唯命④。”請京⑤,使居之,謂之京城大叔。

①請制:請求把制這個地方作為自己的封地。 制,地名,又名虎牢,在今河南鞏縣東,原為東虢國屬地,前767年東虢為鄭所滅。

②巖邑:險要的城邑。

③虢叔:東虢國的國君。

④佗:同“他”。

⑤京:鄭地名,在今河南滎陽東南。

祭仲曰①:“都城過百雉②,國之害也。先王之制,大都不過參國之一③;中,五之一;小,九之一。今京不度④,非制也。君將不堪。”公曰:“姜氏欲之,焉辟害⑤?”對曰:“姜氏何厭之有⑥?不如早為之所⑦,無使滋蔓。蔓,難圖也。蔓草猶不可除,況君之寵弟乎?”公曰:“多行不義,必自斃⑧,子姑待之。”

①祭仲:鄭大夫,字足。莊公死後為鄭國權臣。

②都:城邑。 城:城牆。 雉:古代計算城牆面積的單位,長三丈高一丈為一雉。

③參國之一:國都城牆的三分之一。

④度:法度,規定,這裏用作動詞。

⑤辟:同“避”。

⑥厭:滿足。

⑦不如早為之所:不如早點給他安排個地方。所,地方。

⑧斃:仆倒,倒下。

既而大叔命西鄙、北鄙貳於己①。公子呂曰②:“國不堪貳③。君將若之何?欲與大叔,臣請事之。若弗與,則請除之,無生民心。”公曰:“無庸④,將自及。”

大叔又收貳以為己邑,至於廩延⑤。子封曰:“可矣!厚將得眾⑥。”公曰:“不義不暱⑦,厚將崩。”

①鄙:邊境之邑。　貳:兩屬。貳於己,既屬於莊公,又屬於自己。

②公子呂:鄭大夫,即後文的子封。

③國不堪貳:國家不能忍受兩屬的狀況。

④庸:用。

⑤廩延:鄭邑,在今河南省延津縣北。

⑥厚:雄厚,指土地擴大。　得眾:指贏得民心。

⑦暱:親附。

大叔完聚①,繕甲兵②,具卒乘③,將襲鄭,夫人將啟之④。公聞其期,曰:“可矣。”命子封帥車二百乘以伐京⑤。京叛大叔段。段入於鄢⑥,公伐諸鄢。五月辛丑⑦,大叔出奔共。

①完:修繕。此處省略賓語“城牆”。　聚:積聚。此處省略賓語“力量”。

②繕:修整。　甲:鎧甲。　兵:武器。

③具:準備。　卒:步兵。　乘:兵車。

④啟之:替他打開城門。

⑤帥:通“率”,帶領。　乘:一車四馬為一乘。春秋時用兵車作戰,車一乘配甲士三人,步卒七十二人。

⑥鄢:鄭地名,在今河南鄢陵。

⑦辛丑:古代以干支紀日,十天干與十二地支相配,循環推算,六十天一循環。此處辛丑是五月二十三日。

書曰①:“鄭伯克段於鄢。”段不弟②,故不言弟。如二君,故曰克③。

稱鄭伯,譏失教也:謂之鄭志④。不言出奔,難之也⑤。

①書:指《春秋》。後文解釋《春秋》的經文,即所謂“書法”。

②弟:通“悌”,兄弟間的倫常。

③克:戰勝。

④鄭志:鄭莊公的居心,即他有殺弟的意圖。

⑤難之:責難他。一說此事難以定性。

遂寘姜氏於城潁①,而誓之曰:“不及黄泉,無相見也!”既而悔之。潁考叔為潁谷封人②,聞之,有獻於公。公賜之食。食舍肉。公問之,對曰:“小人有母,皆嘗小人之食矣。未嘗君之羹③,請以遺之④。”公曰:“爾有母遺,繄我獨無⑤!”潁考叔曰:“敢問何謂也?”公語之故,且告之悔。對曰:“君何患焉?若闕地及泉⑥,隧而相見,其誰曰不然?”公從之。公入而賦⑦:“大隧之中,其樂也融融。”姜出而賦:“大隧之外,其樂也洩洩⑧。”遂為母子如初。

①寘:安置,此處有“軟禁”之意。　城潁:鄭地名,在今河南臨潁西北。

②潁考叔:鄭大夫。　潁谷:鄭國邊邑名,在今河南登封西南。　封人:掌管疆界的官員。

③羹:帶汁的肉食。

④遺:贈給,此處為留給的意思。

⑤繄(yī):句首語氣詞。

⑥闕:通“掘”。

⑦賦:賦詩,此處指誦讀詩句。

⑧洩洩:與“融融”義近,都是快樂的樣子。

君子曰①:潁考叔,純孝也,愛其母,施及莊公②。《詩》曰:“孝子不匱,永錫爾類③。”其是之謂乎!

①君子:作者之假託。

②施(yì):擴展。

③錫:通“賜”。詩句引自《詩經·大雅·既醉》,意為:“孝子的德行不會窮盡,永遠能分賜給你的同類”。

【語言要點】

1. 字詞理解

寤生　亟請　都城　焉辟害　何厭之有　多行不義必自斃　國不堪貳　無生民心　厚將得眾　完聚　繕甲兵　公伐諸鄢　食舍肉　請以遺之　隧而相見　施及莊公

2. 語句通釋

(1)先王之制,大都不過參國之一;中,五之一;小,九之一。

(2)姜氏何厭之有?不如早為之所,無使滋蔓。蔓,難圖也。蔓草猶不可除,況君之寵弟乎?

(3)國不堪貳。君將若之何?欲與大叔,臣請事之。若弗與,則請除之,無生民心。

(4)大叔完聚,繕甲兵,具卒乘,將襲鄭,夫人將啟之。

(5)爾有母遺,繄我獨無!

【思考與討論】

1. 結合史實討論一下鄭莊公的事功與為人。

2. 整個事件中鄭莊公的母親和弟弟似乎更應該受譴責,為什麼作者把批判的矛頭主要指向了鄭莊公?

3. 事件的最後一幕頗為滑稽,該怎麼看待他們的認真"做秀"?

鄭人鑄刑書

題解

本文選自《左傳·昭公六年》。公元前536年3月,鄭國執政子產將鄭國的法律條文鑄在象徵諸侯權位的金屬鼎上,向全社會公布,史稱"鑄刑書"。這是中國歷史上第一次公布成文法的活動。但晉國的叔向卻寫信反對,他認為,人們一旦知道了刑書的條文,就不會再看重道德禮儀,而是會去"徵於書",去鑽法律條文的空子。這大概是中國法制史上有記載的"禮治"或"法治"(以法治民)之爭的開端了。

三月,鄭人鑄刑書。叔向使詒子產書①,曰:"始吾有虞於子②,今則已矣。昔先王議事以制③,不為刑辟,懼民之有爭心也。猶不可禁禦,是故閑之以義,糾之以政④,行之以禮,守之以信,奉之以仁,制為祿位,以勸其從⑤,嚴斷刑罰,以威其淫⑥。懼其未也,故誨之以忠,聳之以行⑦,教之以務,使之以和⑧,臨之以敬,涖之以彊⑨,斷之以剛。猶求聖哲之上⑩、明察之官、忠信之長、慈惠之師,民於是乎可任使也,而不生禍亂。民知有辟⑪,則不忌於上,並有爭心⑫,以徵於書⑬,而徼幸以成之,弗可為矣。夏有亂政而作《禹刑》,商有亂政而作《湯刑》,周有亂政而作《九刑》,三辟之興,皆叔世也⑭。今吾子相鄭國,作封洫⑮,立謗政⑯,制參辟⑰,鑄刑書,將以靖民⑱,不亦難乎?《詩》曰:'儀式刑文王之德,日靖四方⑲。'又曰:'儀刑文王,萬邦作孚⑳。'如是,何辟之有?民知爭端矣㉑,將棄禮而徵於書。錐刀之末㉒,將盡爭之。亂獄滋豐,賄賂並行,終子之世,鄭其敗乎!肸聞之,國將亡,必多制,其此之謂乎!"復書曰:"若吾子之言,僑不才,不能及子孫。吾以救世也。既不承命,敢忘大惠?"

①叔向:姬姓羊舌氏,晉國大夫。本名肸(xī),叔向是字。

②始吾有虞於子:開始我對您寄予希望。

③議事以制:衡量事情的輕重來斷定罪行。

④閑之以義,糾之以政:用道義來防範,用政令來約束。

⑤從:服從的人。

⑥淫:放縱的人。

⑦聳之以行:根據行為來獎勵他們。

⑧使之以和:用和悅的態度使用他們。

⑨涖之以彊:用威嚴監臨他們, 涖:蒞臨。

⑩聖哲之上:聰明賢能的卿相。

⑪辟:通"避",規避,這裏指法律。

⑫爭心:爭奪之心。

⑬以徵於書:用刑法作為根據。 書:指刑書。

⑭叔世:末世。

⑮作封洫:劃定田界水溝。

⑯立謗政:設置譭謗政事的條例。

⑰制參辟:制定三種法規。

⑱靖民:安定百姓。

⑲儀式刑文王之德,日靖四方:效法文王的德行,每天撫定四方。 靖:使秩序安定。此句出自《詩經·周頌·我將》。

⑳孚:信賴。此句出自《詩經·大雅·文王》。

㉑爭端:爭奪的依據。

㉒錐刀之末:比喻刑書的一字一句細節。

【語言要點】

1. 字詞理解

詒子產書　始吾有虞於子　聳之以行　徵於書　日靖四方　民知爭端矣

2. 語句通釋

(1)昔先王議事以制,不為刑辟,懼民之有爭心也。

(2)是故閑之以義,糾之以政,行之以禮,守之以信,奉之以仁,制為祿位,以勸其從,嚴斷刑罰,以威其淫。

(3)三辟之興,皆叔世也。

(4)作封洫,立謗政,制參辟,鑄刑書,將以靖民,不亦難乎?

【思考與討論】

1. 鄭人鑄刑書是中國法制史上的重大事件,請查找有關資料,瞭解這一事件的來龍去脈並說明其重大意義。

2. 結合本文觀點,以《"禮治"還是"法治"?》為題發表你的見解。

叔向刑不隱親

題解

本文選自《左傳·昭公十四年》。本文記敘了叔向"刑不隱親"的法律言行。叔向是春秋時期晉國的政治家,以賢能名垂史冊。他的"刑不隱親"的法制觀念和執法精神,歷來為人們所稱道。關於此事件,還有《國語·晉語九》和《孔子家語》等記載,可參看。

晉邢侯與雍子爭鄐田①,久而無成②。士景伯如楚③,叔魚攝理④。韓宣子命斷舊獄⑤,罪在雍子。雍子納其女於叔魚,叔魚蔽罪邢侯。邢侯怒,殺叔魚與雍子於朝。宣子問其罪於叔向。叔向曰:"三人同罪,施生戮死可也。雍子自知其罪,而賂以買直⑥,鮒也鬻獄⑦,刑侯專殺,其罪一也⑧。己惡而掠美為昏⑨,貪以敗官為墨,殺人不忌為賊。《夏書》曰:'昏、墨、賊,殺。'皋陶之刑也⑩。請從之。"乃施邢侯而屍雍子與叔魚於市⑪。

①邢侯:邢侯不是人名,是在"邢"(今河北省邢臺市)這個封地的大夫。　雍子:本為楚國人,因為父兄加害而逃到晉國,受封為鄐地的大夫。

②久而無成:指一直沒有結果。

③士景伯:又名士彌牟,原本為該案的審理官,因公到了楚國。

④叔魚:姬姓羊舌氏,晉國大夫。名叔鮒,叔魚是字。　攝理:代理司法事務。

⑤韓宣子:本名韓起,宣是死後的謚號,姬姓韓氏,當時擔任晉國正卿。

⑥賂:用女兒去賄賂。

⑦鬻獄:貪贓枉法。　鬻,賣。

⑧其罪一也:指罪責相同。

⑨掠美:掠他人之美名。

⑩皋陶(gāo yáo),偃姓,又作咎陶、咎繇。傳說他是我國上古"五帝"之首黃帝的長子少昊的後裔,東夷部落的首領,生於堯帝統治時期,曾經被舜任命為掌管刑法的"理官",以正直聞名天下。他將父系社會建立以來的原始刑法做了一次較為系統的修訂,並在原來"象刑"的基礎上,制訂了劓、刵、椓、黥、大辟等幾種刑罰,為以後的奴隸制五刑奠定了基礎,被史學界和司法界公認為"司法鼻祖"。後常為獄官或獄神的代稱。

⑪施:執行死刑。　屍:用作動詞,戮屍,即懸屍示眾。

【語言要點】

1. 字詞理解

納其女於叔魚　施邢侯　叔魚攝理　屍雍子與叔魚於市

2. 語句通釋

(1)賂以買直,鮒也鬻獄,刑侯專殺,其罪一也。

(2)己惡而掠美為昏,貪以敗官為墨,殺人不忌為賊。

【思考與討論】

1. 查找資料,瞭解“皋陶作刑”的背景知識。為什麼他被稱為中國的“司法鼻祖”?

2. 以現代眼光來看,如何評價叔向的判決?

晏嬰論“和”與“同”

題解

本文通過晏子與齊侯的對話,討論了“和”與“同”的區別。“同”,是絕對的一致。“和”,是各種相互不同、相互對立的因素經調節而達成的平衡狀態。晏子從哲學和自然規律的層面來講“和”與“同”,主張追求內在的和諧統一,而非表像上的相同和一致。這一“和而不同”的思想體現了中國人的交往智慧。“和”的觀念被付諸實踐,就形成了中國人獨特的思想方法和行為方式。

齊侯至自田①,晏子侍於遄臺②,子猶馳而造焉③。公曰:“唯據與我和夫!”晏子對曰:“據亦同也,焉得為和?”公曰:“和與同異乎?”對曰:“異。和如羹焉④,水火醯醢鹽梅以烹魚肉,燀之以薪⑤。宰夫和之⑥,齊之以味⑦,濟其不及⑧,以洩其過⑨。君子食之,以平其心。君臣亦然。君所謂可而有否焉,臣獻其否以成其可⑩。君所謂否而有可焉,臣獻其可以去其否。是以政平而不干⑪,民無爭心。故《詩》曰:‘亦有和羹,既戒既平。鬷嘏無言,時靡有爭⑫。’先王之濟五味⑬,和五聲也⑭,以平其心,成其政也。聲亦如味,一氣⑮,二體⑯,三類⑰,四物⑱,五聲⑲,六律⑲,七音⑳,八風㉑,九歌㉒,以相成也。清濁,小大,短長,疾徐,哀樂,剛柔,遲速,高下,出入,周疏,以相濟也。君子聽之,以平其心。心平,德和。故《詩》曰:‘德音不瑕㉓。’今據不然。君所謂可,據亦曰可;君所謂否,據亦曰否。若以水濟水,誰能食之?若琴瑟之專一,誰能聽之?同之不可也如是。”

①齊侯:指齊景公。　田:打獵。這裏指打獵處。

②晏子:晏嬰(前578年~前500年),字仲,謚平,習慣上多稱平仲,又稱晏子,夷維人(今山東萊州)。春秋後期一位重要的政治家、思想家、外交家。　遄(chuán)台:齊國地名,在今山東臨淄附近。

③子猶:齊國大夫梁丘據的字。　造:到,往。

④羹:調和五味做成的帶汁的肉。不加五味的叫大羹。

⑤燀(chǎn):燒煮。

⑥和:調和。

⑦齊之以味:調配使味道適中。

⑧濟:增加,添加。

⑨洩:減少。　過:過分,過重。

⑩獻:進言,指出。

⑪干:犯,違背。

⑫這四句詩出自《詩·商頌·烈祖》。　戒:具備,意思是指五味全。　平:和,指味道適中。　鬷:通"奏",進獻。　嘏:通"假"。　無言:指肅敬。

⑬濟:這裏的意思是相輔相成。　五味:指辛、酸、咸、苦、甘五種味道。

⑭五聲:指宫、商、角、徵、羽五個音階。

⑮一氣:空氣,指聲音要用氣來發動。

⑯二體:指文體和武體,用形體舞蹈來配合演唱。

⑰三類:指《詩經》中的風、雅、頌三部分。

⑱四物:四方之物,指樂器用四方之物做成。

⑲六律:指用來確定聲音高低清濁的六個陽聲,即黄鐘、太簇、姑洗、蕤賓、夷則、無射(yì)。

⑳七音:指宫、商、角、徵、羽、變宫、變徵七種音階。

㉑八風:八方之風。

㉒九歌:可以歌唱的九功之德,即水、火、木、金、土、穀、正德、利用、厚生。

㉓這句詩出自《詩·豳風·狼跋》。德音:本指美德,這裏借指美好的音樂。瑕:玉上的斑點,這裏指缺陷。

【語言要點】

1. 字詞理解

子猶馳而造焉　宰夫和之　齊之以味　政平而不干　德音不瑕

2. 語句通釋

(1)和如羹焉,水火醯醢鹽梅以烹魚肉,燀之以薪。

(2)君所謂可而有否焉,臣獻其否以成其可。

(3)亦有和羹,既戒既平。鬷嘏無言,時靡有爭。

(4)若以水濟水,誰能食之?若琴瑟之專一,誰能聽之?

【思考與討論】

1. 簡述文中關於"和"與"同"的內涵。

2. 晏嬰所討論的"和"與"同"與中國人的思維特點和處世哲學有何關係?

3. 理解"各美其美","和而不同","求同存異"等關於"和"與"同"關係的成語,體會其中所蘊含的文化寬容與文化共用的情懷。

國語

《國語》是我國第一部國別史,記事年代自周穆王起,止於魯悼公(約前1000年~前440年),內容涉及周、魯、齊、晉、鄭、楚、吳、越八國,以記載言論為主,但也有不少記事的成分。這部書不是系統完整的歷史著作,除《周語》略微連貫外,其餘各國只是重點記載了個別事件。其中《晉語》九卷;《周語》三卷;《魯語》、《楚語》、《越語》各二卷;《齊語》、《鄭語》、《吳語》各一卷。

《國語》和《左傳》的記載,涉及同一個時代,有人認為兩書出於一人之手。司馬遷說:"左丘失明,厥有國語。"他認為國語是左丘明所寫,後人多有異議。現在一般認為是戰國初期的著作,作者不詳。上海古籍出版社1978年版《國語》吸引前人校勘成果,書末且附《國語人名索引》,最便閱讀。

趙宣子論比與黨

題解

這篇文章講述了晉國政治家趙宣子推薦韓獻子為晉國司馬的故事。其中趙宣子宣揚的觀點是侍奉國君要比而不黨,利用舉薦謀私就是犯罪。這是十分正確的見解。但是趙宣子為測試韓獻子是否稱職,策劃了一出"干行"之戲來考驗韓獻子,白白犧牲了車夫的性命,在我們看來,這是應該批判的做法。

趙宣子言韓獻子於靈公[①],以為司馬[②]。河曲之役[③],趙孟使人以其乘車干行[④],獻子執而戮之。眾咸曰:"韓厥必不沒矣[⑤]。其主朝升之,而暮戮其車[⑥],其誰安之!"宣子召而禮之[⑦],曰:"吾聞事君者比而不黨[⑧]。夫周以舉義[⑨],比也;舉以其私,黨也。夫軍事無犯,犯而不隱[⑩],義也。吾言女於君,懼女不能也。舉而不能,黨孰大焉!事君而黨,吾何以從政?吾故以是觀女。女勉之。苟從是行也,臨長晉國者⑪,非女其誰?"皆告其大夫曰:"二三子可以賀我矣!吾舉厥也而中⑫,吾乃今知免於罪矣。"

①趙宣子:春秋晉國人,名盾,又稱宣孟,為晉正卿,卒謚宣子。 言:進言推薦。 韓獻子:名厥。晉悼公時,韓厥為政,曾救宋伐鄭,復霸諸侯。卒謚獻子。 靈公:晉靈公,見前注。

②司馬:官名,掌管軍事。

③河曲:晉地,故址在今山西永濟縣西蒲州。魯文公十二年(前615年),秦晉戰於河曲。

④趙孟:即趙宣子。 干:觸犯。 行:指行軍的行列。

⑤不沒:不能終其位的意思。

⑥車:指車僕。

⑦禮之:以禮相待。

⑧比:親近。 黨:偏私。

⑨周:忠信。

⑩不隱:不徇私包庇。

⑪臨:監視,統治。 長:首領。

⑫中:合適。

【語言要點】

1. 字詞理解

干行　必不沒　比而不黨　周以舉義　犯而不隱　臨長晉國

2. 語句通釋

(1)其主朝升之,而暮戮其車,其誰安之!

(2)吾聞事君者比而不黨。夫周以舉義,比也;舉以其私,黨也。

(3)吾言女於君,懼女不能也。舉而不能,黨孰大焉!

(4)苟從是行也,臨長晉國者,非女其誰?

【思考與討論】

1. 你如何看待趙宣子所提倡的舉薦人才的標準?

2. 韓厥的執法水平如何?

3. 趙盾"以其乘車干行"體現了什麼思想觀念?

戰國策

《戰國策》是戰國時代的史料彙編。原來的書名不確定，名《國策》《國事》《短長》《事語》等，經西漢劉向考訂整理後，定名為《戰國策》。總共三十三篇，按國別記述，計有東周、西周、秦、齊、楚、趙、魏、韓、燕、宋、衛、中山等十二國策。記事年代上接《春秋》，下至秦統一。《戰國策》主要記載諸侯各國政治、軍事、外交方面的重大事件和謀臣策士的言論活動，反映了戰國時代的社會風貌，有珍貴的史料價值，是研究戰國史的重要文獻。同時，《戰國策》也是一部文學性很強的著作，它記敘生動，說理透徹，寫人傳神、語言流暢、筆調誇張恣肆，善於運用寓言和民間故事來說理，具有濃厚的文學趣味和藝術魅力。《戰國策》對後代史傳文和政論文的發展都產生過積極影響。

上海古籍出版社 2006 年出版的范祥雍先生整理《戰國策箋證》，為近年《戰國策》整理研究之力作。

馮諼客孟嘗君

題解

本文記敘了馮諼為鞏固孟嘗君政治地位所進行的一系列政治外交活動。馮諼通過焚券市義、請復相位、請立宗廟為孟嘗君營造三窟，使孟嘗君為相數十年，高枕無憂，無纖介之禍。文章通過一波三折的情節表現了策士馮諼的長於計謀和政治上的遠見卓識，揭示了孟嘗君重視養士和禮賢下士的性格特點，也反映了戰國時期養士用士及“士為知己者死”的社會風氣。

齊人有馮諼者，貧乏不能自存，使人屬孟嘗君①，願寄食門下。孟嘗君曰："客何好？"曰："客無好也。"曰："客何能？"曰："客無能也。"孟嘗君笑而受之曰："諾。"左右以君賤之也，食以草具②。

①屬：請託。　孟嘗君：即田文。齊靖郭君田嬰少子，為齊相。輕財好士，門下食客常數千人，與魏信陵君、趙平原君、楚春申君齊名，稱四公子。

②食：給食物吃。　草具：粗劣的飯食。

居有頃，倚柱彈其劍，歌曰："長鋏①，歸來乎！食無魚。"左右以告。孟嘗君曰："食之，比門下之客②。"居有頃，復彈其鋏，歌曰："長鋏，歸來乎！出無車。"左右皆笑之，以告。孟嘗君曰："為之駕，比門下之車客③。"於是乘其車，揭其劍④，過其友曰："孟嘗君客我⑤。"後有頃，復彈其劍鋏，歌曰："長鋏，歸來乎！無以為家⑥。"左右皆惡之，以為貪而不知足。孟嘗君問："馮公有親乎？"對曰："有老母。"孟嘗君使人給其食用，無使乏。於是馮諼不復歌。

①鋏：劍把。長鋏猶長劍。

②食之，比門下之客：供其飲食如門下食魚之客。吳師道注引《列士傳》："孟嘗君廚有三列。上客食肉，中客食魚，下客食菜。"

③車客：乘車之客。

④揭：高舉。

⑤客我：以我為客。

⑥無以為家：無以贍養家庭。

後孟嘗君出記①，問門下諸客："誰習計會②，能為文收責於薛乎③？"馮諼署曰④："能。"孟嘗君怪之，曰："此誰也？"左右曰："乃歌夫'長鋏歸來'者也。"孟嘗君笑曰："客果有能也，吾負之⑤，未嘗見也。"請而見之，謝曰："文倦於事⑥，憒於憂⑦，而性懧愚⑧，沉於國家之事，開罪於先生⑨。先生不羞⑩，乃有意欲為收責於薛乎？"馮諼曰："願之。"於是約車治裝⑪，載券契而行⑫。辭曰："責畢收，以何市而反⑬？"孟嘗君曰："視吾家所寡有者。"

①出記:出通告。

②計會:即會計。

③責:同"債"。　薛:孟嘗君的領地。

④署:簽名。

⑤負:虧待。

⑥謝:以言詞致歉。　倦於事:為國事勞碌。

⑦憒於憂:困於思慮,以致心中昏亂。　憒(kuì):昏亂。　憂:慮。

⑧懧:同"懦",怯弱。

⑨開罪:得罪。

⑩不羞:不因受簡慢為辱。

⑪約車治裝:預備車子,置辦行裝。

⑫券契:指債券,關於債務的契約。

⑬何市而反:買些什麼回來。　市:買。　反:返。

驅而之薛,使吏召諸民當償者,悉來合券[1]。券遍合[2],起,矯命以責賜諸民[3],因燒其券,民稱萬歲。

①合券:指驗對債券。古時債券與今合同相似,甲乙兩方各持其半,作為憑證。日後驗對債券時必須兩相符合。

②遍:全。

③矯命:假託孟嘗君的命令。　矯:假託。

長驅到齊[1],晨而求見。孟嘗君怪其疾也,衣冠而見之,曰:"責畢收乎?來何疾也!"曰:"收畢矣。""以何市而反?"馮諼曰:"君云'視吾家所寡有者'。臣竊計,君宮中積珍寶,狗馬實外廄,美人充下陳[2]。君家所寡有者以義耳!竊以為君市義。"孟嘗君曰:"市義奈何?"曰:"今君有區區之薛,不拊愛子其民[3],因而賈利之[4]。臣竊矯君命,以責賜諸民,因燒其券,民稱萬歲。乃臣所以為君市義也。"孟嘗君不說[5],曰:"諾,先生休矣[6]!"

①長驅:驅車直前,不在中途逗留。

②下陳:殿堂下陳放禮品、婢妾站列的地方。

③拊愛:即撫愛。　子其民:視其民如子。

④賈利之:以商賈手段,向人民謀取利息。

⑤說:同“悅”

⑥休矣:猶今言得了、算了。

後朞年[1],齊王謂孟嘗君曰:“寡人不敢以先王之臣為臣。”孟嘗君就國於薛[2]。未至百里[3],民扶老攜幼,迎君道中。孟嘗君顧謂馮諼:“先生所為文市義者,乃今日見之。”馮諼曰:“狡兔有三窟,僅得免其死耳。今君有一窟,未得高枕而臥也。請為君復鑿二窟。”孟嘗君予車五十乘,金五百斤,西游於梁[4],謂惠王曰:“齊放其大臣孟嘗君於諸侯[5],諸侯先迎之者,富而兵強。”於是梁王虛上位[6],以故相為上將軍[7];遣使者,黃金千斤、車百乘,往聘孟嘗君。馮諼先驅,誡孟嘗君曰:“千金,重幣也;百乘,顯使也。齊其聞之矣。”梁使三反[8],孟嘗君固辭不往也。

①朞年:一週年。

②就國:回到自己的領地去。

③未至百里:距離薛還有一百里。

④游:遊說,宣揚。　梁:魏國都。時魏都於大梁(今河南開封市)。

⑤放:棄。這句意思是說齊免孟嘗君相位,恰好給諸侯重用他的機會。

⑥上位:最高的職位。

⑦故相:原來的宰相。

⑧三反:往返三次。

齊王聞之,君臣恐懼,遣太傅賫黃金千斤[1],文車二駟[2],服劍一[3],封書謝孟嘗君曰:“寡人不祥[4],被於宗廟之祟[5],沉於諂諛之臣[6],開罪於君,寡人不足為也[7],願君顧先王之宗廟,姑反國統萬人乎!”馮諼誡孟嘗君曰:“願請先王之祭器,立宗廟於薛[8]。”廟成,還報孟嘗君曰:“三窟已就,君姑高枕為樂矣。”

①賫:攜帶。

②文車:繪有文采的車。　駟:一車四馬曰駟。　文車二駟:套四匹馬的、繪有文采的車子兩輛。

③服劍:王所自佩的劍。

④不祥:不善。

⑤被:遭受。　宗廟之祟:祖宗神靈的禍祟。

⑥沉:沉溺。

⑦不足為:不值得顧念幫助。

⑧立宗廟於薛:因上文齊王有"願君顧先王之宗廟"的話,孟嘗君與齊王同族,故請求分給先王傳下來的祭器,在薛地建立宗廟,將來齊即不便奪毀其國,若有他國來侵,齊亦不能不救。這是馮諼為孟嘗君所定的安身之計,為"三窟"之一。

孟嘗君為相數十年,無纖介之禍者①,馮諼之計也。

①纖介:細微。介,同"芥"。

【語言要點】

1. 字詞理解

食以草具　比門下之客　居有頃　復彈其鋏　揭其劍　收責　憒於憂　約車治裝　朞年　三反　被於宗廟之祟　纖芥之禍

2. 語句通釋

(1)於是乘其車,揭其劍,過其友,曰:"孟嘗君客我!"

(2)驅而之薛。使吏召諸民當償者,悉來合券。

(3)今君有區區之薛,不拊愛子其民,因而賈利之。

(4)千金,重幣也;百乘,顯使也。

(5)寡人不足為也,願君顧先王之宗廟,姑反國統萬人乎?

【思考與討論】

1. 文中表現了馮諼哪幾方面思想的內容?

2. 你如何看待馮諼"焚券市義"的行為?

3. 孟嘗君表現出怎樣的品格?

管子

《管子》一書托名管仲作。管仲(？ ~前645年),名夷吾,字仲,謚曰敬。春秋時期齊國潁上(今安徽潁上縣)人。初事公子糾,後事齊桓公。相齊達四十年(前685年~前645年),輔佐桓公成為春秋第一霸,“九合諸侯,一匡天下”(《論語·憲問》),是我國古代著名的政治家、軍事家、經濟家和思想家。但《管子》書所記大多為管仲以後事,可以肯定非管仲著,當是戰國至西漢一批學者的論文彙編,主要反映的是戰國齊稷下學派之說。

韓非曾說:“今境内之民皆言治,藏商、管之法者家有之。”(《韓非子·五蠹》)可見《管子》一書在戰國即已流行。經劉向編訂,始有86篇的定本(《漢書·藝文志》著錄)。現存的《管子》書,目錄是86篇,但其中亡佚10篇(有目而無文),實存76篇。歷代流傳,又有訛損,現在所見已不完全是漢人所見本貌。

《管子》内容豐富,包羅甚廣,對先秦各家有所貫通融匯。它肯定道德教化的作用,又强調法制,並以道詮法。因此有人將其歸入道家,有人則將其歸入法家或雜家甚至兵家。在思想上,《管子》體現出一定的民本思想,注重耕戰,富國强兵;提出了一系列實行法治的措施和辦法,與商、韓不同的是强調禮、法並用;《管子》提出了“倉廩實則知禮節,衣食足則知榮辱”的著名命題,又有“重利而不輕義”的義利統一觀等思想觀點,影響深遠。

《管子》諸版本中,清戴望的《管子校正》校勘最精。近代有郭沫若、聞一多、許維遹的《管子集校》。中華書局有黎翔鳳的《管子校注》,也可參看嶽麓書社顏昌嶢的《管子校釋》。

明法

題解

《管子》書中有關法的思想的篇章有《七法》、《任法》、《君臣》、《法法》、《心術上》、《杞言》等，本篇《明法》主要講的是修明法度、以法治國，提出“動無非法”的主張。我們可以在此清晰地看到《管子》思想與法家思想之間的淵源關係。

所謂治國者，主道明也①。所謂亂國者，臣術勝也②。夫尊君卑臣，非親也，以勢勝也。百官識③，非惠也，刑罰必也。故君臣共道則亂④，專授則失⑤。夫國有四亡：令求不出，謂之滅⑥；出而道留，謂之擁⑦；下情本不上通，謂之塞⑧；下情上而道止⑨，謂之侵。故夫滅、侵、塞、擁之所生，從法之不立也⑩。是故先王之治國也，不淫意於法之外⑪，不為惠於法之內也⑫。動無非法者⑬，所以禁過而外私也⑭。

①主道：即君道，指君主的統治之道。　主道明，指君主的號令暢通無阻。

②臣術：臣子的私術。　臣術勝，言臣下得勢，勝於君道。

③識：疑誤，當為“論職”，各盡其職。

④共道：君道與臣道混淆不分，同持一道。

⑤專授：君權專授於臣下。

⑥令求不出，謂之滅：意謂君王號令發佈不出是國家滅亡的徵兆。　求，當為『本』。

⑦擁：壅蔽。

⑧此句意為群情不能上達，叫作“塞”。

⑨道止：中途停止。

⑩從：由於。

⑪《韓非子·有度》篇有類似表述：“明主使其群臣不游意於法之外，不為惠於法之內，動無非法。”“不游意於法之外”是說英明的君主使群臣不在法的規定之外隨便打主意。

⑫此句意謂不在法的規定之內私自給人以恩惠。

⑬動無非法：一舉一動都不違背法度。

⑭禁過:禁止超越法度的行為。對應上句"不淫意於法之外"。　外私:棄私,對應上句"不為惠於法之內"。

威不兩錯[①],政不二門,以法治國,則舉錯而已[②]。是故有法度之制者,不可巧以詐偽;有權衡之稱者,不可欺以輕重;有尋丈之數者,不可差以長短。今主釋法,以譽進能[③],則臣離上而下比周矣[④];以黨舉官,則民務交而不求用矣;是故官之失其治也,是主以譽為賞,以毀為罰也。然則喜賞惡罰之人,離公道而行私術矣。比周以相為匿[⑤],是忘主死交,以進其譽[⑥],故交眾者譽多,外內朋黨,雖有大姦,其蔽主多矣。是以忠臣死於非罪,而邪臣起於非功。所死者非罪,所起者非功也,然則為人臣者,重私而輕公矣。十至私人之門,不一至於庭[⑦]。百慮其家,不一圖國。屬數雖眾[⑧],非以尊君也。百官雖具,非以任國也。此之謂國無人。國無人者,非朝臣之衰也。家與家務於相益[⑨],不務尊君也。大臣務相貴而不任國,小臣持祿養交[⑩],不以官為事,故官失其能。是故先王之治國也,使法擇人,不自舉也[⑪]。使法量功,不自度也。故能匿而不可蔽,敗而不可飾也。譽者不能進,而誹者不能退也。然則君臣之間明別[⑫],明別則易治也。主雖不身下為,而守法為之可也。

①錯:通"措"。下同。

②此句言能以法治國,只要舉而置之即可。

③譽:虛名。　以譽進能:指憑虛名進用人才。

④離上:背離君主。　比周:結黨營私。

⑤匿:同"慝",姦慝。本段下文"能匿而不可蔽"之"匿"同解。

⑥譽:同"與",同黨。此句謂進用同黨。下句"交眾者譽多"之"譽"也作此解。

⑦庭:朝廷,公門。

⑧屬:所屬,部屬。君主之所屬即臣下。

⑨務於相益:力求互相幫忙。

⑩持祿養交:拿著俸祿拉攏結交私友。

⑪自舉:親自舉薦人才。

⑫明別:明辯,分明。

【語言要點】

1. 字詞理解

治國　亂國　威不兩錯　比周　任國

2. 語句通釋

(1)夫尊君卑臣，非親也，以勢勝也。

(2)是故先王之治國也，不淫意於法之外，不為惠於法之內也。動無非法者，所以禁過而外私也。

(3)是故有法度之制者，不可巧以詐偽；有權衡之稱者，不可欺以輕重；有尋丈之數者，不可差以長短。

(4)譽者不能進，而誹者不能退也。

【思考與討論】

1. 怎樣理解本篇"動無非法"理念下君主的地位和作用？

2. 比較本篇與《韓非子·有度》篇，探討管、韓之間的聯繫。

論語

《論語》是儒家的經典著作之一，由孔子的弟子及其再傳弟子編撰而成。今本《論語》係東漢鄭玄綜合多種版本而成，凡二十篇，約成書於戰國初期。

《論語》全書以語錄體為主，以敘事體為輔，記錄了孔子及其弟子的言行，集中體現了孔子的政治主張、倫理思想、道德觀念等內容。《論語》對後世的思想和學術影響至深，在漢文帝時列於學官，東漢時被尊為經，對中華民族的道德、文化、心理狀態和民族性格等的鑄造，起到了巨大的作用。我們今天所熟知的許多警語箴言都出自《論語》，如"三人行必有我師"，"知之為知之，不知為不知，是知也"，"己所不欲，勿施於人"等等。《論語》與《大學》、《中庸》、《孟子》合稱"四書"，與《詩》、《書》、《禮》、《易》、《春秋》並稱"五經"，合稱四書五經。

孔子(前551年~前479年)，名丘，字仲尼，祖籍河南商丘夏邑縣，在山東曲阜降生，春秋末期的思想家、教育家、政治家，儒家思想的創始人，也是儒家學派的代表人物。孔子一生從事傳道、授業、解惑，被尊稱為"至聖先師，萬世師表"。據傳孔子曾修《詩》《書》《禮》《樂》，序《周易》，撰寫《春秋》。孔子有弟子三千，賢弟子七十二人，曾帶領部分弟子周遊列國。孔子死後，其弟子及其再傳弟子把孔子及其弟子的言行和思想記錄下來，整理編成著名的儒家學派經典——《論語》。孔子的思想對後世產生了極其深遠的影響。孔子和戰國時期儒家代表人物之一的孟子，被後世稱為"孔孟"。孔孟思想的結合，形成了儒家思想中的"孔孟之道"。

《論語》注本衆多，重要的有三國何晏《論語集解》、南朝皇侃《論語義疏》、北宋邢昺《論語注疏》、南宋朱熹《論語集注》、清劉寶楠《論語正義》等。通行本有中華書局影印清阮元《十三經注疏》。

刑罰不中則民無所措手足

題解

本篇選自《論語·子路》,主要講“正名”的重要性。“正名”是孔子“禮”的思想的組成部分,其具體內容就是“君君、臣臣、父父、子子”,只有“名正”纔可以做到“言順”,接下來的事情就迎刃而解了。

子路曰:“衛君待子而為政①,子將奚先②?”子曰:“必也正名乎③!”子路曰:“有是哉,子之迂也④!奚其正?”子曰:“野哉,由也!君子於其所不知,蓋闕如也⑤。名不正,則言不順;言不順,則事不成;事不成,則禮樂不興;禮樂不興,則刑罰不中⑥;刑罰不中,則民無所措手足。故君子名之必可言也,言之必可行也。君子於其言,無所苟而已矣⑦!”

①衛君:衛出公,名輒,衛靈公之孫。其父蒯聵被衛靈公驅逐出國,衛靈公死後,蒯輒繼位。蒯聵要回國爭奪君位,遭到蒯輒拒絕。

②奚:什麼。

③正名:正名分。

④迂:迂腐。

⑤闕:同“缺”,存疑。

⑥中(zhòng):得當。

⑦苟:苟且,馬馬虎虎。

【語言要點】

1. 字詞理解

正名　奚其正　無所措手足　禮樂不興　刑罰不中　無所苟

2. 語句通釋

(1)有是哉,子之迂也!奚其正?

(2)野哉,由也!君子於其所不知,蓋闕如也。

(3)刑罰不中,則民無所措手足。

(4)君子於其言,無所苟而已矣!

【思考與討論】

1. 結合本篇內容,談談你對"正名"的理解。

2. 結合"名不正,則言不順;言不順,則事不成;事不成,則禮樂不興;禮樂不興,則刑罰不中;刑罰不中,則民無所措手足。"談談"名、言、事、禮樂、刑罰、民無所措手足"之間的邏輯聯繫,並說說你的理解和體會。

季氏將伐顓臾

題解

本篇選自《論語·季氏》篇,主要記錄了孔子就季氏將伐顓臾這件事發表的三段議論。第一段話說明了他反對季氏攻打顓臾的理由;第二段孔子引用周任的名言:"陳力就列,不能者止"批評冉有、季路推卸責任的態度。第三段話孔子正面闡述他的政治主張。在思想上,本節集中闡述了孔子的政治主張和治國策略。在政治上,孔子主張"不患寡而患不均,不患貧而患不安,蓋均無貧,和無寡,安無傾",在治理國家上,孔子主張"修文德以來之。既來之,則安之。"

季氏將伐顓臾①。冉有、季路見於孔子曰:"季氏將有事於顓臾②。"孔子曰:"求!無乃爾是過與③?夫顓臾,昔者先王以為東蒙主④,且在邦域之中矣,是社稷之臣也。何以伐為?"

①季氏:指季康子。　顓臾(zhuān yú):魯國的附屬國,在今山東省費縣西。

②有事:軍事行動,用兵作戰。

③爾是過:責備你(們)。"是"起著提前賓語的作用。

④東蒙主:東蒙祭祀的主持者。　東蒙,即蒙山,在魯國之東,故稱東蒙。

冉有曰:"夫子欲之,吾二臣者皆不欲也。"孔子曰:"求!周任有言曰:'陳力就列①,不能者止。'危而不持,顛而不扶,則將焉用彼相矣②?且爾言過矣,虎兕出於柙③,龜玉毀於櫝中④,是誰之過與?"

①陳力就列:按能力擔任適當職務。　陳力,發揮能力。

②相：輔助。

③兕（sì）：雌性犀牛。　柙（xiá）：關押野獸的木籠。

④櫝（dú）：匣子。

冉有曰："今夫顓臾，固而近於費[①]，今不取，後世必為子孫憂。"孔子曰："求！君子疾夫舍曰欲之而必為之辭。丘也聞有國有家者，不患寡而患不均，不患貧而患不安[②]。蓋均無貧，和無寡，安無傾。夫如是，故遠人不服，則修文德以來之[③]。既來之，則安之。今由與求也，相夫子，遠人不服，而不能來也；邦分崩離析，而不能守也；而謀動干戈於邦內[④]。吾恐季孫之憂，不在顓臾，而在蕭牆之內也[⑤]。"

①費（bì）：魯國季氏的采邑，在今山東費縣西南。

②"不患"二句：據下文"均無貧，和無寡"語，此處當作"不患貧而患不均，不患寡而患不安"。"貧"、"均"乃就財富而言，"寡"、"安"乃就人民而言。

③文德：禮樂仁義的政治教化。　來：招來。

④干戈：指軍事。　干，盾牌。　戈，古代用來刺殺的一種長柄兵器。

⑤蕭牆：本指照壁屏風，此處指宮廷之內。

【語言要點】

1. 字詞理解

有事　社稷　陳力就列　分崩離析　干戈　蕭牆

2. 語句通釋

(1)季氏將有事於顓臾。

(2)危而不持，顛而不扶，則將焉用彼相矣？

(3)丘也聞有國有家者，不患寡而患不均，不患貧而患不安。蓋均無貧，和無寡，安無傾。

(4)既來之，則安之。

(5)吾恐季孫之憂，不在顓臾，而在蕭牆之內也。

【思考與討論】

1. 結合本節內容說說孔子反對季氏攻打顓臾的理由。

2. 談談你對"有國有家者，不患寡而患不均，不患貧而患不安。蓋均無貧，和無寡,安無傾”的理解,並說說孔子的政治主張具體體現在哪些方面?

3. 結合文章內容,談談孔子的政治主張和治國策略的現實意義。

語錄十五則

題解

《論語》採用語錄體記載孔子及其弟子的言論,片言只語而又含義雋永,其精華已浸潤在中華民族的血液中,又如鹽入水,日用而不知。以下所選的十五則語錄涉及原始儒家的多方面思想,值得我們仔細體味。

1. 有子曰:“禮之用①,和為貴。先王之道斯為美,小大由之。有所不行,知和而和,不以禮節之,亦不可行也。”(《學而》)

①禮:區別尊卑貴賤的等級制度及與之相對應的禮節儀式。　用:施行。

2. 子曰:“道之以政①,齊之以刑②,民免而無恥③;道之以德,齊之以禮,有恥且格④。”(《為政》)

①道:有兩種解釋:一為“引導”;二為“治理”。前者較為妥貼。

②齊:整齊、約束。

③免:免於刑罰。　恥:即所謂的“羞惡之心”。

④格:有解釋為“正”的,也有解釋為“至”的,等等。作“人心歸服”解較妥。

3. 子曰:“君子懷德①,小人懷土②;君子懷刑③,小人懷惠。”(《里仁》)

①懷:思慮。

②土:鄉土。

③刑:法律制度。

4. 子謂公冶長,“可妻也。雖在縲絏之中①,非其罪也。”以其子妻之②。子謂南容“邦有道,不廢;邦無道,免於刑戮”。以其兄之子妻

之。(《公冶長》)

①縲絏(léixiè):捆綁犯人用的繩索,這裏借指牢獄。

②子:兒女,此處指女兒。

5. 顏淵、季路侍。子曰:"盍各言爾志①?"子路曰:"願車馬衣輕裘與朋友共②,敝之而無憾③。"顏淵曰:"願無伐善④,無施勞⑤。"子路曰:"願聞子之志。"子曰:"老者安之,朋友信之,少者懷之。"(《公冶長》)

①盍:"何不"的合音。

②句中"輕"字是衍文,古本無此字。

③敝:穿破。

④伐善:誇耀自己的優點。

⑤施勞:表白自己的功勞。

6. 子曰:"民可使由之①,不可使知之。"(《泰伯》)

①由之:指順道而行,即按統治者的意志辦事。

7. 子曰:"不在其位,不謀其政。"(《泰伯》)

8. 子絕四:毋意①,毋必②,毋固③,毋我④。(《子罕》)

①意:同"臆",猜想,揣度。

②必:絕對肯定。

③固:固執。

④我:自我中心,唯我獨是。

9. 子貢問政。子曰:"足食、足兵①、民信之矣。"子貢曰:"必不得已而去,於斯三者何先?"曰:"去兵。"子貢曰:"必不得已而去,於斯二者何先?"曰:"去食。自古皆有死,民無信不立。"(《顏淵》)

①兵:兵器,此作軍備解。

10. 季康子問政於孔子曰:"如殺無道①,以就有道,何如?"孔子對

曰:"子為政,焉用殺?子欲善,而民善矣!君子之德,風;小人之德,草;草上之風,必偃[2]。"(《顏淵》)

①無道:無德無才的姦人。

②偃:仆,倒。

11. 子曰:"片言可以折獄者[1],其由也與?"子路無宿諾[2]。(《顏淵》)

①片言:原、被告雙方中的一面之辭。　折獄:斷獄。

②宿諾:未及時兌現的諾言。

12. 子曰:"聽訟[1],吾猶人也。必也使無訟乎?"(《顏淵》)

①聽訟:聽訴訟以斷案。

13. 子曰:"其身正,不令而行;其身不正,雖令不行。"(《子路》)

14. 子適衛,冉有僕[1]。子曰:"庶矣哉[2]!"冉有曰:"既庶矣,又何加焉?"曰:"富之。"曰:"既富矣,又何加焉?"曰:"教之。"(《子路》)

①僕:此處指駕車。

②庶:眾多,此處指人口多。

15. 子夏為莒父宰[1],問政。子曰:"無欲速,無見小利。欲速則不達,見小利則大事不成。"(《子路》)

①莒父:魯國邑名。

【語言要點】

1. 字詞理解

知和而和　有恥且格　縲絏　由之　毋意　去食　必偃　折獄　聽訟

2. 語句通釋

(1)有所不行,知和而和,不以禮節之,亦不可行也。

(2)道之以政,齊之以刑,民免而無恥;道之以德,齊之以禮,有恥且格。
(3)邦有道,不廢;邦無道,免於刑戮。
(4)君子之德,風;小人之德,草;草上之風,必偃。
(5)無欲速,無見小利。欲速則不達,見小利則大事不成。

【思考與討論】

1. 以上語錄分別體現孔子什麼樣的法律思想?
2. 結合社會現實,說說孔子法律思想的現實意義。

孟子

孟子(前372年~前289年),戰國中期魯國鄒人(今山東鄒縣東南部人),名軻,字子輿,中國古代偉大的思想家、政治家、教育家,戰國時期儒家主要代表人物。孟子曾以士的身份遊説諸侯,企圖推行自己的政治主張,到過梁(魏)、齊、宋、滕、魯諸國。其政治主張不被採納後主動辭官而去,和弟子萬章、公孫醜,將自己的學説——政治主張、哲學理論、教育綱領等整理成書,這就是流傳後世的《孟子》。孟子繼承和發展了孔子的思想,提出一套完整的"仁政"思想體系,對後世產生了極大的影響,被尊奉為僅次於孔子的"亞聖"。

《孟子》屬"四書"之一,是孟子的言論彙編,屬語錄體散文集。《孟子》共有七篇,其學説出發點為性善論,提出"仁政"、"王道",主張德治。《孟子》行文氣勢磅礴,感情充沛,雄辯滔滔,極富感染力,流傳後世,影響深遠,是儒家經典著作之一。

《孟子》的主要注本主要有東漢趙岐的《孟子章句》、南宋朱熹的《孟子集注》、清焦循的《孟子正義》等,今人楊伯峻《孟子譯註》(中華書局本)最便初學。

以五十步笑百步

題解

本篇選自《孟子·梁惠王上》,主要寫孟子同梁惠王的談話。當時各諸侯國為了要增產糧食和擴充兵員,都苦於勞動力不足,所以梁惠王要同鄰國爭奪百姓,採取了自以為"盡心"的措施,可是目的並沒有達到。孟子抓住了這個矛盾,指出梁惠王的"盡心"並不能使百姓歸順,同時提出自己的主張,只有"行王道,施仁政",才是治國的根本辦法。

梁惠王曰[①]："寡人之於國也，盡心焉耳矣。河內凶[②]，則移其民於河東，移其粟於河內；河東兇，亦然。察鄰國之政，無如寡人之用心者。鄰國之民不加少[③]，寡人之民不加多，何也？"孟子對曰："王好戰，請以戰喻：填然鼓之[④]，兵刃既接，棄甲曳兵而走[⑤]，或百步而後止，或五十步而後止。以五十步笑百步，則何如？"曰："不可，直不百步耳[⑥]，是亦走也。"曰："王如知此，則無望民之多於鄰國也。不違農時，穀不可勝食也；數罟不入洿池[⑦]，魚鱉不可勝食也[⑧]。斧斤以時入山林，材木不可勝用也。穀與魚鱉不可勝食，材木不可勝用，是使民養生喪死無憾也[⑨]。養生喪死無憾，王道之始也。五畝之宅，樹之以桑，五十者可以衣帛矣！雞豚狗彘之畜，無失其時，七十者可以食肉矣！百畝之田，勿奪其時，數口之家可以無飢矣！謹庠序之教[⑩]，申之以孝悌之義[⑪]，頒白者不負戴於道路矣[⑫]。七十者衣帛食肉，黎民不飢不寒，然而不王者，未之有也。狗彘食人食而不知檢，涂有餓莩而不知發[⑬]。人死，則曰：'非我也，歲也。'是何異於刺人而殺之，曰'非我也，兵也。'王無罪歲[⑭]，斯天下之民至焉。"

①梁惠王：即魏惠王，名罃(yīng)。他在位時，把國都由安邑(故址在今山西運城西)遷到大梁(今河南開封市)，故魏國又稱梁國，魏王又稱梁王。

②凶：穀物收成不好，荒年。

③加少：更少。

④填然：形容鼓聲充塞盛大。

⑤走：跑，這裏指逃跑。

⑥直：只是，不過。

⑦數(cù)：細密。　罟：漁網。　洿(wū)池：池塘。

⑧勝：完全，盡。

⑨喪死：給死者辦理喪事。

⑩謹：認真辦好。　庠序：學校。商代稱作"序"，周代稱作"庠"。

⑪申：再三強調。

⑫頒白：即"斑白"，鬚髮半白。　負戴：背著或頭頂著重物。

⑬涂：同"途"，即道路。　餓莩(piǎo)：餓死的人。　發：開倉賑濟。

⑭罪：歸咎，歸罪。

【語言要點】

1. 字詞理解

河東凶　填然鼓之　棄甲曳兵　直不百步　穀不可勝食　數罟　斧斤　樹之以桑　勿奪其時　申之以孝悌　王無罪歲

2. 語句通釋

(1)填然鼓之,兵刃既接,棄甲曳兵而走,或百步而後止,或五十步而後止。以五十步笑百步,則何如?

(2)不違農時,穀不可勝食也;數罟不入洿池[⑦],魚鱉不可勝食也[⑧]。斧斤以時入山林,材木不可勝用也。

(3)養生喪死無憾,王道之始也。

(4)謹庠序之教,申之以孝悌之義,頒白者不負戴於道路矣。

(5)狗彘食人食而不知檢;涂有餓莩而不知發。

【思考與討論】

1. 孟子分析"民不加多"的原因是什麼?

2. 孟子"仁政"的具體內容——使民加多的根本措施有哪些?

3. 談談你對孟子"仁政"思想的理解。

天下惡乎定

題解

本篇選自《孟子·梁惠王上》。孟子見過梁襄王之後,向人轉述他與梁襄王對答的情況,論述了"不嗜殺人者能一之"的以仁政統一天下的主張,體現了其"仁政"、"王道"的一貫思想。

孟子見梁襄王[①]。出,語人曰:"望之不似人君,就之而不見所畏焉。卒然問曰[②]:'天下惡乎定?'吾對曰:'定於一。''孰能一之?'對曰:'不嗜殺人者能一之。''孰能與之[③]?'對曰:'天下莫不與也。王知夫苗乎?七、八月之間旱,則苗槁矣。天油然作雲,沛然下雨,則苗浡然興之矣[④]。其如是,孰能禦之?今夫天下之人牧[⑤],未有不嗜殺人者也;如有不嗜殺人者,則天下之民皆引領而望之矣。誠如是也,民歸之,由水之就下[⑥],沛然誰能御之?’”

①梁襄王:梁惠王的兒子,名嗣,公元前318年至公元前296年在位。

②卒然:突然。卒同“猝”。

③與:從,跟。

④浡然:興起的樣子。

⑤人牧:治理人民的人,指國君。

⑥由:同“猶”,好像,如同。

【語言要點】

1. 字詞理解

卒然　天下惡乎定　孰能與之　油然作雲　引領而望　由水之就下　沛然

2. 語句通釋

(1)望之不似人君,就之而不見所畏焉。

(2)天油然作雲,沛然下雨,則苗浡然興之矣。

(3)誠如是也,民歸之,由水之就下,沛然誰能禦之?

【思考與討論】

1. 在與梁襄王的對話中,孟子先以天上雨水比喻君澤,後以地上流水比喻民心,相互關聯,又各賦其義,談談你對這種論證方式的看法?

2. 郭沫若在《十批判書》中說:“孟文的犀利,莊文的恣肆,荀文的渾厚,韓文的峻峭,單拿文章來講,實在各有千秋。”結合本篇文章,說說你對“孟文的犀利”的理解。

人之有四端

題解

本篇選自《孟子·公孫丑上》,本篇中孟子提出了“四端”學說,四端是儒家所稱應有的四種德行,即惻隱之心、羞惡之心、辭讓之心、是非之心。“四端”說是孟子思想的一個重要內容,也是他對先秦儒學理論的一個重要貢獻。

孟子曰:“人皆有不忍人之心[1]。先王有不忍人之心,斯有不忍人之政矣。以不忍人之心,行不忍人之政,治天下可運之掌上。所以謂人皆有不忍人之心者,今人乍見孺子將入於井[2],皆有怵惕惻隱之心[3];非所以内交於孺子之父母也[4],非所以要譽於鄉黨朋友也[5],非惡其聲而然也。由是觀之,無惻隱之心,非人也;無羞惡之心,非人也;無辭讓之心,非人也;無是非之心,非人也。惻隱之心,仁之端也[6];羞惡之心,義之端也;辭讓之心,禮之端也;是非之心,智之端也。人之有是四端也,猶其有四體也[7]。有是四端而自謂不能者,自賊者也;謂其君不能者,賊其君者也。凡有四端於我者,知皆擴而充之矣,若火之始然[8]、泉之始達。苟能充之,足以保四海[9];苟不充之,不足以事父母。”

①不忍人之心:憐憫心,同情心。

②乍:突然、忽然。

③惻隱:哀痛,同情。

④内交:結交,内同“納”。

⑤要(yāo)譽:博取名譽。要同“邀”,求。

⑥端:開端,起源,源頭。

⑦四體:人的四肢。

⑧然:同“燃”。

⑨保:定,安定。

【語言要點】

1. 字詞理解

怵惕　内交　要譽　仁之端　四體　自賊　保四海

2. 語句通釋

(1)先王有不忍人之心,斯有不忍人之政矣。

(2)惻隱之心,仁之端也;羞惡之心,義之端也;辭讓之心,禮之端也;是非之心,智之端也。

(3)凡有四端於我者,知皆擴而充之矣,若火之始然、泉之始達。

【思考與討論】

1. 結合本篇内容,談談你對四端的看法和理解。

2. 孟子的性善論、仁政論等與“四端”説是一種什麽關係,請論述之。

不以規矩不能成方員

題解

本篇選自《孟子·離婁上》,主要是遊説當政者實施仁政。在實施仁政上又體現為兩個方面:一是法先王;二是選賢才。法先王是因為“不以規矩,不能成方圓”;選賢才是因為“惟仁者宜在高位。”

孟子曰:“離婁之明①,公輸子之巧②,不以規矩,不能成方員。師曠之聰③,不以六律,不能正五音。堯舜之道,不以仁政,不能平治天下。今有仁心仁聞而民不被其澤④,不可法於後世者,不行先王之道也。故曰:徒善不足以為政,徒法不能以自行。《詩》云:‘不愆不忘,率由舊章⑤。’遵先王之法而過者,未之有也。聖人既竭目力焉,繼之以規矩準繩,以為方員平直,不可勝用也。既竭耳力焉,繼之以六律正五音,不可勝用也。既竭心思焉,繼之以不忍人之政而仁覆天下矣。故曰:為高必因丘陵,為下必因川澤。為政不因先王之道,可謂智乎?是以惟仁者宜在高位。不仁而在高位,是播其惡於眾也。上無道揆也⑥,下無法守也;朝不信道,工不信度;君子犯義,小人犯刑,國之所存者幸也。故曰:城郭不完,兵甲不多,非國之災也。田野不辟,貨財不聚,非國之害也。上無禮,下無學,賊民興,喪無日矣。《詩》曰:‘天之方蹶,無然泄泄⑦。’泄泄猶沓沓也。事君無義,進退無禮,言則非先王之道者⑧,猶沓沓也。故曰:責難於君謂之恭,陳善閉邪謂之敬,吾君不能謂之賊。”

①離婁:相傳為黃帝時人,目力極強,能於百步之外望見秋毫之末。

②公輸子:即公輸班(“班”也被寫成“般”、“盤”),魯國人,所以又叫魯班,古代著名的巧匠。

③師曠:春秋時晉國的樂師,古代極有名的音樂家。事迹見於《左傳》、《禮記》、《國語》等。

④聞:名聲。

⑤不愆不忘,率由舊章:引自《詩經·大雅·假樂》,意謂從不犯錯從不迷狂,遵循先祖舊典章。愆,過失;率,遵循。

⑥揆:度量。

⑦天之方蹶,無然泄泄:引自《詩經·大雅·板》,意謂上天正降騷亂,不要妄加議論。 蹶,動;泄泄,多言,話多。

⑧非:詆毀。

【語言要點】

1. 字詞理解

師曠之聰　不被其澤　上無道揆　不可勝用　朝不信道　城郭不完　田野不辟

2. 語句通釋

(1)今有仁心仁聞而民不被其澤,不可法於後世者,不行先王之道也。

(2)徒善不足以為政,徒法不能以自行。

(3)朝不信道,工不信度;君子犯義,小人犯刑,國之所存者幸也。

(4)城郭不完,兵甲不多,非國之災也。田野不辟,貨財不聚,非國之害也。上無禮,下無學,賊民興,喪無日矣。

(5)責難於君謂之恭,陳善閉邪謂之敬,吾君不能謂之賊。

【思考與討論】

1. 大到治理國家,管理社會,小到處理社交,經營家庭,都需要一定的規矩,談談規矩在社會管理中的重要性。

2.《莊子·駢拇》篇曰:"且夫待鈎繩規矩而正者,是削其性者也,待繩約膠漆而固者,是侵其德者也;屈折禮樂,呴俞仁義,以慰天下之心者,此失其常然也。"運用禮樂對人民加以改變和矯正,運用仁義對人民加以撫愛和教化,是否也失去了人的常態呢?談談你的理解。

荀子

荀子(約前313年～前238年),名況,戰國後期趙國人,時人尊稱為荀卿,漢時稱為孫卿,是著名的思想家、文學家,先秦儒家思想的集大成者。曾在齊國首都臨淄(今山東淄博市)的稷下學宮任祭酒。因遭讒而到楚國,任蘭陵(今山東蒼山縣)令。後失官家居,著書立說,死後葬於蘭陵。荀子與孔子、孟子一起,被稱為是先秦儒學最重要的三個人物。荀子的思想綜合了戰國道家、墨家、名家、法家等諸家的成分,對儒學作了創造性的發展,特別是他關於人性、禮法、人的地位、名實關係的學說,構成其整個思想體系的基礎。

《荀子》是戰國後期儒家學派最重要的著作。現存三十二篇,除少數篇章外,大部分是荀子自己所寫。《荀子》擅長說理,組織嚴密,分析透闢,善於取譬,常用排比句增強議論的氣勢,有很強的說服力和感染力。

《荀子》的注本除唐楊倞的《荀子注》外,還有清王先謙的《荀子集解》、梁啟雄的《荀子簡釋》、章詩同的《荀子簡注》、熊公哲的《荀子今注今釋》等。

有治人無治法

題解

本篇選自《荀子·君道》。在本篇中,荀子認為國家治理得好壞,人的因素是重要的,"法"只是工具,治國需要有法,但更需要君子,君子是國家得以治理的根本保證。所以為君之道在於任用君子,尚賢使能。

有亂君,無亂國;有治人,無治法。羿之法非亡也,而羿不世中[①];禹之法猶存,而夏不世王。故法不能獨立,類不能自行[②];得其人則存,失其人則亡。法者,治之端也[③];君子者,法之原也[④]。故有君子,則法雖省,足以徧矣⑤;無君子,則法雖具,失先後之施,不能應事之變,足以亂矣。不知法之義,而正法之數者⑥,雖博,臨事必亂。故明主急得其人,而闇主急得其埶⑦。急得其人,則身佚而國治,功大而名美,上可以王,下可以霸;不急得其人,而急得其埶,則身勞而國亂,功廢而名辱,社稷必危。故君人者,勞於索之,而休於使之。《書》曰:"惟文王敬忌,一人以擇⑧。"此之謂也。

①中:射中,百發百中。

②類:法律、律例。

③端:開端,開始。

④原:本源,根本。

⑤徧:與下文"亂"相對,指普遍得到治理。

⑥正法之數:定法的條文。

⑦闇:同"暗"。　埶:同"勢",權威,權力。

⑧敬忌:謹慎。此句出自《尚書·康誥》。

【語言要點】

1. 字詞理解

亂君　羿不世中　類不能自行　闇主　急得其埶　身佚而國治　休於使之

2. 語句通釋

(1)有亂君,無亂國;有治人,無治法。

(2)法者,治之端也;君子者,法之原也。

(3)無君子,則法雖具,失先後之施,不能應事之變,足以亂矣。

(4)故君人者,勞於索之,而休於使之。

【思考與討論】

1. 結合本篇,思考荀子"法者,治之端也;君子者,法之原也"這一思想形成的社會原因和對後世的現實影響。

2. 談談對"法治"和"人治"的理解。

聽政之大分

題解

本篇選自《荀子·王制》。在本篇中,荀子談了對政治的看法。荀子認為王者之政是一種用賢罷廢、誅惡化民的政治,賞罰分明,可以使人人歸於禮義。處理政事要用禮和法兩手,但治理國家最終要靠君子。

聽政之大分①:以善至者,待之以禮;以不善至者,待之以刑。兩者分別,則賢不肖不雜,是非不亂。賢不肖不雜,則英傑至,是非不亂,則國家治。若是,名聲日聞,天下願②,令行禁止,王者之事畢矣。

①大分:大要,要領。

②願:仰慕。

凡聽①:威嚴猛厲,而不好假道人②,則下畏恐而不親,周閉而不竭③。若是,則大事殆乎弛,小事殆乎遂④。和解調通,好假道人,而無所凝止之,則姦言並至,嘗試之說鋒起⑤。若是,則聽大事煩,是又傷之也。故法而不議,則法之所不至者必廢;職而不通,則職之所不及者必隊⑥。故法而議,職而通,無隱謀,無遺善,而百事無過,非君子莫能。故公平者,聽之衡也;中和者,聽之繩也⑦。其有法者以法行,無法者以類舉,聽之盡也⑧。偏黨而無經⑨,聽之辟也⑩。故有良法而亂者,有之矣;有君子而亂者,自古及今,未嘗聞也。傳曰:"治生乎君子,亂生乎小人。"此之謂也。

①聽:聽政,執政。

②假:寬容。 道:誘導。

③竭:盡情相告。

④遂:通"墜",失落。

⑤鋒:通"蜂"。

⑥隊:通"墜"。

⑦中和：適中和諧，指處理政事時寬嚴適中。

⑧聽之盡：聽政的最好辦法。　盡，極。

⑨經：常法。

⑩辟：通“僻”，偏邪，不公正。

【語言要點】

1. 字詞理解

大分　不肖　天下願　令行禁止　假道　鋒起　必隊　偏黨而無經　聽之辟

2. 語句通釋

(1)以善至者，待之以禮；以不善至者，待之以刑。

(2)威嚴猛厲，而不好假道人，則下畏恐而不親，周閉而不竭。

(3)故法而不議，則法之所不至者必廢；職而不通，則職之所不及者必隊。

(4)故有良法而亂者，有之矣；有君子而亂者，自古及今，未嘗聞也。

【思考與討論】

1. “故有良法而亂者，有之矣；有君子而亂者，自古及今，未嘗聞也。”這句話體現了荀子的什麼法制思想？與現代法治理念有什麼區別？

2. 談談你對“治生乎君子，亂生乎小人”的理解。

人之性惡

題解

本篇選自《荀子·性惡篇》。在本篇中荀子首先提出人性是惡的，而善則是後天人為的。人自降生時起，就好利、疾惡、好色。放縱這些本性就會帶來不良後果。只有師法禮義才能矯正和約束人性。針對孟子提出的“人之學者，其性善”，荀子進一步認為人的本性是天生的，它不需要學習和修飾，人性飢則欲食，寒則欲暖，勞則欲休。但在禮義的約束下，就能做到節制和辭讓。所以，善是後天的、人為的。

人之性惡，其善者僞也①。今人之性，生而有好利焉，順是，故爭奪生而辭讓亡焉；生而有疾惡焉②，順是，故殘賊生而忠信亡焉；生而有耳目之欲,有好聲色焉,順是,故淫亂生而禮義文理亡焉[③]。然則從人之性[④],順人之情,必出於爭奪,合於犯分亂理,而歸於暴。故必將有師法之化,禮義之道,然後出於辭讓,合於文理,而歸於治。用此觀之,然則人之性惡明矣,其善者僞也。

①僞:人為,矯飾。

②疾:同"嫉"。

③文理:禮法。

④從:通"縱",縱容。

……

孟子曰:"人之性善。"曰:是不然。凡古今天下之所謂善者,正理平治也[①];所謂惡者,偏險悖亂也;是善惡之分也已[②]。今誠以人之性固正理平治邪?則有惡用聖王[③],惡用禮義矣哉?雖有聖王禮義,將曷加於正理平治也哉?今不然,人之性惡,故古者聖人以人之性惡,以為偏險而不正,悖亂而不治,故為之立君上之埶以臨之[④],明禮義以化之,起法正以治之[⑤],重刑罰以禁之,使天下皆出於治,合於善也。是聖王之治而禮義之化也。今當試去君上之埶[⑥],無禮義之化,去法正之治,無刑罰之禁,倚而觀天下民人之相與也[⑦]。若是,則夫彊者害弱而奪之,眾者暴寡而譁之,天下之悖亂而相亡,不待頃矣。用此觀之,然則人之性惡明矣,其善者偽也。

①平治:謂合法度。

②分:界限。

③有:通"又"。　惡用,何用。　惡:通"烏"。

④埶:同"勢",權勢。

⑤法正:法政,法制。

⑥當:或謂作"嘗"。

⑦倚:站在一旁。

【語言要點】

1. 字詞理解

其善者僞也　犯分亂理　用此觀之　偏險　相與　不待頃矣

2. 語句通釋

(1)今人之性,生而有好利焉,順是,故爭奪生而辭讓亡焉。

(2)人之性惡,故古者聖人以人之性惡,以為偏險而不正,悖亂而不治,故為之立君上之埶以臨之,明禮義以化之,起法正以治之,重刑罰以禁之,使天下皆出於治,合於善也。

【思考與討論】

1. 荀子認為人性惡是禮義、法律產生的根本原因,你是否贊同呢?為什麽?

2. 談談荀子駁斥孟子性善之說的依據和論證過程。

3. 你如何看待人性與法律的關係?

刑當罪則威

題解

本篇選自《荀子·君子》。在本篇中荀子主要探討天子如何治國的問題,文中指出天子有著至高無上的地位和權威,若以禮義、法律統治天下,則官無怠職,民無怪俗,而有罪者服其罪。刑罰、官爵運用準確,刑與罪相當,爵與賢相當,天子就有了威望,教化就易於推行。

聖王在上,分義行乎下[①],則士大夫無流淫之行[②],百吏官人無怠慢之事,眾庶百姓無姦怪之俗,無盜賊之罪,莫敢犯上之大禁,天下曉然皆知夫盜竊之不可以為富也,皆知夫賊害之不可以為壽也,皆知夫犯上之禁不可以為安也。由其道則人得其所好焉,不由其道則必遇其所惡焉。是故刑罰綦省[③],而威行如流。世曉然皆知夫為姦則雖隱竄逃亡之由不足以免也[④],故莫不服罪而請。《書》云:"凡人自得罪[⑤]。"此之謂也。

①分義:即禮義。

②流淫:猶荒淫。

③綦:極,很。

④由:通"猶",還。 免:免罪

⑤引文見《尚書·康誥》,此處文字和意義與《尚書》不盡相同。

故刑當罪則威,不當罪則侮;爵當賢則貴,不當賢則賤。古者刑不過罪,爵不踰德。故殺其父而臣其子,殺其兄而臣其弟。刑罰不怒罪[①],爵賞不踰德,分然各以其誠通[②]。是以為善者勸,為不善者沮;刑罰綦省而威行如流,政令致明而化易如神[③]。《傳》曰:"一人有慶,兆民賴之[④]。"此之謂也。

①怒:多,超過。

②分然:區別清楚的樣子。 通:上行下達,貫徹實行。

③致:同"至",極。 易:通"施",與"威行如流"之"行"近義。

④引文見《尚書·呂刑》。 慶:善。 兆:數量單位。古代下數以十萬為一億,十億為一兆;中數以萬萬為一億,萬億為一兆;上數以億億為一兆。此極言其多。 賴:依靠。也可解為"利"、"受惠"。

亂世則不然:刑罰怒罪,爵賞踰德,以族論罪,以世舉賢[①]。故一人有罪,而三族皆夷[②],德雖如舜,不免刑均,是以族論罪也。先祖當賢[③],後子孫必顯,行雖如桀紂,列從必尊[④],此以世舉賢也。以族論罪,以世舉賢,雖欲無亂,得乎哉!

①世:世襲。

②三族:指父族、母族、妻族。

③當:通"嘗",曾經。

④列從:行列相從,指後繼人。

【語言要點】

1. 字詞理解

刑罰綦省 不足以免 刑當罪 爵不踰德 以其誠通 為善者勸 一人有慶 以世舉賢 三族皆夷

2. 語句通釋

(1)由其道則人得其所好焉,不由其道則必遇其所惡焉。

(2)世曉然皆知夫為姦則雖隱竄逃亡之由不足以免也,故莫不服罪而請。

(3)故刑當罪則威,不當罪則侮;爵當賢則貴,不當賢則賤。

(4)刑罰怒罪,爵賞踰德,以族論罪,以世舉賢。

【思考與討論】

1. 談談你對"故刑當罪則威,不當罪則侮;爵當賢則貴,不當賢則賤"的認識。

2. 結合"一人有慶,兆民賴之"這句話,談談荀子政治思想的局限性。

老子語錄

老子,姓李名耳,字聃,楚國苦縣厲鄉曲仁里(今河南鹿邑)人,約生活於前571年至前471年之間,是我國古代偉大的哲學家和思想家、道家學派創始人。曾任周王室的柱下史,掌管王室圖籍。孔子到周,曾向老子問禮。後老子見周衰,即離去,莫知其所終。存世有《道德經》。

《老子》又稱《道德經》、《道德真經》、《老子五千文》等,是道家哲學思想的重要來源。《老子》分上下兩篇,原文上篇《德經》、下篇《道經》,不分章,後改為《道經》37章在前,第38章之後為《德經》,共81章,是中國歷史上首部完整的哲學著作,對中國哲學發展具有深刻影響。在道教中,老子被尊為道教始祖。老子與後世的莊子並稱老莊。

天下皆知美之為美,斯惡已①;皆知善之為善,斯不善已。有無相生,難易相成,長短相形,高下相盈②,音聲相和③,前後相隨,恒也。是以聖人處無為之事④,行不言之教⑤,萬物作而弗始,生而弗有,為而弗恃,功成而弗居。夫唯弗居,是以不去。(第二章)

①惡:醜。 已:通"矣"。

②盈:通行本作"傾"。盈,通"呈","高下相呈"即指高與下在對待關係中才顯現出來。

③音聲相和:樂器的音響和人的聲音互相調和。

④無為:不干擾,不妄為。

⑤不言之教:指潛移默化的引導。

不尚賢①,使民不爭;不貴難得之貨,使民不為盜;不見可欲②,使民心不亂。是以聖人之治,虛其心③,實其腹;弱其志④,強其骨。常使民無知無欲⑤。使夫智者不敢為也。為無為⑥,則無不治。(第三章)

①不尚賢:不標榜賢明。或曰不尚多財。

②可欲:多欲。

③虛其心:斷妄想思慮之心。

④弱其志:使人的意志柔韌。

⑤無知無欲:沒有偽詐的心智,沒有爭盜的欲念。

⑥為無為:以無為的方式去為(做),即以順任自然的態度去處理事務。

上德不德①,是以有德;下德不失德②,是以無德。上德無為而無以為③,下德無為而有以為。上仁為之而無以為,上義為之而有以為。上禮為之而莫之應,則攘臂而扔之④。故失道而後德,失德而後仁,失仁而後義,失義而後禮。夫禮者,忠信之薄⑤,而亂之首。前識者⑥,道之華,而愚之始。是以大丈夫處其厚⑦,不居其薄⑧;處其實,不居其華。故去彼取此。(第三十八章)

①上德不德:上德的人不自恃有德。

②不失德:恪守形式上的德。

③無以為:無心而為之。

④攘臂而扔之:伸出手臂來使人們強就。　扔,引也,即生拉硬拽。

⑤薄:衰薄,不足。

⑥前識:指預設種種禮儀規範。

⑦處其厚:立身敦厚。

⑧薄:澆薄,指"禮"。

其政悶悶①,其民淳淳;其政察察②,其民缺缺③。禍兮福之所倚,福兮禍之所伏。孰知其極?其無正也④。正復為奇,善復為妖⑤。人之迷,其日固久。是以聖人方而不割⑥,廉而不劌⑦,直而不肆,光而不耀。(第五十八章)

①悶悶:昏昧的樣子,此處含有寬厚的意思。

②察察:嚴苛。

③缺缺:狡黠。

④其無正也:它們並沒有定準。指禍福變換無端。

⑤正復為奇,善復為妖:正再轉變為邪,善再轉變為惡。

⑥方而不割:方正而不割傷人。

⑦廉而不劌:銳利而不傷害人。 廉,利。 劌,傷。

天之道,其猶張弓與?高者抑之,下者舉之;有餘者損之,不足者補之。天之道,損有餘而補不足。人之道則不然①,損不足以奉有餘。孰能有餘以奉天下?唯有道者。是以聖人為而不恃,功成而不處,其不欲見賢②。(第七十七章)

①人之道:指社會的一般律則。

②見:即現。

小國寡民:使有什佰之器而不用①,使民重死而不遠徙。雖有舟輿,無所乘之;雖有甲兵,無所陳之。使民復結繩而用之。甘其食,美其服,安其居,樂其俗。鄰國相望,雞犬之聲相聞,民至老死不相往來。(第八十章)

①什佰之器:指十倍百倍於人工之器械。

【語言要點】

1. 字詞理解

高下相盈 尚賢 攘臂 淳淳 察察 方而不割 損有餘 重死

2. 語句通釋

(1)是以聖人之治,虛其心,實其腹;弱其志,強其骨。

(2)上德不德,是以有德;下德不失德,是以無德。

(3)其政悶悶,其民淳淳;其政察察,其民缺缺。

(4)是以聖人方而不割,廉而不劌,直而不肆,光而不耀。

(5)天之道,損有餘而補不足。人之道則不然,損不足以奉有餘。

【思考與討論】

1. 上德、上仁、上義、上禮分别是指什麽？四者之間是什麽關係？談談你的理解。

2. 張岱年認為："中國古典哲學的最高範疇是'道'，而'道'的觀念是老子首先提出的。"(《論老子在哲學史上的地位》)請結合以上語録談談你對"道"的理解。

莊子

莊子(約前369年~前286年),名周,戰國時期睢陽蒙縣(今河南商丘東北)人。著名的思想家、哲學家和文學家,道家學派的主要代表人物。曾做過漆園吏,後厭惡仕途,隱居著述。莊子繼承和發展了老子思想,後世將他與老子並稱為"老莊"。他們的哲學思想體系,被學術界尊為"老莊哲學"。

《莊子》又稱《南華經》,係莊周及其後學所撰,約成書於先秦時期。《漢書·藝文志》著錄五十二篇,今本三十三篇。其中內篇七,外篇十五,雜篇十一,現在一般認為內篇是莊子所作。《莊子》全書以"寓言"、"重言"、"卮言"等為主要表現形式,繼承老子學說而倡導相對主義,蔑視禮法權貴而倡言逍遙自由。全書行文想象豐富,汪洋恣肆,跌宕起伏,乃先秦諸子文章的典範之作。

《莊子》現存最早的注本是晉郭象的《莊子注》。此外還有清郭慶藩的《莊子集釋》、王先謙的《莊子集解》等。

胠篋(節選)

題解

本篇從討論各種防盜的手段最終都會被盜賊利用入手,指出當時治天下的主張和辦法都是統治者的工具,著力批判了"仁義"和"禮法",倡導拋棄一切文化和智慧,使社會回到原始狀態。宣揚"絕聖棄知"的思想和返歸原始的政治主張。

將為胠篋、探囊、發匱之盜而為守備①,則必攝緘縢、固扃鐍②,此世俗之所謂知也。然而巨盜至,則負匱、揭篋、擔囊而趨,唯恐緘縢扃鐍之不固也。然則鄉之所謂知者③,不乃為大盜積者也?

①胠(qū):從旁打開。　發匱:開櫃子。
②攝:打結,收緊。緘、縢,皆為繩。　扃(jiōng)鐍(jué):門閂鎖鑰之類。
③鄉:通"向",先前的意思。　知:同"智"。

故嘗試論之:世俗之所謂知者,有不為大盜積者乎?所謂聖者,有不為大盜守者乎?何以知其然邪?昔者齊國,鄰邑相望,雞狗之音相聞,罔罟之所布[①],耒耨之所刺[②],方二千餘里。闔四竟之內,所以立宗廟社稷,治邑屋州閭鄉曲者[③],曷嘗不法聖人哉?然而田成子一旦殺齊君而盜其國[④]。所盜者豈獨其國邪?並與其聖知之法而盜之。故田成子有乎盜賊之名,而身處堯舜之安,小國不敢非,大國不敢誅[⑤],專有齊國。則是不乃竊齊國,並與其聖知之法,以守其盜賊之身乎?

①罔:網。　罟(gǔ):各種網的總稱。
②耒(lěi):犁。　耨:鋤。　刺:插入。
③邑、屋、州、閭、鄉曲:古代不同行政區劃的名稱。舊注:"六尺為步、步百為畝、畝百為夫,夫三為屋,屋三為井,井四為邑";"五家為比,五比為閭,五閭為族,五族為黨,五黨為州,五州為鄉"。"曲"則指"鄉"之一隅。
④田成子:齊國大夫陳恒。魯哀公十四年,殺齊簡公,奪取了齊國政權。
⑤誅:討伐。

……故跖之徒問於跖曰[①]:"盜亦有道乎?"跖曰:"何適而無有道邪?夫妄意室中之藏[②],聖也;入先,勇也;出後,義也;知可否,知也;分均,仁也。五者不備而能成大盜者,天下未之有也。"由是觀之,善人不得聖人之道不立,跖不得聖人之道不行;天下之善人少而不善人多,則聖人之利天下也少,而害天下也多。故曰:脣竭則齒寒,魯酒薄而邯鄲圍,聖人生而大盜起。掊擊聖人[③],縱舍盜賊[④],而天下始治矣。夫川竭而谷虛[⑤],丘夷而淵實;聖人已死,則大盜不起,天下平而無故矣。

①跖:盜跖,春秋末期魯國大盜。
②妄意:憑空推測。
③掊(pǒu):抨擊。

④縱:放寬。　舍(shě):放棄。

⑤竭:幹涸。　虛:空曠。

聖人不死,大盜不止。雖重聖人而治天下,則是重利盜跖也[①]。為之斗斛以量之[②],則並與斗斛而竊之;為之權衡以稱之[③],則並與權衡而竊之;為之符璽而信之[④],則並與符璽而竊之;為之仁義以矯之,則並與仁義而竊之。何以知其然邪?彼竊鉤者誅[⑤],竊國者為諸侯,諸侯之門而仁義存焉,則是非竊仁義聖知邪?故逐於大盜,揭諸侯,竊仁義並斗斛權衡符璽之利者,雖有軒冕之賞弗能勸[⑥],斧鉞之威弗能禁[⑦]。此重利盜跖而使不可禁者,是乃聖人之過也。

①重利盜跖:使盜跖獲得厚利。

②斗斛(hú):古代的兩種量器,十鬥為一斛。

③權:秤錘。　衡:秤杆。

④符璽(xǐ):作憑證的信物。"符"由兩半組成,合在一起以驗明真僞;"璽"就是印。

⑤鉤:即"鈎"字,本指腰帶鈎,此處泛指各種細小的不值錢的物品。

⑥軒:古代大夫以上的人所乘坐的車子。　冕:古代大夫或諸侯所戴的禮帽。"軒冕"代指高官厚祿。　勸:勸勉,鼓勵。

⑦鉞(yuè):大斧。"斧"和"鉞"都是指刑具,這裏代指行刑。

【語言要點】

1. 字詞理解

攝緘縢　揭篋　罔罟　擔囊而趨　重利盜跖　權衡　符璽　矯之
竊鉤　揭諸侯　軒冕　弗能勸　妄意　掊擊　縱舍

2. 語句通釋

(1)將為胠篋、探囊、發匱之盜而為守備,則必攝緘縢、固扃鐍,此世俗之所謂知也。

(2)世俗之所謂知者,有不為大盜積者乎?所謂聖者,有不為大盜守者乎?

(3)彼竊鉤者誅,竊國者為諸侯,諸侯之門而仁義存焉,則是非竊仁義聖知邪?

(4)故逐於大盜,揭諸侯,竊仁義並斗斛權衡符璽之利者,雖有軒冕之賞弗能勸,斧鉞之威弗能禁。

【思考與討論】

1. 談談你對"聖人已死,則大盜不起,天下平而無故矣"這句話的理解。
2. 結合中國歷史談談"竊鉤者誅,竊國者侯"的現象並討論之。

在宥(節選)

題解

在本篇中,借老聃對崔瞿的談話說明推行仁義擾亂人心是天下越治越壞的原因,極力主張"絕聖去知",以此說明"絕聖棄知而天下大治"。

崔瞿問於老聃曰①:"不治天下,安臧人心②?"老聃曰:"女慎無攖人心③。人心排下而進上④,上下囚殺;淖約柔乎剛彊⑤,廉劌彫琢⑥;其熱焦火,其寒凝冰。其疾俛仰之間而再撫四海之外⑦,其居也淵而靜⑧,其動也縣而天。僨驕而不可係者⑨,其唯人心乎!"

①崔瞿:虛擬的人名。

②臧:善。

③攖:糾纏,擾亂。

④排:排斥,壓抑。 進:推進,提升。"排"和"進"分別喻指不得志之時和得志之時;"下"和"上"則分別指即頹喪、消沈和歡欣、積極兩種心態。

⑤淖約:柔美。

⑥廉劌彫琢:形容一個人飽受折磨。

⑦撫:臨。

⑧淵:深沈的意思。

⑨僨驕:不可禁之勢。 僨,同憤。

"昔者黃帝始以仁義攖人之心,堯舜於是乎股無胈①,脛無毛②,以養天下之形,愁其五藏以為仁義,矜其血氣以規法度③。然猶有不勝也。堯於是放驩兜於崇山④,投三苗於三峗⑤,流共工於幽都⑥,此不勝天下也[⑦]。夫施及三王而天下大駭矣[⑧]。下有桀跖,上有曾史,而儒墨畢起。於是乎喜怒相疑,愚知相欺,善否相非,誕信相譏,而天下衰矣。大德不同,而性命爛漫矣[⑨];天下好知,而百姓求竭矣[⑩]。於是乎釿鋸制焉[⑪],繩墨殺焉,椎鑿決焉[⑫]。天下脊脊大亂[⑬],罪在攖人心。故賢者伏處大山嵁巖之下[⑭],而萬乘之君憂慄乎廟堂之上。”

①股:大腿。　胈(bá):白肉。

②脛:小腿。

③矜:苦。這裏指耗費。

④驩兜:與堯帝作對者,被流放到崇山(今湖南大庸縣西南)。

⑤三苗:堯時諸侯,名饕餮。　三峗:在今甘肅敦煌縣南。

⑥共工:堯時水官,名窮奇。因反叛被流放。　幽都:即幽州,在今河北密雲縣境。

⑦不勝天下:無法治好天下。

⑧施(yì):延續。　三王:即夏、商、周三代君王。

⑨爛漫:傷害,敗壞。

⑩求竭:糾葛,糾纏不清的樣子。

⑪釿:即“斤”,斫木的斧子。　制:斷,指用刀斧砍殺人。

⑫椎鑿:穿孔工具。

⑬脊脊:相互踐踏的樣子,混亂。

⑭嵁(kān)巖:深幽的巖谷。

“今世殊死者相枕也[①],桁楊者相推也[②],刑戮者相望也,而儒墨乃始離跂攘臂乎桎梏之間[③]。噫,甚矣哉,其無愧而不知恥也!甚矣,吾未知聖知之不為桁楊椄槢也[④],仁義之不為桎梏鑿枘也[⑤]!焉知曾史之不為桀跖嚆矢也[⑥]!故曰‘絕聖棄知而天下大治。’”(《在宥》第十一)

①“殊死”,斬首。　殊,斷。

②桁(háng)楊:囚禁者頸上和腳上的刑具。

③離跂:抬腿翹足的樣子。　桎梏:腳鐐、手銬。

④椄(jiē)槢(xí):連接腳鐐或手銬左右兩部分的插木。

⑤鑿:孔。　枘(ruì):榫頭,即插入孔中的木栓。

⑥嚆(hāo)矢:響箭。

【語言要點】

1. 字詞理解

臧人心　淖約　撫四海之外　攖人之心　矜其血氣　施及　釿鋸制焉

繩墨殺焉　脊脊大亂

2. 語句通釋

(1)不治天下，安臧人心？

(2)僨驕而不可係者，其唯人心乎！

(3)於是乎釿鋸制焉，繩墨殺焉，椎鑿決焉。

(4)故賢者伏處大山嵁岩之下，而萬乘之君憂慄乎廟堂之上。

(5)絕聖棄知而天下大治。

【思考與討論】

1. 本篇的論證過程有何特色？

2. 談談你對"絕聖棄知而天下大治"的理解。

墨子

《墨子》是先秦墨家學派的著作總匯，大部分是墨子弟子或再傳弟子記述的墨子言行。墨子，名翟，春秋戰國之際思想家、政治家，墨家學派創始人。他與孔子一樣能為"賤事"，做過木匠，擅長機械製作，可能是出身於小生產者家庭。

在先秦諸子中，墨子最具平民色彩。他雖然曾經習儒，但有許多思想主張是針對儒家提出的，如《非樂》、《非儒》、《兼愛》等篇的題目即有明顯的挑戰性。他的思想主張還有"非攻"、"尚賢"、"尚同"、"節用"、"節葬"、"非命"、"尊天"、"明鬼"等，形成了自己的獨特思想體系。《墨子》的內容不僅包含了政治、經濟、教育、倫理、認識論、邏輯學等方面，還難能可貴地涉及了數學、光學、力學等科學方面的知識。

據班固《漢書・藝文志》記載，《墨子》一書共 71 篇，然現存僅 53 篇。其中《備城門》以前諸篇是墨子及其弟子關於政治、經濟乃至科學的論述；從《備城門》篇開始的各篇主要論守戰之法，漢代曾經單獨列出成書。

《墨子》之書歷代少人傳述，因此訛誤衍脫嚴重，在諸子書中號為難讀。今傳《墨子》注本，以清代畢沅注為最早，以孫詒讓注本《墨子閒詁》為最善。今人吳毓江的《墨子校注》為墨子研究提供了最詳盡的版本資料。

尚同上

題解

"尚同"即"上同"，是說人們的一切意見要統一於上級，以解決天下思想混亂、社會紛爭的局面，目的是建立一個權力和思想統一的強大的政治體系。墨子的"尚同"主張與其"尚賢"觀念相聯繫，下級思想要上同於上級，需由"仁人"或"賢可者"來擔當這一責任，因此各級官長及至天子都必須德能出眾。

子墨子言曰:古者民始生未有刑政之時,蓋其語人異義①。是以一人則一義,二人則二義,十人則十義。其人茲衆②,其所謂義者亦茲衆。是以人是其義③,以非人之義,故交相非也。是以內者父子兄弟作怨惡④,離散不能相和合。天下之百姓⑤,皆以水火毒藥相虧害,至有餘力不能以相勞⑥,腐朽餘財不以相分,隱匿良道不以相教,天下之亂,至若禽獸然。

①蓋:發語詞。此句意謂其言語表達之想法人各不同。

②茲:通"滋",益,更加。

③人是其義:各人以其義為是。

④內者:一家之內。　作:興起,發生。

⑤"天下"前疑脫"外者"二字,應與上句"內者"相對為文。

⑥勞:幫助,佑助。

夫明虖天下之所以亂者①,生於無政長②。是故選天下之賢可者,立以為天子。天子立,以其力為未足,又選擇天下之賢可者,置立之以為三公③。天子三公既以立④,以天下為博大,遠國異土之民、是非利害之辯,不可一二而明知⑤,故畫分萬國,立諸侯國君。諸侯國君既已立,以其力為未足,又選擇其國之賢可者,置立之以為正長。正長既已具,天子發政於天下之百姓,言曰:"聞善而不善⑥,皆以告其上。上之所是必皆是之,上之所非必皆非之。上有過則規諫之,下有善則傍薦之⑦。上同而不下比者,此上之所賞而下之所譽也。意若聞善而不善⑧,不以告其上。上之所是弗能是,上之所非弗能非。上有過弗規諫,下有善弗傍薦。下比不能上同者,此上之所罰而百姓所毀也。"上以此為賞罰,甚明察以審信⑨。

①虖:通"乎"。

②政長:治政長官。

③三公:周代以太師太傅太保為三公,為中央三種最高官銜合稱。

④以:通"已"。

⑤一二:一一,逐一。

⑥而:與。

⑦傍:與"旁"通,廣、遍的意思。

⑧意若:假如。

⑨以:而。　審信:確實可靠。

是故里長者[①],里之仁人也。里長發政里之百姓[②],言曰:"聞善而不善,必以告其鄉長[③]。鄉長之所是必皆是之,鄉長之所非必皆非之。去若不善言,學鄉長之善言。去若不善行,學鄉長之善行。"則鄉何說以亂哉[④]?察鄉之所以治者,何也?鄉長唯能壹同鄉之義[⑤],是以鄉治也。鄉長者,鄉之仁人也。鄉長發政鄉之百姓,言曰:"聞善而不善者,必以告國君。國君之所是必皆是之,國君之所非必皆非之。去若不善言,學國君之善言。去若不善行,學國君之善行。"則國何說以亂哉?察國之所以治者,何也?國君唯能壹同國之義,是以國治也。國君者,國之仁人也。國君發政國之百姓,言曰:"聞善而不善,必以告天子。天子之所是皆是之,天子之所非皆非之。去若不善言,學天子之善言。去若不善行,學天子之善行。"則天下何說以亂哉?察天下之所以治者,何也?天子唯能壹同天下之義,是以天下治也。

①里長:古以二十五家(也有說是五十家、一百家的)為一里,里設里長。

②發政:發佈政令。

③鄉長:周代以一萬二千五百家為一鄉,鄉設鄉長。

④何說以亂哉:怎麼會混亂呢?

⑤壹同:統一。　鄉之義:全鄉的思想認識。

天下之百姓皆上同於天子,而不上同於天,則菑猶未去也[①]。今若天飄風苦雨[②],溱溱而至者[③],此天之所以罰百姓之不上同於天者也。是故子墨子言曰:古者聖王為五刑[④],請以治其民。譬若絲縷之有紀[⑤],罔罟之有綱,所以連收天下之百姓不尚同其上者也。

①菑:通"災"。

②飄風:暴風。　苦雨:霖雨。

③溱溱:頻仍,接連。

④五刑:五種刑罰,即墨、劓、剕、宮、大辟。

⑤紀:頭緒。

【語言要點】

1. 字詞理解

茲眾　相勞　規諫　傍薦　明察以審信　發政　壹同　飄風苦雨

2. 語句通釋

(1)其人茲眾,其所謂義者亦茲眾。是以人是其義,以非人之義,故交相非也。

(2)天子三公既以立,以天下為博大,遠國異土之民、是非利害之辯,不可一二而明知,故畫分萬國,立諸侯國君。

(3)上同而不下比者,此上之所賞而下之所譽也。

(4)古者聖王為五刑,請以治其民。譬若絲縷之有紀,罔罟之有綱,所以連收天下之百姓不尚同其上者也。

【思考與討論】

1. 墨子關於統一思想認識的意見有何意義與局限?

2. 討論墨子"尚同"和"尚賢"主張之間的聯繫。

商君書

《商君書》又稱《商君》、《商子》,是戰國時期商鞅一派法家著作的彙編。商鞅,衛國國君後代,姬姓公孫氏,故又稱衛鞅、公孫鞅。佐秦孝公執政二十一年(前359年至前338年),使秦國富兵強,史稱"商鞅變法",為以後秦始皇統一中國奠定了基礎。《商君書》記錄了商鞅的主張和言行,但不盡為商鞅之作,有一些篇目成於商鞅身後甚至秦統一六國之後。

全書主要闡述商鞅及其追隨者的政治思想,記錄了秦國的一些政治與軍事制度。書中論述了他們的變法理論和具體措施,這一整套理論"以強力為根基、以法治為主體、以權勢為支撐、以刑賞為手段、以排儒為輔助、以農戰為要務、以富強為宗旨、以稱王為目的"(張覺《商君書全譯·前言》)。其中《更法》、《墾令》、《境內》、《戰法》、《立本》、《兵守》等十多篇形成年代較早,其說與商鞅事蹟相合。但《去強》、《說民》等篇主張重刑輕賞甚至重刑不賞,所論與商鞅不同,是法家學派後起的理論。

《漢書·藝文志》著錄"《商君》二十九篇",現存僅24篇。《商君書》的校釋本有朱師轍的《商君書解詁定本》、高亨的《商君書注譯》、蔣禮鴻的《商君書錐指》等。

開塞

題解

"開塞"意謂開已塞之道,即清除政治道路上的障礙。作者通過分析人類歷史的發展進程,說明戰國時代只有法治才是正確的政治道路。在刑賞問題上,甚至提出"求過不求善,藉刑以去刑"的極端主張。作者揭示了政治要適應時代需要而改革的原則,至今仍有現實意義。

天地設而民生之①。當此之時也,民知其母而不知其父,其道親親而愛私。親親則別②,愛私則險③,民眾而以別、險為務,則民亂。當此之時,民務勝而力征④。務勝則爭,力征則訟,訟而無正⑤,則莫得其性也⑥。故賢者立中正,設無私,而民說仁⑦。當此時也,親親廢,上賢立矣⑧。凡仁者以愛利為務,而賢者以相出為道⑨。民眾而無制,久而相出為道,則有亂⑩。故聖人承之,作為土地貨財男女之分⑪。分定而無制,不可,故立禁。禁立而莫之司⑫,不可,故立官。官設而莫之一⑬,不可,故立君。既立君,則上賢廢而貴貴立矣⑭。然則上世親親而愛私,中世上賢而說仁,下世貴貴而尊官⑮。上賢者,以道相出也;而立君者,使賢無用也。親親者,以私為道也,而中正者使私無行也。此三者非事相反也⑯,民道弊而所重易也⑰,世事變而行道異也。故曰:"王道有繩。"⑱

①天地設:天地形成。

②别:劃分,即分親疏。

③險:姦險。

④務勝:力求壓服對方。　力征:致力於奪取財物。

⑤正:中正,即不偏向任何一方的裁斷標準。

⑥莫得其性:指不能滿足過正常生活的願望和要求。

⑦說:通"悅"。

⑧上賢:即"尚賢",尊崇賢人。

⑨出:推舉,推讓。

⑩有:又。這句是說人多了而沒有制度約束,總是把推舉別人作為處世的原則,社會又亂了。

⑪分:名分。指確定所有權和區分界限。

⑫司:主管,執行。

⑬莫之一:沒有人統一管轄他們。

⑭貴貴:尊崇貴人。

⑮上世:即"上古",當指母系社會至父系社會的過渡時期。　中世:即"中古",當指黃帝至堯、舜、禹時期。　下世:即"近古",當指夏、商、周時代。

⑯此三者:指上述三個時代。　事:從事。

⑰弊:敗,壞。　所重易:所重視的東西發生了改變。

⑱王道有繩:開創王業有一定的準則。 繩:準則,標準。

夫王道一端[①],而臣道亦一端;所道則異,而所繩則一也。故曰:"民愚,則知可以王[②];世知,則力可以王[③]。"民愚,則力有餘而知不足;世知,則巧有餘而力不足。民之性,不知則學,力盡而服。故神農教耕而王,天下師其知也;湯武致彊而征[④],諸侯服其力也。夫民愚,不懷知而問[⑤];世知,無餘力而服。故以知王天下者並刑[⑥];力征諸侯者退德[⑦]。聖人不法古,不脩今[⑧]。法古則後於時,脩今則塞於勢[⑨]。周不法商,夏不法虞,三代異勢而皆可以王。故興王有道,而持之異理[⑩]。武王逆取而貴順[⑪],爭天下而上讓[⑫];其取之以力,持之以義。今世彊國事兼並,弱國務力守;上不及虞夏之時,而下不脩湯武之道。湯武塞[⑬],故萬乘莫不戰,千乘莫不守[⑭]。此道之塞久矣,而世主莫之能廢也[⑮],故三代不四[⑯]。非明主莫有能聽也,今日願啟之以效[⑰]。

①"王道",或疑為"主道"。 一端:一頭、一個方面。

②知:通"智"。 王:成就王業。

③力:武力。

④湯武:商湯王、周武王。 致彊:達到強盛。

⑤懷:抱,具有。

⑥並:通"摒",排除。

⑦退德:拋棄德治。

⑧脩:當為"循"之誤。 循,拘守現狀。

⑨脩今則塞於勢:拘守現狀則不能適應形勢的發展。 塞:閉塞。 勢:趨勢,形勢。

⑩持之異理:保持統治另有一套方法。

⑪逆取:以造反奪取天下。 貴順:提倡順從。

⑫上:崇尚。

⑬湯武塞:湯武之道在今天行不通。

⑭萬乘:擁有萬輛戰車的大國。 千乘:擁有千輛戰車的小國。

⑮廢:當為"發",打開。

⑯三代不四:夏、商、周三個統一的朝代後沒有能再出現第四個統一朝代。

⑰啟：開，通，說通。　效：實效。此句意謂通過實際效果來說通這個道理。

古之民樸以厚[①]，今之民巧以偽。故效於古者先德而治[②]；效於今者前刑而法[③]；此俗之所惑也。今世之所謂義者[④]，將立民之所好而廢其所惡；此其所謂不義者，將立民之所惡，而廢其所樂也。二者名貿實易[⑤]，不可不察也。立民之所樂，則民傷其所惡[⑥]；立民之所惡，則民安其所樂。何以知其然也？夫民憂則思，思則出度[⑦]；樂則淫，淫則生佚[⑧]。故以刑治則民威[⑨]，民威則無姦，無姦則民安其所樂。以義教則民縱，民縱則亂，亂則民傷其所惡。吾所謂刑者，義之本也；而世所謂義者，暴之道也。夫正民者，以其所惡，必終其所好；以其所好，必敗其所惡[⑩]。

①以：而。

②效於古者：在古代有效的辦法。　先德而治：把推行德治放在首位。

③前刑而法：把刑罰放在前，以實行法治。

④義：指儒家倡導的義。

⑤貿、易：交換，顛倒。名貿實易，名稱和實際內容弄顛倒了。即"義"的名下放入"不義"的內容，而"不義"的名下放入"義"的內容。

⑥傷其所惡：受害於他們所憎惡的東西。

⑦出：產生。　出度，產生守法思想。

⑧佚：失，過錯。淫則生佚，放蕩就會產生過失。

⑨威：同"畏"。

⑩此句謂治民者用民眾所厭惡的東西來治理，則民眾終將獲得其所喜好的東西；用民眾喜好的東西來治理，則民眾必將被其所厭惡的東西所傷害。　正民：治民。

治國刑多而賞少[①]。故王者刑九而賞一，削國賞九而刑一[②]。夫過有厚薄，則刑有輕重；善有大小，則賞有多少。此二者世之常用也。刑加於罪所終[③]，則姦不去；賞施於民所義，則過不止。刑不能去姦，而賞不能止過者，必亂。故王者刑用於將過[④]，則大邪不生；賞施於告姦，則細過不失。治民能使大邪不生，細過不失，則國治。國治必彊。一國行之，境內獨治；二國行之，兵則少寢[⑤]；天下行之，至德復立[⑥]。

此吾以殺刑之反於德,而義合於暴也[7]。

①治國:治理得好的國家。

②削國:衰落的國家。　九和一,分別代指多和少。

③罪所終:犯罪到了最嚴重的地步。此句意為犯了重罪才處以刑罰。

④將過:剛開始犯罪。指輕罪。

⑤兵:兵器,指戰爭。　寢:息,停止。

⑥至德復立:最高的道德重新樹立起來。

⑦此句意謂殺戮、刑罰能夠反歸於道德,而儒家強調的義反而合乎殘暴。

古者民藂生而群處[1],亂,故求有上也[2]。然則天下之樂有上也,將以為治也。今有主而無法,其害與無主同;有法不勝其亂,與不法同。天下不安無君而樂勝其法[3],則舉世以為惑也。夫利天下之民者,莫大於治;而治莫康於立君[4]。立君之道,莫廣於勝法[5];勝法之務,莫急於去姦;去姦之本,莫深於嚴刑[6]。故王者以賞禁,以刑勸;求過不求善[7],藉刑以去刑[8]。

①藂:古同"叢"。

②上:首領。

③此句意謂天下人都不願意沒有國君,卻又樂於破壞國君所定的法律。　勝:克服,此處指破壞。

④康:盛。句謂要社會安定,沒有比立君更好的。

⑤勝法:任法,用法。

⑥深:重。

⑦此句謂只追究罪過,不講求所謂善行。

⑧藉:通"借",依靠。

【語言要點】

1. 字詞理解

天地設　親親則別　力征　莫之司　王道有繩　啟之以效　樸以厚　少寢　名貿實易

2. 語句通釋

(1)親親者,以私為道也,而中正者使私無行也。

(2)取之以力,持之以義。

(3)效於古者先德而治;效於今者前刑而法。

(4)立民之所樂,則民傷其所惡;立民之所惡,則民安其所樂。

(5)刑加於罪所終,則姦不去;賞施於民所義,則過不止。

(6)武王逆取而貴順,爭天下而上讓;其取之以力,持之以義。

(7)夫利天下之民者,莫大於治;而治莫康於立君。立君之道,莫廣於勝法;勝法之務,莫急於去姦;去姦之本,莫深於嚴刑。

(8)故王者以賞禁,以刑勸;求過不求善,藉刑以去刑。

【思考與討論】

1. 討論文中提出的歷史觀,著重思考其法治理論的歷史依據。

2. 為什麼法家認為儒家的仁義反而會招致害民的結果?你怎麼看待這一問題?

修權

題解

修,修飾。"修權"是說國君要善於使用權力。本文論述了國君掌權治國的一系列重大問題,提出治國的三大條件"法、信、權"中最重要的是國君獨掌執行法治的權柄。作者提出"任法去私"的問題,強調了"立法明分"的重要性。他提倡君臣都需要守法守信、為公去私的政治原則,體現了商鞅法治思想的徹底性。

國之所以治者三:一曰法,二曰信,三曰權。法者,君臣之所共操也①;信者,君臣之所共立也;權者,君之所獨制也。人主失守則危②;君臣釋法任私必亂③。故立法明分④,而不以私害法,則治;權制獨斷於君則威;民信其賞則事功成,信其刑則姦無端⑤。惟明主愛權重信,而不以私害法。故上多惠言而剋其賞⑥,則下不用;數加嚴令而不致其刑⑦,則民傲死⑧。凡賞者,文也;刑者,武也。文武者,法之約也⑨。故明主任法。明主不蔽之謂明⑩,不欺之謂察⑪。故賞厚而信,刑重而必⑫,不失疏遠,不違親近⑬。故臣不蔽主而下不欺上。

①操:保持,遵守。

②失守:失其所守,失去所應保持的權柄。

③釋法:廢止法令而不遵守。　任私:憑私意私慾而行。

④分(fèn):名分,界限。

⑤無端:無從開始。

⑥惠言:賞賜的諾言。　刓:通"克",勝也。刓其賞,即口惠而賞不至。

⑦數(shuò):屢次。　加:增加。　致:施加。

⑧傲:傲視,藐視。　死:死刑。

⑨約:要領,綱領。"法之約"的意思是說上面提到的兩種手段是法治的要領。

⑩不蔽:不受蒙蔽。

⑪不欺:不受欺騙。

⑫信:講信用。　必:必行。

⑬"不失疏遠"指"賞"而言,實行賞賜不遺漏疏遠的人;"不違親近"指"刑"而言,使用刑罰不迴避親近的人。

世之為治者,多釋法而任私議,此國之所以亂也。先王縣權衡立尺寸而至今法之①,其分明也②。夫釋權衡而斷輕重,廢尺寸而意長短③,雖察④,商賈不用,為其不必也⑤。故法者,國之權衡也。夫倍法度而任私議⑥,皆不知類者也⑦。不以法論知、能、賢、不肖者惟堯⑧,而世不盡為堯。是故先王知自議譽私之不可任也⑨,故立法明分,中程者賞之⑩,毀公者誅之。誅賞之法,不失其議⑪,故民不爭。授官予爵不以其勞⑫,則忠臣不進;行賞賦祿不稱其功⑬,則戰士不用。

①縣:通"懸",引申為制定。　權衡:權,秤錘;衡,秤桿。權衡,泛指量具。　法:效法,沿用。

②分明:標準明確。

③意:猜測。

④察:看得準、猜得著。

⑤不必:不一定,即不精確之意。

⑥倍:通"背",違背。

⑦類:類推。知道權衡的重要,卻不知道法度的重要,所以說他們是"不知類者"。

⑧論:評定。　知:通“智”。　能:賢能。

⑨自議:評議自己。譽私:讚譽私人。　任:信任。

⑩中(zhòng)程:符合法度法規。

⑪失:違背。　議:通“儀”,法度,標準。

⑫以:根據。　勞:功勞。

⑬賦:給予。　稱:符合,與……相當。

凡人臣之事君也,多以主所好事君①。君好法,則臣以法事君;君好言,則臣以言事君。君好法,則端正之士在前;君好言,則毀譽之臣在側②。公私之分明,則小人不疾賢③,而不肖者不妒功。故堯舜之位天下也④,非私天下之利也,為天下位天下也。論賢舉能而傳焉,非疏父子親越人也⑤,明於治亂之道也。故三王以義親,五伯以法正諸侯,皆非私天下之利也,為天下治天下。是故擅其名而有其功⑥,天下樂其政而莫之能傷也。今亂世之君臣,區區然皆擅一國之利⑦,而管一官之重⑧,以便其私,此國之所以危也。故公私之交⑨,存亡之本也。

①主:君主。　好:愛好。　事:侍奉。

②毀譽之臣:撥弄是非的人。

③疾:通“嫉”。

④位:當作“涖”。　位天下:君臨天下。

⑤越人:指關係疏遠的人。

⑥擅:佔有,專有。

⑦區區然:得意的樣子。

⑧管:掌握。　重:即權力。

⑨交:前後相替之際,即分際。

夫廢法度而好私議,則姦臣鬻權以約祿①,秩官之吏隱下而漁民②。諺曰:“蠹眾而木折,隙大而牆壞。”故大臣爭於私而不顧其民,則下離上③;下離上者,國之隙也。秩官之吏隱下以漁百姓,此民之蠹也。故國有隙蠹而不亡者,天下鮮矣④。是故明主任法去私,而國無隙蠹矣。

①鬻:賣。　約:要求。　祿:賞賜,好處,引申為賄賂。

②秩官之吏:各級官吏。　隱:蒙蔽。　漁:侵奪。

③下離上:民眾背離國君。

④鮮:少有。

【語言要點】

1. 字詞理解

共操　獨制　釋法任私　立法明分　賞厚而信　刑重而必　漁民　縣權衡　中程者　不稱其功　擅其名

2. 語句通釋

(1)法者,君臣之所共操也;信者,君臣之所共立也;權者,君之所獨制也。

(2)夫釋權衡而斷輕重,廢尺寸而意長短,雖察,商賈不用,為其不必也。

(3)公私之分明,則小人不疾賢,而不肖者不妒功。

(4)故三王以義親,五伯以法正諸侯,皆非私天下之利也,為天下治天下。

【思考與討論】

1. 現代政治眼光下該怎樣看待法、信、權三者之間的關係?

2. 商鞅的"除蠹"理論對今天的反腐鬥爭有何啟示?

語錄數則

題解

這裏所選的幾則語錄選自《商君書》的不同章節,反映商鞅學派法治思想的不同方面,表達了對其他學派尤其是儒家學派的批判。

以刑去刑[①],國治;以刑致刑[②],國亂。故曰:行刑重輕[③],刑去事成,國彊;重重而輕輕[④],刑至事生[⑤],國削。刑生力[⑥],力生彊,彊生威,威生惠,惠生於力。(去彊第四)

①以刑去刑:指對輕罪使用重刑,使民眾畏懼而不敢犯罪,從而達到不用刑罰的目的。

②以刑致刑:指對重罪使用輕刑,民眾就不怕刑罰而輕易犯法,從而招致更多犯罪。

③重輕:輕罪用重刑。

④重重而輕輕:重罪用重刑,輕罪用輕刑。

⑤刑至事生:刑罰不斷使用,而犯罪的事不斷發生。

⑥刑生力:用刑罰督促人民從事農戰,就會產生實力。

六虱①:曰禮、樂;曰《詩》、《書》;曰修善、曰孝弟②;曰誠信、曰貞廉;曰仁、義;曰非兵、曰羞戰③。國有十二者,上無使農戰④,必貧至削。十二者成群,此謂君之治不勝其臣⑤,官之治不勝其民,此謂六虱勝其政也⑥。(靳令第十三)

①六虱:指危害國家的六項禍害,是針對儒家理論提出的。每項下又分二小項,故下文稱"十二者"。

②修善:善良。　弟:通"悌"。

③非兵:反對戰爭。　羞戰:以參加戰爭為羞恥。

④上無使農戰:國君無法使人們從事農戰。

⑤勝:制勝,制服。

⑥六虱勝其政:六虱在政治上占了上風。

聖人之為國也:壹賞,壹刑,壹教①。壹賞則兵無敵,壹刑則令行,壹教則下聽上。夫明賞不費②,明刑不戮③,明教不變④,而民知於民務,國無異俗。明賞之猶⑤,至於無賞也;明刑之猶,至於無刑也;明教之猶,至於無教也。(賞刑第十七)

①壹:統一。　教:教化。

②明賞不費:明確的獎賞並不耗費財物(因為杜絕了營私舞弊的可能,只憑戰功取賞,而戰功本身所取戰利品就多得賞不完)。

③明刑不戮:嚴明的刑罰並不殺人(人們會因為犯法必究而不敢犯法)。

④明教不變:明白的教化並不需要強行去改變什麼(百姓明白了教化施行的道理,就能統一行動而不需要去強迫他們)。

⑤猶,即"尤",極的意思。

所謂壹刑者,刑無等級①。自卿相、將軍以至大夫、庶人,有不從王令,犯國禁,亂上制者,罪死不赦。有功於前,有敗於後,不為損刑[②]。有善於前,有過於後,不為虧法[③]。忠臣孝子有過,必以其數斷[④]。守法守職之吏有不行王法者[⑤],罪死不赦,刑及三族。周官之人知而訐之上者[⑥],自免於罪,無貴賤,尸襲其官長之官爵田祿[⑦]。(賞刑第十七)

①刑無等級:刑罰不分尊卑貴賤的等級。

②損:減。

③虧:破壞。

④數:罪的輕重程度。

⑤守法守職:掌管法令、擔任一定職務。

⑥周官之人:官吏周圍的人。　訐:揭發。

⑦尸襲:代替、繼承。

一兔走,百人逐之,非以兔也[①]。夫賣者滿市而盜不敢取,由名分已定也。故名分未定,堯舜禹湯且皆如鶩焉而逐之[②];名分已定,貪盜不取。(定分第二十六)

①"非以兔"下應補"可分以為百,由名分之未定"等十一字。

②如鶩:同"加務",加倍努力。

【語言要點】

1. 字詞理解

以刑致刑　行刑重輕　壹刑　虧法　尸襲

2. 語句通釋

(1)刑生力,力生彊,彊生威,威生惠,惠生於力。

(2)明刑之猶,至於無刑也。

(3)有功於前,有敗於後,不為損刑。有善於前,有過於後,不為虧法。

(4)名分未定,堯舜禹湯且皆如鶩焉而逐之;名分已定,貪盜不取。

【思考與討論】

1. "以刑去刑"說是針對儒家的哪種思想而言的?有何意義與局限?

2. "刑無等級"在商鞅時代有何進步意義?

韓非子

《韓非子》是戰國末期法家學派集大成者韓非子的著作。韓非係韓國諸公子,與李斯同受學於荀子。他多次上書韓王,建議改革政治,富國強兵,韓王未予採納。韓非退而著書,成《孤憤》、《五蠹》、《說難》等十餘萬言。秦王政讀後極為讚賞,公元前234年通過施加軍事壓力見到韓非,卻沒能及時重用。次年韓非受李斯等人之讒下秦獄而死。

在先秦古書中《韓非子》的竄亂較少,僅《初見秦》等少數幾篇為僞作。韓非的學說繼承了李悝、商鞅等重法治的法家傳統思想,又旁收博取,將慎到的勢論與申不害的術論融合進法家思想體系,從而形成自己的法、術、勢三者統一的治國之術。韓非受老子思想影響很深,其《解老》、《喻老》諸篇就是圍繞《老子》展開。他攻儒、墨不遺餘力,不少篇章都是有為而發。也有一些篇章只是資料彙編性質,如《說林》、內外《儲說》等,大約是韓非用以積存寫作素材而編。

韓非以進化的歷史觀作為自己法治思想的理論基礎和思想武器,而其追求的政治目標則是建立一個統一的君主集權國家。他對加強君主集權提出了一系列的建議和意見,除了法、術、勢相結合的治國理論,還要求君主善於運用賞罰手段,尤其偏重嚴刑峻法。在思想文化領域,韓非也鼓吹加強專制統治,為後來秦始皇的"焚書坑儒"提供了理論基礎。歷代統治者對韓非少有顯揚,然而實際上多"陽儒而陰法"。

在先秦諸子散文中,《韓非子》的文學成就堪與《莊子》、《孟子》、《荀子》相媲美。韓非之文說理透闢,邏輯嚴密,以分析見長,與中國傳統散文以氣勢見長的行文風格迥然異趣。《韓非子》還保存了大量的先秦寓言,為我國文學史留下寶貴財富。

《韓非子》一書共55篇,約十餘萬言。《漢書·藝文志》著錄篇數與今所見相同。清人王先慎著有《韓非子集解》,今人陳奇猷的《韓非子集釋》在此基礎上又有發明創見。周勛初修訂的《韓非子校注》注釋深入淺出,便於初學。

難三(節選)

題解

本篇從“鄭子產知姦”這個智慧故事入手,對子產的耳目之治提出批評,闡明君主治國不可依靠個人智慧,而要“因物以治物”、“因人以知人”,善於利用事物之間的聯繫及眾人的智慧去察姦防姦。

鄭子產晨出[①],過東匠之閭[②],聞婦人之哭,撫其御之手而聽之[③]。有閒,遣吏執而問之,則手絞其夫者也[④]。異日[⑤],其御問曰:“夫子何以知之?”子產曰:“其聲懼。凡人於其親愛也,始病而憂,臨死而懼,已死而哀。今哭已死,不哀而懼,是以知其有姦也。”

①子產:即公孫僑,著名的政治家,春秋時鄭昭公的國相。

②東匠:閭名。閭,里巷,古時二十五家為一閭。

③撫:按。“撫其御之手”是示意駕車人停車的動作。

④手絞:親手縊殺。

⑤異日:另一天。

或曰[①]:子產之治,不亦多事乎!姦必待耳目之所及而後知之,則鄭國之得姦者寡矣。不任典成之吏[②],不察參伍之政[③],不明度量,恃盡聰明勞智慮[④],而以知姦,不亦無術乎!且夫物眾而智寡,寡不勝眾,智不足以遍知物,故因物以治物。下眾而上寡,寡不勝眾者,言君不足以遍知臣也,故因人以知人。是以形體不勞而事治,智慮不用而姦得。故宋人語曰:“一雀過羿,羿必得之,則羿誣矣[⑤]。以天下為之羅,則雀不失矣。”夫知姦亦有大羅,不失其一而已矣[⑥]。不修其理[⑦],而以己之胸察為之弓矢[⑧],則子產誣矣。老子曰:“以智治國,國之賊也。”其子產之謂矣。

①或曰:在這裏表示作者的異議。
②典成之吏:即主管獄訟的官吏。　典,主管。　成,平,這裏是判案的意思。
③參(cēn)伍:錯綜比較,加以驗證。
④恃:依賴。
⑤誣:欺騙。
⑥其一:泛指其中任何一個。
⑦修:整治。　理:法。
⑧胸察:主觀判斷。　弓矢:喻指察姦的手段。

【語言要點】

1. 字詞理解

有閒　異日　典成之吏　參伍之政　因物以治物　不修其理　胸察　國之賊

2. 語句通釋

(1)凡人於其親愛也,始病而憂,臨死而懼,已死而哀。

(2)不任典成之吏,不察參伍之政,不明度量,恃盡聰明勞智慮,而以知姦,不亦無術乎!

【思考與討論】

聰察之政為什麼不可取?

定法

題解

定法,指確立法度。本篇以問答形式論商鞅、申不害的法、術主張及其利弊得失,對前期法家的法治實踐進行總結,提出只有將法和術結合起來,才能有效加強君主集權。

問者曰:"申不害、公孫鞅①,此二家之言孰急於國?"應之曰:"是不可程也②。人不食,十日則死;大寒之隆③,不衣亦死。謂之衣食孰急於人,則是不可一無也,皆養生之具也④。今申不害言術,而公孫鞅為法。術者,因任而授官[5],循名而責實[6],操殺生之柄,課群臣之能者也[7],此人主之所執也。法者,憲令著於官府[8],刑罰必於民心,賞存乎慎法[9],而罰加乎奸令者也[10],此臣之所師也[11]。君無術則弊於上[12],臣無法則亂於下,此不可一無,皆帝王之具也。"

①申不害:鄭國人,戰國時的法家人物,韓昭侯時任相,實行變法改革。強調用"術"來統馭臣下,其著作《申子》六篇今已失傳,只留下一些零散材料。公孫鞅:即商鞅。

②程:估量,衡量。

③大寒之隆:嚴寒。 隆:指程度深。

④養生之具:維持生命的必需品。

⑤因:依據。 任:能力。

⑥循:按照。 責:求。

⑦課:考核。

⑧憲令:法令。 著:明確規定。

⑨慎法:指謹守法令的人。

⑩奸令:指觸犯法令的人。 奸,通"干",干擾,觸犯。

⑪師:遵循,師法。

⑫弊:通"蔽",蒙蔽,欺騙。

問者曰:"徒術而無法[1],徒法而無術,其不可何哉?"對曰:"申不害,韓昭侯之佐也。韓者,晉之別國也[2]。晉之故法未息[3],而韓之新法又生;先君之令未收,而後君之令又下。申不害不擅其法[4],不一其憲令,則姦多。故利在故法前令則道之[5],利在新法後令則道之,利在故新相反,前後相勃[6],則申不害雖十使昭侯用術[7],而姦臣猶有所譎其辭矣[8]。故託萬乘之勁韓[9],七十年而不至於霸王者[10],雖用術於上,法不勤飾於官之患也[11]。公孫鞅之治秦也,設告相坐而責其實[12],連什伍而同其罪[13],賞厚而信,刑重而必,是以其民用力勞而不休[14],逐敵危而不卻,故其國富而兵強。然而無術以知姦,則以其富強也資人臣而已矣[15]。及孝公、商君死,惠王即位,秦法未敗也,而張儀以秦殉韓、魏[16]。惠王死,武王即位,甘茂以秦殉周[17]。武王死,昭襄王即位,穰侯越韓、魏而東攻齊[18]，五年而秦不益尺土之地，乃城其陶邑之封[19]。應侯攻韓八年，成其汝南之封[20]；自是以來，諸用秦者皆應、穰之類也。故戰勝則大臣尊，益地則私封立，主無術以知姦也。商君雖十飾其法，人臣反用其資[21]。故乘強秦之資[22]，數十年而不至於帝王者，法不勤飾於官，主無術於上之患也。”

①徒：只有，僅僅。

②晉之别國：春秋戰國之際發生了韓、趙、魏從晉國分離出來的“三家分晉”事件，韓國乃其中之一。

③故法：舊法。　息：止，廢除。

④擅：專一。

⑤道：從，這裏指照辦。

⑥勃：通“悖”，違背。

⑦十：指多次。

⑧譎其辭：詭辯。

⑨託：依託。　勁：強大。

⑩七十：當作“十七”，指申不害任相年數。《史記·韓世家》載申不害任相十五年，與此説異。

⑪飾：通“飭”，整治，整頓。

⑫告：告發，檢舉。　坐：定罪。不告姦的一同定罪，叫“同坐”；告姦不實的也要定罪，叫“反坐”。

⑬什伍：秦國的户籍制度。五家為伍，十户為什，相聯相保。

⑭用力：指努力耕作。

⑮資：幫助。

⑯張儀以秦殉韓、魏：指張儀把秦國的力量犧牲在韓、魏的事件上以謀取私利。殉：犧牲。

⑰甘茂：戰國時楚人，秦武王時任左相，曾率兵攻打韓國宜陽，通過三川進入東周，消耗了秦國的實力。

⑱穰侯：即魏冉，楚國人，秦昭襄王母宣太后的異母弟，昭襄王時任相。他利用權勢為自己擴展了封地。

⑲城：作動詞使用，築城。　陶邑：即定陶，在今山東定陶縣北，魏冉據以為自己的封地。

⑳應侯：指范雎，魏國人，以功封於汝水之南的應（今河南省魯山縣東北）。

㉑資:指變法的成果。

㉒乘:憑藉。

問者曰:"主用申子之術,而官行商君之法,可乎?"對曰:"申子未盡於術[①],商君未盡於法也。申子言'治不逾官[②],雖知弗言'。治不逾官,謂之守職也可;知而弗言,是不謂過也[③]。人主以一國目視,故視莫明焉;以一國耳聽,故聽莫聰焉。今知而弗言,則人主尚安假借矣[④]?商君之法曰:'斬一首者爵一級[⑤],欲為官者為五十石之官;斬二首者爵二級,欲為官者為百石之官。'官爵之遷與斬首之功相稱也。今有法曰[⑥]:斬首者令為醫、匠,則屋不成而病不已[⑦]。夫匠者,手巧也;而醫者,齊藥也[⑧];而以斬首之功為之,則不當其能[⑨]。今治官者,智能也;今斬首者,勇力之所加也。以勇力之所加,而治智能之官,是以斬首之功為醫、匠也。故曰:二子之於法術,皆未盡善也。"

①盡:完善。此句意指申不害之術並不完善。

②治不逾官:即官員處理政事不能超越本職權限。　官:指職權。

③不謂過:不告發罪過。

④假借:憑藉。

⑤爵:作動詞,賞爵位。秦國的爵位分二十級。

⑥今:表假設。

⑦已:止,愈。

⑧齊藥:配藥。　齊:通"劑"。

⑨當:相稱。

【語言要點】

1. 字詞理解

不可程　因任而授官　循名而責實　不擅其法　反用其資　治不逾官　齊藥

2. 語句通釋

(1)術者,因任而授官,循名而責實,操殺生之柄,課群臣之能者也,此人主之所執也。

(2)徒術而無法,徒法而無術,其不可何哉?

(3)戰勝則大臣尊,益地則私封立,主無術以知姦也。

(4)乘強秦之資,數十年而不至於帝王者,法不勤飾於官,主無術於上之患也。

(5)人主以一國目視,故視莫明焉;以一國耳聽,故聽莫聰焉。今知而弗言,則人主尚安假借矣?

(6)今治官者,智能也;今斬首者,勇力之所加也。以勇力之所加,而治智能之官,是以斬首之功為醫、匠也。

【思考與討論】

1. 在韓非子的視野中,法與術之分界何在?

2. 試評述韓非子的術論。

五蠹(節選)

題解

"蠹"即蛀蟲,喻指危害國家的人。"五蠹"指"學者"(主要是儒家)、"言談者"(縱横家)、"帶劍者"(遊俠)、"患御者"(逃避兵役者)、"商工之民"(工商業者),韓非子認為這五種人危害法治,必須予以清除。本文前半部份以歷史進化觀點論證法治的必要性,極具理論創新價值。

上古之世,人民少而禽獸眾,人民不勝禽獸蟲蛇①,有聖人作②,搆木為巢以避群害,而民悅之,使王天下,號之曰有巢氏。民食果蓏蚌蛤③,腥臊惡臭而傷害腹胃④,民多疾病,有聖人作,鑽燧取火以化腥臊⑤,而民說之,使王天下,號之曰燧人氏。中古之世,天下大水,而鯀、禹決瀆⑥。近古之世,桀、紂暴亂,而湯、武征伐。今有搆木鑽燧於夏后氏之世者⑦,必為鯀、禹笑矣。有決瀆於殷、周之世者,必為湯、武笑矣。然則今有美堯、舜、湯、武、禹之道於當今之世者,必為新聖笑矣⑧。是以聖人不期脩古⑨,不法常可⑩,論世之事,因為之備⑪。宋人有耕田者,田中有株⑫,兔走,觸株折頸而死,因釋其耒而守株⑬,冀復得兔⑭,兔不可復得,而身為宋國笑。今欲以先王之政,治當世之民,皆守株之類也。

①勝:克制。

②作:興起。

③果蓏(luǒ):瓜果的總稱。　蛤(gé):蛤蜊。

④惡臭(xiù):難聞的氣味。

⑤鑽燧取火:原始社會的取火方法,用鑽子鑽木,摩擦生熱而爆出火星以取火。燧,取火的工具。　化腥臊:消除腥臊味。

⑥決瀆:疏浚河道。

⑦今:表假設。　夏后氏之世:指夏朝。

⑧新聖:新時代的聖人,指當今能行法治的君主。

⑨期:指望。　脩古:遠古。

⑩法:效法。　常可:永遠適宜的辦法,此指陳規。

⑪因:從而。　備:準備,採取措施。

⑫株:樹樁。

⑬釋:放下。　耒:一種翻土的農具。

⑭冀:希望。

古者丈夫不耕①,草木之實足食也;婦人不織,禽獸之皮足衣也。不事力而養足②,人民少而財有餘,故民不爭。是以厚賞不行、重罰不用而民自治③。今人有五子不為多,子又有五子,大父未死而有二十五孫④,是以人民眾而貨財寡,事力勞而供養薄,故民爭,雖倍賞累罰而不免於亂⑤。

①丈夫:泛指成年男子。

②事力:從事體力勞動。　養:供養,指生活資料。

③自治:自然安定。

④大父:祖父。

⑤倍賞:加倍的賞賜。　累罰:多次的懲罰。

堯之王天下也,茅茨不翦①,采椽不斲②,糲粢之食③,藜藿之羹④,冬日麑裘⑤,夏日葛衣⑥,雖監門之服養⑦,不虧於此矣⑧。禹之王天下也,身執耒臿以為民先⑨,股無胈⑩,脛不生毛⑪,雖臣虜之勞不苦於此矣[12]。以是言之,夫古之讓天子者,是去監門之養而離臣虜之勞也,古傳天下而不足多也[13]。今之縣令,一日身死,子孫累世絜駕[14],故人重之;是以人之於讓也,輕辭古之天子,難去今之縣令者,薄厚之實異也。夫山居而谷汲者,膢臘而相遺以水[15];澤居苦水者,買庸而決竇[16]。故饑歲之春,幼弟不饟[17];穰歲之秋[18],疏客必食;非疏骨肉愛過客也,多少之實異也。是以古之易財[19],非仁也,財多也;今之爭奪,非鄙也,財寡也;輕辭天子,非高也,勢薄也;重爭土橐[20],非下也,權重也。故聖人議多少、論薄厚為之政。故罰薄不為慈,誅嚴不為戾,稱俗而行也[21]。故事因於世[22],而備適於事[23]。

①茅茨:茅草蓋的屋頂。　翦:通"剪",修剪。

②采:櫟木。　椽:屋頂用以承瓦的細長木條。　斲(zhuó):砍削,修整。

③糲粢:泛指粗糙的飲食。

④藜:野菜。　藿:豆葉。　羹:濃湯。

⑤麑裘:泛指獸皮衣服。　麑:小鹿。

⑥葛衣:用葛的纖維做的粗布衣。

⑦監門:看門的人。　服養:指穿的和吃的。

⑧虧:少。

⑨臿(chā):鍬。

⑩股:大腿。　胈(bá):肌肉。

⑪脛:小腿

⑫臣虜:奴隸。

⑬多:稱讚。

⑭累世:接連幾代。　絜(xié)駕:繫馬套車,指有馬車坐。

⑮膢(lóu)臘:泛指節日。膢,楚人二月間祭祀飲食神的節日。臘,夏曆冬十月祭祀百神的節日。　遺(wèi):贈送。

⑯庸:雇工。　竇:溝渠。

⑰饟:供給食物。

⑱穰歲:豐年。

⑲易財:輕財。

⑳土:當作"士",通"仕"。　橐:通"託",依託,指依附貴族。

㉑稱:適應。

㉒因:依據。

㉓備:準備的措施。

古者文王處豐、鎬之間①,地方百里,行仁義而懷西戎②,遂王天下。徐偃王處漢東③,地方五百里,行仁義,割地而朝者三十有六國,荆文王恐其害己也,舉兵伐徐,遂滅之。故文王行仁義而王天下,偃王行仁義而喪其國,是仁義用於古而不用於今也。故曰:"世異則事異。"當舜之時,有苗不服④,禹將伐之,舜曰:"不可。上德不厚而行武⑤,非道也。"乃修教三年,執干戚舞⑥,有苗乃服。共工之戰,鐵銛短者及乎敵⑦,鎧甲不堅者傷乎體,是干戚用於古不用於今也。故曰:"事異則備變。"上古競於道德,中世逐於智謀,當今爭於氣力。齊將攻魯,魯使子貢說之⑧,齊人曰:"子言非不辯也⑨,吾所欲者土地也,非斯言所謂也。"遂舉兵伐魯,去門十里以為界。故偃王仁義而徐亡,子貢辯智而魯削。以是言之,夫仁義辯智,非所以持國也⑩。去偃王之仁,息子貢之智,循徐、魯之力使敵萬乘⑪,則齊、荆之欲不得行於二國矣。

……

①豐、鎬:地名,俱在今陝西省境內。豐是周文王建都之地,鎬是周武王遷都之地。

②懷:用安撫手段使人歸順。

③徐偃王:西周穆王時徐國的國君。當時徐國較強,漢水以東各小國都來歸附。徐國在今安徽省境內,都城在安徽泗縣一帶。

④有苗:上古時長江流域中部地區少數民族的泛稱,又稱三苗。

⑤上:通"尚",崇尚。　厚:厚實,指風氣濃厚。

⑥修教:修治德教。　執干戚舞:拿著兵器跳舞。　干:盾。戚:斧。

⑦共工:神話人物,傳說曾與顓頊爭帝。　銛(xiān):鐵鍤一類的武器。　及:加到身上,指殺傷。　按:此處似有誤,共工之戰不當用作今之例。

⑧子貢:姓端木,名賜,春秋末衛國人,孔子學生,善於辯說。

⑨辯:動聽。

⑩持:保有,保全。

⑪循：遵循，依靠。

儒以文亂法[①]，俠以武犯禁，而人主兼禮之，此所以亂也。夫離法者罪[②]，而諸先生以文學取；犯禁者誅，而群俠以私劍養。故法之所非，君之所取；吏之所誅，上之所養也。法、趣、上、下四相反也[③]，而無所定，雖有十黃帝不能治也。故行仁義者非所譽，譽之則害功[④]；工文學者非所用，用之則亂法。楚之有直躬[⑤]，其父竊羊而謁之吏[⑥]，令尹曰[⑦]："殺之。"以為直於君而曲於父，報而罪之[⑧]。以是觀之，夫君之直臣，父之暴子也[⑨]。魯人從君戰，三戰三北[⑩]，仲尼問其故，對曰："吾有老父，身死，莫之養也。"仲尼以為孝，舉而上之[⑪]。以是觀之，夫父之孝子，君之背臣也。故令尹誅而楚姦不上聞[⑫]，仲尼賞而魯民易降北。上下之利若是其異也，而人主兼舉匹夫之行[⑬]，而求致社稷之福，必不幾矣[⑭]。

①文：文學，指儒家推崇的詩書禮樂之類。

②離：通"罹"，觸犯。

③法、趣、上、下：指上文所說的"法之所非，君之所取；吏之所誅，上之所養"。趣，通"取"。

④功：指耕戰之事。

⑤直躬：人名，據說他為人正直，因此而得名。

⑥謁：告發，舉報。

⑦令尹：楚國最高官職，相當於其他諸侯國的相。

⑧報：判決。

⑨暴子：逆子。

⑩北：敗逃。

⑪舉：推舉，推薦。"舉而上之"是說推薦他做官。

⑫令尹誅：指令尹誅殺直躬。　上聞：向上報告使國君瞭解。

⑬匹夫之行：指個人謀私利的行為。

⑭幾：通"冀"，希望。此句是說沒有成功的希望。

古者蒼頡之作書也[①]，自環者謂之私[②]，背私謂之公[③]，公私之相背也，乃蒼頡固以知之矣[④]。今以為同利者，不察之患也。然則為匹夫計者,莫如脩行義而習文學[5]。行義脩則見信,見信則受事[6];文學習則為明師,為明師則顯榮;此匹夫之美也。然則無功而受事,無爵而顯榮,為有政如此[7],則國必亂,主必危矣。故不相容之事,不兩立也。斬敵者受賞,而高慈惠之行;拔城者受爵祿,而信廉愛之說;堅甲厲兵以備難[8],而美薦紳之飾[9];富國以農,距敵恃卒[10],而貴文學之士;廢敬上畏法之民,而養遊俠私劍之屬[11]。舉行如此[12],治強不可得也。國平養儒俠,難至用介士[13],所利非所用,所用非所利。是故服事者簡其業[14],而遊學者日眾[15],是世之所以亂也。

……

①蒼頡(jié):傳說中黄帝的史官,漢字的創造者。　作書:造文字。

②自環:猶俗言"胳膊肘往裏拐"。"私"字的甲骨字形為。

③公:古文作,上面的"八"是違背、背反的意思。

④乃:竟然。　以:通"已"。

⑤行義:通"行誼",品行與道義。

⑥受事:接受工作,指任官職。

⑦"為有"兩字當衍一字。

⑧厲:通"礪"。　"堅甲厲兵"即加強戰備的意思。

⑨薦紳:即"縉紳"。古代官員上朝時把手版插在衣帶間。這裏指穿著寬袍大袖的衣服。

⑩距:通"拒",抵禦。

⑪屬:類。

⑫舉行:舉動,此指政治措施。

⑬介士:甲士。

⑭服事者:從事耕戰的人。　簡:怠慢,荒廢。

⑮遊學者:指遊俠和儒生。

是故亂國之俗,其學者則稱先王之道以籍仁義[1],盛容服而飾辯說[2],以疑當世之法而貳人主之心[3]。其言談者,為設詐稱[4],借於外力,以成其私而遺社稷之利。其帶劍者,聚徒屬,立節操,以顯其名而犯五官之禁[5]。其患禦者[6],積於私門,盡貨賂而用重人之謁[7],退汗馬之勞。其商工之民,修治苦窳之器[8],聚弗靡之財[9],蓄積待時而侔農夫之利[10]。此五者,邦之蠹也。人主不除此五蠹之民,不養耿介之士,則海內雖有破亡之國,削滅之朝,亦勿怪矣。

①籍:通"藉",依託,憑藉。

②容服:儀表和服飾。

③疑:擾亂。 貳:惑亂。

④為:通"偽"。為設,即虛構事實;詐稱,即說謊造假。

⑤五官:指司徒、司馬、司空、司士、司寇五種官職,泛指掌權的各種官員。五官之禁,泛指國家的種種禁令。

⑥患禦者:逃避兵役的人。

⑦重人:掌握權勢的人。 謁:請託。

⑧苦窳(yǔ):粗劣。

⑨弗靡之財:奢侈浪費的財物。 弗:通"費"。

⑩侔:通"牟",取。

【語言要點】

1. 字詞理解

搆木為巢 決瀆 不期脩古 釋其耒 倍賞累罰 累世絜駕 相遺以水 決竇 易財 稱俗而行 事因於世 懷西戎 離法者 脩行義 堅甲厲兵 舉行 簡其業

2. 語句通釋

(1)聖人不期脩古,不法常可,論世之事,因為之備。

(2)是以人之於讓也,輕辭古之天子,難去今之縣令者,薄厚之實異也。

(3)故聖人議多少、論薄厚為之政。故罰薄不為慈,誅嚴不為戾,稱俗而行也。故事因於世,而備適於事。

(4)上古競於道德,中世逐於智謀,當今爭於氣力。

(5)國平養儒俠,難至用介士,所利非所用,所用非所利。

(6)其患禦者,積於私門,盡貨賂而用重人之謁,退汗馬之勞。

【思考與討論】

1. 韓非的社會歷史分析,其現實針對性何在?

2. 你是否贊同韓非對"五蠹"的批判,為什麼?

心度

題解

心,民心;度,法度。本篇論民心與法度的關係。作者首先從人性惡的角度出發來認識民心,從而確立治國須"明賞"、"嚴刑"的原則;接著論證法禁必須與時為轉移,適應時代的變化;最後強調鼓勵耕戰,達到國富兵強的目的。

聖人之治民,度於本①,不從其欲,期於利民而已。故其與之刑,非所以惡民,愛之本也。刑勝而民靜②,賞繁而姦生。故治民者,刑勝,治之首也;賞繁,亂之本也。夫民之性,喜其亂而不親其法。故明主之治國也,明賞則民勸功③,嚴刑則民親法。勸功則公事不犯,親法則姦無所萌。故治民者,禁姦於未萌;而用兵者,服戰於民心④。禁先其本者治⑤,兵戰其心者勝⑥。聖人之治民也,先治者強,先戰者勝⑦。夫國事務先而一民心⑧,專舉公而私不從,賞告而姦不生⑨,明法而治不煩,能用四者強,不能用四者弱。夫國之所以強者,政也;主之所以尊者,權也。故明君有權有政,亂君亦有權有政,積而不同⑩,其所以立異也⑪。故明君操權而上重⑫,一政而國治⑬。故法者,王之本也;刑者,愛之自也⑭。

①度(duó):考慮,衡量。　本:根本,指法度。
②勝:超過,引申為嚴峻。
③明賞:明白恰當的獎賞。　勸功:努力地立功。
④服戰:習慣於戰爭。
⑤禁先其本:在他們的本性表現出來之前就禁止,即"禁姦於未萌"。
⑥兵戰其心:使他們的心裏樹立起戰爭的觀念,即"服戰於民心"。
⑦先治:指"禁先其本"。　先戰:指"兵戰其心"。
⑧務:致力於。　先:指"先治"、"先戰"。
⑨告:告姦。
⑩積:積漸,逐漸形成。

⑪立：確立政事的原則與方法。

⑫上重：地位尊崇。

⑬一政：專一地實行法治。

⑭自：初始，本源。

夫民之性，惡勞而樂佚[①]。佚則荒，荒則不治，不治則亂，而賞刑不行於天下者必塞[②]。故欲舉大功而難致其力者[③]，大功不可幾而舉也[④]；欲治其法而難變其故者[⑤]，民亂不可幾而治也。故治民無常，唯治為法。法與時轉則治，治與世宜則有功。故民樸而禁之以名則治[⑥]，世知維之以刑則從[⑦]。時移而治不易者亂，能眾而禁不變者削[⑧]。故聖人之治民也，法與時移而禁與能變[⑨]。

①佚：安逸。

②塞：壅蔽。

③舉：建立。　致：招致，吸引。

④幾：期望。

⑤故：指舊法。

⑥樸：質樸。　名：指毀譽之名。

⑦知：通“智”。　維：束縛。

⑧能眾：指玩弄智巧的人很多。　禁：禁令。

⑨禁與能變：禁令隨著玩弄智巧的人的表現而變化。

能越力於地者富[①]，能起力於敵者強[②]，強不塞者王。故王道在所開[③]，在所塞，塞其姦者必王。故王術不恃外之不亂也[④]，恃其不可亂也。恃外不亂而治立者削[⑤]，恃其不可亂而行法者興。故賢君之治國也，適於不亂之術[⑥]。貴爵則上重，故賞功爵任而邪無所關[⑦]。好力者其爵貴，爵貴則上尊，上尊則必王。國不事力而恃私學者[⑧]，其爵賤，爵賤則上卑，上卑者必削。故立國用民之道也，能閉外塞私而上自恃者[⑨]，王可致也。

①越：發揚，發揮。“越力於地”是指在農耕上發揮出力量。

②起：發動，調動。“起力於敵”是指在戰爭上調動起力量。

③在所開:在於開創什麼。
④王術:王天下的方法和策略。　外:外國。
⑤治立:治民立國。
⑥適(dí):專注,專門在這方面致力。
⑦關:安排。"邪無所關"即壞人無可乘之機。
⑧私學:指儒家等學派的學說。
⑨上:通"尚",崇尚。

【語言要點】

1. 字詞理解

度於本　刑勝　勸功　佚則荒　幾而舉　維之以刑　邪無所關

2. 語句通釋

(1)刑勝而民靜,賞繁而姦生。

(2)故治民者,禁姦於未萌;而用兵者,服戰於民心。

(3)法與時轉則治,治與世宜則有功。

(4)王術不恃外之不亂也,恃其不可亂也。

【思考與討論】

1. 韓非子的法治理論也以"民心"為出發點,他的"民心"論的基本觀點是什麼?

2. 本篇有哪些論述對當下特別具有現實意義?

語錄數則

題解

韓非子的法治理論根基於其對人性的分析,其學說的邏輯起點可說就是"人性惡"。嚴刑思想來源於此,而對術的重視甚至就是人性惡的發揚,真可讓人"直面慘澹的人生"。這裏所選的"輿人與匠人"、"湯讓天下"、"宰臣上炙"等故事以冷峻的觀察與思考直揭人心,其理論的肅殺氣氛即由此形成。

明主之所導制其臣者,二柄而已矣①。二柄者,刑、德也。何謂刑、德？曰：殺戮之謂刑，慶賞之謂德[2]。為人臣者畏誅罰而利慶賞[3]，故人主自用其刑德，則群臣畏其威而歸其利矣。（《二柄》）

①二柄：兩種權柄。

②慶賞：獎賞。

③利慶賞：以慶賞為利，即貪圖獎賞。

昔者韓昭侯醉而寢，典冠者見君之寒也[1]，故加衣於君之上。覺寢而說，問左右曰："誰加衣者？"左右對曰："典冠。"君因兼罪典衣與典冠[2]。其罪典衣，以為失其事也[3]；其罪典冠，以為越其職也。非不惡寒也，以為侵官之害甚於寒[4]。故明主之畜臣[5]，臣不得越官而有功，不得陳言而不當。越官則死，不當則罪。（《二柄》）

①典：主管。　典冠：為國君掌管帽子的侍從官。

②因：於是。　兼罪：同時責罰。　典衣：為國君掌管衣服的侍從官。

③失其事：即失職。

④侵官：超越職權範圍。

⑤畜：畜養，今字為"蓄"。

輿人成輿[1]，則欲人之富貴；匠人成棺，則欲人之夭死也[2]。非輿人仁而匠人賊也[3]，人不貴則輿不售，人不死則棺不買。情非憎人也[4]，利在人之死也。故后妃、夫人、太子之黨成而欲君之死也[5]，君不死則勢不重。情非憎君也，利在君之死也。故人主不可以不加心於利己死者[6]。（《備內》）

①輿人：造車的人。

②夭死：早死。

③賊：狠毒。

④情：本意，本性。

⑤黨：私黨。

⑥加心：留心。　利己死者：從自己（國君）的死亡中得到好處的人。

湯以伐桀[1]，而恐天下言己為貪也，因乃讓天下於務光[2]。而恐務

光之受之也,乃使人說務光曰:"湯殺君而欲傳惡聲於子[3],故讓天下於子。"務光因自投於河。(《說林上》)

①以:通"已"。

②務光:人名,傳說是夏末的一個隱士。

③惡聲:壞名聲。

桓赫曰[1]:"刻削之道[2],鼻莫如大,目莫如小。鼻大可小,小不可大也。目小可大,大不可小也。"舉事亦然。為其後可復者也[3],則事寡敗矣。(《說林下》)

①桓赫:人名,生平不詳。

②刻削:雕刻。

③復:補救。

董閼于為趙上地守[1]。行石邑山中[2],澗深,峭如牆,深百仞[3],因問其旁鄉左右曰[4]:"人嘗有入此者乎?"對曰:"無有。"曰:"嬰兒、癡聾、狂悖之人嘗有入此者乎[5]?"對曰:"無有。""牛馬犬彘嘗有入此者乎[6]?"對曰:"無有。"董閼于喟然太息曰[7]:"吾能治矣。使吾法之無赦,猶入澗之必死也,則人莫之敢犯也,何為不治?"(《內儲說上》)

①董閼(yān)于:一作董安于,春秋末晉國人,趙簡子的家臣。　上地:上黨地區的別名,在今山西省東南部。

②石邑:晉國地名,在今河北省鹿泉市西南。

③仞:古代高度單位,八尺為一仞。

④旁鄉左右:指居住在深澗附近的人。

⑤狂悖:精神失常。

⑥彘(zhì):豬。

⑦喟然:感慨的樣子。

殷之法[1],刑棄灰於街者。子貢以為重,問之仲尼。仲尼曰:"知治之道也。夫棄灰於街必掩人[2],掩人,人必怒,怒則鬬,鬬必三族相殘也[3],此殘三族之道也,雖刑之可也。且夫重罰者,人之所惡也;而

無棄灰,人之所易也。使人行之所易④,而無離所惡⑤,此治之道。”(《內儲說上》)

①殷:商代的别名。

②掩人:指灰塵飛揚,遮蔽人的眼睛。

③族:家族。“三族相殘”指引發人們的家族械鬥。

④所易:容易辦到的事情。

⑤離:通“罹”,遭受。“無離所惡”是說不遭到所厭惡的刑罰。

李悝為魏文侯上地之守①,而欲人之善射也,乃下令曰:“人之有狐疑之訟者②,令之射的③,中之者勝,不中者負。”令下而人皆疾習射④,日夜不休。及與秦人戰,大敗之,以人之善戰射也。(《內儲說上》)

①李悝(kuī):戰國初期魏國人,法家前期代表人物,曾任魏文侯相,主持變法改革。

②狐疑之訟:是非難分的訴訟。

③的(dì):箭靶。

④疾:趕緊。

文公之時①,宰臣上炙而髮繞之②。文公召宰人而譙之曰③:“女欲寡人之哽邪④,奚為以髮繞炙⑤?”宰人頓首再拜請曰⑥:“臣有死罪三:援礪砥刀⑦,利猶干將也⑧,切肉,肉斷而髮不斷,臣之罪一也;援木而貫臠而不見髮⑨,臣之罪二也;奉熾爐⑩,炭火盡赤紅,炙熟而髮不燒,臣之罪三也。堂下得無微有疾臣者乎⑪?”公曰:“善。”乃召其堂下而譙之,果然,乃誅之。(《內儲說下》)

①文公:指晉文公重耳。

②宰臣:主管膳食的官員。　炙:烤肉。

③譙:怒責。

④女:通“汝”。　哽:咽喉阻塞。

⑤奚為:為什麼。

⑥請:請罪。

⑦援:拿起。　礪:磨刀石。　砥:磨。

⑧干將:寶劍名,傳為春秋時吳國鑄劍名手干將所鑄。

⑨援木而貫臠:用木棒穿肉片。 貫,穿;臠,切成片的肉。

⑩奉:捧。 熾:盛,火旺。

⑪堂下:指立於堂下的侍從。 得無:恐怕,莫非。 微:暗中。 疾:通"嫉"。

今有不才之子①,父母怒之弗為改,鄉人譙之弗為動,師長教之弗為變。夫以父母之愛,鄉人之行,師長之智,三美加焉②,而終不動,其脛毛不改③;州部之吏,操官兵④、推公法而求索姦人⑤,然後恐懼,變其節,易其行矣⑥。故父母之愛不足以教子,必待州部之嚴刑者,民固驕於愛,聽於威矣。(《五蠹》)

①不才:不成器。

②三美:指"父母之愛、鄉人之行、師長之智"。 加:施加。

③脛毛不改:喻指絲毫沒有改變。 脛毛,小腿上的汗毛。

④操:拿著。 官兵:官府的兵器。

⑤推:推行。 索:搜查。

⑥易:改變。

【語言要點】

1. 字詞理解

情非憎人 喟然太息 無離所惡 射的 譙之 奚為 再拜 得無 易其行

2. 語句通釋

(1)故明主之畜臣,臣不得越官而有功,不得陳言而不當。越官則死,不當則罪。

(2)情非憎人也,利在人之死也。

(3)為其後可復者也,則事寡敗矣。

(4)堂下得無微有疾臣者乎。

(5)故父母之愛不足以教子,必待州部之嚴刑者,民固驕於愛,聽於威矣。

【思考與討論】

1. 試討論韓非子術論的理論基礎及其現實影響。

2. 韓非子認為仁愛不足以化民,你怎麼看待這一問題?

呂氏春秋

《呂氏春秋》是秦相呂不韋召集門客編撰的一部雜家著作,成書於秦始皇統一六國前夕。呂不韋(前 292 年 ~ 前 235 年),衛國濮陽(今河南省安陽市滑縣)人,本是陽翟富商,通過政治投機成為秦相,一度專斷朝政。他主持編撰《呂氏春秋》,希望以此為大一統後王朝的意識形態奠定基礎。但秦王嬴政親政後打擊呂氏勢力,採納法家思想作為治國的指導思想。

此書體系宏大,內容龐雜,思想上以儒、道為主,兼采墨、法、名、農各派學說,力圖超越門戶之見,故能取精用宏,兼容並包。因為成於眾手,書中也存在一些矛盾齟齬、前後抵觸的論述。

《呂氏春秋》分為十二紀、八覽、六論,共一百六十篇,二十餘萬字。其結構以"法天地"為理念,"十二紀"以一年十二個月為準,"八覽"由八方等觀念而來,"六論"則由六親、六義等事象脫胎。全書組織嚴密,多數篇章平實暢達,善用故事說理,不乏優秀的文學散文。

《呂氏春秋》的注釋本,較好的有許維遹《呂氏春秋集釋》、陳奇猷《呂氏春秋校釋》和張雙棣等《呂氏春秋譯註》等。

去私

題解

本篇選自《孟春紀》,文章由自然而及人事,闡明至公無私之德,以說明為政須舉賢授能、去除私欲。文中以祁黃羊舉賢不避親讎等幾則故事為論據,生動而有典型性,使說理更為透徹。本篇稱頌墨者鉅子公而忘私,作者當與墨家學派有關。

天無私覆也①,地無私載也,日月無私燭也②,四時無私行也。行其德而萬物得遂長焉。……堯有子十人,不與其子而授舜;舜有子九人,不與其子而授禹:至公也。

①覆:覆蓋。

②燭:照明。

晉平公問於祁黄羊曰①:"南陽無令②,其誰可而為之?"祁黄羊對曰:"解狐可③。"平公曰:"解狐非子之讎邪④?"對曰:"君問可,非問臣之讎也。"平公曰:"善。"遂用之。國人稱善焉。居有間⑤,平公又問祁黄羊曰:"國無尉⑥,其誰可而為之?"對曰:"午可⑦。"平公曰:"午非子之子邪?"對曰:"君問可,非問臣之子也。"平公曰:"善。"又遂用之。國人稱善焉。孔子聞之曰:"善哉!祁黄羊之論也,外舉不避讎⑧,內舉不避子。"祁黄羊可謂公矣。

①晉平公:春秋時晉國國君,名彪。　祁黄羊:晉大夫,名奚,字黄羊。據《左傳·襄公三年》記載,祁黄羊薦賢事發生在晉悼公之時。

②南陽:古地名,在今河南濟源縣一帶。　令:縣令。

③解(xiè)狐:晉大夫。

④讎(chóu):讎敵。

⑤居有間:過了不久。

⑥尉:管理軍事的官員。

⑦午:祁午,祁黄羊之子。

⑧外舉:舉薦外人。

墨者有鉅子腹䵍①,居秦,其子殺人,秦惠王曰②:"先生之年長矣,非有它子也,寡人已令吏弗誅矣,先生之以此聽寡人也。"腹䵍對曰:"墨者之法曰:'殺人者死,傷人者刑。'此所以禁殺傷人也。夫禁殺傷人者,天下之大義也。王雖為之賜③,而令吏弗誅,腹䵍不可不行墨者之法。"不許惠王,而遂殺之。子,人之所私也④。忍所私以行大義,鉅子可謂公矣。

①鉅子:墨家領袖的稱呼。　腹䵍(tūn):人名。

②秦惠王:戰國時秦國國君,名駟。

③為之賜:賜給我恩惠。之,代腹䵍自己。

④私:偏愛。

庖人調和而弗敢食[1],故可以為庖。若使庖人調和而食之,則不可以為庖矣。王伯之君亦然[2]。誅暴而不私[3],以封天下之賢者,故可以為王伯。若使王伯之君誅暴而私之,則亦不可以為王伯矣。

①調和:烹調。

②王伯(bà):稱王稱霸。

③私:占為己有。

【語言要點】

1.字詞理解

私燭　居有間　忍所私　誅暴

2.語句通釋

(1)外舉不避讎,內舉不避子。

(2)寡人已令吏弗誅矣,先生之以此聽寡人也。

【思考與討論】

舉賢授能、公而忘私也是儒家的理念,然與本篇所論有何區別?

察今

題解

本篇選自《慎大覽》。"察今"即明察現在的形勢,其中心論點是時代在變化,法度也要隨之而改變,即"世變時移,變法宜矣"。文章採用駁論的方式,以儒家"法先王"為靶子展開論證,應屬法家之言。

上胡不法先王之法[1]?非不賢也,為其不可得而法[2]。先王之法,經乎上世而來者也,人或益之,人或損之,胡可得而法?雖人弗損益,猶若不可得而法[3]。東夏之命[4],古今之法,言異而典殊[5]。故古之命多不通乎今之言者,今之法多不合乎古之法者。殊俗之民,有似於此。其所為欲同[6],其所為異。口惛之命不愉[7],若舟車衣冠滋味聲色之不同。人以自是,反以相誹[8]。天下之學者多辯,言利辭倒[9],不求其實,務以相毀,以勝為故[10]。先王之法,胡可得而法?雖可得,猶若不可法。

①上:指當今君主。　胡:為什麼,怎麼。

②為:因為。

③猶若:仍然,還是。

④東:指東夷。　夏:指中原地區。　命:名,引申為言語稱呼。

⑤典:典章制度。

⑥所為欲:"為"字衍,當是"所欲"。連下句意思是:人們的要求相同,而做法不同。

⑦口惛之命:指方言。"惛"同"吻"。　不愉:同"不諭",不相曉諭。

⑧誹:毀謗,攻擊。

⑨言利辭倒:言辭鋒利而顛倒是非。

⑩以勝為故:專以勝過別人為事。　故,事。

凡先王之法,有要於時也[1]。時不與法俱至,法雖今而至,猶若不可法。故擇先王之成法[2],而法其所以為法。先王之所以為法者,何也?先王之所以為法者,人也,而己亦人也。故察己則可以知人,察今則可以知古。古今一也,人與我同耳。有道之士,貴以近知遠,以今知古,以益所見知所不見[3]。故審堂下之陰[4],而知日月之行,陰陽之變;見瓶水之冰,而知天下之寒,魚鱉之藏也;嘗一脟肉[5],而知一鑊之味[6],一鼎之調。

①有要於時:合於當時的情況和條件。要,合。

②擇:通"釋",舍棄。

③益:疑衍,當刪去。

④審:察看。　陰:陰影。

⑤脟(luán):通"臠",切成塊形的肉。

⑥鑊(huò):鍋。

荆人欲襲宋①,使人先表澭水②。澭水暴益③,荆人弗知,循表而夜涉④,溺死者千有餘人,軍驚而壞都舍⑤。嚮其先表之時可導也⑥,今水已變而益多矣,荆人尚猶循表而導之,此其所以敗也。今世之主法先王之法也,有似於此。其時已與先王之法虧矣⑦,而曰此先王之法也,而法之以為治,豈不悲哉?故治國無法則亂,守法而弗變則悖⑧,悖亂不可以持國。世易時移,變法宜矣。譬之若良醫,病萬變,藥亦萬變。病變而藥不變,向之壽民,今為殤子矣⑨。故凡舉事必循法以動,變法者因時而化,若此論則無過務矣⑩。

①荆:楚國的别名。

②表:作標記。　澭水:古代河流,黄河的一條支流。

③暴益:突然漲水。

④循表而夜涉:順著標記夜間涉水過河。涉,徒步渡水。

⑤軍驚而壞都舍:軍士們受驚叫嚷,如同城裏的房屋崩塌一樣(發出巨聲)。而,如。　都舍,都市裏的房屋。

⑥嚮:以前,原先。

⑦虧:通"詭",異,不同。

⑧悖:謬亂。

⑨殤子:未成年而死的人。

⑩過務:錯誤的事。

夫不敢議法者,衆庶也;以死守者,有司也①;因時變法者,賢主也。是故有天下七十一聖②,其法皆不同。非務相反也,時勢異也。故曰:良劍期乎斷,不期乎鏌鋣③;良馬期乎千里,不期乎驥驁④。夫成功名者,此先王之千里也。

①有司:古代設官分職,各有所司,因稱官吏為"有司"。

②有天下:當作"有天下者",即諸侯王。

③鏌鋣(mòyé):寶劍名,傳説為春秋時吴國鑄劍名家干將鑄造。

④驥驁:均為千里馬名。

楚人有涉江者,其劍自舟中墜於水,遽契其舟[①],曰:"是吾劍之所從墜。"舟止,從其所契者入水求之。舟已行矣,而劍不行,求劍若此,不亦惑乎?以此故法為其國[②],與此同。時已徙矣,而法不徙,以此為治,豈不難哉?

①遽:馬上,立刻。　契:刻。

②為:治。

有過於江者,見人方引嬰兒而欲投之江中[①],嬰兒啼。人問其故,曰:"此其父善游。"其父雖善游,其子豈遽善游哉[②]?以此任物亦必悖矣[③]。荊國之為政,有似於此。

①引:拉,牽。

②遽:就。

③任物:處理事情。

【語言要點】

1. 字詞理解

猶若　口惛之命　言利辭倒　以勝為故　有要於時　表澭水　暴益　循表而夜涉　期乎斷　遽契其舟　引嬰兒　任物

2. 語句通釋

(1)天下之學者多辯,言利辭倒,不求其實,務以相毀,以勝為故。

(2)故擇先王之成法,而法其所以為法。

(3)其時已與先王之法虧矣,而曰此先王之法也,而法之以為治,豈不悲哉?

(4)世易時移,變法宜矣。

(5)良劍期乎斷,不期乎鏌鋣;良馬期乎千里,不期乎驥驁。

【思考與討論】

1. 為什麼先王之法不可法?

2. 反觀儒家之復古,其用意何在?

禮記

《禮記》又稱為《小戴禮》、《小戴記》或《小戴禮記》，是儒家重要經典之一。相傳為西漢戴聖所編，凡四十九篇，後訂為十二卷。戴聖是戴德的侄子，世稱小戴，為今文禮"小戴學"的開創者。戴德則編有《大戴禮記》，凡八十五篇。其侄戴聖從中精選出四十六篇，編成《小戴禮記》。東漢馬融傳小戴之學，又增加《月令》、《明堂位》、《樂記》等三篇，合成四十九篇。東漢鄭玄為之作注，獨立成書，簡稱《禮記》。唐代孔穎達取鄭注作《禮記正義》，而尊之為經。《禮記》又與《儀禮》、《周禮》等合稱為"三禮"，對中國文化以及中國人的精神、人格和文化情意結構等，都產生過極為深遠的影響。

《禮記》的實際作者不止一人，大多或為孔子的弟子及其學生們的作品，資料多取材於周秦古書，是研究中國古代社會、典章文物制度、社會理想、儒家學說、禮學等的重要資料。現存通行本有《十三經注疏》鄭注孔疏本(即東漢鄭玄的《禮記注》和唐代孔穎達的《禮記正義》)。宋代衛湜的《禮記集說》、清代杭世駿的《續衛氏禮記集說》、朱彬的《禮記訓纂》、孫希旦的《禮記集解》等書，皆可參考。入門者可讀王夢鷗注譯的《禮記今注今譯》(臺灣商務印書館，新世界出版社)。

苛政猛於虎

題解

本篇節選自《禮記·檀弓下》，題目為編者所加。孔子和他的學生經過泰山時，看到有婦人在墳墓間痛哭，說自己的公公、丈夫和兒子都被老虎咬死了，卻仍然不願逃走，因為這裏比較偏遠荒僻，所以苛政尚不能到達，從而深刻地揭示了"苛政猛於虎"的中心思想，是對苛政的揭露和控訴，也是對於仁政的呼籲。

孔子過泰山側,有婦人哭於墓者而哀,夫子式而聽之①,使子路問之曰②:"子之哭也,壹似重有憂者③。"而曰④:"然。昔者吾舅死於虎⑤,吾夫又死焉,今吾子又死焉。"夫子曰:"何為不去也?"曰:"無苛政⑥。"夫子曰:"小子識之⑦。苛政猛於虎也。"

①夫子:指孔子,古代對於師長的稱呼。　式:通"軾",指車前的横木扶手,這裏名詞用作動詞,扶著軾。

②子路:孔子的弟子,名仲由,字子路。

③壹:語氣詞,表示決然之意,甚,非常。　重:迭,複。

④而:乃,於是。

⑤舅:公公,古時稱丈夫的父親為舅。

⑥苛:苛刻,繁重,暴虐。　政:通"征",賦税和徭役,解作政令亦通。

⑦小子:古時長者稱晚輩為小子。　識(zhì):通"志",記住。

【語言要點】

1. 字詞理解

式而聽之　重有憂者　吾舅　何為不去　小子識之

2. 語句通釋

(1)子之哭也,壹似重有憂者。

(2)小子識之。苛政猛於虎也。

【思考與討論】

試從不同角度來討論"苛政猛於虎"(如政治學、法學或經濟學的角度)。

大同與小康

題解

本篇節選自《禮記·禮運》。在短短的幾百字文句中,較為深入詳細地闡述和表達了儒家社會理想,區分了"大道之行也,天下為公"的大同世界和"大道既隱,天下為家"的小康世界。比如,在大同世界裏,講究"選賢與能";而在小康世界中,則是"大人世及以為禮"等。在此篇文字裏,更為看重和拔高"天下為公"的終極社會理想,卻在一定意義上對於後來儒家所標榜的禮教社會有所委婉的批評。由此看來，這些議論其實是頗為大膽的，今人可細加體會。本篇文字是研究儒家的社會政治思想的重要文獻之一。

大道之行也，天下為公，選賢與能①，講信修睦②。故人不獨親其親③，不獨子其子，使老有所終，壯有所用，幼有所長，矜寡孤獨廢疾者皆有所養④，男有分⑤，女有歸⑥。貨惡其棄於地也⑦，不必藏於己；力惡其不出於身也⑧，不必為己。是故謀閉而不興⑨，盜竊亂賊而不作，故外戶而不閉⑩。是謂大同。

①與，舉，選拔，選舉。　能，有才能的人。

②修，調整人際關係。

③前一親字乃名詞作動詞用，親近；後一親字為名詞，親人。

④矜：通"鰥"，鰥夫，老而無妻者。　寡：寡婦。孤：孤兒，幼年失怙者，即幼年失去父母者。　獨：老而無子孫者，孑然一身。　廢：殘疾人。　疾：病人。　養：照顧，供養，收養。

⑤分：職分，本分，職責。

⑥歸：家室，歸宿。古人以女子嫁人為"歸"，夫家才是其最終歸宿。

⑦貨：財貨。

⑧力：能力，出力工作。

⑨謀：計謀，陰謀，詭詐。　閉：關閉，杜絕，絕跡。

⑩外：外出。　戶：門戶。

今大道既隱，天下為家。各親其親，各子其子，貨力為己，大人世及以為禮①，城郭溝池以為固②，禮義以為紀③，以正君臣④，以篤父子⑤，以睦兄弟，以和夫婦⑥，以設制度，以立田里⑦，以賢勇知⑧，以功為己⑨。故謀用是作⑩，而兵由此起⑪。禹、湯、文、武、成王、周公由此其選也⑫。此六君子者，未有不謹於禮者也。以著其義⑬，以考其信⑭，著有過，刑仁講讓⑮，示民有常。如有不由此者⑯，在埶者去⑰，眾以為殃⑱。是謂小康。

①大人：天子諸侯等貴族。　世及：世襲，世代相傳。

②固:形容詞作名詞用,指賴以防守的工事。

③紀:綱紀。

④正:正名,確定君臣的名分。

⑤篤:情意深厚。

⑥和:和諧相處。

⑦立:劃定界限。

⑧賢:推重,以之為賢德。

⑨功:功勞,效力。

⑩用是:因此。

⑪兵:戰爭。

⑫選:優異,最佳人選。

⑬著:彰明。

⑭考:考察,推究。

⑮刑:同"型",模範,模式,"刑仁"即以仁為模範。

⑯由:遵守。

⑰埶:執權柄者,有權勢的人。　去:罷黜。

⑱殃:禍害。

【語言要點】

1. 字詞理解

選賢與能　講信修睦　矜寡孤獨　男有分　女有歸　禮義以為紀　以篤父子　謀用是作　刑仁講讓　示民有常　眾以為殃

2. 語句通釋

(1)大道之行也,天下為公,選賢與能,講信修睦。

(2)貨惡其棄於地也,不必藏於己;力惡其不出於身也,不必為己。

(3)今大道既隱,天下為家。各親其親,各子其子,貨力為己,大人世及以為禮,城郭溝池以為固,禮義以為紀,以正君臣,以篤父子,以睦兄弟,以和夫婦,以設制度,以立田里,以賢勇知,以功為己。

【思考與討論】

試從公私觀念或利己主義、利他主義等角度比較大同世與小康世的異同。

博學

題解

本篇節選自《禮記·中庸》。本段共四句,分别講了四層意思。第一句講為學之總體原則,強調要五者合一,才是真正的問學之正途,尤其是篤行一條,更是將“知行合一”提到極為重要的地位;第二句講為學之要,即必須鍥而不捨、深入徹底地學問、思辨和篤行,把問題真正弄清楚;第三句講為學之功,要百倍其功而又超絕之;第四講為學之收穫。關於第二、第三句,朱子曰:“君子之學,不為則已,為則必要其成,故常百倍其功。”關於第四句,吕氏曰:“君於所以學者,為能變化氣質而已。德勝氣質,則愚者可進於明,柔者可進於強。不能勝之,則雖有志於學,亦愚不能明,柔不能立而已矣。”這些都值得今人深思。

博學之①,審問之②,慎思之③,明辨之④,篤行之⑤。有弗學⑥,學之弗能,弗措也⑦;有弗問,問之弗知,弗措也;有弗思,思之弗得,弗措也;有弗辨,辨之弗明,弗措也;有弗行,行之弗篤,弗措也。人一能之,己百之;人十能之,己千之。果能此道矣,雖愚必明⑧,雖柔必強。(《中庸》)

①之:學習的對象,指各種知識。或解為語助詞。

②審:詳細,清楚。

③思:思考。

④辨:辨别。

⑤篤:切實,堅定。　行:行動,實施,實行。

⑥弗:不。　有弗學:要麼不學,或有不學的情形。

⑦措:擱置,放下,停止,放棄。　弗措:不甘休,不停止。

⑧明:聰明,明智。

【語言要點】

1. 字詞理解

審問之　篤行之　弗措

2. 語句通釋

(1)有弗行,行之弗篤,弗措也。

(2)人一能之,己百之;人十能之,己千之。果能此道矣,雖愚必明,雖柔必強。

【思考與討論】

試著談一談博學、審問、慎思、明辨、篤行這五者之間的關係。

淮南子

《淮南子》亦稱《淮南鴻烈》、《劉安子》，是由西漢淮南王劉安及其門客集體編寫的一部彙編作品。全書內容豐富龐雜，糅合了道家、陰陽、墨家、法家和一部分儒家思想，故歷來被歸入雜家，但其主旨思想則屬於道家，尤其是在漢初佔有重要地位的黃老思想。高誘《淮南敘目》曰："其旨近《老子》，澹泊無為，蹈虛守靜，出入經道……然其大較歸之於道，號曰《鴻烈》。"《淮南子》保留了先秦以來的許多原始文獻，亦保存了諸如"女媧補天"、"后羿射日"、"共工怒觸不周山"、"嫦娥奔月"、"大禹治水"等的古代神話，是研究先秦以迄漢初的思想文化的重要文獻資料。

劉安（約前179年～前122年），為漢高祖劉邦之孫，文帝時襲封淮南王，後發起叛亂，被漢王朝迅速平定而自殺身亡。淮南王劉安是西漢貴族中博學多才的人物，在其主持下，門下賓客、術士、諸儒共同編定《內書》二十一篇，《外書》三十三篇，又有《中篇》八卷言神仙黃白之術，最後由劉安定稿。後《外書》與《中篇》皆佚失，只有《內書》留傳下來，即《淮南鴻烈》。"鴻"是廣大的意思，"烈"則比喻光明，劉安以此書為"大明道"（廣大而光明的道理），故定名為《鴻烈》。

歷代《淮南子》的注本很多，漢代流傳至今有高誘、許慎兩家。較通行的本子有《二十二子》、《諸子集成》本等。今有劉文典的《淮南鴻烈集解》（中華書局）等。

主術訓(節選)

題解

"主,君也。術,道也。君之宰國統禦臣下,五帝三王以來,無不用道而興,故曰'主術'也,因以題篇。"質言之,"主術訓"就是講述有關君主統禦之術的,強調黃老之術,無為而治。"人主之術,處無為之事,而行不言之教。清靜而不動,一度而不搖"。

文章一方面特別強調作為統治者的君主或在上位者本身的率先垂範、做好表率的重要性,"人主之立法,先自為檢式儀表,故令行於天下"。另一方面,文章亦十分重視法律在國家治理中的作用,認為應當維護法律的權威,對於權貴和民眾要一視同仁,彰顯公道,"法定之後,中程者賞,缺繩者誅。尊貴者不輕其罰,而卑賤者不重其刑,犯法者雖賢必誅,中度者雖不肖必無罪,是故公道通而私道塞矣。"甚至將法治狀況和國家興亡建立直接的邏輯關聯,乃至將法律的重要性置於國君之上,都是十分大膽的議論,"所謂亡國者,非無君也,無法也;變法者,非無法也,有法而不用,與無法等。是故人主之立法,先自為檢式儀表,故令行於天下"。

尤為重要的是,文章提出法律的功用不僅在"禁民"、"剬有司",還相當大膽地提出了"禁君"的重要思想,以防止君主擅斷專制,"古之置有司也,所以禁民,使不得自恣也;其立君也,所以剬有司,使無專行也;法籍禮儀者,所以禁君,使無擅斷也"。今天我們甚至可以將此解讀為試圖溝通民法(刑法)、公法和憲法,從而建構法治統一體,可見這些都是極有創見性的法律思想,值得今人借鑒和深思。

人主之術,處無為之事①,而行不言之教②。清靜而不動,一度而不搖③,因循而任下④,責成而不勞⑤。是故心知規而師傅諭道⑥,口能言而行人稱辭⑦,足能行而相者先導⑧,耳能聽而執正進諫⑨。是故慮無失策,謀無過事⑩,言為文章,行為儀表於天下⑪。進退應時⑫,動靜循理⑬,不為醜美好憎,不為賞罰喜怒,名各自名,類各自類,事猶自然⑭,莫出於己。

①處:實行。　事:治術。

②教:教化。此句講應實行黃老的無為而治。

③一度：堅守法度，堅持同一法度（不動搖）。

④因循：順應事物本來狀態。　任：聽任。

⑤責成：督促成功。

⑥規：謀也。　師傅：太師、太傅，君主的老師。　諭導：曉諭，開導。

⑦行人：官名，《周禮·秋官》有大行人、小行人之官職，掌天子和諸侯間的聘問出使等。　稱辭：陳述，陳詞。

⑧相者：官名，掌贊禮，引導賓客。

⑨正：通“政”，執正即執政。

⑩謀：或為“舉”，舉動。

⑪儀表：為天下表率。　“於天下”疑衍文。

⑫應：適應。

⑬循：遵循。

⑭猶：通“由”。

故古之王者，冕而前旒[①]，所以蔽明也；黈纊塞耳[②]，所以掩聰；天子外屏，所以自障。故所理者遠[③]，則所在者邇[④]；所治者大，則所守者小。夫目妄視則淫[⑤]，耳妄聽則惑，口妄言則亂。夫三關者，不可不慎守也。若欲規之[⑥]，乃是離之；若欲飾之[⑦]，乃是賊之[⑧]。

①冕：冠冕。旒：皇冠前後下垂的玉串，用以遮擋視線，表示目不妄視。

②黈（tǒu）：土黃色。　纊（kuàng）：絲綿。黈纊乃古代帝王冠冕兩側懸掛到耳部的黃色絲綿球，塞住耳朵，用以表示耳不妄聽。

③理：治理。

④所在者：帝王所居處。　邇：近。此句言帝王應深居簡出，以近治遠。

⑤淫：淫邪。

⑥規：規合，約束。

⑦飾：好，喜好。

⑧賊：害，敗壞。

……昔者神農之治天下也，神不馳於胸中[①]，智不出於四域，懷其仁誠之心。甘雨時降，五穀蕃植，春生夏長，秋收冬藏。月省時考[②]，歲終獻功[③]，以時嘗谷，祀於明堂[④]。……其民樸重端愨[⑤]，不忿爭而財足,不勞形而功成。因天地之資而與之和同,是故威厲而不殺[⑥],刑錯而不用,法省而不煩[⑦]。故其化如神。其地南至交阯[⑧],北至幽都[⑨],東至暘谷[⑩],西至三危[⑪],莫不聽從。當此之時,法寬刑緩,囹圄空虛[⑫],而天下一俗,莫懷姦心。

①馳:游蕩,躁動。

②省:省察。

③獻功:向祖宗神靈告祭豐收喜訊。

④明堂:古代帝王頒佈政令、接受朝覲和祭祀天地諸神以及祖先的場所,凡朝會、祭祀、慶賞、選士、養老、教學等大典,都在此舉行。《孟子·梁惠王下》:"夫明堂者,王者之堂也。"

⑤慤:音確。　端慤:正直誠實,端正誠樸。

⑥殺:當為"試"之訛,"不試"猶"不用"。

⑦法省:法令簡明。

⑧交阯:今兩廣以南、越南北部一帶。

⑨幽都:在雁門以北。

⑩暘谷:日出之地。

⑪三危:西極之山名。

⑫囹圄:監獄、牢獄。

末世之政則不然。上好取而無量,下貪狼而無讓[①],民貧苦而忿爭,事力勞而無功,智詐萌興,盜賊滋彰,上下相怨,號令不行。執政有司,不務反道矯拂其本[②],而事脩其末,削薄其德,曾累其刑,而欲以為治,無以異於執彈而來鳥[③],捭棁而狎犬也[④],亂乃逾甚。

①貪狼:或作貪狠。

②反:通"返",歸依。　拂:違背。

③彈:彈弓。　來:使動用法。

④捭:通"揮",揮動,揮舞;亦解作袖,袖中藏著。　棁:木杖。　狎:音暇,戲弄,玩弄。

夫水濁則魚噞[①],政苛則民亂。故夫養虎豹犀象者,為之圈檻[②],供其嗜慾,適其飢飽,違其怒恚[③]。然而不能終其天年者,刑有所劫也[4]。是以上多故則下多詐[5],上多事則下多態,上煩擾則下不定,上多求則下交爭。不直之於本[6],而事之於末,譬猶揚堁而弭塵[7],抱薪以救火也。故聖人事省而易治,求寡而易贍,不施而仁,不言而信,不求而得,不為而成。塊然保真[8],抱德推誠,天下從之,如響之應聲,景之像形,其所修者本也。刑罰不足以移風,殺戮不足以禁姦,唯神化為貴。至精為神[9]。……清靜無為,則天與之時;廉儉守節,則地生之財;處愚稱德,則聖人為之謀。是故下者萬物歸之,虛者天下遺[10]之。

①噞(yǎn):魚兒因為缺氧浮出水面透氣。

②圈(juàn)檻(jiàn):圈養野獸的柵欄。

③恚:怒,恚怒。

④刑:或作"形"。　劫:劫持,脅迫,強制的約束和制約。

⑤故:巧佞,心術。

⑥直:通"植",樹立。

⑦堁(kè):塵埃。　弭:消弭,清除。

⑧塊然:安然,安逸。

⑨至精:最精妙的無為之道。　神:神妙。

⑩遺(wèi):給予。

夫人主之聽治也,清明而不暗,虛心而弱志。是故群臣輻湊並進[1],無愚智賢不肖莫不盡其能。於是乃始陳其禮,建以為基[2]。是乘眾勢以為車,御眾智以為馬。雖幽野險塗,則無由惑矣。人主深居隱處以避燥濕,閨門重襲以避姦賊[3],內不知閭里之情,外不知山澤之形,帷幕之外,目不能見十里之前,耳不能聞百步之外;天下之物無不通者,其灌輸之者大[4],而斟酌之者眾也。是故不出戶而知天下,不窺牖而知天道[5],乘眾人之智,則天下之不足有也。專用其心,則獨身不能保也。是故人主覆之以德[6],不行其智,而因萬人之所利。夫舉踵天下而得所利[7],故百姓載之上,弗重也;錯之前[8],弗害也;舉之而弗高也,推之而弗厭也[9]。

①輻輳:聚集,如車輪輻條湊集於車轂。

②基:基業。

③闈門:內室宮門。　襲:重。

④灌輸:傳遞資訊,傳播情報,通風報信。

⑤此兩句出自《老子》第四十七章。　牖:窗戶。

⑥覆:覆蓋,感戴。

⑦全句疑為"夫舉踵而天下得所利"。　夫:語氣詞,表示推論。

⑧錯:通"措",放置。

⑨厭:厭惡。重、害、高、厭都是意動用法。

……法者,天下之度量,而人主之準繩也。縣法者[①],法不法也[②];設賞者,賞當賞也。法定之後,中程者賞[③],缺繩者誅[④]。尊貴者不輕其罰,而卑賤者不重其刑,犯法者雖賢必誅,中度者雖不肖必無罪,是故公道通而私道塞矣。古之置有司也,所以禁民,使不得自恣也;其立君也,所以剬有司[⑤],使無專行也;法籍禮儀者,所以禁君,使無擅斷也。人莫得自恣,則道勝;道勝而理達矣,故反於無為。無為者,非謂其凝滯而不動也,以其言莫從己出也[⑥]。

①縣:通"懸",懸掛,引申為頒立。

②前一法字為動詞,法辦,依法懲治。後一法字為名詞,法律,不法即觸犯法律者。

③中:符合。　程:規章制度。

④缺:觸犯,違反。

⑤剬:通"制",制約,控制。

⑥以其言:應為"以言其"。

夫寸生於稞[①],稞生於日,日生於形,形生於景,此度之本也。樂生於音,音生於律,律生於風[②],此聲之宗也。法生於義,義生於眾適[③],眾適合於人心,此治之要也。故通於本者不亂於末,覩於要者不惑於詳[④]。

①稞:禾穗芒也。"稞,禾穗稞孚榆頭芒也。十稞為一分,十分為一寸,十寸為一尺,十尺為一丈。政謂之本也。"此下至"形生於景"句疑有錯亂。

②此句謂音樂產生於五音,五音產生於十二律,十二律產生於風。

③衆適:適宜於衆人的行為。

④詳:煩瑣。

法者,非天墮,非地生,發於人間而反以自正。是故有諸己不非諸人,無諸己不求諸人[①]。所立於下者,不廢於上;所禁於民者,不行於身[②]。所謂亡國,非無君也,無法也;變法者,非無法也,有法者而不用[③],與無法等。是故人主之立法,先自為檢式儀表[④],故令行於天下。孔子曰:"其身正,不令而行;其身不正,雖令不從。"故禁勝於身[⑤],則令行於民矣。

①楊樹達認為此句謂"己有其失,則不求人之無;己無其善,則不責人之有。所謂恕以待人也"。

②此句謂所禁於民之事,己身亦不得行之。

③"有法者"中的"者"字當在前句"所謂亡國"後。

④檢式儀表:表率模範。

⑤勝:戰勝,克服。

【語言要點】

1. 字詞理解

因循而任下　責成而不勞　神不馳於胸中　月省時考　其民樸重端慤　威厲而不殺　刑錯　法省而不煩　囹圄　上下相怨　執彈而來鳥　捭棁而狎犬　水濁則魚噞　圈檻　違其怒恚　刑有所劫　不直之於本　塊然保真　虛者天下遺之　輻湊　閭里　不窺牖　錯之前　推之而弗厭　縣法　法不法　中程者賞　缺繩者誅　自恣　剬有司　檢式儀表

2. 語句通釋

(1)末世之政則不然。上好取而無量,下貪狼而無讓,民貧苦而忿爭,事力勞而無功,智詐萌興,盜賊滋彰,上下相怨,號令不行。

(2)是以上多故則下多詐,上多事則下多態,上煩擾則下不定,上多求則下交爭。不直之於本,而事之於末,譬猶揚堁而弭塵,抱薪以救火也。

(3)尊貴者不輕其罰,而卑賤者不重其刑,犯法者雖賢必誅,中度者雖不肖必無罪,是故公道通而私道塞矣。

(4)古之置有司也,所以禁民,使不得自恣也;其立君也,所以剬有司,使無專行也;法籍禮儀者,所以禁君,使無擅斷也。

(5)所謂亡國,非無君也,無法也;變法者,非無法也,有法者而不用,與無法等。是故人主之立法,先自為檢式儀表,故令行於天下。

【思考與討論】

1. 請從憲法、行政法的角度來討論分析"法籍禮儀者,所以禁君,使無擅斷也"。

2. "所謂亡國,非無君也,無法也;變法者,非無法也,有法者而不用,與無法等",如何理解這句話,試結合現代政治學、法學理論進行分析。

3. "是故人主之立法,先自為檢式儀表,故令行於天下",試由此分析法律與道德的關係。

陸賈

陸賈(約前240年~約前170年),漢初政論家、辭賦家,楚人。秦末從漢高祖定天下,常受命往來於諸侯之間,以善辯著稱。常向漢高祖說《詩》、《書》(歷史上極為有名的一段對話即由此而來:高祖罵之曰:"乃公居馬上而得之,安事《詩》、《書》!"陸生曰:"居馬上得之,寧可以馬上治之乎?"),後奉漢高祖"試為我著秦所以失天下,吾所以得"之命而作《新語》,前後共寫了十二篇文章,"每奏一篇,高帝未嘗不稱善,左右呼萬歲,號其書曰《新語》"。陸賈在書中總結秦亡教訓,提倡崇王黜霸,以儒家仁義為本,"行仁義,法先聖","文武並用,長久之術也。"(《史記·酈生陸賈列傳》)又輔以黃老"無為而治"思想,以鞏固漢朝統治,要求統治者"握道而治,據德而立。席仁而坐,杖義而強"。後人評價其書,《新語》"述《詩》、《書》、《春秋》、《論語》,紹孟、荀而開賈、董,卓然儒者之言"(清嚴可均《鐵橋漫稿·新語敘》)。陸賈曾出使南越,說服南越王尉佗(即趙佗)向漢稱臣,官至太中大夫。生平事蹟見《史記》卷九七、《漢書》卷四三。

陸賈還著有《楚漢春秋》等作品。《漢書·藝文志》著錄其賦三篇,已佚。劉勰《文心雕龍·才略》評曰:"漢室陸賈,首發奇采,賦《孟春》而選典誥,其辯之富矣。"《新語》有宋翔鳳校本(即《浮溪精舍叢書》本)、唐晏《陸子新語校注》二卷(《龍溪精舍叢書》本)。今有王利器《新語校注》。

至德(節選)

題解

王利器《新語校注》引黃震語曰:"《至德》言善治者不尚刑。"又引戴彥昇語曰:"《至德》、《懷慮》二篇,稱晉厲、齊莊、楚靈、宋襄、魯莊,蓋著古成敗之國,而警乎馬上得天下之言也。"唐晏曰:"此篇主修德。"王利器認為"陸氏此文,言至德在得民,亦儒家之旨也。"本文較為集中地反映了陸賈的政治法律思想,即貴德賤刑,以儒術為宗,"懷德者眾歸之,恃刑者民畏之","設刑者不厭輕,為德者不厭重",這和儒家的輕刑、"刑措"或"無刑"思想是完全一致的。與"刑措"理想相對應的是重視教化,"興辟雍庠序而教誨之"。

夫欲建國彊威、辟地服遠者①,必得之於民;欲建功興譽,垂名流光顯榮華者,必取之於身。故據萬乘之國②,持百姓之命,苞山澤之饒③,主士眾之力④,而功不在於身,名不顯於世者,乃統理之非也⑤。天地之性,萬物之類,懷德者眾歸之,恃刑者民畏之。歸之則附其側,畏之則去其域。故設刑者不厭輕,為德者不厭重,行罰者不患薄,布賞者不患厚,所以親近而致疎遠也。

①辟:開闢,開拓。

②萬乘之國:天子之國,大國。周制,天子地方千里,能出兵車萬乘,因以"萬乘"指天子。《孟子·梁惠王上》:"萬乘之國,弒其君者,必千乘之家。"趙岐注:"萬乘,兵車萬乘,謂天子也。"

③苞:通"包"。懷抱,佔據,享有。

④主:主宰,主掌,掌握。

⑤統理:統轄治理。

夫刑重者則身勞,事眾者則心煩;心煩者則刑罰縱橫而無所立,身勞者則百端迴邪而無所就①。是以君子之為治也,塊然若無事②,寂然若無聲,官府若無吏,亭落若無民③,閭里不訟於巷④,老幼不愁於庭,近者無所議,遠者無所聽,郵驛無夜行之吏,鄉閭無夜召之征,犬不夜吠,烏不夜鳴,老者息於堂,丁壯者耕耘於田,在朝者忠於君,在家者孝於親;於是賞善罰惡而潤色之⑤,興辟雍庠序而教誨之⑥,然後賢愚異議,廉鄙異科,長幼異節⑦,上下有差,強弱相扶,小大相懷,尊卑相承,鴈行相隨⑧,不言而信,不怒而威,豈待堅甲利兵、深刑刻法、朝夕切切而後行哉⑨?

①迴邪:邪曲,邪僻。

②塊然:安然,安逸狀。

③亭落：猶村落。

④閭里：鄉里，里巷；平民聚居之處。王利器謂訟於巷，即所謂“庶人議”也。

⑤潤色：修飾。

⑥辟雍：本為西周天子所設大學，校址圓形，圍以水池，前門外有便橋。東漢以後，歷代皆有辟雍，除北宋末年為太學之預備學校（亦稱“外學”）外，均為行鄉飲、大射或祭祀之禮的地方。　庠序：古代的地方學校，殷代叫庠，周代叫序。後亦泛稱學校。

⑦節：禮節。

⑧鴈行：形容排列整齊而有次序的樣子。

⑨切切：深思切磋。

【語言要點】

1. 字詞理解

彊威　辟地服遠　持百姓之命　苞山澤之饒　去其域　百端迴邪　塊然　亭落　潤色之　辟雍庠序　長幼異節　鴈行相隨

2. 語句通釋

(1)故據萬乘之國，持百姓之命，苞山澤之饒，主士眾之力，而功不在於身，名不顯於世者，乃統理之非也。

(2)天地之性，萬物之類，懷德者眾歸之，恃刑者民畏之。歸之則附其側，畏之則去其域。故設刑者不厭輕，為德者不厭重，行罰者不患薄，布賞者不患厚，所以親近而致疎遠也。

(3)夫刑重者則身勞，事眾者則心煩；心煩者則刑罰縱橫而無所立，身勞者則百端迴邪而無所就。是以君子之為治也，塊然若無事，寂然若無聲，官府若無吏，亭落若無民，閭里不訟於巷，老幼不愁於庭。

【思考與討論】

1.“懷德者眾歸之，恃刑者民畏之”，試以此討論道德與刑罰之間的關係。

2.“是以君子之為治也，塊然若無事，寂然若無聲”，試據此談談你對黃老學說的理解。

賈誼

賈誼(前200年～前168年),世稱賈太傅、賈長沙,西漢政論家、文學家。洛陽(今河南洛陽東)人。年少即有文名,漢文帝初,年僅20歲即以"頗通諸子百家之書"而被舉薦為博士。曾多次上疏,批評時政,力主改革。後被貶為長沙王太傅,歷時三年。文帝前七年(前173年)初被召回長安,任梁懷王太傅。後因梁懷王墜馬而死,遂亦憂憤抑鬱而死。其思想以儒家為主,兼採法家、黃老道家、墨家等諸家學說。在政治思想上,主張眾建諸侯而少其力,鞏固中央集權以及"禮先法後"、"德主刑輔"等。

賈誼的主要文學成就是政論文,著有《新書》十卷,代表作有《過秦論》、《治安策》(又名《陳政事疏》)、《論積貯疏》等。《漢書・藝文志》又著錄其賦七篇,著名的有《吊屈原賦》和《鵩鳥賦》等。其文氣勢充沛,富於感染力,又具有很強的現實針對性,對中國散文的發展產生了很大影響。魯迅言其文"為西漢鴻文,沾溉後人,其澤甚遠"(《漢文學史綱要》)。明人張溥另輯有《賈長沙集》。生平事蹟見《史記》卷八十四、《漢書》卷四十八。今人輯有《賈誼集》。

過秦論(中)

題解

本文選自《新書》,是一篇史論,亦是一篇政論文,旨在總結秦朝滅亡的歷史經驗教訓(故名《過秦論》),向西漢統治者提供歷史借鑒,希望做到"前事不忘,後事之師",以鞏固漢王朝的統治。原文分上、中、下三篇,上篇一方面分析了秦國因為變法圖強而興起的原因,另一方面又批評其"仁義不施"而不能守天下。中篇指出秦統一天下卻錯過了"天下之士,斐然嚮風"、百姓"莫不虛心而仰上"的大好形勢,而焚書坑儒,"繁刑嚴誅,吏治刻深",以暴虐治天下;到了二世,仍不能改弦更張,行禮儀仁政,終至於僅二世便"孤獨而亡"。下篇進一步分析子嬰的政策失誤,因為鉗口閉言,導致上下“壅閉”,終於不免滅亡的命運。賈誼在文章中表達了許多重要的政治思想,對西漢政治產生了重要的實際影響。

文章氣勢奔放,筆力雄健,議論風發,富有見識和邏輯力量,對後世散文發展影響很大。

秦滅周祀[①],並海內,兼諸侯,南面稱帝[②],以四海養[③]。天下之士,斐然嚮風[④]。若是何也?曰:近古之無王者久矣。周室卑微[⑤],五霸既滅,令不行於天下。是以諸侯力政[⑥],強淩弱,眾暴寡[⑦],兵革不休,士民罷弊[⑧]。今秦南面而王天下,是上有天子也。既元元之民冀得安其性命[⑨],莫不虛心而仰上。當此之時,專威定功,安危之本,在於此矣。

①祀:祀堂,宗廟,祭祀殿堂。引申為國家。

②南面:古代皇帝坐北朝南,故稱居帝位為“南面”。

③養:奉養。

④斐:通“靡”。　斐然:順服的樣子。　嚮風:跟隨,順從,歸順。

⑤卑微:衰微,微弱,衰敗。

⑥政:通“征”,征伐。　力政:以武力征伐。

⑦暴:欺淩,欺侮。

⑧罷:通“疲”,疲累。　弊:衰弱,破敗。

⑨既:盡,凡是。　元元:老百姓。　冀:希望。

秦王懷貪鄙之心,行自奮之智[①],不信功臣,不親士民,廢王道而立私愛[②],焚文書而酷刑法[③],先詐力而後仁義[④],以暴虐為天下始。夫並兼者高詐力,安危者貴順權[⑤],推此言之,取與守不同術也。秦雖離戰國而王天下[⑥],其道不易,其政不改,是其所以取之也。孤獨而有之[⑦],故其亡可立而待也。借使秦王論上世之事[⑧],並殷、周之跡,以制禦其政[⑨],後雖有淫驕之主[⑩],猶未有傾危之患也。故三王之建天下,名號顯美,功業長久。

①自奮:自以為是,妄自尊大。

②私愛:偏愛。

③文書:《詩》、《書》等儒家典籍,焚文書即言焚書坑儒事。

④詐力:陰謀和武力。"先詐力"即以詐力為先。

⑤貴:意動用法,以……為貴,即珍惜、重視。　順權:順時權變。

⑥離:割取,並吞。

⑦孤獨:孤身無輔,一切權力集中於皇帝個人。"有之"即擁有天下。

⑧借使:假使。　論:考論,考慮,借鑒,汲取經驗教訓。

⑨制禦:統治,控制。

⑩淫驕:荒淫驕橫。

今秦二世立,天下莫不引領而觀其亡①。夫寒者利裋褐②,而飢者甘糟糠。天下嚚嚚③,新主之資也④。此言勞民之易為仁也。鄉使二世有庸主之行而任忠賢,臣主一心而憂海內之患,縞素而正先帝之過⑤;裂地分民以封功臣之後,建國立君以禮天下;虛囹圄而免刑戮,去收孥污穢之罪⑥,使各反其鄉里;發倉廩,散財幣,以振孤獨窮困之士⑦;輕賦少事⑧,以佐百姓之急;約法省刑,以持其後,使天下之人皆得自新,更節循行⑨,各慎其身;塞萬民之望⑩,而以盛德與天下息矣⑪。即四海之內皆歡然各自安樂其處,惟恐有變。雖有狡害之民⑫,無離上之心,則不軌之臣無以飾其智,而暴亂之姦弭矣。

①引領:引頸,伸長脖子,殷切盼望意。

②裋(shù)褐:短而窄的粗布衣。

③嚚嚚:同"嗷嗷",眾怨愁聲。

④資:憑藉。

⑤縞素:白衣,引申為服喪,指秦始皇死後的服喪期。

⑥孥:兒女。　收孥:古代中國的連坐之法,一人犯法,妻子兒女連坐,沒為官家奴婢,謂之收孥。此句謂廢除一人犯罪全家連坐的糟亂不堪的律令。

⑦振:通"賑",賑濟,救濟。

⑧少事:減少勞役。

⑨更節:改變節操。　循行:修養品行。

⑩塞:滿足。

⑪天下息矣:指天下太平安定。

⑫狡害:姦詐不軌,狡猾為害。

二世不行此術,而重以無道[①]:壞宗廟與民,更始作阿房之宮[②];繁刑嚴誅,吏治刻深[③];賞罰不當,賦斂無度。天下多事,吏不能紀[④];百姓困窮,而主不收恤[⑤]。然後姦偽並起,而上下相遁[⑥];蒙罪者眾,刑僇相望於道[⑦],而天下苦之。自群卿以下至於眾庶,人懷自危之心,親處窮苦之實,咸不安其位,故易動也。是以陳涉不用湯、武之賢[⑧],不藉公侯之尊[⑨],奮於大澤[⑩],而天下響應者,其民危也。

①重:又。

②更始:重新開始。　阿房之宮:即阿房宮。

③刻深:苛刻,嚴酷。

④紀:治理。

⑤收恤:把渙散的人心收聚起來加以安撫、慰問。

⑥遁:隱遁,遮蔽,引申為欺騙,蒙蔽。

⑦刑僇:刑罰,殺戮。僇通"戮"。

⑧用:需要。

⑨藉:憑藉、依靠。

⑩大澤:大澤鄉,今安徽宿縣西南,陳勝、吳廣起義的地點。

故先王者,見終始之變[①],知存亡之由[②]。是以牧民之道[③],務在安之而已矣。下雖有逆行之臣,必無響應之助。故曰:"安民可與為義,而危民易與為非"[④],此之謂也。貴為天子,富有四海,身在於戮者,正傾非也[⑤]。是二世之過也。

①變:變化的規律。此句謂察見事物的整個變化過程。

②由:原由。此句謂認識存亡的關鍵所在。

③牧民:統治人民。

④此句出處不詳,意為生活安定的人民可以讓他們行仁義,而生活危困的人民卻容易使他們作亂。

⑤正傾:喻指秦始皇死時秦王朝猶如大廈將傾,二世卻未採取矯正的措施。正,扶正;傾,傾覆。

【語言要點】

1. 字詞理解

周祀　斐然嚮風　士民罷弊　元元之民　並兼者高詐力　離戰國而王天下　孤獨而有之　引領　寒者利裋褐　囂囂　縞素　收孥　以振孤獨窮困之士　輕賦少事　重以無道　更始作阿房之宮　吏治刻深　上下相遁　刑僇相望於道　牧民之道

2. 語句通釋

(1)秦王懷貪鄙之心,行自奮之智,不信功臣,不親士民,廢王道而立私愛,焚文書而酷刑法,先詐力而後仁義,以暴虐為天下始。

(2)今秦二世立,天下莫不引領而觀其亡。夫寒者利裋褐,而飢者甘糟糠。天下囂囂,新主之資也。此言勞民之易為仁也。

(3)是以牧民之道,務在安之而已矣。下雖有逆行之臣,必無響應之助。

【思考與討論】

1. 賈誼所總結的秦朝成敗的原因是什麼?你是否認同?談談你的看法。

2. 賈誼主張"裂地分民以封功臣之後",你是否贊同?請結合秦漢史實予以分析之,並可進一步結合中國政治史談談你對"封建"、"中央集權與藩鎮割據的關係"等的理解(可參閱蕭公權的《中國政治制度史》)。

治安策(節選)

題解

本文又名《陳政事疏》。漢初統治者鑒於秦二世而亡的教訓,認為秦亡的原因在於未封立子弟為枝輔,故漢高祖劉邦在削除異姓諸侯王的同時,分封了九個同姓諸侯王,以為輔翼。但到文帝時,諸侯國的勢力日益壯大,漸有反叛之心、之事。鑒於此,賈誼於文帝前元六年(前 174 年)上《治安策》,要求削弱地方勢力,加強中央集權,"欲天下之治安,莫若眾建諸侯而少其力"。另又主張以禮為主,禮法並用。認為"仁義恩厚"和"權勢法制"是執政者的芒刃與斤斧,宣稱"禮者禁於將然之前,而法者禁於已然之後","禮"可以預防"惡",使百姓不產生"為非"的念頭,有"勸善"的積極作用。"法"只能在"惡"發生以後進行懲罰,起事後的補救作用,故提出:"刑罰積而民怨背;禮義積而民和親","道之以德教者,德教洽而民氣樂;驅之以法令者,法令極而民風衰”。強調禮法關係就是德刑關係,應當把“德”置於統治思想的首要位置,是漢初的一篇融合儒法的論文。值得注意的是,文帝採納了賈誼的建議,把齊國分為六個王國,把淮南國分為三個王國,使諸侯王的力量受到一定限制。但景帝時仍然發生了吳、楚等七國之亂,引發晁錯等人進一步的削藩論。

本文係節選,重點論述人主如何處理和群臣(包括地方諸侯等)之間的關係,強調禮治。在總體結構上,第一段從理論上分別禮與法的不同作用。第二段以歷史事實對比湯武與秦王分別使用禮、法所達致的不同後果。第三段以堂、陛比喻君臣關係,要求人主“體貌大臣而厲其節”。第四段又從理論上明確“尊尊貴貴”的原則,第五段、第六段則舉豫讓的例子來分別任用道德禮儀和刑罰來對待群臣的不同作用後果,重申“禮不及庶人,刑不至大夫”的原則。全文緊扣和強調禮治優先於刑罰的根本政治觀念。

凡人之智,能見已然,不能見將然。夫禮者禁於將然之前,而法者禁於已然之後。是故法之所用易見,而禮之所為難知也。若夫慶賞以勸善,刑罰以懲惡,先王執此之政,堅如金石,行此之令,信如四時,據此之公,無私如天地耳,豈顧不用哉①?然而曰禮云禮云者②,貴絕惡於未萌,而起教於微眇③,使民日遷善遠罪而不自知也。孔子曰:“聽訟,吾猶人也。必也,使毋訟乎!”④為人主計者,莫如先審取舍,取舍之極定於內⑤,而安危之萌應於外矣。安者非一日而安也,危者非一日而危也,皆以積漸然⑥,不可不察也。人主之所積,在其取舍,以禮義治之者積禮義;以刑罰治之者積刑罰。刑罰積而民怨背,禮義積而民和親。故世主欲民之善同,而所以使民善者或異。或道之以德教,或毆之以法令⑦。道之以德教者,德教洽而民氣樂⑧;驅之以法令者,法令極而民風哀⑨。

①顧:反而。

②禮云禮云:禮書上說,指遵循禮儀教化。

③微眇:細微之處。

④語見《論語·顏淵》。此句反映了儒家“無訟”、“非訟”、“厭訟”的思想觀念。

⑤極:中正,根本準則。

⑥積:累積。　漸:逐漸。

⑦毆:同"歐",古文"驅",驅使,驅趕,管治。

⑧洽:周遍。

⑨極:窮也,窮盡。

哀樂之感,禍福之應也[①]。秦王之欲尊宗廟而安子孫,與湯武同,然而湯武廣大其德,行六七百歲而弗失;秦王治天下,十餘歲則大敗。此亡它故矣[②],湯武之定取舍審而秦王之定取舍不審矣[③]。夫天下,大器也。今人之置器,置諸安處則安,置諸危處則危。天下之情與器亡以異,在天子之所置之。湯武置天下於仁義禮樂,而德澤洽,禽獸草木廣裕,德被蠻貊四夷[④],累子孫數十世,此天下所共聞也。秦王置天下於法令刑罰,德澤亡一有,而怨毒盈於世,下憎惡之如仇讎,禍幾及身,子孫誅絕,此天下之所共見也。是非其明效大驗邪[⑤]!人之言曰:"聽言之道,必以其事觀之,則言者莫敢妄言。"今或言禮誼之不如法令[⑥],教化之不如刑罰,人主胡不引殷周、秦事以觀之也?

①此句意謂民眾的哀樂,就是國家禍福的反應。

②亡:通"無",沒有。下文同。

③審:詳細,周密。

④蠻貊:亦作"蠻貉"。亦作"蠻貃"。古代稱南方和北方落後部族。亦泛指四方落後部族。

⑤明效大驗:很顯著的效驗。

⑥禮誼:禮義。

人主之尊譬如堂,群臣如陛[①],眾庶如地。故陛九級上,廉遠地則堂高[②];陛亡級,廉近地則堂卑。高者難攀,卑者易陵[③],理勢然也。故古者聖王制為等列,內有公卿大夫士,外有公侯伯子男,然後有官師小吏[④],延及庶人,等級分明,而天子加焉[⑤],故其尊不可及也。里諺曰:"欲投鼠而忌器。"此善論也。鼠近於器,尚憚不投,恐傷其器,況於貴臣之近主乎!廉恥節禮以治君子,故有賜死而亡戮辱。是以黥劓之罪不及大夫,以其離主上不遠也,禮不敢齒君之路馬[⑥],蹴其芻者有罰[⑦];見君之几杖則起,遭君之乘車則下,入正門則趨;君之寵臣,雖或有過，刑戮之罪不加其身者，尊君之故也。此所以為主上豫遠不敬也，所以體貌大臣而厲其節也[8]。今自王侯三公之貴，皆天子之所改容而禮之也，古天子之所謂伯父、伯舅也，而令與衆庶同黥劓髡刖笞傌棄市之法[9]，然則堂不亡陛乎？被戮辱者不泰迫乎[10]？廉恥不行，大臣無迺握重權，大官而有徒隸亡恥之心乎？夫望夷之事[11]，二世見當以重法者[12]，投鼠而不忌器之習也。

①陛：宫殿的臺階。《禮記·禮器》："有以高為貴者，天子之堂九尺，諸侯七尺，大夫五尺，士三尺。"

②廉：堂屋的側邊。

③陵：跨越。

④官師：官吏之長。

⑤加：淩駕其上。

⑥齒：歲齒，年歲，這里作動詞用，判斷……的年齡。 路馬：王者之馬。

⑦蹴：踢，踏。 芻：飼養牛馬的草料。

⑧體貌：體，通"禮"。 謂以禮相待；敬重，尊重。 厲：磨礪，勉勵。

⑨傌（mà）：辱駡。 棄市：斬首示衆，本指受刑罰的人皆在街頭示衆，民衆共同鄙棄之，後以"棄市"專指死刑。

⑩泰：通"太"。 泰迫：太靠近。 顏師古曰："迫，迫天子也。"

⑪望夷之事：指望夷宫事變，秦二世被殺。望夷，秦代宫名。故址在今陝西省涇陽縣東南，因東北臨涇水以望北夷，故名。秦末，趙高迫殺秦二世於此。

⑫當：判决，"决罪曰當"。 見當：被處死，被判死刑，指秦二世被處死。

臣聞之，履雖鮮[1]，不加於枕；冠雖敝，不以苴履[2]。夫嘗已在貴寵之位，天子改容而體貌之矣，吏民嘗俯伏以敬畏之矣，今而有過，帝令廢之可也，退之可也，賜之死可也，滅之可也；若夫束縛之，係緤之[3]，輸之司寇[4]，編之徒官[5]，司寇小吏詈駡而榜笞之[6]，殆非所以令衆庶見也。夫卑賤者習知尊貴者之一旦吾亦迺可以加此也，非所以習天下也[7]，非尊尊貴貴之化也。夫天子之所嘗敬，衆庶之所嘗寵，死而死耳，賤人安宜得如此而頓辱之哉[8]！

①鮮：新鮮，引申為新造。

②苴(jū):鞋墊。

③係緤(xiè):捆綁。　緤,謂以長繩係之也。

④司寇:主刑罰之官。

⑤徒官:猶役吏。

⑥榜笞:捶打鞭笞。

⑦習天下:使天下習知。

⑧頓辱:謂揪頭頓地使受辱。《漢書·賈誼傳》:"夫天子之所嘗敬,眾庶之所嘗寵,死而死耳,賤人安宜得如此而頓辱之哉!"

豫讓事中行之君[①],智伯伐而滅之,移事智伯。及趙滅智伯,豫讓釁面吞炭[②],必報襄子,五起而不中。人問豫子,豫子曰:"中行眾人畜我,我故眾人事之;智伯國士遇我[③],我故國士報之。"故此一豫讓也,反君事讎,行若狗彘[④],已而抗節致忠,行出乎列士,人主使然也。故主上遇其大臣如遇犬馬,彼將犬馬自為也;如遇官徒,彼將官徒自為也。頑頓亡恥[⑤],奊詬亡節[⑥],廉恥不立,且不自好,苟若而可[⑦],故見利則逝[⑧],見便則奪。主上有敗,則因而挺之矣[⑨];主上有患,則吾苟免而已,立而觀之耳;有便吾身者,則欺賣而利之耳。人主將何便於此?群下至眾,而主上至少也,所託財器職業者粹於群下也[⑩]。俱亡恥,俱苟妄,則主上最病。故古者禮不及庶人,刑不至大夫,所以厲寵臣之節也[⑪]。古者大臣有坐不廉而廢者,不謂不廉,曰"簠簋不飾"[⑫];坐污穢淫亂男女亡別者,不曰污穢,曰"帷薄不修",坐罷軟不勝任者,不謂罷軟,曰"下官不職"[⑬]。故貴大臣定有其罪矣,猶未斥然正以呼之也,尚遷就而為之諱也。

①豫讓:春秋戰國間晉人,為晉卿智瑤家臣。曾經侍奉中行君,晉卿智瑤(即文中智伯)討伐並且滅掉了中行君,豫讓轉而侍奉智伯。後智伯被趙襄子所滅,豫讓謀刺趙襄子未遂,後伏劍自殺。事見《史記·刺客列傳》。後亦用豫讓泛指刺客。

②釁(xìn)面:用藥物涂在臉上以改變容貌。

③遇:待遇,對待。

④彘(zhì):豬。

⑤頑頓:猶頑鈍。圓滑無骨氣。頓,通"鈍"。

⑥奊(xié)詬:受詬辱。

⑦苟若:猶苟且,草率馬虎。

⑧逝:往。

⑨挻(shān):奪取,竊取。

⑩粹:通"萃",聚攏,聚集。

⑪厲:勉勵。

⑫簠簋(fǔ guǐ):,即簠與簋。兩種盛黍稷稻粱的禮器。亦借指酒食、筵席。亦引申為苞苴,指賄賂。簠簋不飾:亦作"簠簋不脩"、"簠簋不飭",是對做官不廉正者的一種婉轉的說法。不飾,不整飭。

⑬職:名字作動詞用,盡職。

故其在大譴大訶之域者①,聞譴訶則白冠牦纓②,盤水加劍③,造請室而請罪耳④,上不執縛係引而行也。其有中罪者,聞命而自弛⑤,上不使人頸戾而加也⑥。其有大罪者,聞命則北面再拜,跪而自裁,上不使捽抑而刑之也⑦,曰:"子大夫自有過耳!吾遇子有禮矣。"遇之有禮,故群臣自憙⑧;嬰以廉恥⑨,故人矜節行⑩。上設廉耻禮義以遇其臣,而臣不以節行報其上者,則非人類也。故化成俗定,則為人臣者主耳忘身⑪,國耳忘家,公耳忘私,利不苟就,害不苟去,唯義所在。上之化也,故父兄之臣誠死宗廟,法度之臣誠死社稷,輔翼之臣誠死君上,守圄扞敵之臣誠死城郭封疆⑫。故曰聖人有金城者,比物此志也⑬。彼且為我死,故吾得與之俱生;彼且為我亡,故吾得與之俱存;夫將為我危,故吾得與之皆安。顧行而忘利⑭,守節而伏義,故可以托不禦之權,可以寄六尺之孤⑮。此厲廉恥行禮義之所致也,主上何喪焉!此之不為,而顧彼之久行⑯,故曰可為長太息者此也。

①訶:譴責,斥責,怒斥。

②白冠氂纓:用獸尾作纓的白帽。古時大臣犯罪時戴之,以示自請罪譴。

③盤水加劍:以盤盛水,加劍其上,表示請罪自刎。

④請室:請罪之室,即囚禁有罪官吏的牢獄。

⑤自弛:自毀其容儀。

⑥頸戾:扭轉頸項。　戾:彎曲。

⑦捽(zuó):揪。　抑:按住。

⑧憙:同“喜”。

⑨嬰:加。

⑩矜:崇尚。

⑪耳:通“而”。

⑫圄:監獄。　扞:同“捍”,抵禦。

⑬比物此志:比類此意。

⑭顧行:顧全德行。

⑮六尺之孤:指未成年的孤兒。寄六尺之孤,意指托孤。

⑯顧:卻,反而。

【語言要點】

1. 字詞理解

顧不用哉　取舍之極　毆之以法令　群臣如陛　禮不敢齒君之路馬　體貌大臣　厲其節　泰迫　苴履　係緤　詈罵　榜笞　習知　習天下　尊尊貴貴　頓辱之　簠簋不飾　帷薄不修　下官不職　請室　頸戾　嬰以廉恥　守圄扞敵　寄六尺之孤

2. 語句通釋

(1)此所以為主上豫遠不敬也,所以體貌大臣而厲其節也。

(2)中行眾人畜我,我故眾人事之;智伯國士遇我,我故國士報之。

(3)故主上遇其大臣如遇犬馬,彼將犬馬自為也;如遇官徒,彼將官徒自為也。

(4)故古者禮不及庶人,刑不至大夫,所以厲寵臣之節也。

(5)顧行而忘利,守節而伏義,故可以託不禦之權,可以寄六尺之孤。

【思考與討論】

1. 談談你對“禮不及庶人,刑不至大夫”的看法。

2. “尊尊貴貴”原則是否與現代平等觀念有衝突?談談你的看法。

3. 私人效忠與效忠國家的關係如何?從現代政治學角度談談其意義與後果。

晁錯

晁錯(前200年~前154年),穎川(今河南禹縣)人。早年從張恢學申不害、商鞅刑名法家學說。孝文帝時受太常派遣往伏生處受《尚書》,後拜為太子家令,以辯得幸太子(後來的漢景帝),太子家號曰“智囊”。曾上書言兵事,主張“守邊備塞,勸農力本”,主張重本抑末,納粟受爵,募民徙塞,農兵合一等。景帝即位後,擢為御史大夫,他力主削藩,削減乃至取消諸侯王封地,加強中央集權,以為“不如此,天子不尊,宗廟不安”。景帝前元三年(前154年),以吳王劉濞為首的吳、楚、趙等七國以“誅晁錯”為名反叛,發動了著名的“七國之亂”。晁錯為袁盎等所譖,令晁錯“衣朝衣斬東市”。景帝平定叛亂之後,繼續推行晁錯等人的主張,削藩集權。

晁錯所撰政論文有《募民徙塞下疏》《論貴粟疏》《守邊勸農疏》《言兵事疏》《削藩策》等篇,議論犀利,剖析深刻,文筆矯健流暢,輔陳揚厲,富有氣勢。《漢書·藝文志》有《晁錯》三十一篇,今有清人馬國翰等人的輯本。

賢良對策(節選)

題解

本文見於《漢書·袁盎晁錯傳》。漢文帝時,下詔舉薦賢良文學士,“以選賢良明於國家之大體,通於人事之終始,及能直言極諫者,各有人數,將以匡朕之不逮。二三大夫之行當此三道,朕甚嘉之,故登大夫於朝,親諭朕志。大夫其上三道之要,及永惟朕之不德,吏之不平,政之不宣,民之不寧,四者之闕,悉陳其志,毋有所隱。”晁錯即以此文對策,針對漢文帝所言之“三道”(國體、人事、直言)、“四闕”(朕之不德,吏之不平,政之不宣,民之不寧)等事,一一回應對策,贏得漢文帝的賞識。此處乃節選,主要就“直言極諫”和“吏之不平,政之不宣,民之不寧”兩事進行申論,前一條主要講如何做到“身不及其臣而使得直言極諫補其不逮”,後一條則主要在分析歷代帝王尤其是秦朝統治之經驗教訓的基礎上,講述漢文帝如何"為天下興利除害,變法易故,以安海內",表現了晁錯儒法結合的治理思想,也通過晁錯的敘述在一定程度上使人們得以窺見漢文帝這一中國歷史上難得的千古賢君的歷史功績。

詔策曰"直言極諫",愚臣竊以五伯之臣明之①。臣聞五伯不及其臣,故屬之以國②,任之以事。五伯之佐之為人臣也,察身而不敢誣③,奉法令不容私,盡心力不敢矜④,遭患難不避死,見賢不居其上,受祿不過其量,不以亡能居尊顯之位。自行若此,可謂方正之士矣。

①五伯:"伯"通"霸",所謂春秋五霸,其說不一,通行的說法是:齊桓公、晉文公、秦穆公、宋襄公、楚莊王。　明:闡明。

②屬:古同"囑",託付,委託。

③察:省察。察身,檢點自己。　誣:欺騙。

④矜:自大,自誇。

其立法也,非以苦民傷眾而為之機陷也①,以之興利除害,尊主安民而救暴亂也。其行賞也,非虛取民財妄予人也,以勸天下之忠孝而明其功也。故功多者賞厚,功少者賞薄。如此,斂民財以顧其功②,而民不恨者,知與而安己也③。其行罰也,非以忿怒妄誅而從暴心也④,以禁天下不忠不孝而害國者也。故罪大者罰重,罪小者罰輕。如此,民雖伏罪至死而不怨者,知罪罰之至,自取之也。立法若此,可謂平正之吏矣。

①機陷:陷阱,圈套。亦作"機埳",設有機關的陷阱。

②顧:通"雇",引申為酬賞。

③此句意謂民眾知道把錢財獎勵給有功的人最終使自己得到安寧。

④從:通"縱",放縱。

法之逆者①,請而更之,不以傷民;主行之暴者②,逆而復之③,不以傷國。救主之失,補主之過,揚主之美,明主之功,使主內亡邪辟之行,外亡騫汙之名④。事君若此,可謂直言極諫之士矣。此五伯之所以德匡天下,威正諸侯,功業甚美,名聲章明⑤。舉天下之賢主⑥,五伯與焉,此身不及其臣而使得直言極諫補其不逮之功也。今陛下人民之眾,威武之重,德惠之厚,令行禁止之勢,萬萬於五伯,而賜愚臣策曰“匡朕之不逮”,愚臣何足以識陛下之高明而奉承之⑦?

①逆:顛倒錯亂、違背情理。“法之逆者”即不合理的條文。

②主行之暴者:君主行為暴虐的。

③逆而復之:不順從並且加以遏止。

④騫汙:虧損污辱。騫通“愆”,過失。汙同“污”。

⑤章:通“彰”。 彰明,顯赫。

⑥舉:列舉。

⑦奉承:承受,遵行。

詔策曰“吏之不平,政之不宣①,民之不寧”,愚臣竊以秦事明之。臣聞秦始並天下之時,其主不及三王,而臣不及其佐②,然功力不遲者,何也?地形便,山川利,財用足,民利戰。其所與並者六國,六國者,臣主皆不肖,謀不輯③,民不用,故當此之時,秦最富彊。夫國富彊而鄰國亂者,帝王之資也④,故秦能兼六國,立為天子。當此之時,三王之功不能進焉⑤。及其末塗之衰也,任不肖而信讒賊;宮室過度,耆欲亡極⑥,民力罷盡⑦,賦斂不節;矜奮自賢⑧,群臣恐諛,驕溢縱恣,不顧患禍;妄賞以隨喜意,妄誅以快怒心,法令煩憯⑨,刑罰暴酷,輕絕人命,身自射殺;天下寒心,莫安其處。姦邪之吏,乘其亂法,以成其威,獄官主斷,生殺自恣。上下瓦解,各自為制。秦始亂之時,吏之所先侵者,貧人賤民也;至其中節,所侵者富人吏家也;及其末塗,所侵者宗室大臣也。是故親疏皆危,外內咸怨,離散逋逃,人有走心⑩。陳勝先倡⑪,天下大潰,絕祀亡世,為異姓福。此吏不平,政不宣,民不寧之禍也。

①宣:通達,貫徹。

②其佐:三王之佐。 遲:遲緩,落後。

③輯:和合,集中,統一。

④資:資財,引申為條件。

⑤進:超過。

⑥耆:古同"嗜",愛好,嗜好。

⑦罷:通"疲",疲累。

⑧矜奮自賢:狂妄自大,自以為有賢能。

⑨憯:殘暴。

⑩走:逃跑,逃亡。

⑪倡:號召,發動。

今陛下配天象地,覆露萬民①,絕秦之跡②,除其亂法;躬親本事③,廢去淫末;除苛解嬈④,寬大愛人;肉刑不用,罪人亡帑⑤;非謗不治⑥,鑄錢者除⑦;通關去塞⑧,不孽諸侯⑨;賓禮長老,愛卹少孤;罪人有期,後宮出嫁⑩;尊賜孝悌,農民不租⑪;明詔軍師,愛士大夫;求進方正,廢退姦邪;除去陰刑⑫,害民者誅;憂勞百姓⑬,列侯就都;親耕節用,視民不奢⑭。所為天下興利除害,變法易故⑮,以安海內者,大功數十,皆上世之所難及,陛下行之,道純德厚,元元之民幸矣。

①覆露:廣施雨露、庇蔭福澤意。

②絕秦之跡:肅清秦末腐敗的政跡。

③本事:農業。古代以農業為本。

④嬈:通"擾",煩憂,擾亂。

⑤罪人無孥:指廢除收孥相坐律,只治犯人之罪,不株連妻子兒女。　孥:妻子兒女。

⑥非:通"誹",誹謗。

⑦除:廢除。　鑄錢者除:指廢除禁止鑄錢之律,聽民自鑄。

⑧通關去塞:指開通關隘而不用符傳。

⑨孽:猜疑。

⑩有期:判罪服刑有一定期限,期滿則免為庶人。　後宮出嫁:放歸宮女,任其出嫁。

⑪不租:不徵收租稅。

⑫陰刑:宮刑。

⑬憂勞:慰問,慰勞。

⑭視:昭示。

⑮易故：改革陳舊，即革新。

【語言要點】

1. 字詞理解

盡心力不敢矜　機陷　顧其功　從暴心　騫汙　謀不輯　耆欲亡極　除苛解嬈　罪人亡帑　非謗不治　不孽諸侯　陰刑

2. 語句通釋

(1)其立法也，非以苦民傷眾而為之機陷也，以之興利除害，尊主安民而救暴亂也。

(2)此五伯之所以德匡天下，威正諸侯，功業甚美，名聲章明。

(3)其所與並者六國，六國者，臣主皆不肖，謀不輯，民不用，故當此之時，秦最富彊。

(4)秦始亂之時，吏之所先侵者，貧人賤民也；至其中節，所侵者富人吏家也；及其末塗，所侵者宗室大臣也。是故親疏皆危，外內咸怨，離散逋逃，人有走心。

(5)除苛解嬈，寬大愛人；肉刑不用，罪人亡帑；非謗不治，鑄錢者除；通關去塞，不孽諸侯；賓禮長老，愛卹少孤；罪人有期，後宮出嫁；尊賜孝悌，農民不租；明詔軍師，愛士大夫；求進方正，廢退姦邪；除去陰刑，害民者誅；憂勞百姓，列侯就都；親耕節用，視民不奢。

【思考與討論】

1. 今天是否還有必要強調下級官吏對上級官員的"直言極諫"以達到"身不及其臣而使得直言極諫補其不逮"的效果？有何更好的方法？試比較之。

2. 現代可以什麼措施來補"四闕"(朕之不德，吏之不平，政之不宣，民之不寧)之失？

3. 試根據晁錯的論述，討論漢文帝的歷史功績。

史記

《史記》原名《太史公書》,是由西漢偉大曆史學家司馬遷撰著的我國第一部紀傳體通史,全面記述了上自黃帝時代(約前 3000 年)、下至漢武帝元狩元年(前 122 年)近 3000 年的史事。全書包括十二本紀、十表、八書、三十世家、七十列傳,共一百三十卷。本紀以序帝王,世家以記侯國,十表以係時事,八書以詳制度,列傳以志人物。各篇末有“太史公曰”,為“論贊”,或附記。列傳末有《太史公自序》。《史記》所開創的體例,為後世史家所沿用,成為中國正史之首。

司馬遷(約前 145 年或前 135 年 ~ ? 年),字子長,左馮翊夏陽(今陝西韓城)人,父司馬談,為太史令。後司馬遷繼父任太史令,於國家藏書處“金匱石室”博覽群書。20 歲時壯游,廣覽禹域史跡。後因李陵事致罪下獄,受宮刑。司馬遷為完成《史記》,隱忍苟活,發憤著書,歷時十八年而完成《太史公書》。

《史記》的寫作目的乃是“究天人之際,通古今之變”。司馬遷說《春秋》之作,“上明三王之道,下辨人事之紀,別嫌疑,明是非,定猶豫,善善惡惡,賢賢賤不肖,存亡國,繼絕世,補敝起廢,王道之大者也。”此亦可視為司馬遷撰史的夫子自道。《史記》內容包羅萬象而又融會貫通,脈絡清晰,“王跡所興,原始察終,見盛觀衰,論考之行”(《太史公自序》),詳實地記錄了上古時期舉凡政治、經濟、軍事、文化等各個方面的發展狀況。

《史記》所體現出來的“不虛美”、“不隱惡”的實錄精神,亦是中國歷史精神的寫照。司馬遷敢於面對現實,不為尊者諱,不為賢者諱,真實地記載歷史事實。比如,他將陳勝、吳廣列為世家,項羽列為本紀,對漢武帝亦多有批評,都表現了尊重歷史事實、客觀敘述歷史真實的原則,以及特別之批判精神和進步歷史觀。班固在《漢書・司馬遷傳》對此進行了總結:“然自劉向、揚雄博極群書,皆稱遷有良史之才,服其善序事理,辨而不華,質而不俚,其文直,其事核,不虛美,不隱惡,故謂之實錄。”

《史記》還表現出了文化史的思路。不僅僅是帝王將相的政治史、軍事史,也肯定人民群眾的作用,展現了廣泛的社會文化生活面相,對包括遊俠、滑稽、佞幸、酷吏、日者、龜策、貨殖、四夷、外國等人事方面,都有其詳略得當的記述。

同時,《史記》還是一部優秀的文學著作。它的人物傳記在文學史上具有崇高地位,敘事生動,形象鮮明,筆致跌宕,語言精練,尤善於通過尖銳矛盾衝突和典型細節描寫表現各種人物性格特徵,開創了中國史傳文學的傳統,對後世歷史著作、散文、小說乃至戲劇創作都發揮了深遠的影響。被魯迅譽為"史家之絕唱,無韻之離騷"(《漢文學史綱要》)。

後人注釋《史記》,有著名的"三家注":南朝宋裴駰的《集解》、唐代司馬貞的《索引》和張守節《正義》。另有清代梁玉繩的《史記志疑》、近人張森楷《史記新校注》及日本瀧川資言《史記會注考證》皆為閱讀《史記》之重要參考書。通行之本有《百衲本二十四史》影印之宋黃善夫本。今有中華書局校點本。

商君列傳(節選)

題解

本文節選自《史記·商君列傳》,用冷峻而生動的筆觸,詳略得當地敘述了商鞅變法及其悲劇性結局的全過程。

文章先以間接烘託法,通過公叔座、魏惠王和商鞅的各自表現,突出商鞅的聰明奇才。次寫變法過程,詳細敘述了商鞅"治世不一道,便國不法古"的變法思想,推行新法的復雜艱巨的過程,以及商鞅變法的具體思路、內容和效果,比如"民不可與慮始而可與樂成"、"法之不行,自上犯之"、"民勇於公戰,怯於私鬬,鄉邑大治"等。變法首先遭到主張"法古"、"循禮"的上層守舊勢力的強烈反對,下層民眾亦多有反對,"言初令之不便者以千數"。商鞅通過據理廷爭、立木懸賞、刑太子師等方式,強力而不無智慧地成功推行新法,對秦國進行了大刀闊斧的根本性改革,獲得國家富強的良好效果。最後描寫商鞅的悲劇性結局,因為商鞅的變法觸犯到上層權貴和守舊派的利益,引發兇險的政治鬥爭,道致兇猛的反撲,終至於被車裂而死的悲慘命運。

司馬遷在讚揚商鞅變法的偉大成效的同時,認為商鞅本身亦有其"刻薄少恩"的弱點,而有所委婉的批評。歷來對商鞅的評價多有爭議,而其背後的根本文化原因,乃是中國歷史文化史上不絕如縷的儒法之爭。即使在今天,這仍是值得今人深思的一個重要命題。

商君者,衛之諸庶孽公子也①,名鞅,姓公孫氏,其祖本姬姓也。鞅少好刑名之學②,事魏相公叔痤為中庶子③。公叔痤知其賢,未及進。會痤病,魏惠王親往問病,曰:"公叔病有如不可諱④,將奈社稷何?"公叔曰:"痤之中庶子公孫鞅,年雖少,有奇才,願王舉國而聽之。"王嘿然⑤。王且去,痤屏人言曰:"王即不聽用鞅⑥,必殺之,無令出境。"王許諾而去。公叔痤召鞅謝曰:"今者王問可以為相者,我言若,王色不許我。我方先君後臣,因謂王即弗用鞅,當殺之。王許我。汝可疾去矣,且見禽⑦。"鞅曰:"彼王不能用君之言任臣,又安能用君之言殺臣乎?"卒不去。惠王既去,而謂左右曰:"公叔病甚,悲乎,欲令寡人以國聽公孫鞅也,豈不悖哉⑧!"

①庶孽:嫡長子孫以外的旁系别枝,旁支側出或妾生之子。"衛",國名,姬姓,始封君為周武王之弟康叔,於前十一世紀周公平定武庚反叛後,接受封賜的商都地區和殷民七族立國,建都沬(即朝歌,今河南淇縣)。自前660年被翟擊敗,國勢日蹙,國都屢次東遷。此時已為魏國附庸,國都在濮陽(今河南濮陽西南)。前254年為魏所滅。後在秦國扶持下復國,遷都野王(今河南沁陽),前209年為秦所滅。

②刑名之學:戰國時以申不害為代表的法家一派,主張循名責實,慎賞明罰,以推行法治,強化上下關係。刑,通"形",原指形體或事實。名,原指名稱或言論。"刑名之學"即研究形體與名稱關係的學說。法家把"形名"與"法術"相聯繫,"名"引申為名分、言論、法術等。

③中庶子:官名,戰國時代國君、太子等上層權貴的侍從之臣。

④不可諱:委婉語,倘有不測,死亡的婉轉説法。

⑤嘿:同"默",嘿然,默不作聲。

⑥即:假如。

⑦禽:通"擒",捉拿。

⑧悖:荒謬。

……

孝公既用衛鞅,鞅欲變法,恐天下議己。衛鞅曰:"疑行無名①,疑事無功。且夫有高人之行者,固見非於世;有獨知之慮者,必見敖於民②。愚者闇於成事,知者見於未萌③。民不可與慮始而可與樂成。

論至德者不和於俗[4]，成大功者不謀於眾。是以聖人苟可以彊國，不法其故[5]；苟可以利民，不循其禮。"孝公曰："善。"甘龍曰[6]："不然。聖人不易民而教，知者不變法而治。因民而教，不勞而成功；緣法而治者，吏習而民安之。"衛鞅曰："龍之所言，世俗之言也。常人安於故俗，學者溺於所聞。以此兩者居官守法可也，非所與論於法之外也。三代不同禮而王，五伯不同法而霸。智者作法，愚者制焉[7]；賢者更禮[8]，不肖者拘焉。"杜摯曰[9]："利不百，不變法；功不十，不易器[10]。法古無過，循禮無邪。"衛鞅曰："治世不一道，便國不法古。故湯武不循古而王，夏殷不易禮而亡。反古者不可非，而循禮者不足多[11]。"孝公曰："善。"以衛鞅為左庶長[12]，卒定變法之令。

①疑行：行動猶豫不定。

②敖：通"謷"，《商君書》或作"驁"，或作"訾"。"驁"通"訾"，詆毀，誹謗。

③闇：同"暗"，不明，糊塗。　知：通"智"，智慧，智謀，智慮。

④和：唱和，附和。

⑤不法其故：不效法舊制度。

⑥甘龍：秦國大夫。

⑦制：受制。

⑧更禮：變更禮教。

⑨杜摯：秦國大夫。

⑩器：古代用以表示名位、爵號等的器物，此處指代禮制或文物制度。

⑪多：讚揚，表揚。

⑫左庶長：秦國爵名。據《漢書・百官公卿表》，為秦二十級爵中的第十級。

令民為什伍[1]，而相牧司連坐[2]。不告姦者腰斬[3]，告姦者與斬敵首同賞，匿姦者與降敵同罰。民有二男以上不分異者[4]，倍其賦。有軍功者，各以率受上爵[5]；為私鬬者，各以輕重被刑大小。僇力本業[6]，耕織致粟帛多者復其身[7]。事末利及怠而貧者[8]，舉以為收孥[9]。宗室非有軍功論[10]，不得為屬籍[11]。明尊卑爵秩等級，各以差次名田宅[12]，臣妾衣服以家次[13]。有功者顯榮，無功者雖富無所芬華。

①什伍：戶籍編制法，五家為伍，十家為什。

②牧：管理，管治。　司：司掌，治理。　牧司：監視，監督，糾察。　坐：罪，判罪。　連坐：株連判罪法，即一家一人犯罪，則同伍什的其餘人家都要被株連判罪。

③告姦：檢舉、告發犯罪行為。

④分異：分居生活。

⑤率：一定的標準。

⑥僇：通"戮"，僇力即戮力，盡力，致力於。　本業：指農業，古代中國以農業為本，故稱。

⑦復：免除徭役。

⑧末利：法家和古代中國往往重農抑商，視工商為末，故稱工商之利為末利。

⑨收孥：古代中國的連坐之法，一人犯法，妻子兒女連坐，沒為官家奴婢。

⑩論：評定，記錄。

⑪屬籍：貴族宗室的族譜。

⑫差次：等級，等次。　名：名下所有，獲得，佔有。

⑬家次：家庭等級次序。

令既具①，未布，恐民之不信，已乃立三丈之木於國都市南門②，募民有能徙置北門者予十金③。民怪之，莫敢徙。復曰"能徙者予五十金"。有一人徙之，輒予五十金④，以明不欺。卒下令。

①具：完備。

②已乃：不久。

③徙：搬動。金：秦國以一鎰黃金為一金，等於二十兩，一說二十四兩（一兩約合今16.22克）。

④輒：立即，就。

令行於民朞年①，秦民之國都言初令之不便者以千數②。於是太子犯法。衛鞅曰："法之不行，自上犯之。"將法太子③。太子，君嗣也，不可施刑，刑其傅公子虔，黥其師公孫賈④。明日，秦人皆趨令⑤。行之十年，秦民大說，道不拾遺，山無盜賊，家給人足。民勇於公戰，怯於私鬬，鄉邑大治。秦民初言令不便者有來言令便者，衛鞅曰"此皆亂化之民也⑥"，盡遷之於邊城。其後民莫敢議令。於是以鞅為大良造⑦。將兵圍魏安邑，降之。居三年，作為築冀闕宮庭於咸陽⑧，秦自雍徙都之。而令民父子兄弟同室內息者為禁⑨。而集小鄉邑聚為縣,置令、丞⑩,凡三十一縣。為田開阡陌封疆⑪,而賦稅平⑫。平斗桶權衡丈尺⑬。行之四年,公子虔復犯約,劓之。居五年,秦人富彊,天子致胙於孝公⑭,諸侯畢賀。

①朞年:一整年,一周年。朞,同"期"。

②第一個"之"為動詞,到,去,往。

③法:法辦,處罰,治罪。

④黥:古代刑罰名,亦稱墨刑,古代在人臉上刺字並塗墨之刑,後亦施於士兵以防逃跑。

⑤趨令,遵守法令。　趨,趨向,歸附,服從。

⑥亂化:擾亂教化。

⑦大良造:亦作"大上造",秦爵名,據《漢書·百官公卿表》,為秦二十級爵中之第十六級。

⑧《史記·秦本紀》作"作為咸陽,築冀闕"。　冀闕:古代宮庭外公布法令的門闕。　《索隱》:"冀闕即魏闕也。冀,記也。出列教令,當記於此門闕。"

⑨同室內息:即同居不分家。

⑩令:縣令,為一縣之行政長官。　丞:縣丞,為縣令副佐。

⑪為田:治田,整治田地。　開:開立,設置。　阡陌:田間縱橫之道,即縱橫交錯的田塍,南北曰阡,東西曰陌。　封:聚土作為標誌。　疆:疆界,田界,劃定疆界。

⑫"賦稅平":賦稅統一。平,平齊,統一。

⑬斗:量器名,一斗約合今二公升。　桶:量器名,方形斛,一斛十斗,約合今二十公升。　權衡:權為砝碼、秤錘,衡為秤桿,此合言指秤。　尺:秦尺約合今二十三點二厘米。

⑭致胙(zuò):天子把祭祀用的肉賜給諸侯,以表特殊之榮寵和禮遇。胙,祭祀用的肉。

……衛鞅既破魏還,秦封之於、商十五邑①,號為商君。商君相秦十年,宗室貴戚多怨望者②。……

①於、商:秦國邑名,於在今河南西峽東,商在今陝西商縣東南。

②望:埋怨。

後五月而秦孝公卒，太子立。公子虔之徒告商君欲反，發吏捕商君。商君亡至關下，欲舍客舍[1]。客人不知其是商君也[2]，曰："商君之法，舍人無驗者坐之[3]。"商君喟然歎曰："嗟乎，為法之敝一至此哉[4]！"去之魏。魏人怨其欺公子卬而破魏師，弗受。商君欲之他國。魏人曰："商君，秦之賊[5]。秦彊而賊入魏，弗歸，不可。"遂內秦[6]。商君既復入秦，走商邑[7]，與其徒屬發邑兵北出擊鄭。秦發兵攻商君，殺之於鄭黽池[8]。秦惠王車裂商君以徇[9]，曰："莫如商鞅反者！"遂滅商君之家。

①欲舍客舍：第一個"舍"作動詞用，住宿，留宿。

②客人：客舍人，負責和管理客舍的管理服務人員。

③舍人：留宿的客人，旅客。　驗：證件，憑證。

④敝：害處。

⑤賊：作亂叛國為害百姓之人，此處作逃犯解。

⑥內：通"納"，交納，交給。

⑦走：逃亡，逃跑，奔赴。

⑧黽池：今河南省澠池縣。

⑨徇：示眾。

太史公曰：商君，其天資刻薄人也[1]。跡其欲干孝公以帝王術[2]，挾持浮說，非其質矣[3]。且所因由嬖臣，及得用，刑公子虔，欺魏將卬，不師趙良之言，亦足發明商君之少恩矣[4]。余嘗讀商君《開塞》、《耕戰》書[5]，與其人行事相類。卒受惡名於秦，有以也夫[6]！

①天資：天性。　刻薄：殘忍少恩。

②跡：考查。　干：求錄用。

③質：實質，本意。

④發明：表明。

⑤《開塞》、《耕戰》：《商君書》中第三篇為《農戰》，即《耕戰》；第七篇為《開塞》。

⑥有以：有因由，有緣故。

【語言要點】

1. 字詞理解

且見禽　見敖於民　暗於成事　不和於俗　不法其故　告姦　分異　以率受上爵　僇力本業　復其身　收孥　趨令　家給人足　亂化之民　阡陌封疆　怨望　走商邑　干孝公　發明

2. 語句通釋

(1)疑行無名,疑事無功。且夫有高人之行者,固見非於世;有獨知之慮者,必見敖於民。

(2)治世不一道,便國不法古。故湯武不循古而王,夏殷不易禮而亡。反古者不可非,而循禮者不足多。

(3)僇力本業,耕織致粟帛多者復其身。事末利及怠而貧者,舉以為收孥。宗室非有軍功論,不得為屬籍。

(4)民勇於公戰,怯於私鬬,鄉邑大治。

(5)商君,其天資刻薄人也。跡其欲干孝公以帝王術,挾持浮說,非其質矣。

【思考與討論】

1. 商鞅採取了哪些手段來加強新法的威信?

2. 試以現代法律觀念來分析連坐制度。

3. 如何看待商鞅的成敗?

張釋之列傳

題解

本文選自《史記·張釋之列傳》。本文通過若干事例和細節,表現張釋之"守法不阿意"、秉公執法、不阿權貴的法律精神,以及"法者,天子所與天下公共也"、"廷尉,天下之平也,一傾而天下用法皆為輕重"等法律思想。

張廷尉釋之者①,堵陽人也②,字季。有兄仲同居。以訾為騎郎③,事孝文帝,十歲不得調④,無所知名。釋之曰:"久宦減仲之產,不遂[5]。”欲自免歸[6]。中郎將袁盎知其賢[7]，惜其去，乃請徙釋之補謁者[8]。釋之既朝畢，因前言便宜事[9]。文帝曰：“卑之[10]，毋甚高論，令今可施行也。”於是釋之言秦漢之間事，秦所以失而漢所以興者久之。文帝稱善，乃拜釋之為謁者僕射[11]。

①廷尉：官名，秦始置，九卿之一，掌刑獄。漢初因之，秩中二千石。景帝時改稱大理，武帝時復稱廷尉。東漢以後，或稱廷尉，或稱大理，又稱廷尉卿。北齊至明清皆稱大理寺卿。

②堵陽：今河南方城縣東。

③訾：通“資”，錢財。　騎郎：郎中令屬官，掌守皇宮門戶，出充車騎。

④調：昇職，昇遷。

⑤遂：順利，安心。

⑥免：辭官。

⑦中郎將：西漢時皇帝的侍衛分隸於五官、左、右三署，分置中郎將以統率之。其時袁盎正任張釋之的長官。

⑧謁者：負責接待事務的低級官員。

⑨便宜事：便國利民之事，對國家有利之事。

⑩卑之：指談話要務實。　卑，低。

⑪謁者僕射：謁者的長官。

釋之從行，登虎圈[1]。上問上林尉諸禽獸簿[2]，十餘問，尉左右視，盡不能對。虎圈嗇夫從旁代尉對上所問禽獸簿甚悉[3]，欲以觀其能[4]，口對響應無窮者[5]。文帝曰：“吏不當若是邪？尉無賴[6]！”乃詔釋之拜嗇夫為上林令。釋之久之前曰：“陛下以絳侯周勃何如人也[7]？”上曰：“長者也。”又復問：“東陽侯張相如何如人也[8]？”上復曰：“長者。”釋之曰：“夫絳侯、東陽侯稱為長者，此兩人言事曾不能出口[9]，豈斆此嗇夫諜諜利口捷給哉[10]！且秦以任刀筆之吏[11]，吏爭以亟疾苛察相高[12]，然其敝徒文具耳[13]，無惻隱之實。以故不聞其過。陵遲而至於二世[14]，天下土崩。今陛下以嗇夫口辯而超遷之[15]，臣恐天下隨風靡靡[16]，爭為口辯而無其實。且下之化上[17]，疾於景響[18]，舉錯不可不審也[19]。”文帝曰：“善。”乃止不拜嗇夫。上就車，召釋之參乘[20]，徐行，問釋之秦之敝。具以質言㉑。至宮,上拜釋之為公車令㉒。

①虎圈:上林苑蓄養虎的地方

②上林:供皇帝打獵遊玩的上林苑。上林苑設令一人,丞八人,尉十二人。上林尉乃管理上林苑事務的低級官員。　禽獸簿:登記有禽獸情況的簿冊。

③嗇夫:上林苑裏的低級管理人員。　悉:詳細,詳備。

④觀:顯示。

⑤口對響應:即快速應對回答的意思。口對,回答。響應,如聲迴響。

⑥無賴:不可依賴,沒有能力。

⑦絳侯周勃:秦末追隨劉邦起義,以軍功封為絳侯,文帝時任右丞相。事見《史記·絳侯周勃世家》。

⑧東陽侯張相如:漢初功臣,以河間守擊陳豨有功,封東陽侯。

⑨曾:乃,卻,竟然。

⑩斅(xiào):古同"斆",仿傚。　利口捷給:口齒伶俐,反應敏捷,指能言善辯。

⑪刀筆之吏:指掌管刑獄的官吏,也指從事文墨工作的小官吏。

⑫亟:緊急。　疾:快速。　苛:嚴苛。　察:督責。

⑬敝:同"弊",弊病,流弊。　徒:只不過,徒然。　文具:官樣文書的形式。

⑭陵遲:衰落,衰微。

⑮超遷:越級昇遷。

⑯靡靡:順風倒下的樣子。

⑰下之化上:下面受到上面的感化。

⑱疾於景響:比影子和回聲還要快。景,通"影"。

⑲舉錯:做事情。錯,通"措",施行。　審:審慎,謹慎。

⑳參乘:即"驂乘",陪乘,坐在車右邊的陪乘人員。

㉑質言:實言,如實相告。

㉒公車令:即公車司馬令,秦漢置,衛尉的屬官,負責警衛宮門和夜間巡邏宮中,臣民上書及朝廷的徵召,也由其掌管。

頃之①,太子與梁王共車入朝②,不下司馬門③,於是釋之追止太子、梁王無得入殿門。遂劾不下公門④,不敬⑤,奏之。薄太后聞之⑥,文帝免冠謝曰:"教兒子不謹。"薄太后乃使使承詔赦太子、梁王⑦,然後得入。文帝由是奇釋之⑧,拜為中大夫。

①頃之:不久。
②太子:即文帝長子劉啟,後為漢景帝。　梁王:即文帝次子劉武。
③司馬門:皇宮外門,漢朝禮制規定,諸侯大夫等出入司馬門時必須下馬。
④劾:彈劾。
⑤不敬:即"大不敬",指不敬皇帝的罪名。
⑥薄太后:漢文帝之母。
⑦使使:前一使字是動詞,派遣;後一使字是名詞,使者。
⑧奇:意動用法,稱奇。

頃之,至中郎將。從行至霸陵①,居北臨廁②。是時慎夫人從③,上指示慎夫人新豐道④,曰:"此走邯鄲道也。"使慎夫人鼓瑟,上自倚瑟而歌⑤,意慘淒悲懷,顧謂群臣曰:"嗟乎! 以北山石為槨⑥,用紵絮斮陳⑦,蕠漆其間⑧,豈可動哉!"左右皆曰:"善。"釋之前進曰:"使其中有可欲者⑨,雖錮南山猶有郤⑩;使其中無可欲者,雖無石槨,又何戚焉!"文帝稱善。其後拜釋之為廷尉。

①霸陵:即灞陵。漢文帝陵名。
②廁:通"側"。旁邊、邊緣懸絕處。
③慎夫人:文帝寵妃,邯鄲人。
④指示:指給……看。　新豐:地名,今陝西臨潼東北。
⑤倚瑟而歌:伴著瑟聲唱歌。
⑥槨:外棺,套在棺材外面的大棺材。
⑦紵(zhù):苧麻。　絮:粗絲棉。　斮(zhuó):同"斫",斬,切碎。
⑧蕠(rú):粘。
⑨可欲者:可引起貪慾的財物寶貝等。
⑩錮:鑄塞,鑄銅鐵,以塞隙也。　郤:通"隙",縫隙。

頃之,上行出中渭橋①,有一人從橋下走出,乘輿馬驚②。於是使騎捕,屬之廷尉③。釋之治問。曰:"縣人來④,聞蹕⑤,匿橋下。久之,以為行已過,即出,見乘輿車騎,即走耳。"廷尉奏當⑥,一人犯蹕,當罰金。文帝怒曰:"此人親驚吾馬,吾馬賴柔和⑦,令他馬⑧,固不敗傷我乎? 而廷尉乃當之罰金!"釋之曰:"法者,天子所與天下公共也。今法如此而更重之,是法不信於民也。且方其時,上使立誅之則已。今既下廷尉,廷尉,天下之平也[9],一傾而天下用法皆為輕重[10],民安所措其手足?唯陛下察之。”良久,上曰:“廷尉當是也。”

①中渭橋:漢時渭水上正對皇城北門的一座橋。

②乘輿:皇帝乘坐的車子。

③屬(zhǔ):交給,交付。

④縣人:與京都長安相對言,相當於“鄉下人”。

⑤蹕:古時帝王出行時,實施交通管制,禁止人車通行。

⑥當:判決。

⑦賴柔和:幸虧馴良不暴躁。

⑧令:假如。

⑨此句意謂廷尉是公平執法的,應為天下大小官員表率。

⑩輕重:畸輕畸重,偏輕偏重。

其後有人盜高廟坐前玉環[1],捕得,文帝怒,下廷尉治。釋之案律盜宗廟服御物者為奏[2],奏當棄市[3]。上大怒曰:“人之無道,乃盜先帝廟器,吾屬廷尉者,欲致之族[4],而君以法奏之,非吾所以共承宗廟意也[5]。”釋之免冠頓首謝曰:“法如是足也。且罪等[6],然以逆順為差[7]。今盜宗廟器而族之,有如萬分之一[8],假令愚民取長陵一抔土[9],陛下何以加其法乎?”久之,文帝與太后言之,乃許廷尉當。是時,中尉條侯周亞夫與樑相山都侯王恬開見釋之持議平[10],乃結為親友。張廷尉由此天下稱之。

①高廟:祭祀漢高祖劉邦的宗廟。　坐:同“座”,神座。

②案:通“按”,按照,依照。

③當:判決。　棄市:斬首示眾,《禮記·王制》:“刑人於市,與眾棄之。”本指受刑罰的人皆在街頭示眾,民眾共同鄙棄之,後以“棄市”專指死刑。

④族:族刑,一人有罪,整個宗族都要受刑。

⑤共,通“恭”。　共承:恭敬承奉。

⑥罪等:罪名相同。

⑦以逆順為差(cī):根據犯罪程度的輕重而加以區別。　差:等級。

⑧有如萬分之一:假如,萬一,委婉語。

⑨長陵:漢高祖陵墓。　一抔(póu)土:一捧土。　取長陵一抔土:委婉語,盜墓。

⑩中尉條侯周亞夫:周勃之子,事見《史記·絳侯周勃世家》。　山都侯王恬開:即王恬啟,為避景帝劉啟諱而改名。

後文帝崩,景帝立,釋之恐,稱病。欲免去[①],懼大誅至;欲見謝[②],則未知何如。用王生計,卒見謝,景帝不過也[③]。

①免去:辭官離開。

②見謝:謁見景帝當面謝罪。

③過:責備,斥責。

王生者,善為黃老言[①],處士也[②]。嘗召居廷中,三公九卿盡會立[③],王生老人,曰"吾襪解[④]",顧謂張廷尉:"為我結襪!"釋之跪而結之。既已,人或謂王生曰:"獨柰何廷辱張廷尉,使跪結襪?"王生曰:"吾老且賤,自度終無益於張廷尉[⑤]。張廷尉方今天下名臣,吾故聊辱廷尉,使跪結襪,欲以重之[⑥]。"諸公聞之,賢王生而重張廷尉[⑦]。

①黃老言:黃老學說,黃老之術。

②處士:有才德學行而隱居不仕的人。

③三公:指丞相、太尉、御史大夫。　九卿:指太常、鴻臚、宗正、郎中令、衛尉、太僕、廷尉、少府、大司農等。三公九卿泛指朝廷大臣。

④襪解:繫襪子的帶子松脫了。當時群臣上殿必須去履,著襪行走。

⑤度:忖度,揣度,料想。

⑥重之:加強他的名聲。　重,加重,加強。

⑦賢:意動用法,以……為賢德,推重。　重:看重,敬重。

張廷尉事景帝歲餘,為淮南王相[①],猶尚以前過也[②]。久之,釋之卒。其子曰張摯,字長公,官至大夫,免。以不能取容當世[③],故終身不仕。

①淮南王:即劉邦幼子劉長的兒子劉安。

②猶：仍然。　尚：還是。

③取容：討好別人以求自己安身。

【語言要點】

1. 字詞理解

不得調　便宜事　卑之　口對響應無窮　無賴　利口捷給　亟疾苛察　陵遲　文具　超遷　舉錯　指示　屬之廷尉　廷尉奏當　當罰金　吾馬賴柔和　共承宗廟　以逆順為差　有如萬分之一　猶尚以前過

2. 語句通釋

(1)卑之，毋甚高論，令今可施行也。

(2)今陛下以嗇夫口辯而超遷之，臣恐天下隨風靡靡，爭為口辯而無其實。且下之化上，疾於景響，舉錯不可不審也。

(3)使其中有可欲者，雖錮南山猶有郤；使其中無可欲者，雖無石槨，又何戚焉！

(4)廷尉，天下之平也，一傾而天下用法皆為輕重，民安所措其手足？唯陛下察之。

(5)法如是足也。且罪等，然以逆順為差。今盜宗廟器而族之，有如萬分之一，假令愚民取長陵一抔土，陛下何以加其法乎？

【思考與討論】

1. 中國歷史上有所謂的"文景之治"，張釋之適逢其世。他之所以能取得成功，除了其自身的品格之外，與文帝和景帝是否有關？如果換了別的昏君，情形又如何？啟示何在？談談你的看法。

2. 談談你對"法者，天子所與天下公共也"的理解。

3. 張釋之為何能得到黃生的稱譽和幫助？有何啟示？

酷吏列傳（節選）

題解

《酷吏列傳》選出漢代十個著名酷吏，即甯成、周陽由、趙禹、張湯、義縱、王溫舒、尹齊、楊僕、減宣、杜周等，對其兇狠殘暴等品性事蹟進行了集中而概括的描寫，並表達了作者鮮明的評價，"其廉者足以為儀表，其汙者足以為戒"。本文所節選的部分則主要記述了酷吏郅都和張湯的故事，既揭示了他們的"鄉上意所便"的姦詐巧佞，"舞智以禦人，乾沒侵奪"的兇狠殘暴，營私舞弊、結黨營私、拉幫結夥、舞文弄法的腐敗狡猾，以及"天下事皆決於湯"之類的囂張氣焰，也肯定了某些酷吏所表現出來的"行法不避貴戚"、"奉職死節官下"、"不發私書，問遺無所受，請寄無所聽"的一定程度上的正面作用。司馬遷"雖慘酷，斯稱其位矣"一語，亦對不稱職的官吏作了間接而辛辣的諷刺和針砭。然而，酷吏超越按照正式銓選制度和程式出身的作為國家命官的三公九卿等，成為單單服務於私人權勢之走狗打手，於國於公有百害而無一益。何況大部分酷吏所表現出來的"暴挫、擅磔人、鋸項、推鹹、妄殺、蝮鷙、撲擊"等虐民害民的惡劣行徑，則終究如司馬遷所鄙視悲歎者："何足數哉！何足數哉！"

孔子曰："導之以政，齊之以刑，民免而無恥。導之以德，齊之以禮，有恥且格。"①老氏稱："上德不德，是以有德；下德不失德，是以無德。法令滋章，盜賊多有。"②太史公曰：信哉是言也！法令者治之具，而非制治清濁之源也。昔天下之網嘗密矣，然姦偽萌起，其極也，上下相遁③，至於不振。當是之時，吏治若救火揚沸④，非武健嚴酷，惡能勝其任而愉快乎！言道德者，溺其職矣⑤。故曰"聽訟，吾猶人也，必也使無訟乎"⑥。"下士聞道大笑之"⑦。非虛言也。漢興，破觚而為圜⑧，斲雕而為樸⑨，網漏於吞舟之魚，而吏治烝烝⑩，不至於姦，黎民艾安⑪。由是觀之，在彼不在此⑫。

①語見《論語·為政》。　道：通"導"，訓導。　齊：約束、治理。　免：苟免也。格：革，改變，除去壞毛病。

②語見《老子》第三十八章和第五十七章。　不德：不表現為形式上的德。不失德：指執守形式上的德。　滋：更加，越發。　章：通"彰"，顯明，顯著。

③遁：隱遁，引申為隱瞞、欺瞞。

④救火揚沸：即負薪救火，揚湯（開水）止沸，比喻無濟於事。

⑤溺其職：喪失其職。

⑥語見《論語·顏淵》。此句反映了儒家"無訟"、"非訟"、"厭訟"的思想觀念。

⑦語見《老子》第四十一章。

⑧觚：古代酒器，青銅制，盛行於中國商代和西周初期，喇叭形口，細腰，高圈足，

腹部和足部各有四條棱角。　圜:通"圓"。

⑨斲:砍削,砍伐。　雕:指雕刻的花紋。　樸:天然不裝飾。

⑩烝烝:純一寬厚貌。

⑪艾安:太平無事。　艾,通"乂",治理,安定。

⑫彼:指寬厚。　此:指酷刑。

……

郅都者,楊人也①。以郎事孝文帝②。孝景時,都為中郎將,敢直諫,面折大臣於朝③。嘗從入上林④,賈姬如廁,野彘卒入廁⑤。上目都⑥,都不行。上欲自持兵救賈姬,都伏上前曰:"亡一姬復一姬進,天下所少寧賈姬等乎⑦?陛下縱自輕,柰宗廟太后何⑧!"上還,彘亦去。太后聞之,賜都金百斤,由此重郅都。

①楊:地名,在今山西洪洞縣東南。

②郎:君主侍從官,有議郎、侍郎、中郎、郎中等名。

③面折:當面直指人過失,當面使人折服。

④上林:上林苑,漢代皇帝遊獵的地方。

⑤彘:豬。　卒:通"猝",突然。

⑥目:用目光示意。

⑦寧:難道。　等:之類。

⑧宗廟:神廟,這裏指朝廷。

濟南瞯氏宗人三百餘家①,豪猾②,二千石莫能制③,於是景帝乃拜都為濟南太守。至則族滅瞯氏首惡,餘皆股栗④。居歲餘,郡中不拾遺。旁十餘郡守畏都如大府⑤。

①瞯(xián)氏:濟南大族。

②豪猾:蠻橫狡詐。

③二千石:俸祿為二千石的官員,此指濟南太守。

④股栗:大腿發抖,指恐懼。　栗:同"慄",顫慄。

⑤大府:上級官府。按濟南府本與周圍郡府同級,然因懼怕郅都故,其他郡府之太守視濟南府為上級官府。

都為人勇，有氣力，公廉，不發私書[①]，問遺無所受[②]，請寄無所聽[③]。常自稱曰："已倍親而仕[④]，身固當奉職死節官下[⑤]，終不顧妻子矣。"

①不發私書：不拆閱私人求情的信件。

②問遺：慰問饋贈，送禮。　遺：給予，饋贈。

③請寄：以私事相托。

④倍：通"背"，背棄。

⑤奉職：奉公守職。　死節：為節操而死。

郅都遷為中尉[①]。丞相條侯至貴倨也[②]，而都揖丞相[③]。是時民樸，畏罪自重，而都獨先嚴酷，致行法不避貴戚[④]，列侯宗室見都側目而視，號曰"蒼鷹"。

①中尉：官名，掌京師治安，兼管北軍（保衛京城的部隊）。

②條侯：周勃之子周亞夫，平定吳楚七國之亂，因功封相。　倨：倨傲，傲慢。

③揖：拱手禮。揖丞相表明其不阿附權貴。

④貴戚：主要指皇帝的內親外戚。

臨江王徵詣中尉府對簿[①]，臨江王欲得刀筆為書謝上[②]，而都禁吏不予。魏其侯使人以閒與臨江王[③]。臨江王既為書謝上，因自殺。竇太后聞之，怒，以危法中都[④]，都免歸家。孝景帝乃使使持節拜都為鴈門太守[⑤]，而便道之官，得以便宜從事[⑥]。匈奴素聞郅都節[⑦]，居邊，為引兵去，竟郅都死不近鴈門[⑧]。匈奴至為偶人象郅都[⑨]，令騎馳射莫能中，見憚如此。匈奴患之。竇太后乃竟中都以漢法。景帝曰："都忠臣。"欲釋之。竇太后曰："臨江王獨非忠臣邪？"於是遂斬郅都。

①臨江王：漢景帝長子劉榮，漢武帝劉徹的兄長，曾被其父漢景帝立為太子，後因其母栗姬失寵，被廢除太子之位，封為臨江王。膠東王劉徹取代他成為太子。後劉榮因侵佔宗廟罪，被傳到中尉府受審，遂自殺。這裏所記即此事。　徵：徵召。詣：到某處。　對簿：在公堂受審。

②刀筆：簡帛時代書寫工具，用筆寫，有誤則用刀削去。　謝上：向皇帝謝罪。

③魏其侯：即西漢大臣竇嬰，漢文帝皇后竇氏侄，平定吳、楚七國之亂有功，封魏

其侯。武帝初任丞相。後因至交灌夫罵席事(灌夫在酒席中對田蚡出言不遜),捲入與田蚡的政治鬥爭,最後因"偽造詔書罪"而被彈劾,死。事見《史記·魏其武安侯列傳第》、《漢書·竇田灌韓傳》。　以閒:尋得時機,在暗中,即秘密地。

④危法:重法。　中:中傷,陷害。

⑤使使:派遣使者,前一使字為動詞。　節:信物。

⑥便宜從事:根據實際情況行事或進行處置(的權力)。

⑦節:為人行事的操守。

⑧竟:終,一直到。

⑨至:甚至,竟然。　偶人:木偶人。

……

張湯者,杜人也①。其父為長安丞,出,湯為兒守舍②。還而鼠盜肉,其父怒,笞湯③。湯掘窟得盜鼠及餘肉,劾鼠掠治④,傳爰書⑤,訊鞫論報⑥,並取鼠與肉,具獄磔堂下⑦。其父見之,視其文辭如老獄吏,大驚,遂使書獄⑧。父死後,湯為長安吏,久之。

①杜:地名,在今陝西西安市東南。

②守舍:猶看家。

③笞:鞭笞。

④劾:審訊,審判。　掠治:拷打審問。

⑤爰書:古代記錄囚犯供辭的文書,後用以指判決書。

⑥訊鞫:亦作"訊鞠",審訊。　論報:把判決的罪罰報告上級。

⑦具獄:備文定案,備齊據以定罪的全部案卷。　磔:古代祭祀時分裂牲畜肢體,又指古代的一種分裂人體的酷刑。

⑧書獄:書寫獄詞。

周陽侯始為諸卿時①,嘗繫長安②,湯傾身為之③。及出為侯,大與湯交,徧見湯貴人④。湯給事內史⑤,為寧成掾⑥,以湯為無害,言大府⑦,調為茂陵尉⑧,治方中⑨。

①周陽侯:指田勝,漢景帝王皇后之異父弟。

②繫:拘禁。

③為之:為其辯護,搭救,救助。

④偏:同"遍"。此句意謂把張湯廣泛地介紹給達官貴人。

⑤給事:任職,供職。　內史:官名。西漢初,諸侯王國置內史,掌民政。歷代沿置,隋始廢。

⑥寧成:西漢酷吏,南陽穰人。有所謂"寧見乳虎,無直寧成之怒"之說。掾:原為佐助的意思,後為副官佐或官署屬員的通稱。

⑦言大府:向丞相府推薦。

⑧茂陵:漢武帝陵。

⑨治:治理,管理。　方中:古代帝王的陵墓,一般都在生前預修,故諱稱。

武安侯為丞相①,徵湯為史②,時薦言之天子,補御史③,使案事④。治陳皇后蠱獄⑤,深竟黨與⑥。於是上以為能,稍遷至太中大夫⑦。與趙禹共定諸律令,務在深文⑧,拘守職之吏⑨。已而趙禹遷為中尉,徙為少府⑩,而張湯為廷尉,兩人交驩⑪,而兄事禹。禹為人廉倨⑫。為吏以來,舍毋食客⑬。公卿相造請禹,禹終不報謝,務在絕知友賓客之請,孤立行一意而已。見文法輒取,亦不覆案⑭,求官屬陰罪⑮。湯為人多詐,舞智以禦人⑯。始為小吏,乾沒⑰,與長安富賈田甲、魚翁叔之屬交私⑱。及列九卿,收接天下名士大夫,己心內雖不合,然陽浮慕之⑲。

①武安侯:指田蚡,孝景王皇后的胞弟,事見《史記·魏其武安侯列傳》。

②史:丞相府吏。

③御史:官名。春秋戰國時期列國皆有御史,為國君親近之職,掌文書及記事。秦設御史大夫,職副丞相,位甚尊;並以御史監郡,遂有糾察彈劾之權,蓋因近臣使作耳目。漢以後,御史職銜累有變化,職責則專司糾彈,而文書記事乃歸太史掌管。

④案事:查驗辦理獄事,凡官府興除成例及獄訟論定者皆曰案。

⑤陳皇后:漢武帝原配,後失寵,便召女巫楚服行巫術,事發後,武帝大興巫蠱之獄。見《漢書·外戚傳上》。事實上,武帝一朝多次因巫蠱事件而構成大獄,詳見《史記》。

⑥竟:窮究,追索,深挖。　黨與:同黨。

⑦遷:升職。　太中大夫:官名,掌論議。

⑧深文:謂制定或援用法律條文苛細嚴峻。

⑨拘:限制,約束。　守職:居官,在職。

⑩少府:官名,九卿之一,掌管山林川澤的稅收和皇室手工業。

⑪交驩:相交甚歡。　驩:同“歡”。

⑫廉倨:廉潔傲慢。

⑬毋:通“無”。

⑭覆案:亦作“覆按”,再審案,查究。

⑮陰罪:尚未暴露的罪行,不為人知的罪惡。

⑯舞智:玩弄聰明。

⑰乾沒:白白吞沒別人的財物。

⑱交私:秘密交往。

⑲陽:通“佯”,假裝,佯裝。

是時上方鄉文學①,湯決大獄,欲傅古義②,乃請博士弟子治《尚書》、《春秋》補廷尉史③,亭疑法④。奏讞疑事⑤,必豫先為上分別其原,上所是,受而著讞決法廷尉,絜令揚主之明⑥。奏事即譴,湯應謝⑦,鄉上意所便⑧,必引正、監、掾史賢者⑨,曰:“固為臣議,如上責臣,臣弗用,愚抵於此⑩。”罪常釋。即奏事,上善之,曰:“臣非知為此奏,乃正、監、掾史某為之。”其欲薦吏,揚人之善蔽人之過如此。所治即上意所欲罪,予監史深禍者⑪;即上意所欲釋,與監史輕平者⑫。所治即豪,必舞文巧詆⑬;即下戶羸弱,時口言⑭:“雖文致法⑮,上財察⑯。”於是往往釋湯所言。湯至於大吏,內行脩也⑰。

①上:天子,皇帝,指漢武帝。　鄉:通“向”,傾向,喜歡。　文學:指儒家學說。鄉文學,指漢武帝“罷黜百家,獨尊儒術”一事。

②傅:通“附”,附會。

③博士:古代學官名,源起戰國。秦及漢初,博士所掌為古今史事待問及書籍典守,武帝以後專掌經學傳授。

④亭:正,公正評定。　亭疑法:此言以春秋決獄法來評定有疑問的法律條文。

⑤讞(yàn):審判定罪,審理定案。

⑥絜令:刻在木板上以為法令。　絜,通“契”,用刀刻,鏤刻。此句意謂受而書之於板,定為判例,並以廷尉的名義公布,以宣揚皇帝的明鑑。

⑦應謝:隨機應變,認錯謝罪。

⑧鄉:通“向”,順向,依照。　上意:皇帝的想法。

⑨正、監、掾史：據《漢書·百官公卿表》，廷尉有正、左右監，秩皆千石。

⑩此句意謂以上賢者本來跟我商議過皇帝如今所批評我的方面，是我自己沒聽從他們的意見，愚蠢地造成今日的結局。

⑪予：給予，交付。　監史深禍者：執法嚴酷刻毒的監史。監史，指漢廷尉的屬官監與掾史。

⑫與：給予，交付。　監史輕平者：執法輕緩公平的監史。

⑬舞文巧詆：舞文弄墨，玩弄法律條文。

⑭時口言：經常作口頭報告。

⑮文致法：以文致法，按照法令條文來適用法律，進行判決。

⑯財：通"裁"，判定。

⑰內行脩：自身品德有修養。

通賓客飲食①，於故人子弟為吏及貧昆弟，調護之尤厚②。其造請諸公③，不避寒暑。是以湯雖文深意忌不專平④，然得此聲譽。而刻深吏多為爪牙用者⑤，依於文學之士⑥。丞相弘數稱其美⑦。及治淮南、衡山、江都反獄⑧，皆窮根本。嚴助及伍被⑨，上欲釋之。湯爭曰："伍被本畫反謀⑩，而助親幸出入禁闥爪牙臣⑪，乃交私諸侯如此，弗誅，後不可治。"於是上可論之⑫。其治獄所排大臣自為功，多此類。於是湯益尊任，遷為御史大夫。

①通：交往，交結，交好。　飲食：指招待。

②調護：照顧。

③造請：登門晉見，造訪，拜訪。

④意忌：疑忌。　專平：公平。

⑤刻深：苛刻嚴峻。　爪牙：羽翼，輔佐之人。

⑥文學之士：指儒士。

⑦丞相弘：公孫弘，漢菑川人，武帝初舉賢良對策第一，拜為博士。元朔中進位丞相，封平津侯。

⑧反獄：謀反的案件。淮南：指淮南王劉安。漢武帝元朔元年(前123年)，丞相公孫弘"乃疑淮南有畔逆計謀，深窮治其獄。"後劉安自殺。但是"所連引與淮南王謀反列侯、二千石、豪桀數千人，皆以罪輕重受誅"。　衡山：指衡山王劉賜，淮南王劉安的弟弟，曾與其子謀反，漢武帝元狩年間，謀反事暴露後自殺。江都：指江漢

景帝孫江都王劉建,謀反事發亦自殺。淮南、衡山、江都等謀反事見《史記·淮南衡山列傳》、《漢書·淮南王傳》、《漢書·江都王傳》等。

⑨嚴助:即莊助,西漢中期會稽郡吳縣(今江蘇省蘇州市)人,嚴助與朱買臣、淮南王劉安交好,而劉安謀反,嚴助受御史張湯指控,牽連而誅。 伍被:淮南八公之一,在劉安處任中郎,開始時反對劉安謀反,後因其父母被劉安關了三個月,乃為之畫策,事敗被誅。

⑩畫:謀劃,籌畫,計畫。

⑪禁闥:宮廷門戶,亦指宮廷、朝廷,皇帝居住之處。 爪牙臣:護衛之臣。

⑫可:同意,贊同,贊成。 論:判決。

會渾邪等降①,漢大興兵伐匈奴,山東水旱,貧民流徙,皆仰給縣官②,縣官空虛。於是丞上指③,請造白金及五銖錢④,籠天下鹽鐵⑤,排富商大賈,出告緡令⑥,鉏豪彊並兼之家⑦,舞文巧詆以輔法。湯每朝奏事,語國家用,日晏,天子忘食。丞相取充位⑧,天下事皆決於湯。百姓不安其生,騷動,縣官所興,未獲其利,姦吏並侵漁⑨,於是痛繩以罪。則自公卿以下,至於庶人,咸指湯⑩。湯嘗病,天子至自視病,其隆貴如此。

①渾邪:即渾邪王。渾邪是漢代匈奴的一支。元狩二年(前121年),霍去病破隴西,俘虜渾邪王子及相國、都尉。匈奴單于欲殺渾邪王。渾邪王和休屠王等遂率領四萬多人投降漢朝。封渾邪王萬戶,為漯陰侯。事見《史記·匈奴列傳》。

②縣官:官府。

③丞:通"承",秉承,順從。 上:天子,皇帝。 指:通"旨",旨意,心意。

④白金:古指銀子,亦指銀合金的貨幣。 五銖錢:漢代錢幣,每個重五銖。

⑤籠:掌握,收羅。此句指實行鹽鐵專賣制度。

⑥告緡(mín)令:此令於武帝元鼎二年(前115年)頒行,武帝元封元年(前110年)終止。漢武帝長期對外用兵,國庫空虛,百姓窮困,而商人則"財或累萬金",然不肯"佐國家之急",武帝乃"算緡錢"法(算即徵稅,緡錢是以絲繩穿起來的錢)向商人課以重稅,即徵收商人的財產稅,稅率很高。

⑦鉏:古同"鋤",鋤滅,誅滅;除去。

⑧丞相:指李蔡和莊青翟。 充位:備丞相的空位。

⑨侵漁:侵奪漁利,從中侵吞牟利。

⑩指：斥責。

……湯為御史大夫七歲，敗。……湯死，家產直不過五百金[①]，皆所得奉賜[②]，無他業。昆弟諸子欲厚葬湯，湯母曰："湯為天子大臣，被汙惡言而死[③]，何厚葬乎！"載以牛車，有棺無槨[④]。天子聞之，曰："非此母不能生此子。"乃盡案誅三長史[⑤]。丞相青翟自殺[⑥]。出田信[⑦]。上惜湯。稍遷其子安世[⑧]。

①直：通"值"，價值。

②奉：即"俸"，俸祿。　賜：賞賜。

③被：蒙受。　汙惡言：污蔑、攻擊的言辭。

④槨：外棺。

⑤案誅：審理、誅殺。　三長史：即丞相的三長史朱買臣、王朝、邊通。

⑥青翟：莊青翟，漢代大臣。漢高祖時武強侯莊不識之孫，漢文帝時襲爵武強侯。漢武帝時曾任御史大夫、太子少傅。元狩六年夏四月，被任命為丞相。

⑦出：釋放。　田信：張湯的朋友。

⑧稍：逐漸。　安世：張安世，張湯之子，宣帝時拜大司馬，封富平侯。

……

太史公曰：自郅都、杜周十人者，此皆以酷烈為聲。然郅都伉直[①]，引是非[②]，爭天下大體[③]。張湯以知陰陽[④]，人主與俱上下[⑤]，時數辯當否[⑥]，國家賴其便。趙禹時據法守正。杜周從諛[⑦]，以少言為重。自張湯死後，網密，多詆嚴[⑧]，官事浸以秏廢[⑨]。九卿碌碌奉其官，救過不贍[⑩]，何暇論繩墨之外乎[⑪]！然此十人中，其廉者足以為儀表，其汙者足以為戒，方略教導[⑫]，禁姦止邪，一切亦皆彬彬質有其文武焉[⑬]。雖慘酷，斯稱其位矣。至若蜀守馮當暴挫[⑭]，廣漢李貞擅磔人[⑮]，東郡彌僕鋸項[⑯]，天水駱璧推咸[⑰]，河東褚廣妄殺，京兆無忌、馮翊殷周蝮鷙[⑱]，水衡閻奉樸擊賣請[⑲]，何足數哉！何足數哉！

①伉直：剛烈正直。伉，通"亢"，亢烈，剛強。

②引：正，劃定。

③大體：有關大局的道理。

④知陰陽:知道如何用兩面手法去討好君王。

⑤人主:皇上。　俱上下:上下意見一致。

⑥數辯當否:多次對國家的方針大政辯論得失。

⑦從諛:追隨,諂諛。

⑧詆嚴:誣陷嚴酷。

⑨浸:逐漸,漸漸。　秏廢:虛耗,廢棄。"秏"同"耗"。

⑩贍:足,充足。　不贍:來不及,忙不過來。

⑪繩墨:木匠畫直線的工具,喻指法律。

⑫方略:計畫;權謀;策略。

⑬彬彬:斯文有禮貌,文質兼備貌。　質:本質。　文:禮義教化。　武:指刑罰。

⑭暴:暴虐,兇暴。　挫:摧折,摧殘。

⑮磔(zhé):古代一種酷刑,把肢體分裂。

⑯項:頸項,脖子。

⑰推咸:當作"椎成",即用椎擊人以定案。

⑱蝮:蝮蛇,劇毒蛇。　鷙:鷙鳥,性兇猛。

⑲樸擊:用木棒打人。　賣請:逼人以賄賂求赦免。

【語言要點】

1. 字詞理解

上下相遁　艾安　野彘卒入廁　不發私書　以危法中都　傳爰書　訊鞫論報　深竟黨與　乾沒　稍遷　陽浮慕之　務在深文　傅古義　亭疑法　絜令揚主之明　上財察　伉直　救過不贍　斯稱其位

2. 語句通釋

(1)已倍親而仕,身固當奉職死節官下,終不顧妻子矣。

(2)湯掘窟得盜鼠及餘肉,劾鼠掠治,傳爰書,訊鞫論報,並取鼠與肉,具獄磔堂下。

(3)禹為人廉倨。為吏以來,舍毋食客。公卿相造請禹,禹終不報謝,務在絕知友賓客之請,孤立行一意而已。

(4)湯為人多詐,舞智以禦人。始為小吏,干沒,與長安富賈田甲、魚翁叔之屬交私。

(5)此十人中,其廉者足以為儀表,其汙者足以為戒,方略教導,禁姦止邪,一切亦皆彬彬質有其文武焉。雖慘酷,斯稱其位矣。

【思考與討論】

1. 試分析酷吏產生的土壤條件或內外因素。

2. 古代酷吏與現代所謂的能人、強人有何異同?試以現代政治學觀念分析之。

3. 如何從制度上避免酷吏和保證吏治的清正?試從法學、政治學、文教考試制度、吏治等角度進行分析。

漢書

《漢書》是班固所撰中國第一部紀傳體斷代史書,又稱《前漢書》,是“二十四史”之一,與《史記》、《後漢書》、《三國志》並稱“前四史”。班固承父班彪之志以成一代之史,上起西漢的漢高祖元年(前206年),下至新朝的王莽地皇四年(公元23年),共230年間史事彙聚一書。書成於漢和帝時期,前後歷時近四十年,部份內容由其妹班昭及門生馬續續成。《漢書》在體例上對《史記》有承有革,包括本紀十二篇,表八篇,志十篇,列傳七十篇,共一百篇,後人劃分為一百二十卷。《漢書》語言莊嚴工整,多用排偶、古字古詞,遣辭造句典雅雋永,有其獨到的文學成就。班固思想保守,全書貫穿濃厚的儒家觀念,因此被後世史學家奉為正統。

班固(32年~92年),扶風安陵人(今陝西咸陽)。東漢歷史學家班彪之子,字孟堅,與弟班超、妹班昭俱有名於史。除《漢書》一百二十卷外,又著有《白虎通德論》六卷,《集》十七卷。班固也是東漢時期最著名的辭賦家之一,著有《兩都賦》、《答賓戲》、《幽通賦》等。

刑法志(節選)

題解

《漢書·刑法志》的主要內容是刑法史。在本篇中,作者一方面強調“作刑以明威”,制禮以止刑、明法正刑,而使百姓有法可循。另一方面也指出了當世刑法不正是導致“五疾”嚴重的社會根因。

夫人宵天地之貌,懷五常之性①,聰明精粹,有生之最靈者也。爪牙不足以供耆欲②,趨走不足以避利害,無毛羽以禦寒暑,必將役物以為養,任智而不恃力[3],此其所以為貴也。故不仁愛則不能群,不能群則不勝物,不勝物則養不足。群而不足,爭心將作,上聖卓然先行敬讓博愛之德者[4],眾心說而從之。從之成群,是為君矣;歸而往之,是為王矣。《洪範》曰:"天子作民父母,為天下王。"聖人取類以正名[5],而謂君為父母,明仁愛德讓,王道之本也。愛待敬而不敗,德須威而久立,故制禮以崇敬,作刑以明威也。聖人既躬明哲之性,必通天地之心,制禮作教,立法設刑,動緣民情[6],而則天象地。故曰:先王立禮,"則天之明,因地之性"也。刑罰威獄,以類天之震曜殺戮也[7];溫慈惠和,以效天之生殖長育也。《書》雲"天秩有禮","天討有罪"。故聖人因天秩而制五禮,因天討而作五刑。大刑用甲兵,其次用斧鉞;中刑用刀鋸,其次用鑽鑿;薄刑用鞭撲[8]。大者陳諸原野,小者致之市朝,其所繇來者上矣[9]。

①五常:指仁、義、禮、智、信。

②耆:通"嗜"。

③任:使用。　恃(shì):依靠。

④上聖:道德高尚的人。

⑤類:類比。　正名:確定名分。

⑥緣:遵循。

⑦震:雷。　曜(yào):閃電。

⑧鞭扑:用作刑具的鞭子和棍棒。

⑨繇來:由來。

古人有言:"天生五材[1],民並用之,廢一不可,誰能去兵?"鞭撲不可弛於家[2],刑罰不可廢於國,征伐不可偃於天下。用之有本末,行之有逆順耳。孔子曰:"工欲善其事,必先利其器[3]。"文德者[4],帝王之利器;威武者,文德之輔助也。夫文之所加者深,則武之所服者大;德之所施者博,則威之所制者廣。三代之盛,至於刑錯兵寢者[5],其本末有序,帝王之極功也。

①五材:指金、木、水、火、土。

②鞭扑:鞭打、杖擊的刑罰。

③語見《論語·衛靈公》。

④文德:指禮制、德政。

⑤刑錯兵寢:止刑息兵。

漢興,高祖初入關,約法三章曰:"殺人者死,傷人及盜抵罪。"蠲削煩苛①,兆民大說②。其後四夷未附,兵革未息,三章之法不足以禦姦,於是相國蕭何攈摭秦法③,取其宜於時者,作律九章④。

①煩苛:指煩瑣苛細的刑法。

②兆民:衆百姓。

③攈摭(jùn zhì):拾取。

④九章:盜律、賊律、囚律、捕律、雜律、具律、戶律、興律、廄律等九章。

當孝惠、高後時,百姓新免毒蠚①,人欲長幼養老②。蕭、曹為相,填以無為③,從民之欲而不擾亂,是以衣食滋殖,刑罰用稀。

①毒蠚(hē):毒害。

②長幼:撫育幼小。

③填:同"鎮",使安定。

及孝文即位,躬脩玄默,勸趣農桑①,減省租賦。而將相皆舊功臣,少文多質,懲惡亡秦之政,論議務在寬厚,恥言人之過失。化行天下,告訐之俗易②。吏安其官,民樂其業,畜積歲增,戶口寖息③。風流篤厚④,禁罔疏闊⑤。選張釋之為廷尉,罪疑者予民⑥,是以刑罰大省,至於斷獄四百⑦,有刑錯之風⑧。

①趣(cù):催促。

②告訐(jié):責人過失或隱私,告發。

③寖(jìn)息:逐漸繁殖。

④風流:這裏指風俗。

⑤禁罔:指張佈如網的禁令法律。

⑥罪疑:指疑案。

⑦斷獄:判案。

⑧刑錯：亦作"刑措"或"刑厝"。置刑法而不用。

即位十三年，齊太倉令淳于公有罪當刑，詔獄逮繫長安[①]。淳于公無男，有五女，當行會逮，罵其女曰："生子不生男[②]，緩急非有益！"其少女緹縈，自傷悲泣，乃隨其父至長安，上書曰："妾父為吏，齊中皆稱其廉平，今坐法當刑。妾傷夫死者不可復生，刑者不可復屬[③]，雖後欲改過自新，其道亡繇也[④]。妾願沒入為官婢，以贖父刑罪，使得自新。"書奏天子，天子憐悲其意，遂下令曰："制詔御史：蓋聞有虞氏之時，畫衣冠、異章服以為戮，而民弗犯，何治之至也！今法有肉刑三[⑤]，而姦不止，其咎安在？非乃朕德之薄而教不明與？吾甚自愧。故夫訓道不純而愚民陷焉[⑥]，《詩》曰：'愷弟君子[⑦]，民之父母。'今人有過，教未施而刑已加焉，或欲改行為善，而道亡繇至，朕甚憐之。夫刑至斷支體，刻肌膚，終身不息，何其刑之痛而不德也！豈稱為民父母之意哉？其除肉刑，有以易之；及令罪人各以輕重[⑧]，不亡逃，有年而免。具為令[⑨]。"

①詔獄：奉皇帝詔令而設的監獄。

②子：這裏指女兒。

③復屬：言恢復原狀。

④亡繇：無由，沒有門徑。

⑤肉刑三：指當時施行的黥、劓、刖三種肉刑。

⑥陷：指落入法網。

⑦愷弟：和藹，平易近人。

⑧罪人：給人定罪。

⑨具為令：制成法令條文。

丞相張倉、御史大夫馮敬奏言："肉刑所以禁姦，所由來者久矣。陛下下明詔，憐萬民之一有過被刑者終身不息，及罪人欲改行為善而道亡繇至，於盛德，臣等所不及也。臣謹議請定律曰：諸當完者，完為城旦舂[①]；當黥者，髡鉗為城旦舂[②]；當劓者，笞三百；當斬左止者，笞五百；當斬右止，及殺人先自告[③]，及吏坐受賕枉法[④]，守縣官財物而即盜之，已論命復有笞罪者[⑤]，皆棄市。罪人獄已決，完為城旦舂，滿三歲為鬼薪、白粲[⑥]。鬼薪、白粲一歲，為隸臣妾[⑦]。隸臣妾一歲，免為庶人。隸臣妾滿二歲，為司寇[⑧]。司寇一歲，及作如司寇二歲，皆免為庶人。其亡逃及有罪耐以上[⑨]，不用此令。前令之刑城旦舂歲而非禁錮者，完為城旦舂歲數以免。臣昧死請[⑩]。"制曰："可。"是後，外有輕刑之名，內實殺人。斬右止者又當死。斬左止者笞五百，當劓者笞三百，率多死。

①完：古代輕刑，漢以前剃去犯人鬚髮，漢以後罰作勞役。因其不傷肢體，故曰"完"。　城旦舂：刑罰之一。為期四年。男子罰作長城。女子改為舂米。

②髡(kūn)：剃去頭發。　鉗(qián)：以鐵圈束頸。

③自告：自首。

④受賕(qiǔ)：受賄。

⑤論命：判罪，定案。　復有：又犯有。

⑥鬼薪：男犯採薪，以供宗廟使用。　白粲：女犯擇米至於純白，以供祭祀使用。

⑦隸臣妾：為官奴者，男稱隸臣，女稱隸妾。

⑧司寇：刑罰之一，為期二年。將犯人罰往邊地，一面服役，一面禦寇。

⑨亡逃：指戴罪逃亡的人。　罪耐：犯耐罪以上的新罪行。耐，又作"耏"，耏是鬚髮的意思，漢代的"耐"刑保留犯人鬚髮，故為刑罰中最輕者。耐刑可分二到四年不等，如耐為司寇、耐為鬼薪白粲、耐為城旦舂等。

⑩昧死：冒死。

孔子曰："如有王者，必世而後仁[①]；善人為國百年，可以勝殘去殺矣[②]。"言聖王承衰撥亂而起，被民以德教[③]，變而化之，必世然後仁道成焉；至於善人，不入於室，然猶百年勝殘去殺矣。此為國者之程式也[④]。今漢道至盛，歷世二百餘載，考自昭、宣、元、成、哀、平六世之間，斷獄殊死，率歲千餘口而一人，耐罪上至右止，三倍有餘。古人有言："滿堂而飲酒，有一人鄉隅而悲泣，則一堂皆為之不樂。"王者之於天下，譬猶一堂之上也，故一人不得其平，為之悽愴於心。今郡國被刑而死者歲以萬數，天下獄二千餘所，其冤死者多少相覆[⑤]，獄不減一人，此和氣所以未洽者也[⑥]。

①世:一世三十年。

②語見《論語·子路》,意為感化殘暴的人改惡從善而不濫用刑罰。

③被民以德教:用道德教化百姓。

④程式:法則,規則。

⑤多少:偏義復詞,言多。　相覆:指冤死者多得屍體枕藉而相覆蓋。

⑥和氣未洽:言社會尚未融洽和諧。

原獄刑所以蕃若此者①,禮教不立,刑法不明,民多貧窮,豪桀務私,姦不輒得,獄犴不平之所致也②。《書》云"伯夷降典,悊民惟刑"③,言制禮以止刑,猶隄之防溢水也。今隄防凌遲④,禮制未立;死刑過制,生刑易犯;飢寒並至,窮斯濫溢;豪桀擅私,為之囊橐⑤,姦有所隱,則狃而寖廣⑥:此刑之所以蕃也。孔子曰:"古之知法者能省刑,本也;今之知法者不失有罪,末矣。"⑦又曰:"今之聽獄者⑧,求所以殺之;古之聽獄者,求所以生之。"與其殺不辜,寧失有罪。今之獄吏,上下相驅,以刻為明,深者獲功名,平者多後患。諺曰:"鬻棺者欲歲之疫。"非憎人欲殺之,利在於人死也。今治獄吏欲陷害人,亦猶此矣。凡此五疾⑨,獄刑所以尤多者也。

①原:推求。　蕃:繁多。

②獄犴(àn):訴訟之事。

③見《尚書·周書·呂刑》。　伯夷:傳說是虞舜時的禮官。　降典:定下禮法。　悊民惟刑:言教民以禮法,然後才用刑。悊,同"哲",聰明。哲民,使民聰明,即教導百姓。

④隄防:堤壩,喻禮制。　凌遲:亦作"陵遲"、"陵夷",衰頹的意思。

⑤囊橐(náng tuó):口袋,引申為保護所。

⑥狃(niǔ):習以為常。　寖:漸漸。

⑦引孔子語出自《孔叢子·刑論》,有改動。

⑧聽獄者:處理案件的人。

⑨五疾:指上述禮教不立,刑法不明,民多貧窮,豪傑務私,獄犴不平。

【語言要點】

1. 字詞理解

任智而不恃力　德須威而久立　則天象地　震曜　薄刑用鞭扑　長幼養老　捃摭　勸趣農桑　戶口寖息　受賕枉法　和氣未洽　聽獄者　囊橐

2. 語句通釋

(1)大刑用甲兵,其次用斧鉞;中刑用刀鋸,其次用鑽鑿;薄刑用鞭扑。

(2)鞭撲不可弛於家,刑罰不可廢於國,征伐不可偃於天下。

(3)夫刑至斷支體,刻肌膚,終身不息,何其刑之痛而不德也!

(4)如有王者,必世而後仁;善人為國百年,可以勝殘去殺矣。

(5)原獄刑所以蕃若此者,禮教不立,刑法不明,民多貧窮,豪桀務私,姦不輒得,獄犴不平之所致也。

【思考與討論】

1. 作者提出制禮以止刑,請你結合本文內容談談“禮”與“法”的關係?

2. 結合本篇涉及的刑法內容,談談《刑法志》中體現的法律思想。

鹽鐵論

《鹽鐵論》是西漢桓寬根據漢昭帝時的"鹽鐵會議"記錄整理的史書。桓寬，西漢後期散文家，字次公。汝南(今河南上蔡西南)人。漢宣帝時被舉為郎官，後任廬江太守丞。"鹽鐵會議"是以御史大夫桑弘羊、丞相田千秋為一方，以各地賢良、文學為另一方，就鹽鐵官營和酒類專賣等問題舉行的一場激烈的辯論，從整個會議的論辯過程來看，其實質是儒家思想和法家思想的一次激烈交鋒。桓寬就會議紀要推衍整理而成此書，期望達到"欲以究治亂，成一家之法"的目的。

《鹽鐵論》以對話形式，運用文學化的搆思編排與虛設誇張的寫作方式，真實生動地再現了當時論戰的過程，客觀上反映了漢昭帝時期朝野士人政治、經濟、軍事、外交、文化等各方面政策得失的看法，承載著鹽鐵會議的精神，是一部具有政治思想文化意義的歷史文獻。全書體例統一，風格一致，結構嚴密，通曉暢達，在經濟思想史、文學史和傳統法律思想史上都具有重要價值。較好的校注本有王利器的《鹽鐵論校注》。

刑德

題解

本篇記載論辯雙方就以刑為主還是以德為主的法律問題展開激烈辯論的歷史事實。桑弘羊、御史一方為刑治方，認為應該以刑治為主，主張完善立法、任用研習法家思想的酷吏推行嚴刑峻法。文學一方為德治方，提倡以德為主，希望通過罷黜鹽鐵、還富於民和任用儒生來實現社會致治的目的。這次辯論就其實質來講，是儒家思想和法家思想的一次激烈交鋒。

大夫曰:"令者所以教民也,法者所以督姦也。令嚴而民慎,法設而姦禁。罔疏則獸失,法疏則罪漏。罪漏則民放佚而輕犯禁。故禁不必[1],怯夫僥幸[2]。誅誠[3],蹠、蹻不犯[4]。是以古者作五刑,刻肌膚而民不逾矩[5]。"

①必:果斷。

②怯夫:貪生怕死之輩。

③誅誠:懲罰堅決。

④蹠(zhí)、蹻(jué):古代傳說中的兩個大盜。

⑤刻肌膚:泛指受刑。

文學曰:"道逕眾[1],人不知所由;法令眾,民不知所辟[2]。故王者之制法,昭乎如日月,故民不迷;曠乎若大路,故民不惑。幽隱遠方,折乎知之[3],室女童婦[4],咸知所避。是以法令不犯,而獄犴不用也[5]。昔秦法繁於秋荼[6],而網密於凝脂,然而上下相遁[7],姦偽萌生,有司治之,若救爛撲焦而不能禁;非網疏而罪漏,禮義廢而刑罰任也。方今律令百有餘篇,文章繁,罪名重,郡國用之疑惑,或淺或深,自吏明習者不知所處,而況愚民!律令塵蠹於棧閣[8],吏不能徧睹,而況於愚民乎!此斷獄所以滋眾,而民犯禁滋多也。'宜犴宜獄,握粟出卜,自何能谷[9]?'刺刑法繁也。親服之屬甚眾[10],上殺下殺[11],而服不過五[12]。五刑之屬三千,上附下附[13],而罪不過五。故治民之道,務篤其教而已。"

①逕:同"徑"。

②辟:同"避",躲避。

③折乎知之:通過分析瞭解了。折,即晰,分析、判斷。

④室:作"愚"。"愚女"與"童婦"對言。 "童"(chōng):"童"和"憧"義同,愚昧無知。

⑤獄犴(àn):監獄。

⑥秋荼(tú):一種秋天開白花的茅草,這裏比喻刑法繁苛。

⑦遁:欺瞞。

⑧棧閣:存放文件、檔案的屋子。

⑨《詩經·小雅·小宛》:"交交桑扈,率場啄粟。哀我填寡,宜岸宜獄,握粟出卜,自何能穀?"《釋文》云:"《韓詩》(岸)作'犴',云:'鄉亭之繫曰犴,朝廷曰獄。'"

⑩親服:為親屬服喪。

⑪殺:差別。"上殺下殺",指親疏關係的差別的主張。

⑫服不過五:超不過五服。五服,封建社會規定的喪服制度,依照親疏關係,分五等孝服和守孝時間:斬衰,服三年喪;齊衰,一年;大功,九月;小功,七月;緦麻,三月。

⑬上附下附:上下比罪。附,比。

大夫曰:"文學言王者立法,曠若大路。今馳道不小也①,而民公犯之,以其罰罪之輕也。千仞之高②,人不輕凌,千鈞之重③,人不輕舉。商君刑棄灰於道④,而秦民治。故盜馬者死,盜牛者加⑤,所以重本而絕輕疾之資也。武兵名食⑥,所以佐邊而重武備也。盜傷與殺同罪,所以累其心而責其意也。猶魯以楚師伐齊,而《春秋》惡之⑦。故輕之為重,淺之為深,有緣而然。法之微者⑧,固非眾人之所知也。"

①馳道:天子所行的道路。

②仞:古代計量單位:一仞為周尺八尺或七尺。一周尺約合今二十三厘米。

③鈞:古代的重量單位,三十斤為一鈞。

④商君:商鞅。刑棄灰於道:即把爐灰倒在路上的人要受刑罰,乃殷時舊法,主張輕罪重罰。

⑤加:同"枷",一種套在脖子上的刑具。

⑥武兵名食:邊防軍之士兵威武、糧秣大盛。武兵,即"武軍"。名,大。

⑦《公羊傳·僖公二十六年》:"公以楚師伐齊,取穀。公至自伐齊。此已取穀矣,何以致伐?未得乎取穀也。曷為未得乎取穀?曰:患之起,必自此始也。"何休注:"魯內虛而外乞師以犯強齊,會齊昭侯卒,晉文行霸,幸而得免。孔子曰:「人之生也直,罔之生也幸而免。」故雖得意,猶致伐也。"本篇言"而《春秋》惡之",即指"內虛而外乞師以犯強齊"而言。

⑧微:精微。

文學曰:"《詩》云:'周道如砥,其直如矢①。'言其易也。'君子所履,小人所視。'言其明也。故德明而易從,法約而易行。今馳道經營陵陸[2],紆周天下[3],是以萬里為民穽也[4]。罻羅張而縣其谷[5],辟陷設而當其蹊[6],矰弋飾而加其上[7],能勿離乎[8]?聚其所欲,開其所利,仁義陵遲[9],能勿踰乎?故其末途至於攻城入邑,損府庫之金,盜宗廟之器,豈特千仞之高,千鈞之重哉!《管子》曰:'四維不張,雖皋陶不能為士[10]。'故德教廢而詐偽行,禮義壞而姦邪興,言無仁義也。仁者,愛之效也;義者,事之宜也。故君子愛仁以及物[11],治近以及遠。《傳》曰:'凡生之物,莫貴於人[12];人主之所貴,莫重於人。'故天之生萬物以奉人也,主愛人以順天也。聞以六畜禽獸養人,未聞以所養害人者也[13]。魯廄焚,孔子罷朝,問人不問馬,賤畜而重人也[14]。今盜馬者罪死,盜牛者加。乘騎車馬行馳道中,吏舉苛而不止[15],以為盜馬,而罪亦死。今傷人持其刀劍而亡,亦可謂盜武庫兵而殺之乎?人主立法而民犯之,亦可以為逆而輕主約乎?深之可以死,輕之可以免,非法禁之意也。法者,緣人情而制,非設罪以陷人也。故《春秋》之治獄,論心定罪[16]。志善而違於法者免,志惡而合於法者誅。今傷人未有所害,志不甚惡而合於法者,謂盜而傷人者耶?將執法者過耶?何於人心不厭也[17]!古者,傷人有創者刑[18],盜有臧者罰[19],殺人者死。今取人兵刃以傷人,罪與殺人同,得無非其至意與?

①語出《詩經·小雅·大東》。砥(dǐ):磨刀石,這裏是平坦的意思。 矢:筆直。 履:實行。

②經營:往來規度。 陵陸:山陵與平地。

③紆(yū):彎曲,迂迴。 周:環繞。 紆周:即佈滿。

④穽(jǐng):陷穽。

⑤罻(wèi)羅:羅網。 縣:同“懸”。

⑥辟陷:陷穽。

⑦矰弋:即繫著繩子的箭。矰弋,原作矯弋,今據孫詒讓說校改。矰,射鳥的一種短箭。 飾:裝設。

⑧離:通“罹”,遭害。

⑨陵遲:衰敗。

⑩四維:指禮、義、廉、恥。

⑪仁:通“人”。

⑫《後漢書・光武紀》:"建武十一年詔曰:'天地之性人為貴。'"

⑬《孟子・梁惠王下》:"吾聞之也:君子不以其所養人者害人。"

⑭《論語・鄉黨》:"廄焚,子退朝,曰:'傷人乎?'不問馬。"

⑮苛:同"呵",禁止。

⑯論心定罪:乃公羊家的主張。《春秋繁露・精華篇》:"《春秋》之聽獄也,必本其事而原其志,志邪者不待成,首惡者罪特重,本直者其論輕。"《漢書・薛宣傳》:"《春秋》之義,原心定罪。"又《漢書・王嘉傳》:"聖王斷獄,必先原心定罪,探意立情。"

⑰不厭:不服。

⑱創:創傷,傷痕。

⑲藏:即"贓",贓物。

大夫俛仰未應對。

御史曰:"執法者國之轡銜[①],刑罰者國之維檝也[②]。故轡銜不飭,雖王良不能以致遠[③];維檝不設,雖良工不能以絕水。韓子疾有國者不能明其法勢[④],禦其臣下,富國強兵、以制敵禦難,惑於愚儒之文詞,以疑賢士之謀,舉浮淫之蠹,加之功實之上,而欲國之治,猶釋階而欲登高,無銜橛而禦捍馬也[⑤]。今刑法設備,而民猶犯之,況無法乎?其亂必也!"

①轡:駕馭馬的韁繩。　銜:馬嚼子。

②維:繫船的繩子。　檝:船槳。

③王良:春秋時晉國人,善於駕馭車馬。

④韓子:即韓非。戰國時韓國公子,與李斯俱從學於荀卿,數以書干韓王,不用,乃退而著書。　法勢:韓非法治理論的內容。法,法制;勢,權勢。

⑤橛(jué):馬銜。　捍:悍。兇暴不馴的意思。

文學曰:"轡銜者,御之具也,得良工而調。法勢者,治之具也,得賢人而化。執轡非其人,則馬奔馳。執軸非其人[①],則船覆傷。昔吳使宰嚭持軸而破其船[②],秦使趙高執轡而覆其車。今廢仁義之術,而任刑名之徒[③],則復吳、秦之事也。夫為君者法三王,為相者法周公,為術者法孔子,此百世不易之道也。韓非非先王而不遵,舍正令而不從,卒蹈陷穽,身幽囚,客死於秦。夫不通大道而小辯,斯足以害其身而已。”

①軸:通“舳”,即船舵。

②宰嚭:即伯嚭,春秋時楚伯州犁之孫。楚殺郤宛,嚭出奔吳,吳王夫差以為太宰。性貪,受越賄,陰謀殺伍子胥,卒以滅吳。見《史記·吳越世家》。

③刑名之徒:指法家學派而言。《史記·老莊申韓列傳》:“申子之學本於黃、老,而主刑名。著書二篇,號曰《申子》。”又說:“韓非者……喜刑名法術之學。”《漢書·元帝紀》:“見宣帝所用,多文法吏,以刑名繩下。”顏師古注:“劉向《別錄》雲:‘申子學號刑名,刑名者,以名責實,尊君卑臣,崇上抑下。”

【語言要點】

1. 字詞理解

禁不必　誅誠　不知所辟　上下相遁　仁義陵遲　上殺下殺　服不過五　務篤其教　人不輕凌　愛之效　轡銜不飭　執軸　身幽囚

2. 語句通釋

(1)故禁不必,怯夫僥幸。誅誠,蹠、蹻不犯。是以古者作五刑,刻肌膚而民不逾矩。

(2)幽隱遠方,折乎知之,室女童婦,咸知所避。

(3)故盜馬者死,盜牛者加,所以重本而絕輕疾之資也。

(4)故德明而易從,法約而易行。今馳道經營陵陸,紆周天下,是以萬里為民穽也。

(5)罻羅張而縣其谷,辟陷設而當其蹊,矰弋飾而加其上,能勿離乎?

(6)夫不通大道而小辯,斯足以害其身而已。

【思考與討論】

1. 國家的治理應該是以人為本還是以法為本?談談你的看法。

2. 談談文中關於刑德這個議題的現實意義。

桓譚

桓譚(公元前23年~56年)字君山,沛國相(今安徽省淮北市濉溪縣)人。東漢時期傑出的哲學家、經學家、音樂家。桓譚之父在漢成帝時為太樂令,依漢代郎官制度桓譚也出任郎官,主要職務是掌守門戶、出充車騎。後因他好音律、善鼓琴,被升為樂府令。但樂府令僅充任幾個月,樂府就被漢哀帝撤銷,桓譚重回郎職。其後王莽新朝,作為佐命功臣之一,官拜講樂祭酒。王莽覆亡後,桓譚東歸故里,潛心學術。東漢時,經故人宋弘推薦官拜議郎、給事中。在光武帝時期,他積極上疏諫言時政得失,但不為光武帝所用,甚至因意見相左,觸怒了光武帝,在被貶官的路途中因病而卒。桓譚著有《新論》一書,主要講當世宜行之事,共二十九篇。該書立足於儒家正統思想,分析了災異變化、形神關係等問題,也駁斥了當時流行的讖緯之學和神仙方術迷信,大膽懷疑和否定主流思想,提出了令人耳目一新的見解,給東漢末年日益頹廢的思想界吹來一股清新之風,也對後來的唯物主義思想家王充產生了有益的影響。《新論》以清代嚴可均《全後漢文》輯本最好。

王霸

題解

本篇的主旨是提倡“霸王道雜之”的治國之道。霸道代表法家、刑罰,王道代表儒家、仁德,桓譚認為只有把二者結合起來,雜用兩道才是駕馭臣民的為政之術。

夫上古稱三皇、五帝①,而次有三王、五霸,此皆天下君之冠首也。故言三皇以道治,而五帝用德化;三王由仁義,五霸用權智。其說之曰:無制令刑罰,謂之皇;有制令而無刑罰,謂之帝;賞善誅惡,諸侯朝事，謂之王；興兵眾，約盟誓，以信義矯世[②]，謂之霸。王者，往也，言其惠澤優遊[③]，天下歸往也。五帝以上久遠，經傳無事，唯王霸二盛之美，以定古今之理焉。夫王道之治，先除人害，而足其衣食，然後教以禮儀，而威以刑誅，使知好惡去就，是故大化四湊[④]，天下安樂，此王者之術。霸功之大者，尊君卑臣，權統由一，政不二門，賞罰必信，法令著明，百官修理，威令必行，此霸者之術。王道純粹，其德如彼；霸道駁雜，其功如此；俱有天下，而君萬民，垂統子孫，其實一也。湯、武則久居諸侯方伯之位，德惠加於百姓。夫王道之主，其德能載，包含以統乾元也[⑤]。儒者或曰："圖王不成，其弊亦可以霸"。此言未是也。傳曰："孔氏門人，五尺童子，不言五霸事者，惡其違仁義而尚權詐也"。

①三皇：夏朝以前出現在中國的帝王。不同的史家有不同說法，據《尚書大傳》為：燧人、伏羲、神農。　五帝：所處時代晚於三皇。有六說，較多史籍承用此說：少昊、顓頊、帝嚳、堯、舜。

②矯：糾正。

③優遊：廣大、寬廣。

④大化：廣遠深入的教化。

⑤乾元：天。

【語言要點】

1. 字詞理解

以信義矯世　惠澤優遊　大化四湊　政不二門　法令著明　霸道駁雜　垂統子孫

2. 語句通釋

(1)霸功之大者，尊君卑臣，權統由一，政不二門，賞罰必信，法令著明，百官修理，威令必行，此霸者之術。

(2)王道純粹，其德如彼；霸道駁雜，其功如此；俱有天下，而君萬民，垂統子孫，其實一也。

(3)夫王道之主，其德能載，包含以統乾元也。

【思考與討論】

1. 桓譚是如何闡釋王霸之道的？

2. 桓譚提倡何種治國之道？

王充

王充，字仲任，會稽上虞（今浙江上虞縣）人。東漢傑出的思想家、哲學家、教育家。生於東漢光武帝三年（公元27年），卒於和帝永元年間（公元100年前後）。王充出生時，王家已趨沒落殘破，沒為他留下任何財產，也沒有任何名譽地位。但王充自幼喜愛讀書寫字，鄉學完成後，於十五六歲入洛陽太學遊學，在此期間，他師從著名史學家、古文經學家班彪學習，還接觸到了當時號稱大儒的鄭眾、桓譚等名流，也遍閱群書，熟讀諸子百家，最終成就了他淹貫博通、兼容百家的學術風格和不朽的歷史地位。他為人耿介，仕途不順，一生僅短時期做過地方下級官吏，後與長官、權貴不合，歸居故里，從事著述和教學。其主要著作為《論衡》，現存八十五篇，他自己解釋說："《論衡》，論之平也。"又說："《論衡》者，所以銓輕重之言，立真偽之平也。"這表明王充要對過往與當時的一切思潮、學說加以衡量，評其是非真偽，定其輕重得失。他對當時官方的正統思想即神秘主義的儒學和在此基礎上發展形成的讖緯學說進行了強烈的批判，一切迷信，諸如符瑞、災異、風水、祭祀、厭勝、祈禳、求雨、雷刑等等，都在他的批判範圍之內。他還對先秦以來的主要思想流派進行了評論和分析，對漢代的思想作了總結，並形成了自己完整而獨特的哲學體系。較通行的注本有中華書局1990年版黃暉的《論衡校釋》。

非韓（節選）

題解

本篇王充指責了韓非"明法尚功"的思想，所以把篇名稱作"非韓"。韓非主張"明法尚功"，強調明確法令，尊重功績。認為儒生是蠹蟲。王充反對這一看法，指出儒生是維護禮義的堤防，如果拋棄了禮義，就會給國家帶來禍患。治國的根本在於"養德"和"養力"並舉。既要"養德"，"養名高之人，以示能敬賢"。又要"養力"，

“養氣力之士,以明能用兵”。如果二者都能做到便文武兼備、德力俱足。王充的這一政治主張,實際上仍是漢宣帝提倡、桓譚也極力主張的王霸雜用之道。

韓子之術[①],明法尚功。賢無益於國不加賞;不肖無害於治不施罰。責功重賞[②],任刑用誅[③]。故其論儒也,謂之“不耕而食”,比之於一蠹[④],論有益與無益也,比之於鹿馬[⑤]。馬之似鹿者千金,天下有千金之馬,無千金之鹿。鹿無益,馬有用也。儒者猶鹿,有用之吏猶馬也。

①韓子:即韓非。　術:學說,思想,政治主張。

②責:要求。

③誅:懲罰。

④一蠹:韓非謂邦有五蠹之民,儒其一也。

⑤比之於鹿馬:《韓非子·外儲說右上》:如耳說衛嗣公。衛嗣公說而太息。左右曰:“公何不為相也?”公曰:“夫馬似鹿者,而題之千金。然有百金之馬,而無千金之鹿者,馬為人用,而鹿不為人用也。今如耳,萬乘之相也,外有大國之意,其心不在衛,雖辯智,亦不為寡人用,吾是以不相也。”

夫韓子知以鹿馬喻,不知以冠履譬。使韓子不冠,徒履而朝,吾將聽其言也。加冠於首而立於朝,受無益之服[①],增無益之仕[②],言與服相違,行與術相反,吾是以非其言而不用其法也。煩勞人體,無益於人身,莫過跪拜。使韓子逢人不拜,見君父不謁[③],未必有賊於身體也。然須拜謁以尊親者,禮義至重,不可失也。故禮義在身,身未必肥;而禮義去身,身未必瘠而化衰[④]。以謂有益[⑤],禮義不如飲食。使韓子賜食君父之前,不拜而用,肯為之乎?夫拜謁,禮義之效[⑥],非益身之實也。然而韓子終不失者[⑦],不廢禮義以苟益也[⑧]。夫儒生,禮義也;耕戰,飲食也。貴耕戰而賤儒生,是棄禮義求飲食也。使禮義廢,綱紀敗,上下亂而陰陽繆[⑨],水旱失時,五穀不登[⑩],萬民饑死,農不得耕,士不得戰也。

①服:服飾。這裏指帽子。

②仕:通“事”。這裏指把帽子戴在頭上。

③謁:疑是“跪”之誤。下同。

④瘠:瘦。

⑤以:如果。

⑥效:證明。這裏是表現的意思。

⑦不失:不失禮義。

⑧苟:苟且。意謂不苟且益身。

⑨繆:通“謬”,亂。

⑩登:成、熟。

子貢去告朔之餼羊①,孔子曰:“賜也,爾愛其羊,我愛其禮。”子貢惡費羊,孔子重廢禮也。故以舊防為無益而去之②,必有水災;以舊禮為無補而去之,必有亂患。儒者之在世,禮義之舊防也,有之無益,無之有損。庠序之設③,自古有之。重本尊始④,故立官置吏。官不可廢,道不可棄。儒生,道官之吏也,以為無益而廢之,是棄道也。夫道無成效於人,成效者須道而成。然足蹈路而行,所蹈之路,須不蹈者。身須手足而動,待不動者。故事或無益而益者須之;無效,而效者待之。儒生,耕戰所須待也,棄而不存,如何也?

①去:去除、去掉。朔:陰曆每月初一。告朔:周代每年秋冬交替的時候,天子把來年曆書發給諸侯,諸侯把它放在祖廟裏,每月初一要殺只羊親自祭廟,表示每月開始聽政,叫作“告朔”。魯國自文公起,君主不親自參加“告朔”,子貢因此主張廢掉這個禮,羊也不必殺。　餼:祭廟用的活牲畜。

②防:堤防。

③庠序:商代稱地方學校為庠,周代稱地方學校為序。後用庠序代指學校。

④本:根本。即禮教。　始:開始。自古以來的做法。

韓子非儒,謂之無益有損,蓋謂俗儒無行操,舉措不重禮,以儒名而俗行,以實學而偽說,貪官尊榮,故不足貴。夫志潔行顯,不徇爵祿①,去卿相之位若脫躧者②,居位治職,功雖不立,此禮義為業者也。國之所以存者,禮義也。民無禮義,傾國危主。今儒者之操,重禮愛義,率無禮之士,激無義之人。人民為善,愛其主上,此亦有益也。聞伯夷風者,貪夫廉,懦夫有立志;聞柳下惠風者,薄夫敦,鄙夫寬[3]。此上化也[4],非人所見。

①徇:順從。

②躧(xǐ):無跟鞋。

③鄙:心胸狹隘。

④化:教化。

……

治國之道,所養有二:一曰養德,二曰養力。養德者,養名高之人,以示能敬賢;養力者,養氣力之士,以明能用兵。此所謂文武張設[1],德力具足者也。事或可以德懷,或可以力摧。外以德自立,内以力自備。慕德者不戰而服,犯德者畏兵而卻。徐偃王脩行仁義[2],陸地朝者三十二國[3],彊楚聞之,舉兵而滅之。此有德守,無力備者也。夫德不可獨任以治國,力不可直任以禦敵也[4]。韓子之術不養德,偃王之操不任力。二者偏駮[5],各有不足。偃王有無力之禍,知韓子必有無德之患。

①張:設,設置。

②徐偃王:西周時徐戎的首領。統轄今淮水、泗水一帶。傳説他廣行仁義,轄地五百裏,朝貢的"三十有六國",是當時東部各國中最強大的國家。後為楚所滅。事見《韓非子·五蠹》。

③陸地:泛指各地。

④直:獨。

⑤偏:不平均。　駮:不純,不正。

……

治國猶治身也。治一身,省恩德之行,多傷害之操,則交黨疎絕[1],耻辱至身。推治身以況治國[2],治國之道,當任德也。韓子任刑,獨以治世,是則治身之人,任傷害也。

①黨:親戚朋友。

②況:比擬,比方。

韓子豈不知任德之為善哉？以為世衰事變，民心靡薄，故作法術，專意於刑也。夫世不乏於德，猶歲不絕於春也。謂世衰難以德治，可謂歲亂不可以春生乎？人君治一國，猶天地生萬物。天地不為亂歲去春，人君不以衰世屏德。孔子曰："斯民也[①]，三代所以直道而行也。"周穆王之世，可謂衰矣，任刑治政，亂而無功。甫侯諫之[②]，穆王存德，享國久長[③]，功傳於世。夫穆王之治，初亂終治，非知昏於前[④]，才妙於後也；前任蚩尤之刑，後用甫侯之言也。夫治人不能舍恩，治國不能廢德，治物不能去春[⑤]。韓子欲獨任刑用誅，如何？

①斯民：這樣的老百姓。

②甫侯：西周大臣。周穆王採納他的建議，修訂刑罰，改重從輕。

③享：享有，保有。

④知：通"智"。

⑤治物：種植作物。

【語言要點】

1. 字詞理解

責功重賞　有賊於身體　五穀不登　身須手足而動　直任以禦敵　偃王之操不任力　交黨疎絕　民心靡薄　不以衰世屏德　不徇爵祿

2. 語句通釋

(1)加冠於首而立於朝，受無益之服，增無益之仕，言與服相違，行與術相反，吾是以非其言而不用其法也。

(2)夫道無成效於人，成效者須道而成。然足蹈路而行，所蹈之路，須不蹈者。身須手足而動，待不動者。

(3)韓子非儒，謂之無益有損，蓋謂俗儒無行操，舉措不重禮，以儒名而俗行，以實學而偽說，貪官尊榮，故不足貴。

(4)夫志潔行顯，不徇爵祿，去卿相之位若脫躧者，居位治職，功雖不立，此禮義為業者也。

(5)推治身以況治國，治國之道，當任德也。

【思考與討論】

1. 本文主旨是什麼？

2. 王充對法家的批判是全盤否定嗎？其真實意圖是批判什麼？

葛洪

葛洪(283 年～363 年),晉丹陽郡句容縣(今江蘇省句容縣)人,字稚川,自號抱朴子。葛洪初以儒學聞名,後舍儒入道,尤好神仙導養之法,是著名的道教思想家,又是煉丹學和道教神學的奠基人。著有《西京雜記》、《抱朴子》、《神仙傳》等。

《抱朴子》約成書於晉成帝咸和年間。分為內外兩篇,其中內篇二十卷,外篇五十卷。葛洪自序:"其內篇言神仙方藥、鬼怪變化、養身延年、禳邪卻禍之事,屬道家;其外篇言人間得失,世事臧否,屬儒家。"《抱朴子》一書不但提出儒道雙修、互為融合的主張,還提出了許多關於美學與藝術的新見解,對南北朝以及後世文學的發展影響頗深。較好的注本有楊明照撰《抱朴子外篇校箋》(列入中華書局《新編諸子集成》)。

抱朴子·用刑(節選)

題解

本篇主要闡述了葛洪的刑治思想。葛洪認為在衰亂之世絕不能僅靠仁政、德教這一種手段來治理,而必須實行嚴刑峻法,"以殺止殺"才能達到"致治"的最終目的。

抱朴子曰:莫不貴仁,而無能純仁以致治也。莫不賤刑,而無能廢刑以整民也①。或云:"明後御世,風向草偃②,道洽化醇,安所用刑?"余乃論之曰:夫德教者,黼黻之祭服也③,刑罰者,捍刃之甲冑也。若德教治狡暴,猶以黼黻御剡鋒也④。以刑罰施平世⑤,是以甲冑昇廟堂也。故仁者養物之器,刑者懲非之具。我欲利之,而彼欲害之,加仁無悛[⑥],非刑不止。刑為仁佐,於是可知也。

①整民:使天下之民整齊一致。

②偃:伏也。孔安國曰:"加草以風,無不仆者。"

③黼(fǔ)黻(fú):黼指禮服上白黑相間的花紋,黻指黑青相間的花紋。連言則泛指禮服上的花紋。

④剡鋒:銳利兵器。

⑤平世:太平之世,與亂世相對。

⑥悛:止也。

譬存玄胎息,呼吸吐納,含景內視,熊經鳥伸者,長生之術也[①]。然艱而且遲,為者尠成[②],能得之者,萬而一焉。病篤痛甚,身困命危,則不得不攻之以鍼石[③],治之以毒烈[④]。若廢和、鵲之方[⑤],而慕松、喬之道[⑥],則死者眾矣。仁之為政[⑦],非為不美也。然黎庶巧偽,趨利忘義,若不齊之以威,糾之以刑,遠羨羲、農之風[⑧],則亂不可振,其禍深大。以殺止殺[⑨],豈樂之哉!

①玄:天然之氣,元氣。 胎息:道家的一種修煉方法。 含景內視:閉目不視外界之物,也是道家養生術。 熊經鳥伸:皆道家道引養生術。 經:動搖。 伸:頻伸,欠伸。

②尠(xiǎn):少有。

③鍼石:用砭石製成的石針。

④毒烈:指天雄、烏喙等藥物當中的兇毒之物。

⑤和、鵲:皆古代名醫。和即秦和,鵲即扁鵲。

⑥松、喬:赤松子和王子喬。皆傳說中仙人。《列仙傳·赤松子傳》:赤松子者,神農時雨師也。服水玉,以教神農。能如火自燒。往往至昆侖山上,常止西王母室中,隨風雨上下。炎帝少女追之,亦得仙俱去。《列仙傳·王子喬傳》:"王子喬者,周靈王太子晉也。好吹笙,做鳳皇鳴。游伊、洛之間,道士浮丘公接以上嵩高山。"

⑦政:政教。

⑧羲、農:即伏羲、神農。本《淮南子·氾論訓》:"夫神農、伏羲不施賞罰而民不為非,然而立政者不能廢法而治民。"

⑨以殺止殺:《商君書·畫策》:"以殺去殺,雖殺可也。"

八卦之作，窮理盡性[①]。明罰用獄，著於噬嗑[②]，繫以徽纆，存乎習坎[③]。然用刑其來尚矣[④]。逮於軒轅，聖德尤高，而躬親征伐，至於百戰，僵尸涿鹿，流血阪泉，猶不能使時無叛逆，載戢干戈[⑤]。亦安能使百姓皆良，民不犯罪而不治者[⑥]，未之有也。唐、虞之盛，象天用刑[⑦]，竄殛放流，天下乃服[⑧]。漢文玄默，比隆成、康，猶斷四百，鞭死者多[⑨]。夫匠石不舍繩墨[⑩]，故無不直之木。明主不廢戮罰，故無陵遲之政也[⑪]。

①窮理盡性：窮盡天地萬物的規律、道理和性質。

②噬（shì）嗑（hé）：易六十四卦之一。《易·噬嗑》："噬嗑，亨。利用獄。"

③徽纆：繩索。　習坎：易六十四卦之一。《易·坎》"上六：繫用徽纆，寘於叢棘。"

④尚：久遠。

⑤載戢干戈：將武器收藏起來。載戢，裝運收藏。

⑥"而不治"三字，與上下文不符，疑"不"字衍。

⑦象天用刑：模仿天道而施用刑罰。

⑧竄殛放流：流放和殺戮。

⑨玄默：清靜無為。　成、康：周代成王、康王。

⑩匠石：指木匠。

⑪陵遲：衰落，衰敗。

蓋天地之道，不能純仁。故青陽闡陶育之和，素秋厲肅殺之威[①]，融風扇則枯瘁攄藻[②]，白露凝則繁英雕零。是以品物阜焉[③]，歲功成焉[④]。溫而無寒，則蠉動不蟄[⑤]，根植冬榮。寬而無嚴，則姦宄並作[⑥]，利器長守[⑦]。故明賞以存正，必罰以閑邪[⑧]。勸沮之器[⑨]，莫此之要。觀民設教，濟其寬猛，使懦不可狎[⑩]，剛不傷恩。五刑之罪，至於三千[⑪]，是繩不可曲也。司寇行刑，君為不舉[⑫]，是法不可廢也。繩曲，則奸回萌矣[⑬]；法廢，則禍亂滋矣。

①青陽：春天。　素秋：秋天。青陽、素秋之説皆與五行學説有關。春屬木，木色青，故稱青春，春陽氣上升，故又稱青陽。秋屬金，其色白，故稱白藏或素秋。

②攄（shū）：舒展。

③阜:繁衍生息。

④歲功:本指一年的農業收成。此以喻王者治國治民當剛柔相濟、恩威並施。

⑤蝡:同“蠕”。蝡動謂爬行的昆蟲之類。

⑥姦宄:此指違法作亂者。

⑦利器長守:長期握住兵柄之意。

⑧閑邪:防止邪惡。

⑨勸沮之器:鼓勵與阻止的手段。

⑩狎:輕視。

⑪五刑:指墨、劓、剕、大辟五等刑罰。　三千:指三千條目。

⑫不舉:古代逢大的天災人事,君主皆除去盛饌並撤樂偃息。

⑬姦回:姦惡邪僻。

亡國非無令也,患於令煩而不行。敗軍非無禁也,患於禁設而不止。故眾慝彌蔓,而下黷其上。夫賞貴當功而不必重,罰貴得罪而不必酷也。鞭朴廢於家[1],則童僕怠惰;徵伐息於國,則群下不虔。愛待敬而不敗,故制禮以崇之;德須威而久立,故作刑以肅之[2]。班、倕不委規矩[3],故方圓不戾於物;明君不釋法度,故機詐不肆其巧。

①朴(pū):刑杖。

②語出《漢書·刑法志》:“愛待敬而不敗,德須威而久立,故制禮以崇敬,作刑以明威也。”

③班、倕:皆古代著名巧匠。

唐、虞其仁如天,而不原四罪[1]。姬公友於兄弟[2],而不赦二叔[3]。仲尼之誅正卯[4],漢武之殺外甥[5],垂淚惜法,蓋不獲已也。故誅一以振萬,損少以成多,方之櫛髮,則所利者眾;比於割疽,則所全者大[6]。是以炙刺慘痛,而不可止者,以痊病也。刑法兇醜,而不可罷者,以救弊也。六軍如林[7],未必皆勇。排鋒陷火,人情所憚。然恬顏以勸之,則投命者尠;斷斬以威之,則莫不奮擊。故役歡笑者,不及叱吒之速;用誘悅者,未若刑戮之齊。

①四罪:四罪人,即共工、驩兜、三苗、鯀。

②姬公:周公旦。

③二叔:指周武王弟管叔、蔡叔。

④正卯:即少正卯。《荀子·宥坐》:"孔子為魯攝相,朝七日而誅少正卯"。

⑤事見《漢書·東方朔傳》:"隆慮公主子昭平君尚帝女夷安公主,隆慮主病困,以金千金錢千萬為昭平君豫贖死罪,上許之。隆慮主卒,昭平君日驕,醉殺主傅,獄繫內官。以公主子,廷尉上請請論。左右人人為言:'前又入贖,陛下許之。'上曰:'吾弟老有是一子,死以屬我。'於是為之垂涕歎息,良久曰:'法令者,先帝所造也,用弟故而誣先帝之法,吾何面目入高廟乎!又下負萬民。'乃可其奏,哀不能自止,左右盡悲。"

⑥疽:一種毒瘡。

⑦六軍:本指天子所統領的軍隊。

是以安于感深谷而嚴其法①,衛子疾棄灰而峻其辟②。夫以其所畏禁其所翫③,峻而不犯,全民之術也。明治病之術者,杜未生之疾;達治亂之要者,遏將來之患。若乃以輕刑禁重罪,以薄法衛厚利,陳之滋章,而犯者彌多④。有似穿穽以當路,非仁人之用懷也。

①安于:董安于,或作董閼于,春秋晉臣。《韓非子·內儲說上》:"董閼于為趙上地守,行石邑山中,見深澗峭如牆,深百仞。因問其旁鄉左右曰:'人嘗有入此者乎?'對曰:'無有。'曰:'嬰兒、盲聾、狂悖之人,嘗有入此者乎?'對曰:'無有。' 董閼于喟然歎息曰:'吾能治矣。使吾法之無赦,猶入澗之必死也,則人莫之敢犯也,何為不治?'"

②衛子:指商鞅。　棄灰:把灰燼棄於路。

③翫:玩忽、輕視。

④滋章:越發明確。

善為政者,必先端此以率彼,治親以整疏,不曲法以行意①,必有罪而無赦。若石碏之割愛以威親②,晉文之忍情以斬頡③。故仁者為政之脂粉,刑者御世之轡策④。脂粉非體中之至急,而轡策須臾不可無也。肅恭少怠,則慢惰已至。威嚴暫弛,則群邪生心。當怒不怒,姦臣為虎。當殺不殺,大賊乃發。水久壞河,山起咫尺。尋木千丈,始於毫末。鑽燧之火⑤,勺水可滅。鵠卵未孚,指掌可縻⑥,及其乘冲飈而燎巨野,奮六羽以淩朝霞[7],則雖智勇不能制也。

①曲法:猶言枉法。　行意:按自己的意思行事。

②烕(miè):滅的古字。　石碏:春秋衛國大夫。其子石厚與公子州吁交厚。《左傳・隱公四年》:"魯隱公四年春,衛州吁弒桓公而立。……州吁未能和其民,厚問定君於石子。石子曰:'王覲為可。'曰:'何以得覲?'曰:'陳桓公方有寵於王。陳、衛方睦,若朝陳使請,必可得也。'厚從州吁如陳。石碏使告於陳曰:'衛國褊小,老夫耄矣,無能為也。此二人者,實弒寡君,敢即圖之。'陳人執之,而請蒞於衛。九月,衛人使右宰醜蒞殺州吁於衛。石碏使其宰獳羊肩。"

③當初,晉文公重耳流亡至曹,曹君對其極其無禮,而曹國大夫僖負羈曾將璧藏於飯中餽之。後晉文公以兵圍曹,"數之以其不用僖負羈,而乘軒者三百人也。且曰:'獻狀。'令無入僖負羈之宫而免其族,報施也。魏犨、顛頡怒曰:'勞之不圖,報於何有!'爇僖負羈氏。魏犨傷於胸,公欲殺之而愛其材,使問,且視之。病,將殺之。魏犨束胸見使者曰:'以君之靈,不有寧也。'距躍三百,曲踴三百。乃舍之。殺顛頡以徇於師。"事見《左傳・僖公二十八年》。

④《大戴禮記・盛德》:"古者以法為銜勒,以官為轡,以刑為策。"

⑤鈷燧:鈷燧取火。

⑥孚:鳥類等伏卵育雛。後作"孵"。　縻:通"靡"。碎爛。

⑦六羽:即六翮。指鳥的兩翼。

故明君治難於其易,去惡於其微[1]。不伐善以長亂[2],不操柯而猶豫焉[3]。然則刑之為物,國之神器[4],君所自執,不可假人。猶長劍不可倒捉,巨魚不可脱淵也。乃崇替之所由[5],安危之源本也。田常之奪齊[6],六卿之分晉[7],趙高之弒秦[8],王莽之篡漢,履霜逮冰[9],由來漸矣。或永歎於海濱[10],或拊心乎望夷[11],禍延宗祧[12],作戒將來者,由乎慕虛名於往古,忘實禍於當己也。

①微:微小。

②伐善:自誇優點。

③操柯:謂執法。

④神器:本指代表國家政權的器物,如玉璽之類。借指帝位、政權。

⑤崇替:興廢,盛衰。

⑥田常之奪齊:田常即田恒,避漢文帝諱而改。初,春秋時,陳公子完以陳亂而

避於齊,並更為田氏。其後宗族日強,至齊簡公時,完後人田乞專齊政。乞之子田恒繼,大斗出貸小斗收進以收民心。簡公四年,田恒殺簡公立平公,自任齊相,齊國之政盡歸田氏。七十二年後,田恒曾孫自立為齊太公,田齊取代呂齊。事見《史記·田敬仲完世家》。

⑦六卿:韓、趙、魏、範、中行及智氏為六卿。

⑧趙高弒秦:趙高威逼秦二世自殺。

⑨履:踏。 逮:及、到。

⑩或永歎於海濱:指齊康公被太公(田和)放逐於海濱,僅給予一城之地作為食邑。

⑪拊:拍擊。 望夷宮:秦時宮名,趙高殺秦二世胡亥於此。

⑫祧(tiāo):遠祖的廟。

【語言要點】

1. 字詞理解

整民 風向草偃 道洽化醇 捍刃 熊經鳥伸 齊之以威 繫以徽纆 闡陶育之和 品物阜焉 剛不傷恩 必罰以閑邪 眾慝彌蔓 下黷其上 不戾於物 不獲已也 滋章 排鋒陷火 崇替 峻其辟 履霜逮冰

2. 語句通釋

(1)莫不貴仁,而無能純仁以致治也。莫不賤刑,而無能廢刑以整民也。

(2)然黎庶巧偽,趨利忘義,若不齊之以威,糾之以刑,遠羨羲、農之風,則亂不可振,其禍深大。

(3)明罰用獄,著於噬嗑,繫以徽纆,存乎習坎。

(4)故青陽闡陶育之和,素秋厲肅殺之威,融風扇則枯瘁攄藻,白露凝則繁英彫零。

(5)仁者為政之脂粉,刑者御世之轡策。

(6)當怒不怒,姦臣為虎。當殺不殺,大賊乃發。

【思考與討論】

1. 本文中葛洪的主要觀點是什麼?

2. 試闡述葛洪法治思想的現代意義。

貞觀政要

《貞觀政要》，唐吳兢撰。吳兢(670年~749年)，汴州浚儀(今河南開封)人。武周朝入史官編修國史，後歷中宗至玄宗朝，任諫議大夫兼修文館學士等職。吳兢編寫史書主張敘事簡要，如實記載，以取信後人。

"貞觀"是唐太宗使用過的唯一年號。他在位期間納諫任賢、勵精圖治，使得隋末以來遭受巨大破壞的社會經濟得到恢復並快速發展，法良政善，國力提昇，人民安居樂業，史稱"貞觀之治"。正因為取得了不小的成績，太宗後期也難免滋生了驕侈淫逸之心，而莫能終其善。到玄宗之時，政治環境較"貞觀之治"更是大為不及。有感於此，吳兢著手編纂《貞觀政要》一書，以太宗"用賢納諫之美，垂代立教之規，可以弘闡大猷，增崇至道者，並煥乎國籍，作鑒來葉"。此書志在匡君，以備勸戒，曾進呈玄宗，為後世歷代統治者所借鑒。

《貞觀政要》共十卷四十篇，主要以君臣問答的形式記載了唐代貞觀年間太宗李世民與身邊大臣如魏徵、房玄齡、杜如晦等四十五人的對話及一些勸諫奏疏，內容主要針對國家的施政方針及政治、經濟的重大舉措。其中，有許多內容均與法律相關，如下文節選之《刑法》、《公平》不但涉及唐律的具體法條，並且以真實案例闡述了法律實施過程中應當注意的一些問題。

公平(節選)

題解

本篇節選自《貞觀政要》第十六《公平》篇，是唐太宗與房玄齡的對話。房玄齡，唐朝初年賢相，為太宗所倚重。"公平"指公正，不偏不倚，不能因為親疏貴賤而有所偏廢。太宗認為,公平是治理國家、實施法律的重要準則,所言"以天下為公,無私於物"、"法者非朕一人之法,乃天下之法,何得以無忌國之親戚,便欲撓法耶"均體現了其對"公平"的重視。當太宗之敕與法律相左之時,太宗也是以法為上。全篇體現太宗"理國要道,在於公平正直"的思想,相較前代是一個很大的進步。

太宗初即位,中書令房玄齡奏言:"秦府舊左右未得官者①,並怨前宮及齊府左右處分之先己②。"太宗曰:"古稱至公者③,蓋謂平恕無私④。丹朱、商均,子也,而堯、舜廢之。管叔、蔡叔,兄弟也,而周公誅之。故知君人者,以天下為公,無私於物。昔諸葛孔明,小國之相,猶曰'吾心如秤⑤,不能為人作輕重,況我今理大國乎?朕與公等衣食出於百姓,此則人力已奉於上,而上恩未被於下⑥,今所以擇賢才者,蓋為求安百姓也。用人但問堪否⑦,豈以新故異情⑧?凡一面尚且相親,況舊人而頓忘也⑨!才若不堪,亦豈以舊人而先用?今不論其能不能,而直言其嗟怨⑩,豈是至公之道耶?"

①秦:唐太宗李世民曾被封為秦國公、秦王。　左右:近臣、侍從。

②齊:李世民弟李元吉,被封為齊王。　處分:處理、安排。

③至公:至,最。至公即最公正。

④平恕:持平寬仁。

⑤秤(chèng):量物體重量的器具。

⑥被:覆蓋。

⑦堪:勝任。

⑧異情:改變態度,即區別對待。

⑨頓:頓時、立刻。

⑩嗟怨:嗟歎、怨恨。

貞觀元年,吏部尚書長孫無忌嘗被召,不解佩刀入東上閤門,出閤門後,監門校尉始覺。尚書右僕射封德彝議,以監門校尉不覺,罪當死,無忌誤帶刀入,徒二年①,罰銅二十斤。太宗從之。大理少卿戴胄駁曰:"校尉不覺,無忌帶刀入內,同為誤耳。夫臣子之於尊極②,不得稱誤,准律云③:'供御湯藥、飲食、舟船,誤不如法者,皆死。'陛下若錄其功,非憲司所決④;若當據法,罰銅未為得理。"太宗曰:"法者非朕一人之法,乃天下之法,何得以無忌國之親戚,便欲撓法耶⑤?"更令定議⑥。德彝執議如初,太宗將從其議,胄又駁奏曰:"校尉緣無忌以致罪⑦,於法當輕,若論其過誤,則為情一也,而生死頓殊,敢以固請⑧。"太宗乃免校尉之死。

①徒:徒刑,古代五刑之一,拘禁使服勞役。

②尊極:至尊,多指帝或后。

③准:依據、根據。

④憲司:御史的别稱。

⑤撓:擾亂、阻撓。

⑥議:唐律中有"八議":議親、議故、議賢、議能、議功、議貴、議勤、議賓。上述八種人犯罪,司法審判機關不能直接判決,需將具體情況上奏,由朝廷官員討論後再由皇帝裁決。

⑦緣:因為。

⑧固:副詞,一再,執意、堅決地。

是時,朝廷大開選舉,或有詐偽階資者①,太宗令其自首,不首,罪至於死。俄有詐偽者事洩②,胄據法斷流以奏之③。太宗曰:"朕初下敕,不首者死,今斷從法④,是示天下以不信矣⑤。"胄曰:"陛下當即殺之⑥,非臣所及;既付所司,臣不敢虧法⑦。"太宗曰:"卿自守法,而令朕失信耶?"胄曰:"法者,國家所以布大信於天下;言者,當時喜怒之所發耳。陛下發一朝之忿⑧,而許殺之,既知不可,而置之以法,此乃忍小忿而存大信,臣竊為陛下惜之。"太宗曰:"朕法有所失,卿能正之,朕復何憂也!"

①詐:欺騙。　階資:職位、資歷。

②俄:短暫時間,不久,一會兒。

③流:流放,古代五刑之一,將犯人放逐到偏遠之地。

④斷:判決、判罪。

⑤不信:不守信用。

⑥即：當時。

⑦虧：毀壞、違背。

⑧忿：憤怒、怨恨。

貞觀二年，太宗謂房玄齡等曰："朕比見隋代遺老①，咸稱高熲善為相者②，遂觀其本傳③，可謂公平正直，尤識治體④，隋室安危，繫其存沒。煬帝無道，枉見誅夷⑤。何嘗不想見此人，廢書欽歎⑥！又漢、魏已來，諸葛亮為丞相，亦甚平直，嘗表廢廖立、李嚴於南中⑦。立聞亮卒，泣曰：'吾其左衽矣⑧！'嚴聞亮卒，發病而死。故陳壽稱：'亮之為政，開誠心，布公道，盡忠益時者⑨，雖讎必賞；犯法怠慢者，雖親必罰。'卿等豈可不企慕及之？朕今每慕前代帝王之善者，卿等亦可慕宰相之賢者。若如是，則榮名高位，可以長守。"玄齡對曰："臣聞理國要道，在於公平正直，故《尚書》云：'無偏無黨，王道蕩蕩。無黨無偏，王道平平⑩。'又孔子稱'舉直錯諸枉，則民服'⑪。今聖慮所尚⑫，誠足以極政教之源⑬，盡至公之要，囊括區宇⑭，化成天下。"太宗曰："此直朕之所懷⑮，豈有與卿等言之而不行也？"

①比：今日、近來。　遺老：前朝老人或舊臣。

②稱：稱道、稱揚。高熲(541年~607年)，渤海蓨(今河北景縣東)人，隋朝政治家，為宰相執政20年。

③本傳：見於正史的人物傳記。

④治體：治國綱領、要旨

⑤枉：冤屈。　見：被。　誅夷：殺戮、誅殺。

⑥廢書：放下書，中止閱讀。　欽歎：嗟歎。

⑦表：上表，啟奏，上奏章給皇帝。

⑧左衽：衽，上衣交領部分。左衽即衽左，我國古代某些少數民族的服裝，前襟向左掩，異於中原的右衽，因用以指受外族統治。

⑨益時：有益於時。

⑩語見《尚書·周書·洪範》。黨：結成朋黨的團夥。　蕩蕩：廣大、博大。平平：謂治理有序，安詳嫻熟。

⑪語見《論語·顏淵》，原文為"舉直錯諸枉，能使枉者直"。舉：推舉、選用。錯：通措，放棄，置而不用。

⑫尚:仰慕。
⑬極:至、到達。
⑭區宇:境域;天下。
⑮直:副詞,真,就,簡直。

刑部尚書張亮坐謀反下獄,詔令百官議之,多言亮當誅,惟殿中少監李道裕奏亮反形未具[①],明其無罪。太宗既盛怒,竟殺之。俄而刑部侍郎有闕,令宰相妙擇其人[②],累奏不可。太宗曰:"吾已得其人矣。往者李道裕議張亮云'反形未具',可謂公平矣。當時雖不用其言,至今追悔。"遂授道裕刑部侍郎。

①具:具備,完備。
②妙擇:精心選擇。

【語言要點】

1. 字詞理解

異情　准律　尊極　階資　撓法　斷流　比見　治體　枉見誅夷　坐謀反下獄　妙擇　反形未具

2. 語句通釋

(1)校尉緣無忌以致罪,於法當輕,若論其過誤,則為情一也,而生死頓殊,敢以固請。

(2)陛下當即殺之,非臣所及;既付所司,臣不敢虧法。

(3)吾其左衽矣!

(4)此直朕之所懷,豈有與卿等言之而不行也?

【思考與討論】

1. 文中所言"公平"與現代法律之"公平"有何區別?

2. 試述古代皇帝之敕與法律之關係。

刑法(節選)

題解

此篇節選自《貞觀政要》第三十一《刑法》篇。唐律中有"五刑",即笞刑、杖刑、徒刑、流刑、死刑。此篇主要針對在實施刑法的過程中應當注意的一些具體問題,如"大辟罪皆議"、"凡有死刑,雖令即決,皆須五覆奏"等。並列舉了刑法的真實案例,通過這些案例的處置舉措可以看出唐太宗"用法務在寬簡"、"刑罰輕重,務在寬平"、"理國守法,事須畫一"的法律思想。

貞觀元年,太宗謂侍臣曰:"死者不可再生,用法務在寬簡①。古人云,鬻棺者欲歲之疫②,非疾於人③,利於棺售故耳。今法司覈理一獄④,必求深刻,欲成其考課⑤。今作何法,得使平允⑥?"諫議大夫王珪進曰:"但選公直良善人斷獄允當者,增秩賜金⑦,即姦偽自息。"詔從之。太宗又曰:"古者斷獄,必訊於三槐、九棘之官⑧,今三公、九卿⑨,即其職也。自今以後,大辟罪皆令中書、門下四品以上及尚書九卿議之⑩。如此,庶免冤濫⑪。"由是至四年,斷死刑,天下二十九人,幾致刑措⑫。

①務:必須、一定。　寬簡:寬大,不苛求。

②鬻:賣。　歲:每年,年年。此處為使動用法,使瘟疫年年發生。

③疾:厭惡、憎恨。

④覈(hé)理:審理。　獄:爭訟。

⑤考課:按照一定標準考核官吏優劣,分別等差,決定賞罰升降。課,考核,考察。

⑥平允:公平允當。

⑦秩:俸祿。

⑧訊:詢問。　三槐:相傳周代宮廷外種有三棵槐樹,三公朝見天子時,面向三槐而立。後因以三槐比喻三公。　九棘:古代群臣外朝之位,樹九棘為標識,以區分等級。

⑨九卿:唐制,九卿指太常寺卿、光祿寺卿、衛尉寺卿、宗正寺卿、太仆寺卿、大理寺卿、鴻臚寺卿、司農寺卿、太府寺卿。

⑩大辟:古五刑之一,死刑。

⑪庶:副詞,希望、但願。　冤濫:斷獄冤枉失實。

⑫幾:將近、幾乎。　措:棄置、擱置。

貞觀五年,張蘊古為大理丞。相州人李好德素有風疾①,言涉妖妄,詔令鞠其獄②。蘊古言:"好德癲病有徵③,法不當坐。"太宗許將寬宥④。蘊古密報其旨,仍引與博戲⑤。持書侍御史權萬紀劾奏之⑥。太宗大怒,令斬於東市。既而悔之,謂房玄齡曰:"公等食人之祿,須憂人之憂,事無巨細,咸當留意。今不問則不言,見事都不諫諍⑦,何所輔弼⑧?如蘊古身為法官⑨,與囚博戲,漏泄朕言,此亦罪狀甚重。若據常律,未至極刑。朕當時盛怒,即令處置。公等竟無一言,所司又不覆奏⑩,遂即決之,豈是道理?"因詔曰:"凡有死刑,雖令即決,皆須五覆奏。"五覆奏,自蘊古始也。又曰:"守文定罪,或恐有冤。自今以後,門下省覆,有據法令合死而情可矜者⑪,宜錄奏聞。"

①素:平素、向來。　風疾:瘋病,神經錯亂,精神失常。

②鞠:通鞫,審訊、究問。

③徵:證明、驗證。

④許:同意。　寬宥:寬恕、原諒。

⑤博戲:古代的一種棋戲。

⑥劾奏:向皇帝檢舉大臣的過失或罪行。

⑦諫諍:直言規勸。

⑧輔弼:輔佐、輔助。

⑨法官:司法官吏,與今天的法官概念有所不同。

⑩覆:考察、審核。

⑪矜:憐憫、同情。

貞觀九年,鹽澤道行軍總管、岷州都督高甑生,坐違李靖節度①,又誣告靖謀逆,減死徙邊②。時有上言者曰:"甑生舊秦府功臣,請寬其過。"太宗曰:"雖是藩邸舊勞③,誠不可忘。然理國守法,事須畫一,今若赦之,使開僥倖之路④。且國家建義太原⑤,元從及征戰有功者甚眾⑥,若甑生獲免,誰不覬覦⑦?有功之人,皆須犯法。我所以必不赦者,正為此也。"

①節度:調度、指揮。

②徙邊:將犯人流放到邊境服勞役。

③藩邸：藩王之宅第。　舊勞：多年勞績。

④僥倖：企求非分。

⑤建義：興義軍、舉義旗。

⑥元從：從一開始就追隨的人。

⑦覬覦：非分的希望或企圖。

貞觀十四年，戴州刺史賈崇以所部有犯十惡者①，被御史劾奏。太宗謂侍臣曰："昔陶唐大聖②，柳下惠大賢③，其子丹朱甚不肖④，其弟盜跖為臣惡⑤。夫以聖賢之訓，父子兄弟之親，尚不能使陶染變革⑥，去惡從善。今遣刺史，化被下人⑦，咸歸善道，豈可得也？若令緣此皆被貶降⑧，或恐遞相掩蔽⑨，罪人斯失⑩。諸州有犯十惡者，刺史不須從坐⑪，但令明加糾訪科罪⑫，庶可肅清姦惡⑬。"

①十惡：封建時代所定十種大罪。唐律中十惡為：一曰謀反；二曰謀大逆；三曰謀叛；四曰惡逆；五曰不道；六曰大不敬；七曰不孝；八曰不睦；九曰不義；十曰內亂。

②陶唐：古帝名，即唐堯。

③柳下惠：春秋魯大夫展獲，食邑柳下，謚惠，故稱其為柳下惠。相傳其與一女子共坐一夜，不曾淫亂。後用以借指有操行的男子。

④丹朱：堯之子。

⑤盜跖：柳下惠弟。

⑥陶染：熏陶、感染。　變革：改變、革新。

⑦化：改變人心風俗；教化，教育。　被：覆蓋、遍及。

⑧緣：因為。

⑨遞相：互相。

⑩斯：助詞，猶"是"，用於賓語遞遷的倒裝句。

⑪從坐：連坐，謂別人犯罪而牽連受處罰。

⑫糾：督查、督責。　科罪：定罪。

⑬肅清：徹底消除。

貞觀十六年，太宗謂大理卿孫伏伽曰："夫作甲者欲其堅，恐人之傷；作箭者欲其銳，恐人不傷。何則？各有司存①，利在稱職故也②。朕常問法官刑罰輕重，每稱法網寬於往代③，仍恐主獄之司，利在殺人,危人自達[4],以釣聲價[5]。今之所憂,正在此耳。深宜禁止,務在寬平。”

①司存:執掌、職掌,職責所在。

②利:好處、利益。　稱職:勝任所擔當的職務。

③法網:嚴密的法律。

④達:顯貴、賢達。

⑤聲價:名譽、身價。

【語言要點】

1. 字詞理解

深刻　覈理　考課　增秩　庶免冤濫　刑措　癲病有徵　節度　建義太原　元從　司存　糾訪科罪

2. 語句通釋

(1)鬻棺者欲歲之疫,非疾於人,利於棺售故耳。

(2)守文定罪,或恐有冤。自今以後,門下省覆,有據法令合死而情可矜者,宜錄奏聞。

(3)然理國守法,事須畫一,今若赦之,使開僥幸之路。

(4)今遣刺史,化被下人,咸歸善道,豈可得也?若令緣此皆被貶降,或恐遞相掩蔽,罪人斯失。

(5)朕常問法官刑罰輕重,每稱法網寬於往代,仍恐主獄之司,利在殺人,危人自達,以釣聲價。

【思考與討論】

1. 你是否同意文中所言“但選公直良善人斷獄允當者,增秩賜金,即姦偽自息”?

2. 你覺得有必要廢除死刑嗎?

魏徵

魏徵(580年~643年),字玄成,唐初傑出政治家,以剛直不阿、敢於進諫聞名,輔佐太宗創建"貞觀之治"。魏徵死後,太宗曾言:"人以銅為鏡,可以正衣冠;以古為鏡,可以見興替;以人為鏡,可以知得失。魏徵沒,朕亡一鏡矣。"

貞觀時期,經過十幾年的勵精圖治,國家經濟狀況好轉,太宗驕傲自滿的情緒開始滋長,日漸驕奢,聽不得大臣的意見,政治環境不如以前。於是魏徵在貞觀十一年"頻上四疏,以陳得失"。四疏均載於《舊唐書·魏徵傳》,主要是勸諫太宗借鑒隋朝亡國的教訓,戒奢以儉,居安思危;同時又要明德慎罰,勸善懲惡,近君子而遠小人,避免前代"克終者鮮"的命運。下文即節選了其中的第二疏。

四疏上後,"太宗手詔嘉美,優納之。"並謂長孫無忌曰:"朕即位之初,上書者或言人主必須威權獨運,不得委任群下;或欲耀兵振武,懾服四夷。唯有魏徵勸朕偃革興文,布德施惠,中國既安,遠人自服。朕從其語,天下大寧。絕域君長,皆來朝貢,九夷重譯,相望於道。此皆魏徵之力也。"

四疏不僅體現了魏徵的政治思想,而且具有很高的文學價值。文章論點鮮明,講理充分,同時使用了大量的比喻、排比、對偶等修辭方式,讀來跌宕有致而又一氣呵成。

諫太宗十思疏

題解

此疏提出所謂"十思",意在勸諫太宗居安思危,戒奢以儉。

臣聞:求木之長者[①],必固其根本[②];欲流之遠者,必浚其泉源[③];思國之安者,必積其德義。源不深而望流之遠,根不固而求木之長,德不厚而望國之治，雖在下愚[④]，知其不可，而況於明哲乎[⑤]？人君當神器之重[⑥]，居域中之大，將崇極天之峻[⑦]，永保無疆之休[⑧]。不念居安思危，戒奢以儉，德不處其厚，情不勝其欲[⑨]，斯亦伐根以求木茂，塞源而欲流長者也。

①長(zhǎng)：生長。

②根本：植物的根幹。

③浚(jùn)：疏浚、深挖。

④下愚：極愚蠢的人。

⑤明哲：明智睿哲的人。

⑥神器：代表國家證券的實物，如玉璽、寶鼎之類，借指帝位、政權。

⑦崇：尊重、推崇。　極：到達頂點、最高位。　峻：高，引申指聲望的崇高，帝位的尊貴，品行的高超。

⑧休：福祿。

⑨勝：克制、制服。

凡百元首[①]，承天景命[②]，莫不殷憂而道著[③]，功成而德衰，有善始者實繁，能克終者蓋寡[④]。豈其取之易而守之難乎？昔取之而有餘，今守之而不足，何也？夫在殷憂，必竭誠以待下[⑤]，既得志，則縱情以傲物[⑥]；竭誠則吳、越為一體，傲物則骨肉為行路[⑦]。雖董之以嚴刑[⑧]，震之以威怒[⑨]，終苟免而不懷仁[⑩]，貌恭而不心服[⑪]。怨不在大，可畏惟人[⑫]；載舟覆舟，所宜深慎[⑬]。奔車朽索，其可忽乎[⑭]？

①元首：君主。

②景命：景，大；指授予帝王之位的天命。

③殷：大、深、深切。

④克終：善終。

⑤竭誠：盡心、誠心。

⑥縱情：放縱情慾。　傲物：高傲自負，輕視他人。

⑦骨肉：比喻至親，父母兄弟子女等人。　行路：路人。

⑧董：督查、監督。

⑨震：驚懼或使驚懼。

⑩苟免：苟且免於傷害。　懷仁：歸服於仁德。

⑪恭:恭敬而有禮貌。

⑫可畏:令人畏懼。　惟:副詞,只有、只是。　人:民,因避皇帝李世民的名諱而改作“人”。

⑬宜:應當、應該。　慎:謹慎、慎重。

⑭朽:腐爛、腐朽。　索:粗繩,此處指車的繩索。　忽:忽略、忽視。

君人者①,誠能見可欲②,則思知足以自戒;將有作③,則思知止以安人④;念高危,則思謙冲以自牧⑤;懼滿溢,則思江海下百川⑥;樂盤游⑦,則思三驅以為度⑧;憂懈怠,則思慎始而敬終;慮壅蔽⑨,則思虛心以納下;想讒邪⑩,則思正身以黜惡⑪;恩所加,則思無因喜以謬賞;罰所及,則思無因怒而濫刑。總此十思,宏茲九德⑫,簡能而任之⑬,擇善而從之,則智者盡其謀,勇者竭其力,仁者播其惠,信者效其忠;文武爭馳,君臣無事,可以盡遊豫之樂⑭,可以養松喬之壽⑮,鳴琴垂拱⑯,不言而化。何必勞神苦思,代下司職⑰,役聰明之耳目⑱,虧無為之大道哉⑲?

①君人:為人之君,統治人民。

②誠:假如。　可欲:指可以引起欲念的事物。

③作:興建、建造。

④安人:安民,使人民安寧。

⑤謙冲:謙虛。　自牧:自我修養。牧,治也。

⑥下:居……之下。　川:河流。

⑦盤遊:遊樂。

⑧三驅:古王者田獵之制,田獵時需網開一面,三面驅趕,以示好生之德。

⑨壅蔽:遮蔽、阻塞。

⑩讒邪:讒佞姦邪之人。

⑪黜:貶降、罷退。

⑫宏:擴大、光大。　茲:代詞,這。

⑬簡能:選拔才能之士。

⑭遊豫:遊樂。

⑮松喬:神話傳說中仙人赤松子和王子喬的並稱。

⑯鳴琴:據《呂氏春秋·察賢》:“宓子賤治單父,彈鳴琴,身不下堂而單父治。”

後因用"鳴琴"稱頌地方官簡政輕刑,無為而治。 垂拱:垂衣拱手,不親理事物。

⑰司職:主管其事。

⑱役:勞役;役使。

⑲無為:儒家主張選能任賢,以德化人,稱為"無為"。

【語言要點】

1. 字詞理解

無疆之休　景命　不勝其欲　殷憂　董之以嚴刑　將有作　自牧　宏茲九德　簡能而任之　遊豫

2. 語句通釋

(1)不念居安思危,戒奢以儉,德不處其厚,情不勝其欲,斯亦伐根以求木茂,塞源而欲流長者也。

(2)雖董之以嚴刑,震之以威怒,終苟免而不懷仁,貌恭而不心服。

(3)何必勞神苦思,代下司職,役聰明之耳目,虧無為之大道哉?

【思考與討論】

1. 本文使用了哪些修辭方式?起到了什麼作用?

2. 你覺得"共患難"與"同富貴"哪個更難?為什麼?

韓愈

韓愈(768 年~824 年),字退之,鄧州南陽(今河南孟州)人,郡望河北昌黎,故又稱為"韓昌黎"、"昌黎先生"等。韓愈是唐代古文運動的倡導者,主張文章要闡述孔孟之道,反對單純追求形式的駢文,這對當時的文壇及後世散文的發展產生了重要影響,被尊為"唐宋八大家"之首。蘇軾稱讚韓愈為"文起三代之衰,道濟天下之溺。"

韓愈主張道統論,將儒家學說與古代聖賢結合起來,以之排斥佛、老之學。韓愈的"道統"中包含了儒家法律制度的"法統"。他認為國家的根本制度如"德、禮、刑、政"等,需要在"道"即儒家之"仁"、"義"指導之下實施。於是,"道"就成了"法統"的精神內核。韓愈主張禮與法都是治理國家的根本手段,而在具體實行過程中,則應以德、禮為先,而輔之以政、刑。

韓愈的作品現存有《韓昌黎文集》,由宋廖瑩中輯注,明徐世泰整理。

張中丞傳後敘

題解

張巡是安史之亂中與許遠一起堅守睢陽城的守將,城破被俘,與部將三十六人同時殉難。然而亂平之後,張、許二人的守城行為卻受到了一些人的疵議。為了澄清事實,韓愈借為《張巡傳》作後敘的機會,對當時的各種誤解和誣衊進行辯駁,並補敘了南霽雲、張巡、許遠等人的軼事。本文前半議論,義正辭嚴;後半敘事,奕奕如生,敘議之間,神氣流注,章法渾成,是韓文中的經典篇章。

元和二年四月十三日夜①,愈與吳郡張籍閱家中舊書②,得李翰所為《張巡傳》③。翰以文章自名,為此傳頗詳密,然尚恨有闕者④:不為許遠立傳,又不載雷萬春事首尾⑤。

①元和二年:公元807年。元和是唐憲宗李純的年號。

②吳郡:今江蘇蘇州。張籍:字文昌,原籍吳郡,少時寓居和州烏江,因韓愈的推薦舉進士。

③李翰:趙州贊皇(今河北贊皇縣)人。安史之亂時,正隨張巡作客宋州(今河南省商丘市,唐時治所在睢陽),親見戰守事蹟。亂平之後,有謠言說張巡變節降賊。李翰於是記錄張巡事蹟,並撰寫傳記上呈肅宗,張巡忠勇才為天下所知。

④自名:自負。　恨:遺憾。　闕:通"缺"。

⑤許遠:杭州鹽官(今浙江海寧西南)人。安祿山叛亂時,任睢陽太守。至德二年(757年),與時任真源縣令的張巡合力守城,抗擊叛軍,城陷後被執送洛陽,安慶緒兵敗時被殺。雷萬春:張巡部將,為人勇毅,執行命令堅決果敢,但後文並未述及,疑為"南霽雲"之誤。

遠雖材若不及巡者,開門納巡,位本在巡上,授之柄而處其下,無所疑忌,竟與巡俱守死,成功名①。城陷而虜,與巡死先後異耳。兩家子弟材智下,不能通知二父志,以為巡死而遠就虜,疑畏死而辭服於賊②。遠誠畏死,何苦守尺寸之地,食其所愛之肉③,以與賊抗而不降乎?當其圍守時,外無蚍蜉蟻子之援④,所欲忠者,國與主耳;而賊語以國亡主滅,遠見救援不至,而賊來益眾,必以其言為信。外無待而猶死守,人相食且盡,雖愚人亦能數日而知死處矣⑤,遠之不畏死亦明矣!烏有城壞、其徒俱死,獨蒙愧恥求活,雖至愚者不忍為。嗚呼!而謂遠之賢而為之邪?

①"遠雖材若不及巡者"句:至德二年(757年),安祿山部將尹子奇率兵十三萬進攻睢陽,許遠向張巡告急,張巡引兵入城。許遠雖然官階高於張巡,但主動將城中指揮大權交給張巡,自己甘願作糧草供應等後勤工作。

②"兩家子弟"句:代宗大曆年間,張巡的兒子張去疾聽信謠言,上書稱許遠畏死降敵,要求褫奪許遠荊州大都督的官職。　通知:通曉,透徹地瞭解。　辭服:說了屈服的話。

③食其所愛之肉:睢陽城被圍糧草斷絕之後,鼠雀也被食盡,張巡殺愛妾、許遠殺家奴,以為士兵之食。

④蚍蜉蟻子之援:比喻極微小的援助。　蚍蜉:黑色的大螞蟻。

⑤數日:計算著日子。　處:時,時候。

說者又謂遠與巡分城而守,城之陷,自遠所分始,以此詬遠[①]。此又與兒童之見無異。人之將死,其藏腑必有先受其病者;引繩而絕之,其絕必有處[②]。觀者見其然,從而尤之,其亦不達於理矣[③]。小人之好議論,不樂成人之美如是哉!如巡、遠之所成就,如此卓卓,猶不得免,其他則又何說!當二公之初守也,寧能知人之卒不救,棄城而逆遁[④]?苟此不能守,雖避之他處何益?及其無救而且窮也,將其創殘餓羸之餘[⑤],雖欲去,必不達。二公之賢,其講之精矣[⑥]。守一城,捍天下,以千百就盡之卒,戰百萬日滋之師,蔽遮江淮,沮遏其勢[⑦],天下之不亡,其誰之功也?當是時,棄城而圖存者,不可一二數[⑧];擅強兵坐而觀者,相環也[⑨]。不追議此,而責二公以死守,亦見其自比於逆亂,設淫辭而助之攻也[⑩]。

①說者:議論的人。　分城而守:當時張巡守東北,許遠守西南。　詬:責備,辱罵。

②“引繩”句:意謂拉繩子使它斷絕,總有先斷的地方。

③尤:責備。不達於理:不明事理。　達:通曉,通達。

④寧:豈,哪裏。　逆遁:預先逃跑。　逆:預先。

⑤將其創殘餓羸之餘:率領那些受傷、殘廢、飢餓、病弱的剩餘人員。　創:受傷。　羸:瘦弱,疲病。

⑥講:推究,考慮。　精:周詳,嚴密。

⑦守一城,捍天下:睢陽是通往江淮之地的要道,而江淮是唐王朝的糧倉,守住了睢陽,就保住了糧倉,從而為唐王朝保存實力,並為後來的反攻創造條件。　遮蔽:掩護。　沮遏:阻止,遏制。

⑧“棄城”句:當時棄城而逃,貪圖活命的守將不是一個兩個。如山南東道節度使魯炅棄南陽,奔襄陽;靈昌太守許叔冀奔彭城等。

⑨“擅強兵”句:至德二年八月,睢陽士卒死傷之餘僅六百人。當時,許叔冀在譙郡,尚衡在彭城,賀蘭進明在臨淮。中書侍郎、同平章事兼河南節度使張鎬聞睢陽告急,急速赴援,並傳令浙東、浙西、淮南、青州諸節度使和譙郡太守閭丘曉,共同發兵救援。閭丘曉坐視不救。張鎬至睢陽,城已陷三日。　擅強兵:擁有強大的軍隊。

⑩自比於逆亂:自列於叛逆亂臣之中。　比:並列。　淫辭:誇大不實的言辭。

愈嘗從事於汴、徐二府[①],屢道於兩府間[②],親祭於其所謂雙廟者[③]。其老人往往說巡、遠時事,云:南霽雲之乞救於賀蘭也[④],賀蘭嫉巡、遠之聲威功績出己上,不肯出師救。愛霽雲之勇且壯,不聽其語,強留之。具食與樂,延霽雲坐。霽雲慷慨語曰:"雲來時,睢陽之人不食月餘日矣。雲雖欲獨食,義不忍;雖食且不下咽。"因拔所佩刀,斷一指,血淋漓,以示賀蘭。一座大驚,皆感激為雲泣下[⑤]。雲知賀蘭終無為雲出師意,即馳去。將出城,抽矢射佛寺浮圖,矢著其上甎半箭[⑥]。曰:"吾歸破賊,必滅賀蘭,此矢所以志也[⑦]!"愈貞元中過泗州[⑧],船上人猶指以相語。城陷,賊以刃脅降巡。巡不屈,即牽去,將斬之。又降霽雲,雲未應。巡呼雲曰:"南八[⑨],男兒死耳,不可為不義屈!"雲笑曰:"欲將以有為也。公有言,雲敢不死?"即不屈。

①從事:任職。 汴:汴州,今河南開封。 徐:徐州,今江蘇徐州。

②道:動詞,路過,往來。

③雙廟:安史之亂平定後,為表彰張、許二人功績,朝廷追贈張巡揚州大都督,許遠荊州大都督,並在睢陽立廟祭祀,稱為"雙廟"。

④賀蘭:即河南節度使賀蘭進明,時駐軍臨淮(今江蘇盱眙縣西北)。

⑤感激:感動激憤。

⑥浮圖:佛塔。 矢著其上甎半箭:箭射入那塔上牆磚之中有半箭之深。 著:zhuó,附著,這裡指射入。

⑦志:標識。 所以志:用來作標記。

⑧貞元:唐德宗李適年號。 泗州:州治在臨淮。

⑨南八:南霽雲在兄弟中排行第八。唐人習慣於稱行第,同一祖父的諸兄弟按年齡大小排列為行第。

張籍曰:有于嵩者,少依於巡。及巡起事,嵩常在圍中[①]。籍大曆中於和州烏江縣見嵩[②],嵩時年六十餘矣。以巡初嘗得臨渙縣尉[③],好學無所不讀。籍時尚小,粗問巡、遠事,不能細也。云:巡長七尺餘,鬚髯若神[④]。嘗見嵩讀《漢書》,謂嵩曰:"何為久讀此?"嵩曰:"未熟也。"巡曰:"吾於書讀不過三徧,終身不忘也。"因誦嵩所讀書,盡卷不錯一字。嵩驚,以為巡偶熟此卷,因亂抽他帙以試[⑤],無不盡然。嵩又取架上諸書,試以問巡,巡應口誦無疑。嵩從巡久,亦不見巡常讀書也。為文章,操紙筆立書,未嘗起草。初守睢陽時,士卒僅萬人[⑥]。城中居人戶亦且數萬。巡因一見問姓名,其後無不識者。巡怒,鬚髯輒張。及城陷,賊縛巡等數十人坐,且將戮。巡起旋[⑦],其眾見巡起,或起或泣。巡曰:"汝勿怖,死,命也。"眾泣不能仰視。巡就戮時,顏色不亂,陽陽如平常[⑧]。遠寬厚長者,貌如其心。與巡同年生,月日後於巡,呼巡為兄[⑨],死時年四十九。嵩貞元初死於亳、宋間[⑩]。或傳嵩有田在亳、宋間,武人奪而有之,嵩將詣州訟理[⑪],為所殺。嵩無子。張籍云。

①起事:指張巡起兵討伐安史叛軍。　常:通"嘗",曾經。　圍中:被圍困的睢陽城中。

②大曆:唐代宗李豫年號。　和州烏江縣:今安徽和縣東北。

③以巡初嘗得臨渙縣尉:因為曾經跟隨張巡,最初曾經得到了臨渙縣尉的官職。　臨渙:今安徽宿縣西北。

④鬚髯若神:(臉上長著)鬍鬚像神明一樣精神。　鬚髯:下巴上稱鬚,兩腮邊稱髯。

⑤帙:zhì,書套,這裡指卷冊。

⑥僅:將近,表示數量多。

⑦旋:小便,一說"轉身"。

⑧顏色:臉色。陽陽:安詳從容貌。

⑨"與巡同年生"句:《新唐書·許遠傳》記載與此不同:"遠與巡同年生而長,故巡呼為兄。"

⑩亳:亳州,今安徽亳縣。　宋:宋州。

⑪訟理:訴訟,告狀。

【語言要點】

1. 字詞理解

通知　就虜　以此詬遠　從而尤之　卒不救　逆遁　擅強兵　淫辭　從事　感激　士卒僅萬人　顏色　陽陽

2. 語句通釋

(1)兩家子弟材智下,不能通知二父志,以為巡死而遠就虜,疑畏死而辭服於賊。

(2)人之將死,其藏腑必有先受其病者;引繩而絕之,其絕必有處。

(3)及其無救而且窮也,將其創殘餓羸之餘,雖欲去,必不達。

(4)守一城,捍天下,以千百就盡之卒,戰百萬日滋之師,蔽遮江淮,沮遏其勢,天下之不亡,其誰之功也?

(5)巡就戮時,顏色不亂,陽陽如平常。遠寬厚長者,貌如其心。

【思考與討論】

1. 韓愈為張巡和許遠辨誣,是從哪幾個方面入手的?

2. 結合史實,查找相關材料,試對睢陽保衛戰的吃人事展開討論。

復讎狀

題解

復讎,此文特指為父報讎,這在歷史上時有發生。復讎一事,合禮而不合法,前人所論亦各有局限。韓愈認為殺之與赦,不可一例,應當酌其宜而處之,以此折衷禮法之矛盾。

右伏奉今月五日敕[①]:復讎[②],據《禮經》則義不同天[③],徵法令則殺人者死[④]。禮、法二事,皆王教之端[⑤],有此異同,必資論辯[⑥],宜令都省集議聞奏者[⑦]。朝議郎行尚書職方員外郎上騎都尉韓愈議曰:

①伏:匍匐在地;為敬辭,古時臣對君奏言多用之。　敕:皇帝的詔書。

②復讎:報仇;讎,讎敵。此處指子為父報讎。

③義不同天:據《禮記·曲禮》:"父母之讎,不與共戴天。"

④徵:證明、證驗。

⑤王教:王者的教化。　端:方面、種類。

⑥資:求取。

⑦都省:漢以僕射總理六尚書,謂之都省。唐垂拱中,改尚書省曰都省。後亦以指尚書省長官或尚書省政事堂。

伏以子復父讎,見於《春秋》,見於《禮記》,又見《周官》,又見諸子史[1],不可勝數,未有非而罪之者也。最宜詳於律,而律無其條,非闕文也[2],蓋以為不許復讎,則傷孝子之心,而乖先王之訓[3]。許復讎,則人將倚法專殺[4],無以禁止其端矣。

①子史:諸子之書、史書。
②闕:脱漏。
③乖:違背。
④專殺:擅自殺人。

夫律雖本於聖人,然執而行之者,有司也[1]。經之所明者,制有司者也。丁寧其義於經[2],而深沒其文於律者[3],其意將使法吏一斷於法[4],而經術之士得引經而議也[5]。《周官》曰:"凡殺人而義者,令勿讎[6],讎之則死。"義,宜也[7],明殺人而不得其宜者,子得復讎也。此百姓之相讎者也。《公羊傳》曰:"父不受誅,子復讎可也。"不受誅者,罪不當誅也。誅者,上施於下之辭,非百姓之相殺者也。又《周官》曰:"凡報仇讎者[8],書於士[9],殺之無罪。"言將復讎,必先言於官,則無罪也。

①有司:官吏;古代設官分職,各有專司,故名。
②丁寧:囑咐、告誡。
③没:隱沒、消失。
④法吏:司法官吏。
⑤經術:經學。
⑥讎:報仇。
⑦宜:合適、適當、適宜。
⑧仇讎:仇人、冤家對頭。
⑨書:上書。　士:古代掌管刑獄的官員。

今陛下垂意典章[1],思立定制,惜有司之守,憐孝子之心,示不自專[2],訪議群下[3]。臣愚以為復讎之名雖同,而其事各異。或百姓相讎,如《周官》所稱,可議於今者;或為官所誅,如《公羊》所稱,不可行於今者。又《周官》所稱,將復讎,先告於士則無罪者若孤稚羸弱[4],抱微志而伺敵人之便[5],恐不能自言於官,未可以為斷於今也[6]。然則殺之與赦,不可一例,宜定其制曰:“凡有復父讎者,事發,具其事申尚書省[7],尚書省集議奏聞,酌其宜而處之[8],則經律無失其指矣[9]。”謹議。

①垂意:關懷、關心。

②自專:一任己意,獨斷專行。

③訪議:諮詢、謀議。

④孤稚:無父,或無父母的幼兒。　羸弱:瘦弱。

⑤微志:微小的願望。

⑥斷:判斷、決斷。

⑦具:陳述、開列。

⑧酌:衡量、估量。

⑨指:旨意、意向。

(元和六年九月[1],富平縣人梁悅為父報讎,殺人,自投縣請罪。敕:復讎殺人固有彝典[2],以其申冤請罪,視死如歸,自詣公門,發於天性,志在徇節[3],本無求生,寧失不經[4],特從減死,宜決杖一百,配流循州[5]。由是有此議。)

①元和:唐憲宗年號,元和六年為公元811年。

②彝典:常典。自魏晉以後各朝皆有禁止復讎殺人的法令。

③徇節:徇通殉,為保全節操而死。

④寧失不經:出《尚書》“與其殺不辜,寧失不經”。不經,不合常法。寧可有不合常法之失誤,也不可濫殺無辜。

⑤配流:發配、流放。

【語言要點】

1. 字詞理解

徵法令　王教之端　專殺　訪議群下　微志　彝典　無失其指　寧失不經

2. 語句通釋

(1)復讎,據《禮經》則義不同天,徵法令則殺人者死。

(2)丁寧其義於經,而深沒其文於律者,其意將使法吏一斷於法,而經術之士得引經而議也。

(3)將復讎,先告於士則無罪者若孤稚羸弱,抱微志而伺敵人之便,恐不能自言於官,未可以為斷於今也。

【思考與討論】

1. 你認為復讎是合理的嗎?為什麼會出現這種情況?

2. 簡要分析古代禮、法之關係。

柳宗元

柳宗元(773年~819年),字子厚,唐代河東郡(今山西永濟)人,著名思想家、文學家,唐宋八大家之一。因是河東人,人稱"柳河東";又因做過柳州刺史,人稱"柳柳州"。柳宗元與韓愈同為古文運動的領導人,人稱"韓柳"。他曾參加過王叔文的改革集團,反對貴族、宦官以及大地主的特權。改革失敗後被貶邊遠地區,故其很多文章揭露了封建統治的黑暗以及人民生活的疾苦。其作品以哲學、政論文章為主,筆鋒犀利,論證嚴密。

柳宗元的法律思想以其樸素的唯物主義哲學觀為基礎,認為天、地、陰陽都屬於自然現象,天和人有著各自的運行規律,上天不能賞罰人類的功過,帝王也不是受命於天,而是受命於人。柳宗元還重"勢"的作用,認為國家與法律的起源並不是聖人之意,而是社會歷史自己的發展趨勢,治亂興衰以及制度改革都是"勢"在發揮作用。以此為基礎,柳宗元自然會反對將"四時""五行"等觀點牽強附會到法律、行政之上,批評按照時令實施賞罰,即下文《斷刑論》的主要觀點。

柳宗元的作品後來由劉禹錫編成集子,較流行的有宋廖瑩中編注的《柳河東集》以及明蔣之翹輯注的《柳河東集》。

封建論

題解

"封建"即分封制,與秦始皇統一中國之後實行的郡縣制相對而言。唐代中、後期,出現了藩鎮割據局面,有人藉此主張重新"封國土,建諸侯",為藩鎮割據提供理論支持。柳宗元反對藩鎮,主張維護中央集權。他根據歷史史實,從理論上闡明了"郡縣制"之於"封建制"的優越性。

天地果無初乎①?吾不得而知之也。生人果有初乎②?吾不得而知之也。然則孰為近?曰:有初為近。孰明之?由封建而明之也。彼封建者,更古聖王堯、舜、禹、湯、文、武而莫能去之③。蓋非不欲去之也,勢不可也④。勢之來,其生人之初乎?不初,無以有封建⑤。封建,非聖人意也。

①初:起始、開端。

②生人:生民。唐代避唐太宗李世民之諱,改"民"為"人",柳宗元文章避此諱並不嚴格,有時不改。

③更:經歷。

④勢:形勢。

⑤此句意為沒有原始社會的那種情況,就不會有分封制度的出現。

彼其初與萬物皆生①,草木榛榛②,鹿豕狉狉③,人不能搏噬④,而且無毛羽,莫克自奉自衛⑤。荀卿有言:"必將假物以為用者也。"夫假物者必爭,爭而不已,必就其能斷曲直者而聽命焉。其智而明者,所伏必眾⑥,告之以直而不改,必痛之而後畏⑦,由是君長刑政生焉。故近者聚而為群,群之分,其爭必大,大而後有兵有德⑧。又有大者,眾群之長又就而聽命焉,以安其屬⑨。於是有諸侯之列,則其爭又有大者焉。德又大者,諸侯之列又就而聽命焉,以安其封⑩。於是有方伯、連帥之類⑪,則其爭又有大者焉。德又大者,方伯、連帥之類又就而聽命焉,以安其人,然後天下會於一。是故有里胥而後有縣大夫⑫,有縣大夫而後有諸侯,有諸侯而後有方伯、連帥,有方伯、連帥而後有天子。自天子至於里胥,其德在人者死,必求其嗣而奉之。故封建非聖人意也,勢也。

①彼:代詞,此處代指人類。

②榛榛:草木叢生貌。

③狉狉(pī):群獸奔走貌。

④搏噬:搏擊、吞噬。

⑤奉:供養。

⑥伏:通服,服氣、佩服。

⑦痛之：使之痛，指肉體懲罰。

⑧兵：軍事、戰爭。

⑨屬：部屬。

⑩封：封疆、封地。

⑪方伯：殷周時代一方諸侯之長。　連帥：古代十國諸侯之長。

⑫里胥：里長，基層長官。

夫堯、舜、禹、湯之事遠矣，及有周而甚詳。周有天下，裂土田而瓜分之，設五等，邦群后①。布履星羅②，四周於天下，輪運而輻集③；合為朝覲會同④，離為守臣扞城⑤。然而降於夷王⑥，害禮傷尊，下堂而迎覲者。歷於宣王⑦，挾中興復古之德⑧，雄南徵北伐之威，卒不能定魯侯之嗣。陵夷迄於幽、厲⑨，王室東徙⑩，而自列為諸侯。厥後問鼎之輕重者有之⑪，射王中肩者有之，伐凡伯、誅萇弘者有之，天下乖戾，無君君之心⑫。余以為周之喪久矣，徒建空名於公侯之上耳。得非諸侯之盛強，末大不掉之咎歟⑬？遂判為十二⑭，合為七國，威分於陪臣之邦⑮，國殄於後封之秦⑯，則周之敗端，其在乎此矣。

①邦：分封。　后：君主，指諸侯。

②布履：分佈足跡，指諸侯管轄的區域。　星羅：像星星一樣羅列。

③輪運：像車輪以車軸為中心那樣旋轉。　輻集：像輻條在輪轂上那樣聚集。

④朝覲(jìn)：諸侯定期朝見天子；覲，朝見。　會同：諸侯不定期朝見天子。

⑤扞：保護，保衛。

⑥夷王：周朝第八代君主。

⑦歷：經歷、經過。　宣王：周朝第十一代君主。

⑧挾：依仗。

⑨陵夷：由盛到衰，衰落、衰退。　幽厲：即周幽王與周厲王，分別為周代第十二與第十代君主，都是荒淫暴虐的君主。

⑩東徙：向東遷徙，指周平王把國都從鎬東遷到雒(luò)邑，是為東周。

⑪厥：其，代詞，起指示作用。　問鼎：據《左傳·宣公三年》："楚子伐陸渾之戎，遂至於雒，觀兵於周疆。定王使王孫滿勞楚子，楚子問鼎之大小輕重焉。"禹鑄九鼎，三代視為國寶，楚王問鼎，有取而代周之意。後因以"問鼎"指圖謀王位。

⑫君君：把君主看作君主。第一個"君"為意動。

⑬末大不掉：即尾大不掉。比喻部署勢力強大，難以駕馭。掉，搖。　咎：罪責、災禍。

⑭判：剖開、分裂、分開。

⑮陪臣：古代天子以諸侯為臣，諸侯以大夫為臣，大夫又自有家臣。因之大夫對於天子，大夫之家臣對於諸侯，都是隔了一層的臣，因而都稱為"陪臣"。

⑯殄：滅絕、絕盡。

秦有天下，裂都會而為之郡邑①，廢侯衛而為之守宰②，據天下之雄圖③，都六合之上游④，攝制四海⑤，運於掌握之內，此其所以為得也。不數載而天下大壞，其有由矣：亟役萬人⑥，暴其威刑，竭其貨賄⑦，負鋤梃謫戍之徒⑧，圜視而合從⑨，大呼而成群，時則有叛人而無叛吏，人怨於下而吏畏於上，天下相合，殺守劫令而並起。咎在人怨⑩，非郡邑之制失也。

①都會：大城市。　郡邑：府縣，秦始皇將國家分為三十六郡，郡下設縣。

②侯衛：指諸侯。　守宰：主管地方的長官。

③雄圖：宏達廣闊的版圖。

④都：建都。　六合：上、下及東、西、南、北四方叫作六合，指全國。

⑤攝制：統攝、控制。

⑥亟（qì）：屢次。

⑦貨賄：財貨、財物。

⑧負：背負，扛著。　鋤梃：鋤頭和棍棒。　謫戍：因罪被遣送到邊遠地方擔任守衛。

⑨圜視：互相顧看，向四周看。　合從：聯合起來。

⑩怨：怨恨、仇恨。

漢有天下，矯秦之枉①，徇周之制②，剖海內而立宗子③，封功臣。數年之間，奔命扶傷之不暇④。困平城，病流矢，陵遲不救者三代⑤。後乃謀臣獻畫⑥，而離削自守矣⑦。然而封建之始，郡邑居半，時則有叛國而無叛郡，秦制之得亦以明矣。繼漢而帝者，雖百代可知也。唐興，制州邑，立守宰，此其所以為宜也。然猶桀猾時起⑧，虐害方域者⑨，失不在於州而在於兵，時則有叛將而無叛州。州縣之設，固不可革也。

①矯：匡正、糾正。　杠：錯誤、過失。

②徇：從，沿襲。

③宗子：皇族子弟。

④奔命：奔走應命，忙於應付。

⑤陵遲：即陵夷，破壞、毀壞。　救：止。　三代：即三世，指漢高祖以後的漢惠帝、漢文帝、漢景帝三代。改世謂代，為避唐太宗李世民諱。

⑥畫：計策、計謀。

⑦離：離析。　自守：朝廷派官員管理諸侯國事物。

⑧桀猾：兇暴狡猾的人。

⑨虐害：殘害。　方域：地方、國內。

或者曰："封建者，必私其土，子其人①，適其俗，修其理②，施化易也③。守宰者，苟其心④，思遷其秩而已⑤，何能理乎？"余又非之。周之事跡，斷可見矣⑥：列侯驕盈⑦，黷貨事戎⑧。大凡亂國多，理國寡。侯伯不得變其政⑨，天子不得變其君，私土子人者⑩，百不有一。失在於制，不在於政，周事然也。秦之事跡，亦斷可見矣：有理人之制⑪，而不委郡邑⑫，是矣。有理人之臣⑬，而不使守宰⑭，是矣。郡邑不得正其制⑮，守宰不得行其理。酷刑苦役，而萬人側目⑯。失在於政，不在於制，秦事然也。

①子：意動，把……看做子女。

②理：即治，治理；此為避唐高宗李治諱，改治為理，下文之"理"均作"治"講。

③施化：教化施行。

④苟：苟且，得過且過，此處為使動用法。

⑤秩：官職、品位。

⑥斷：斷然，截然，毫無疑問的。

⑦列侯：泛指諸侯。　驕盈：驕傲、自滿。

⑧黷貨：貪污、納賄。　事戎：從事戰爭。

⑨侯伯：諸侯的霸主。

⑩私土：個人所有的土地或封地。

⑪理人：治理百姓。

⑫委：託付、委託。

⑬理人之臣：王朝中央管理政務的大臣。

⑭不使守宰：不讓地方官自行其是。

⑮正：合乎法度、規律或常情。

⑯側目：斜目而視，形容忿恨。

漢興，天子之政行於郡，不行於國[①]；制其守宰[②]，不制其侯王。侯王雖亂，不可變也，國人雖病，不可除也。及夫大逆不道，然後掩捕而遷之[③]，勒兵而夷之耳[④]。大逆未彰，姦利浚財[⑤]，怙勢作威，大刻於民者[⑥]，無如之何。及夫郡邑，可謂理且安矣。何以言之？且漢知孟舒於田叔，得魏尚於馮唐，聞黃霸之明審[⑦]，覩汲黯之簡靖[⑧]，拜之可也，復其位可也，臥而委之以輯一方可也[⑨]。有罪得以黜，有能得以賞。朝拜而不道[⑩]，夕斥之矣；夕受而不法，朝斥之矣。設使漢室盡城邑而侯王之[⑪]，縱令其亂人，戚之而已[⑫]。孟舒、魏尚之術莫得而施，黃霸、汲黯之化莫得而行；明譴而導之[⑬]，拜受而退已違矣；下令而削之，締交合從之謀周於同列[⑭]，則相顧裂眦[⑮]，勃然而起；幸而不起，則削其半[⑯]。削其半，民猶瘁矣[⑰]，曷若舉而移之以全其人乎[⑱]？漢事然也。今國家盡制郡邑，連置守宰[⑲]，其不可變也固矣[⑳]。善制兵，謹擇守，則理平矣。

①國：諸侯國。

②制：控制。

③掩捕：乘其不備而逮捕。　遷：遷徙、貶謫。

④勒：統帥、部署。　夷：平，消滅。

⑤姦利：非法取利。　浚(jùn)：攫取、榨取。

⑥刻：苛刻、傷害。

⑦明審：明察、慎重。

⑧簡靖：簡約清淨。

⑨輯：和睦，此處為使動，使……和睦。

⑩拜：授官、封爵。　不道：無道、胡作非為。

⑪侯王：此處作動詞，分封給侯王。

⑫戚：憂愁，擔心。此句意謂朝廷將對侯王無可奈何。

⑬明：公開。　譴：譴責、責問。　導：勸導。

⑭締交：結盟。　合從：聯合。　周：遍及。　同列：同僚。

⑮裂眦(zì)：眼睛裂開，形容盛怒的樣子。

⑯削：侵削，剝削；此處特指漢代削藩。

⑰瘁：勞累。

⑱曷若：何如。　舉：皆、全。　全：保全。

⑲連：連續不斷地。

⑳固：一定、必然。

或者又曰[①]：“夏、商、周、漢封建而延[②]，秦郡邑而促[③]。”尤非所謂知理者也。魏之承漢也，封爵猶建；晉之承魏也，因循不革[④]；而二姓陵替[⑤]，不聞延祚[⑥]。今矯而變之，垂二百祀[⑦]，大業彌固[⑧]，何繫於諸侯哉[⑨]？

①或者：有些人，有的人。

②延：長久。

③促：短暫。

④因循：沿襲不改。

⑤陵替：據《左傳·昭公十八年》：“於是乎下陵上替，能無亂乎？”後因以“陵替”謂綱紀廢弛，上下失序。

⑥祚：帝位、王位。

⑦垂：將近。　祀：年。

⑧大業：帝業。　彌：益、更加。

⑨繫：涉及、關係。

或者又以為：“殷、周，聖王也，而不革其制，固不當復議也[①]。”是大不然。夫殷、周之不革者，是不得已也。蓋以諸侯歸殷者三千焉，資以黜夏[②]，湯不得而廢；歸周者八百焉，資以勝殷，武王不得而易[③]。徇之以為安[④]，仍之以為俗[⑤]，湯、武之所不得已也。夫不得已，非公之大者也，私其力於己也，私其衛於子孫也[⑥]。秦之所以革之者，其為制，公之大者也；其情，私也，私其一己之威也，私其盡臣畜於我也[⑦]。然而公天下之端自秦始。

①復議:再議,對作出決定的事情再討論。
②資:憑藉、依靠。
③易:改變。
④徇:順從、依從。
⑤仍:依照、沿襲。
⑥衛:防護、守護。
⑦臣畜:臣服順從。

夫天下之道,理安①,斯得人者也②。使賢者居上,不肖者居下③,而後可以理安。今夫封建者,繼世而理④;繼世而理者,上果賢乎,下果不肖乎?則生人之理亂未可知也。將欲利其社稷,以一其人之視聽⑤,則又有世大夫世食祿邑,以盡其封略⑥。聖賢生於其時,亦無以立於天下,封建者為之也。豈聖人之制使至於是乎?吾固曰⑦:"非聖人之意也,勢也。"

①理安:即治安,太平之謂。
②得人:得人心,獲得擁護。
③不肖:不成材、不正派之人。
④繼世:繼承先世。
⑤一:統一。　視聽:思想、輿論。
⑥封略:封界、邊境。
⑦固:通"故",因此。

【語言要點】

1. 字詞理解

封建　草木榛榛　莫克自奉　邦群后　陵夷　末大不掉　桀猾　矯秦之枉　徇周之制　黷貨事戎　大刻於民　裂眦　陵替

2. 語句通釋

(1)勢之來,其生人之初乎?不初,無以有封建。
(2)布履星羅,四周於天下,輪運而輻集;合為朝覲會同,離為守臣扞城。
(3)得非諸侯之盛強,末大不掉之咎歟?
(4)數年之間,奔命扶傷之不暇。困平城,病流矢,陵遲不救者三代。

(5)封建者,必私其土,子其人,適其俗,修其理,施化易也。守宰者,苟其心,思遷其秩而已,何能理乎?

(6)及夫大逆不道,然後掩捕而遷之,勒兵而夷之耳。大逆未彰,奸利浚財,怙勢作威,大刻於民者,無如之何,及夫郡邑,可謂理且安矣。

【思考與討論】

1. 文中所言封建制與歷史分期中的封建時代有何區別與聯繫?
2. 柳宗元所說的“勢”具體是指什麼?
3. 簡要分析一下文中所用的論證方式。

斷刑論

題解

《斷刑論》本為上下兩篇,上篇已闕。本篇為下篇,主要批判了“賞以春夏而刑以秋冬”的傳統觀念,認為其錯在於“言天而不言人”,借天命而愚民,從而不知經權之道。體現了柳宗元不因循守舊,積極要求變革的政治主張。

夫聖人之為賞罰者非他,所以懲勸者也①。賞務速而後有勸②,罰務速而後有懲。必曰賞以春夏而刑以秋冬,而謂之至理者,偽也③。使秋冬為善者,必俟春夏而後賞,則為善者必怠;春夏為不善者,必俟秋冬而後罰,則為不善者必懈。為善者怠,為不善者懈,是毆天下之人而入於罪也④。毆天下之人入於罪,又緩而慢之,以滋其懈怠,此刑之所以不措也⑤。必使為善者,不越月踰時而得其賞⑥,則人勇而有勸焉;為不善者,不越月踰時而得其罰,則人懼而有懲焉⑦。為善者日以有勸,為不善者日以有懲,是毆天下之人而從善遠罪也。毆天下之人而從善遠罪,是刑之所以措而化之所以成也。

①懲勸:即懲惡勸善,懲罰邪惡,勸勉向善。

②務:必須,一定。　速:迅速、快。

③偽:虛假、錯誤。

④毆:驅的古字,驅趕,驅使。

⑤措:廢置,捨棄。

⑥越:度過、超過。　踰:越過、超過。

⑦懲:克制、制止。

或者務言天而不言人[①],是惑於道者也。胡不謀之人心以熟吾道[②]?吾道之盡,而人化矣。是知蒼蒼者焉能與吾事而暇知之哉[③]?果以為天時之可得順[④],太和之可得致[⑤],則全吾道而得之矣[⑥]。全吾道而不得者,非所謂天也,非所謂大和也,是亦必無而已矣。又何必枉吾之道,曲順其時,以諂是物哉[⑦]?

①或者:有的人。　務:必須、一定。

②謀:審察、考察。　熟:深知、熟悉。

③蒼蒼:指天。　與(yù):參與、干預。

④果:果真、當真。　天時:天命。

⑤太和:"天人感應"說認為人的行為應與天時相應,當天人交泰、和諧一致時,就可風調雨順、天下太平。也就是所謂的"致太和"。

⑥全:順、循。

⑦諂:奉承、獻媚。　是物:指天。

吾固知順時之得天,不如順人順道之得天也。何也?使犯死者自春而窮其辭[①],欲死不可得,貫三木[②],加連鎖而致之獄[③],更大暑者數月[④],癢不得搔,痺不得搖[⑤],痛不得摩,飢不得時而食,渴不得時而飲,目不得瞑,支不得舒[⑥],怨號之聲,聞於里人,如是而大和之不傷,天時之不逆,是亦必無而已矣。彼其所宜得者,死而已也,又若是焉,何哉?或者乃以為:"霜雪者,天之經也[⑦];雷霆者,天之權也[⑧]。非常之罪,不時可以殺[⑨],人之權也;當刑者必順時而殺,人之經也。"是又不然。夫雷霆雪霜者,特一氣耳[⑩],非有心於物者也;聖人有心於物者也。春夏之有雷霆也,或發而震[⑪],破巨石,裂大木,木石豈為非常之罪也哉?秋冬之有霜雪也,舉草木而殘之,草木豈有非常之罪也哉?彼豈有懲於物也哉?彼無所懲,則效之者[⑫],惑也。

①窮:盡、完。窮其詞,指交待完口供,認罪。

②貫:穿戴。　三木:古代加在犯人頸、手、足上的三件刑具。

③連鎖:鎖鏈、鏈子。　致:送達。

④更:經過、經歷。　大暑:極熱、酷暑。

⑤瘅:同痹,中醫指風、寒、濕侵襲肌體導致肢節疼痛、麻木、屈伸不利的病症。

⑥支:肢的古字。

⑦經:常道,常法。

⑧權:權宜、變通;與“經”相對。

⑨不時:隨時。

⑩特:但、僅、只是。氣:古代哲學術語,元氣,指構成天地雷霆霜雪的細微物質。

⑪發:發生。　震:雷擊。

⑫效:模仿、師法。

果以為仁必知經,智必知權,是又未盡於經權之道也。何也?經也者,常也;權也者,達經者也①。皆仁智之事也。離之,滋惑矣②。經非權則泥③,權非經則悖④。是二者,強名也⑤。曰當,斯盡之矣。當也者,大中之道也⑥。離而為名者⑦,大中之器用也⑧。知經而不知權,不知經者也;知權而不知經,不知權者也。偏知而謂之智,不智者也;偏守而謂之仁⑨,不仁者也。知經者,不以異物害吾道⑩;知權者,不以常人怫吾慮⑪。合之於一而不疑者,信於道而已者也。且古之所以言天者,蓋以愚蚩蚩者耳⑫,非為聰明睿智者設也。或者之未達,不思之甚也。

①達經:通曉經義。

②滋:滋生、生長。

③泥:阻滯、滯留。

④悖:昏亂、惑亂。

⑤強名:勉強為名。

⑥大中:無過與不及的中正之道。

⑦離:分開。

⑧器用:使用。

⑨偏守:固守一端。

⑩異物:特殊的、不同的事物。

⑪常人:守常道不變的人。　佛(bèi):通悖,違背,違逆。

⑫蚩蚩:敦厚、無知貌。

【語言要點】

1. 字詞理解

懲勸　蒼蒼　經權　經非權則泥　強名　蚩蚩

2. 語句通釋

(1)賞務速而後有勸,罰務速而後有懲。

(2)毆天下之人入於罪,又緩而慢之,以滋其懈怠,此刑之所以不措也。

(3)霜雪者,天之經也;雷霆者,天之權也。非常之罪,不時可以殺,人之權也;當刑者必順時而殺,人之經也。

(4)經非權則泥,權非經則悖。

(5)知經者,不以異物害吾道;知權者,不以常人佛吾慮。

【思考與討論】

1. 何謂"經"、"權"?

2. 簡介漢代董仲舒的"天人感應"理論。

3. 相較於"天人感應",柳宗元的思想有何突破之處?當如何評價?

白居易

白居易(772 年~846 年),字樂天,祖籍太原,晚年居河南洛陽香山,自號香山居士。白居易在文學上提倡"新樂府運動",主張作詩要通俗、寫實,"文章合為時而作,詩歌合為事而做",產生了很大的影響。白居易的作品多是現實主義,反映人民生活疾苦,揭露政治腐敗。除了詩歌,白居易也創作了不少散文,題材多樣,內容豐富,生動展示了中唐社會的方方面面。

白居易繼承了封建儒家正統的法律思想,認為聖人先王制定法律制度是為了保護人民的生命財產,而所謂的犯罪則主要是因為"貧困思邪"。他重視德化教育,主張德主刑輔,刑、禮迭相為用,先禮而後刑;同時又非常重視法律的作用,強調官吏依法辦事,批評了當時"輕法學、賤法吏"的現象,主張用賞罰相濟的方式保證官吏的選拔,做到惟賢是求。在刑罰方面,他認為要"理大罪、赦小過",反對恢復肉刑。

白居易的作品現存有《白氏長慶集》共七十一卷。

論刑法之弊

題解

《論刑法之弊》是白居易的一篇政論文,主要批判了當時刑法存在的弊病。他認為當時"朝廷輕法學,賤法吏",從而導致了"國家生殺之柄,假手於小人"。要改變這種局面,必須"懸法學為上科","升法直為清列"。

問:今之法,貞觀之法;今之官,貞觀之官,昔何為而大和[①]? 今何為而未理？事同效異[2]，其故何哉？將刑法不便於時耶[3]？而官吏不得其人耶？

①大和：非常和協。

②効：效果、功效。

③將：副詞，殆，大概。　不便：不適宜。

臣伏以今之刑法[1]，太宗之刑法也；今之天下，太宗之天下也。何乃用於昔，而俗以寧壹[2]？行於今，而人未休和[3]？臣以為非刑法不便於時，是官吏不循其法也[4]。此由朝廷輕法學，賤法吏；故應其科與補其吏者[5]，率非君子也，其多小人也。蓋刑法者，君子行之，則誠信而簡易。簡易則人安。小人習之，則詐偽而滋彰[6]。滋彰則俗弊[7]。此所以刑一而用二[8]，法同而理殊者也。

①伏：敬辭，臣對君上奏時多用之。　以：認為。

②寧壹：安定、統一。

③休和：安定、和平。

④循：遵守、遵從、遵循。

⑤應：響應，應考。　科：封建科舉制的科目。

⑥彰：盛、繁多。

⑦弊：破壞。

⑧用：施行、實行。

矧又律令塵蠹於棧閣[1]，制敕堆盈於桉几[2]；官不徧睹[3]，法無定科[4]。今則條理輕重之文[5]，盡詢於法直[6]：是使國家生殺之柄，假手於小人。小人之心，孰不可忍？至有黷貨賄者矣[7]，有祐親愛者矣[8]，有陷讎怨者矣[9]，有畏權豪者矣，有欺賤弱者矣。是以重輕加減，隨其喜怒；出入比附[10]，由乎愛憎。官不察其所由，人不知其所避。若然，則雖有貞觀之法，苟無貞觀之吏，欲其刑善，無乃難乎？陛下誠欲申明舊章，剗革前弊[11]；則在乎高其科，重其吏而已。

①矧：況且。　塵蠹：被塵土覆蓋，被蠹蟲蛀壞。形容陳舊破爛。　棧閣：存放東西的屋子。

②制敕:皇帝的詔令。　桉:同"案",案几。
③徧:遍的古字,普遍,全部。
④科:法規、刑律。
⑤條理:使……有條理。
⑥法直:官名,唐代節度使府院掌律令條文的幕僚。
⑦黷:貪污。　貨賄:財務、貨物。
⑧祐:保護、幫助。　親愛:親近喜愛。
⑨陷:陷害。　讎:仇恨。
⑩比附:比照條律、事例。
⑪剗革:革除。

臣謹按:漢制以四科辟士①,其三曰明習律令,足以決狐疑,能按章覆問②,文中御史者③,辟而用之④。伏惟陛下:懸法學為上科,則應之者必俊乂也⑤;升法直為清列⑥,則授之者必賢良也。然後考其能,獎其善;明察守文者,擢為御史;欽恤用情者⑦,遷為法官。如此,則仁恕之誠,廉平之氣⑧,不散於簡牘之間矣。掊刻之心⑨,舞文之弊⑩,不生於刀筆之下矣⑪。與夫愚詐小吏,竊而弄之者,功相萬也⑫。臣又聞:管仲奪伯氏之邑,沒無怨言⑬;季羔刖門者之足,亡而獲宥⑭;孔明黜廖立之位,死而垂泣:三子者,可謂能用刑矣。臣伏思之,亦何代無其人哉?在乎求而用之,考而獎之而已。伏惟陛下再三察焉。

①辟(bì):徵召、推薦。
②覆問:審訊、查問。
③中(zhòng):符合。
④辟:征召、薦舉。
⑤俊乂:才德出眾的人。
⑥清列:高貴的職位。
⑦欽恤:理獄量刑要慎重不濫,心存矜恤。
⑧廉平:清廉公平。
⑨掊刻:聚斂、搜刮,亦指搜刮民財的人。
⑩舞文:即舞文弄法,玩弄文字、曲解法律。
⑪刀筆:即刀筆吏,指掌文案的官吏。

⑫相萬:相差萬倍,比喻差別極大。

⑬沒:死,到死。據記載,伯氏有罪,宰相管仲封齊桓公之命,依法剝奪了伯氏的采邑。因管仲執法公允,伯氏心服口服,到死都沒有怨言。

⑭宥:保護。據記載,衛國司法長官季羔曾據法刖人之足,此人後為門者,搭救了落難的季羔。門者因為季羔執法一視同仁,因而保護了他。

【語言要點】

1. 字詞理解

大和　寧壹　休和　比附　辟士　俊乂　清列　掊刻　沒無怨言　考而獎之

2. 語句通釋

(1)將刑法不便於時耶?而官吏不得其人耶?

(2)此由朝廷輕法學,賤法吏;故應其科與補其吏者,率非君子也,甚多小人也。

(3)矧又律令塵蠹於棧閣,制敕堆盈於桉几;官不徧睹,法無定科。

(4)至有黷貨賄者矣,有佑親愛者矣,有陷讎怨者矣,有畏權豪者矣,有欺賤弱者矣。

(5)懸法學為上科,則應之者必俊乂也;升法直為清列,則授之者必賢良也。

【思考與討論】

1. 白居易文中所指"刑法之弊"是否有道理?

2. 從法律從業人員的角度來講,當下應該如何保證司法公正?

宋史

《宋史》是二十四史之一,收錄於《四庫全書》史部正史類,元代丞相脫脫和阿魯圖先後主持修撰,至正五年(1345 年)十月成書,至正六年(1346 年)在江浙行省予以刊刻。

《宋史》全書有本紀 47 卷,志 162 卷,表 32 卷,列傳 255 卷,共計 496 卷,約 500 萬字,是二十四史中篇幅最龐大的一部官修史書。

《宋史》遵循的思想是程朱理學,有《忠義傳》、《道學傳》,周敦頤、程顥、程頤、張載、邵雍、朱熹等皆得入傳。清代史學家錢大昕說:"《宋史》最推崇道學,而尤以朱元晦(朱熹)為宗。"《宋史》的修撰遵循"先儒性命之說","先理致而後文辭,崇道德而黜功利。書法以之而矜式,彝倫賴是以匡扶"。《宋史》否定王安石變法,將變法派呂惠卿、曾布、章惇等人列入《奸臣傳》,史彌遠卻未列入奸臣傳。名將王堅在《宋史》中無傳。有關蒙古滅宋戰爭中蒙軍戰爭失利的記錄,也多所刪削。

包拯傳

題解

本篇選自《宋史》卷三百一十六,列傳第七十五。

包拯(999 年 ~ 1062 年),字希仁,謚孝肅,北宋廬州府人,以清廉公正聞名於世。仁宗天聖五年(1027 年)中進士,累遷監察御史,建議練兵選將、充實邊備。歷任三司戶部判官,京東、陝西、河北路轉運使。入朝擔任三司戶部副使,請求朝廷准許解鹽通商買賣。改知諫院,多次論劾權幸大臣。授龍圖閣直學士、河北都轉運使,移知瀛、揚諸州,再召入朝,曆權知開封府、權御史中丞、三司使等職。嘉裕六年(1061 年),任樞密副使,成為朝廷的宰輔。曾任天章閣待制,人稱"包待制",後為龍圖閣直學士,故後人亦稱"包龍圖",卒贈禮部尚書,謚孝肅。其廉潔公正、不攀附權貴,故有"包青天"及"包公"之名;由於民間傳其黑面形象,亦被稱為"包青天"、"包黑炭"。

包拯字希仁,廬州合肥人也。始舉進士[①],除大理評事[②],出知建昌縣。以父母皆老,辭不就。得監和州稅[③],父母又不欲行,拯即解官歸養。後數年,親繼亡,拯廬墓終喪[④],猶裴徊不忍去[⑤],里中父老數來勸勉。久之,赴調,知天長縣。有盜割人牛舌者,主來訴[⑥]。拯曰:"第歸[⑦],殺而鬻之[⑧]。"尋復有來告私殺牛者[⑨],拯曰:"何為割牛舌而又告之?"盜驚服。徙知端州,遷殿中丞[⑩]。端土產硯,前守緣貢[⑪],率取數十倍以遺權貴[⑫];拯命制者才足貢數。歲滿,不持一硯歸。

①舉:通過科舉考試考上舉人。

②大理評事:"大理寺評事"省稱,為大理寺屬官,職掌斷刑,正八品。"評事"主要負責案件審理。

③監和州稅:掌管和州商稅徵收的職位。

④廬墓:父母或師長死後,服喪期間在墓旁搭蓋小屋居住,守護墳墓,謂之廬墓。

⑤裴徊:同"徘徊"。

⑥主:事主,當事人。

⑦第:只管。

⑧鬻:賣。

⑨尋:不久。

⑩遷:調動官職,一般指升職。

⑪緣:因為,由於。

⑫遺(wèi):饋贈、贈送。

尋拜監察御史裏行[①],改監察御史。時張堯佐除節度、宣徽兩使[②],右司諫張擇行[③]、唐介與拯共論之[④],語甚切。又嘗建言曰:"國家歲賂契丹[⑤],非禦戎之策。宜練兵選將,務實邊備。"又請重門下封駮之制[⑥],及廢錮贓吏[⑦],選守宰[⑧],行考試補蔭弟子之法[⑨]。當時諸道轉運加按察使[⑩],其奏劾官吏多摭細故[⑪],務苛察相高尚[⑫],吏不自安,拯於是請罷按察使。

①監察御史:官名,隋開皇二年改檢校御史為監察御史。唐御史臺分為三院,監察御史屬察院,品秩不高而許可權廣。宋元明清因之。明清廢御史臺設都察院,通常彈劾與建言,設都御史、副都御史、監察御史。監察御史分道負責,因而分別冠以

某某道地名。裏行:官名。唐置,宋因之。有監察御史裏行、殿中裏行等,皆非正官,也不規定員額。唐劉肅《大唐新語·舉賢》:“初,周以布衣直門下省,太宗就命監察裏行,俄拜監察御史。‘裏行’之名,自周始也。”

②張堯佐:北宋大臣,外戚,溫成皇后之伯父,進士出身,曾任憲州、筠州推官。皇祐二年任戶部侍郎、拜淮康軍節度使、宣徽南院使、群牧制置使、景靈宮使。女張氏為英宗的妃嬪。

③張擇行:字行先,青州益都人。進士起家,歷北海、臨沂主簿,自宣州觀察推官為大理寺丞。

④唐介(1010年~1069年):宋神宗宰相,字子方,江陵(今屬湖北)人。唐介為官清正廉明,與同朝包拯一樣剛正不阿。神宗授禮部尚書,謚號“質肅”。

⑤賂:贈送財物。澶淵之盟後,北宋政府通過向契丹輸送財物來保障邊境安寧。

⑥封駁之制:古代的一種監察制度。封駁是諫官諷議左右以匡人君和審核詔令的主要方式。

⑦廢:廢罷。　錮:禁錮。　贓吏:貪贓枉法的官吏。

⑧守宰:地方長官。

⑨補蔭:因先世蔭庇補官,也稱為奏蔭、蔭補、恩蔭、資蔭、奏補、任子等。一般現在習慣稱為蔭補。

⑩轉運使:中國唐代以後各王朝主管運輸事務的中央或地方官職。按察使:宋仿唐初刺史制設立,主要任務是赴各道巡察,考核吏治。

⑪摭(zhí):拾取,摘取。　細故:瑣事。

⑫苛察:以煩瑣苛刻為明察。

去使契丹[①],契丹令典客謂拯曰[②]:“雄州新開便門,乃欲誘我叛人,以刺疆事耶[③]?”拯曰:“涿州亦嘗開門矣,刺疆事何必開便門哉?”其人遂無以對。

①去:離開國境。　使:出使。

②典客:官名,秦置,為九卿之一,漢朝沿襲,掌管王朝對少數民族之接待、交往等事務。相當於今之外交官。

③刺:刺探。　疆事:邊疆情報。

歷三司戶部判官[①],出為京東轉運使,改尚書工部員外郎[②]、直集賢院[③],徙陝西,又徙河北,入為三司戶部副使。秦隴斜谷務造船材木[4],率課取於民[5];又七州出賦河橋竹索[6],恒數十萬[7],拯皆奏罷之。契丹聚兵近塞,邊郡稍警[8],命拯往河北調發軍食。拯曰:“漳河沃壤[9],人不得耕,邢、洺、趙三州民田萬五千頃,率用牧馬[10],請悉以賦民[11]。”從之。解州鹽法率病民[12],拯往經度之[13],請一切通商販[14]。

①三司戶部判官:三司中戶部的判官。三司,即鹽鐵司、度支司、戶部司,為全國最高財政管理機關。

②尚書工部員外郎:尚書省工部的員外郎。尚書省乃國家最高行政管理機關,以尚書令和左右僕射為正副長官,為宰相之一。工部為尚書省六部之一,管理全國農林水利、工程營建及工匠管理。工部員外郎在尚書、侍郎領導下,與郎中參掌製作、營繕、計置及採伐材物等事。

③直集賢院:秩從二品。掌提調學校、徵求隱逸、召集賢良,凡國子監、玄門道教、陰陽祭祀、占卜祭遁之事。國初,集賢與翰林國史院同一官署。

④斜谷:終南山谷名,在今陝西郿縣西南,長四百二十裏,南口曰褒,北口曰斜。 務:從事。

⑤率:皆,都。 課:攤派徵取。

⑥七州:約指秦州、隴州、鳳州、成州、渭州、涇州、鞏州。此句意謂七個州拿出賦稅修建渡橋的竹木繩索。

⑦恒:常常。

⑧警:警報。

⑨漳河:水名,在河北、河南兩省邊境。

⑩率用牧馬:都用來牧養馬匹。

⑪賦民:給予百姓。

⑫解州:今山西運城縣解州鎮。 率:稅率。 病:使動用法,使百姓受病,意為增加百姓的負擔。

⑬經:經營。 度:治理。

⑭通商販:通商貿易。

除天章閣待制[1]、知諫院[2]。數論斥權幸大臣[3],請罷一切內除曲恩[4]。又列上唐魏鄭公三疏[5],願置之坐右,以為龜鑒[6]。又上言天子當明聽納[7],辨朋黨,惜人才,不主先入之說,凡七事;請去刻薄,抑僥幸,正刑明禁[8],戒興作[9],禁妖妄。朝廷多施行之。

①天章閣為皇室藏書機構。慶曆七年八月二十六日,置天章閣學士、直學士,天聖八年十月二十二日始置天章閣待制。學士、直學士、待制、直天章閣均為皇帝的文學侍從官,除日常輪值外,還要隨時隨地聽候皇帝的召喚陪從,應酬詩文。

②知諫院:主持諫院。諫院設左右司諫、左右正言等監察官員。

③權倖:也作權幸。指有權勢而得到帝王寵愛的姦佞之人。

④內除:由內廷授官,不經正常人事程序。曲恩:不正當的恩典。

⑤魏鄭公:唐魏徵封鄭國公,故稱。

⑥龜鑒:借鑒。

⑦聽納:聽取和接受忠言。

⑧正:端正。　刑:刑典。　明:明確。　禁:禁令。

⑨興作:大興土木。

除龍圖閣直學士①、河北都轉運使。嘗建議無事時徙兵內地,不報②。至是,請:"罷河北屯兵,分之河南兗、鄆、齊、濮、曹、濟諸郡,設有警③,無後期之憂。借曰戍兵不可遽減④,請訓練義勇,少給餱糧⑤,每歲之費,不當屯兵一月之用⑥,一州之賦,則所給者多矣。"不報。徙知瀛州,諸州以公錢貿易,積歲所負十餘萬⑦,悉奏除之。以喪子乞便郡⑧,知揚州,徙廬州,遷刑部郎中。坐失保任⑨,左授兵部員外郎⑩、知池州。

①龍圖閣是北宋初年開封宮城中所建的一座館閣,存放皇帝禦書禦畫、皇家重要文獻及寶瑞等物,配置學士、直學士、待制、直(龍圖)閣等人員。龍圖閣直學士是"加官",即官員在本職之外加領的另外官銜,只增加榮顯,厚重身份,表示皇帝給予恩寵。

②不報:沒有得到答覆。

③設:假設,假如。

④借:借口。

⑤餱(hóu)糧:乾糧。

⑥不當:抵不上。

⑦負:虧損。

⑧便郡:政事清簡的郡府。

⑨坐:因為……而獲罪。失保任乃指因其舉薦之官員獲罪而受牽連。

⑩左授：左遷，降職。　員外郎，中國古代官職之一，原指設於正額以外的郎官。

復官，徙江寧府，召權知開封府[1]，遷右司郎中[2]。拯立朝剛毅，貴戚宦官為之斂手[3]，聞者皆憚之。人以包拯笑比黃河清，童稚婦女，亦知其名，呼曰"包待制"。京師為之語曰："關節不到[4]，有閻羅包老。"舊制，凡訟訴不得徑造庭下[5]。拯開正門，使得至前陳曲直[6]，吏不敢欺。中官勢族築園榭[7]，侵惠民河，以故河塞不通，適京師大水，拯乃悉毀去。或持地券自言有偽增步數者[8]，皆審驗劾奏之[9]。

①權知：暫時代理。

②右司郎中：在宋朝，尚書省所轄六部二十四司，分屬左司和右司，左右司長官稱郎中。

③斂手：縮手，表示不敢為非作歹。

④關節：指暗中說人情、行賄勾結官吏的事。

⑤徑：直接。　造：到。

⑥陳：陳述。

⑦中官：宦官。

⑧偽增步數：弄虛作假增加地基的長度。步為長度單位，舊制以營造尺五尺為步。

⑨審驗劾奏：審查驗實，繕具奏本彈劾。

遷諫議大夫、權御史中丞[1]。奏曰："東宮虛位日久，天下以為憂，陛下持久不決，何也？"仁宗曰："卿欲誰立[2]？"拯曰："臣不才備位，乞豫建太子者[3]，為宗廟萬世計也。陛下問臣欲誰立，是疑臣也。臣年七十，且無子，非邀福者[4]。"帝喜曰："徐當議之。"請裁抑內侍，減節冗費，條責諸路監司，御史府得自舉屬官，減一歲休暇日，事皆施行。

①御史中丞：官名。漢朝為御史大夫的次官，或稱御史中執法，秩千石。唐五代及宋時，大夫與中丞並置，大夫極少除授，中丞為實際長官。

②卿欲誰立：是"卿欲立誰"的倒裝。

③豫建：事先確立。

④邀福：希求福佑。

張方平為三司使[①],坐買豪民產,拯劾奏罷之;而宋祁代方平,拯又論之[②];祁罷,而拯以樞密直學士權三司使。歐陽修言:"拯所謂牽牛蹊田而奪之牛[③],罰已重矣,又貪其富,不亦甚乎!"拯因家居避命[④],久之乃出。其在三司,凡諸筦庫供上物[⑤],舊皆科率外郡[⑥],積以困民。拯特為置場和市[⑦],民得無擾。吏負錢帛多縲繫[⑧],間輒逃去[⑨],並械其妻子者[⑩],類皆釋之[⑪]。遷給事中[⑫],為三司使。數日,拜樞密副使。頃之,遷禮部侍郎[⑬],辭不受,尋以疾卒,年六十四。贈禮部尚書,謚孝肅。

①張方平(1007年~1091年),字安道,號樂全居士,謚文定。神宗朝,官拜參知政事(宰相),反對任用王安石,反對王安石新法。

②論:議論,指責。

③該語出自《左傳》。 蹊田:踩踏田禾。

④避命:迴避皇帝的徵召或命令,常指隱士拒絕出仕,此處指在家待命。

⑤筦庫:亦作"管庫",倉庫。

⑥科率(lǜ):官府到民間定額徵購物資。

⑦場:集市。 和市:平價交易。

⑧負:欠債。縲繫:用拘繫犯人的繩索捆繫,引申為囚禁。

⑨間:空隙,這裡指機會。

⑩械:拘繫,枷住。

⑪釋:釋放。

⑫給事中:門下省屬官,掌封駁事。

⑬禮部侍郎:禮部的副長官。禮部管理全國禮儀、祭祀、科舉、學校教育,以尚書、侍郎為正、副長官。

拯性峭直[①],惡吏苛刻[②],務敦厚,雖甚嫉惡,而未嘗不推以忠恕也[③]。與人不苟合,不偽辭色悅人,平居無私書[④],故人、親黨皆絕之。雖貴,衣服、器用、飲食如布衣時。嘗曰:"後世子孫仕宦,有犯贓者,不得放歸本家,死不得葬大塋中[⑤]。不從吾志,非吾子若孫也[⑥]。"初,有子名繶,娶崔氏,通判潭州,卒。崔守死[⑦],不更嫁。拯嘗出其媵[⑧],在父母家生子,崔密撫其母,使謹視之[⑨]。繶死後,取媵子歸,名曰綖。

有奏議十五卷。

①峭直：嚴峻剛直。

②惡：厭惡，憎恨。　苛刻：苛嚴刻薄。

③忠恕：忠誠，寬恕義。

④書：信件。

⑤大塋：家族的公共墓地。

⑥若：與，和。

⑦守：守寡。

⑧媵：妾。

⑨謹：小心；視：看待。

【語言要點】

1. 字詞理解

除大理評事　解官歸養　辭不就　第歸　尋復　以為龜鑒　率取　不報　坐失保任　刺疆事　課取於民　經度　權知　徑造　陳曲直　邀福　子若孫　謹視

2. 語句通釋

(1) 尋復有來告私殺牛者。

(2) 拯所謂牽牛蹊田而奪之牛，罰已重矣，又貪其富，不亦甚乎！

(3) 解州鹽法率病民，拯往經度之，請一切通商販。

(4) 拯立朝剛毅，貴戚宦官為之斂手，聞者皆憚之。

(5) 關節不到，有閻羅包老。

(6) 與人不苟合，不偽辭色悅，平居無私書，故人、親黨皆絕之。

【思考與討論】

1. 歷史上的包拯是一個怎樣的形象？

2. 文學與傳說中的包拯承載著中國人怎樣的法治理想？

歐陽修

歐陽修(1007年～1072年),字永叔,號醉翁、六一居士,吉州永豐(今江西省吉安市永豐縣)人,北宋政治家、文學家,因吉州原屬廬陵郡,以“廬陵歐陽修”自居。二十四歲中進士,官至翰林學士、樞密副使、參知政事,敢於諍諫,謚號文忠,世稱歐陽文忠公。後人將其與韓愈、柳宗元和蘇軾合稱“千古文章四大家”,與韓愈、柳宗元、蘇軾、蘇洵、蘇轍、王安石、曾鞏被世人稱為“唐宋散文八大家”。

歐陽修是宋代文學史上最早開創一代文風的文壇領袖,他領導了北宋詩文革新運動,繼承並發展了韓愈的古文理論,主張文學應切合實際、重視內容,反對浮靡。政治上,堅決支持以范仲淹為首的革新派,強調“創立法制”與“舉賢擇吏”並用,即任用賢明之士貫徹國家的法律,但由於改良運動的失敗而遭到打擊。晚年在政治上比較保守,反對王安石變法,曾上疏言青苗法之弊。

縱囚論

題解

本篇是歐陽修的政論代表作之一。它針對唐太宗“縱囚”加以分析,指出其“立異以為高,逆情以干譽”的錯誤做法,無情地揭露了封建統治的實質。作者認為唐太宗的做法不值得效法,而應該“堯舜三王之治,必本於人情”。文章據史立論,層層辨析,邏輯性強,論證充分,結論高遠,立論精闢,議論深刻,警醒人心,對後世很有啟發意義。全文以情理、恩德為兩經,以太宗、死囚為兩緯,絲絲銜接,環環緊扣,明承暗接,前伏後應,使整篇議論交織一體,文勢流貫暢達。每段議論不是開門見山,直截了當,而是欲擒故縱,頓挫有致,最後以通段主旨收住,充分體現了歐陽修散文“紆徐委備,往復百折,而條貫舒暢,無所間斷”(蘇洵語)的特色。

信義行於君子,而刑戮施於小人[①]。刑人於死者,乃罪大惡極,此又小人之尤甚者也[②]。寧以義死,不苟幸生[③],而視死如歸,此又君子之尤難者也。方唐太宗之六年[④],錄大辟囚三百餘人[⑤],縱使還家[⑥],約其自歸以就死[⑦],是以君子之難能,期小人之尤者以必能也[⑧]。其囚及期而卒自歸無後者,是君子之所難,而小人之所易也。此豈近於人情?

①刑戮:各種刑罰(包括處死)。

②尤甚者:特别嚴重的人。

③不苟幸生:不圖苟且偷生。　苟:只圖眼前。　幸:意外地得到成功或免去災害。

④方:當。唐太宗之六年:唐太宗貞觀六年(632年)。

⑤錄:選取。　大辟:死刑。　辟,法,刑法。

⑥縱:放縱、釋放。

⑦就死:接受死刑。

⑧期:期待,希望。

或曰:"罪大惡極,誠小人矣[①],及施恩德以臨之[②],可使變而為君子。蓋恩德入人之深而移人之速[③],有如是者矣。"曰:"太宗之為此,所以求此名也。然安知夫縱之去也,不意其必來以冀免[④],所以縱之乎?又安知夫被縱而去也,不意其自歸而必獲免,所以復來乎?夫意其必來而縱之,是上賊下之情也[⑤];意其必免而復來,是下賊上之心也。吾見上下交相賊以成此名也,烏有所謂施恩德與夫知信義者哉!不然,太宗施德於天下,於茲六年矣,不能使小人不為極惡大罪,而一日之恩,能使視死如歸而存信義,此又不通之論也。"

①誠:的確,確實。

②臨:治理。

③移人:改變人的品質。

④意:料想,猜想,估計。　冀免:希望赦免。

⑤賊:原為毀壞、殺害意,引申為窺測、欺騙等。

"然則何為而可[①]?"曰:"縱而來歸,殺之無赦,而又縱之,而又來,則可知為恩德之致爾。然此必無之事也。若夫縱而來歸而赦之,可偶一為之耳,若屢為之[②],則殺人者皆不死,是可為天下之常法乎?不可為常者,其聖人之法乎?是以堯、舜、三王之治[③],必本於人情[④],不立異以為高,不逆情以干譽[⑤]。"

①何為而可:怎樣做才可以。

②屢:多次。

③三王:指夏禹、商湯、周文周武。他們都是儒家崇拜的古代的明君。

④本:根據。

⑤逆情:違背人情。　干譽:求取名聲。

【語言要點】

1. 字詞理解

不苟幸生　大辟　就死　不意　移人之速　縱之　交相賊　冀免　本於人情　逆情　干譽

2. 語句通釋

(1)信義行於君子,而刑戮施於小人。

(2)是以君子之難能,期小人之尤者以必能也。

(3)意其必來而縱之,是上賊下之情也;意其必免而復來,是下賊上之心也。

(4)若夫縱而來歸而赦之,可偶一為之耳,若屢為之,則殺人者皆不死,是可為天下之常法乎?

(5)是以堯、舜、三王之治,必本於人情,不立異以為高,不逆情以干譽。

【思考與討論】

1. 怎麼看待唐太宗的"縱囚"行為?

2. 怎麼看待歐陽修"本於人情"的法律思想?

王安石

王安石(1021 年～1086 年),字介甫,號半山,晚年封荆國公,世人稱王荆公。北宋臨川人(今江西省撫州市西人),生活在地方官家庭,父親曾為臨江軍判官。慶曆二年(1042 年),王安石以進士第四名及第,歷任簽書淮南節度判官廳公事、知鄞縣事、舒州通判,旋又外調提點江南東路刑獄公事,江甯知府。熙寧二年(1069 年)提為參知政事,從熙寧三年起,兩度任同中書門下平章事,推行新法。熙寧九年罷相後隱居,病逝於江甯鐘山,謚號"文",故世稱王文公。

王安石是一位傑出的政治家和思想家,也是一位卓越的文學家。他潛心研究經學,著書立說,被譽為"通儒",創"荆公新學",促進宋代疑經變古學風的形成。為了實現自己的政治理想,他把文學創作和政治活動密切地聯繫起來,強調文學的作用首先在於為社會服務,強調文章的現實功能和社會效果,主張為文須"有補於世""文道合一"。其政治變法對北宋後期社會經濟具有很深的影響,具備近代變革的特點,被列寧譽為是"中國十一世紀偉大的改革家"。《禮論》、《禮樂論》、《非禮之禮》等論著中體現了他對禮和法的立場,總體上看比較傳統,主張"節之以禮,懾之以刑"。

復讎解

題解

《復讎解》見於《王安石文集》卷七十(議論、雜著)。

儒家思想獨霸的時代,中國重視血親復讎,從臥薪嘗膽、荆軻刺秦,到趙氏孤兒、薛剛反唐,甚至"殺父之讎,不共戴天"等俗語,體現的是重禮輕法的思想。王安石在《復讎解》中否定古代血親復讎,認為復讎是亂世的產物,復讎是因為朝廷腐敗不能告訴而產生的結果,在太平盛世不應該提倡復讎。他宣揚人本思想,主張以人為本,反對以暴對暴,體現了進步的民主法治思想,對後世產生了積極的影響。

或問復讎,對曰:非治世之道也。明天子在上,自方伯、諸侯以至於有司①,各修其職,其能殺不辜者少矣②。不幸而有焉,則其子弟以告於有司,有司不能聽③,以告於其君;其君不能聽,以告於方伯;方伯不能聽,以告於天子,則天子誅其不能聽者,而為之施刑於其讎。亂世,則天子、諸侯、方伯皆不可以告。故《書》說紂曰④:"凡有辜罪⑤,乃罔恒獲⑥。小民方興⑦,相為敵讎。"蓋讎之所以興⑧,以上之不可告,辜罪之不常獲也。方是時,有父兄之讎而輒殺之者,君子權其勢⑨,恕其情而與之⑩,可也。故復讎之義,見於《春秋傳》,見於《禮記》,為亂世之為子弟者言之也。

①方伯:殷周時代一方諸侯之長,後泛稱地方長官。漢以來之刺史,唐之採訪使、觀察使,明清之布政使均稱"方伯"。 有司:泛指官吏。

②不辜:無罪之人。

③聽:治理,判斷。

④引文出自《尚書·微子》。

⑤辜罪:罪惡。

⑥罔:不,無。 恒:常。 獲:抓到,獲得。

⑦興:起也,這裏表示作亂,起義。

⑧興:產生。

⑨權:衡量、估計。 勢:形勢。

⑩恕:恕道,體諒,考慮。 與:認可,贊同。

《春秋傳》以為父受誅①,子復讎,不可也。此言不敢以身之私而害天下之公。又以為父不受誅,子復讎,可也②。此言不以有可絕之義③,廢不可絕之恩也④。

①父受誅:父親因犯法被殺。

②父不受誅,子復讎,可也:如果父親是被冤枉處死的,兒子可以向法官甚至君

主復讎。

③可絕之義:可絕的君臣之義。父無罪而為君所殺,則君臣之義絕。

④不可絕之恩:不可斷絕的父子之恩。

《周官》之說曰[①]:"凡復讎者,書於士[②],殺之無罪。"疑此非周公之法也。凡所以有復讎者,以天下之亂,而士之不能聽也。有士矣,不能聽其殺人之罪以施行,而使為人之子弟者讎之,然則何取於士而祿之也[③]?古之於殺人,其聽之可謂盡矣,猶懼其未也,曰:"與其殺不辜,寧失不經[④]。"今書於士則殺之無罪,則所謂復讎者,果所謂可讎者乎?庸詎知其不獨有可言者乎[⑤]?就當聽其罪矣[⑥],則不殺於士師,而使讎者殺之,何也?故疑此非周公之法也[⑦]。

①《周官》:《周禮》是中國古代關於政治經濟制度的一部著作,是古代儒家主要經典之一,包括天官、地官、春官、夏官、秋官、冬官等六篇,故本名《周官》,又稱《周官經》。

②書:寫,這裏指備案。　士:這裡不是指周代一般意義上的貴族的"士",而是指一種叫作"士師"的長官,乃古代執掌禁令刑獄的官名。

③何取於士而祿之:為什麼要錄用法官並給他們俸祿。

④語出《尚書·大禹謨》,謂在處理兩可的疑難案件時,寧可偏寬不依常法,也不能錯殺無辜。

⑤庸詎:又作"庸遽"。　豈;何以;怎麼。此句意謂怎麼能知道復讎的對象沒有一點可申辯的。

⑥就:假如,即使。

⑦王安石認為中國古代慎刑,不會允許在司法機關沒做調查的情況下私自復讎,認為這不是周公施行的法律。

或曰:世亂而有復讎之禁,則寧殺身以復讎乎?將無復讎而以存人之祀乎[①]?曰:可以復讎而不復,非孝也;復讎而殄祀[②],亦非孝也。以讎未復之恥,居之終身焉[③],蓋可也。讎之不復者,天也;不忘復讎者,己也。克己以畏天,心不忘其親,不亦可矣!

①"寧……將……"是特定文言句式,表示選擇,"寧可……還是……"

②殄祀：斷絕宗祀。

③居之終身：一輩子都不忘記。

【語言要點】

1. 字詞理解

各修其職　不辜　聽獄　恕其情　寧失不經　士師　殄祀

2. 語句通釋

(1) 凡有辜罪，乃罔恒獲。小民方興，相為敵讎。

(2) 有父兄之讎而輒殺之者，君子權其勢，恕其情而與之，可也。

(3) 與其殺不辜，寧失不經。

(4) 世亂而有復讎之禁，則寧殺身以復讎乎？將無復讎而以存人之祀乎？

【思考與討論】

1. 王安石富於懷疑批判精神，本篇中體現在哪裏？

2. 在法律與倫理的兩難選擇面前，王安石提出怎樣的解決之道？有何歷史意義？

司馬光

司馬光(1019年~1086年),字君實,號迂叟,陜州夏縣(今山西夏縣)涑水鄉人,世稱涑水先生。歷仕仁宗、英宗、神宗、哲宗四朝,卒贈太師、溫國公,謚文正。為人溫良謙恭,剛正不阿。政治上是標準的守舊派,反對王安石施行變法。他認為新建的國家使用輕典,混亂的國家使用重典,這是世輕世重,不是改變法律,所謂"治天下譬如居室,敝則修之,非大壞不更造也。"王安石變法以後,司馬光離開朝廷十五年,主持編纂了中國歷史上第一部編年體通史《資治通鑒》,意為"作為封建統治的借鑒"。除此巨著之外,有《溫國文正司馬公文集》八十卷,包含賦一卷、詩十四卷、文六十五卷。中華書局1985年版《司馬溫公文集》十四卷則僅收錄其文。其餘作品還有《涑水記聞》、《稽古錄》、《潛虛》等。

司馬光宣導法制治國,認為法制能"詰姦邪、禁暴亂","法治不煩而天下大治";主張"禮法互補、德主刑輔",認為"刑罰煩苛,則濫及無辜";他堅持"信賞必罰",不以私心論刑賞,反對無原則地赦免罪犯。不過,他將法制當作統治工具,認為法的本質是刑罰,與現代法治觀念似乎存在差距。

上體要疏(節選)

題解

《上體要疏》節選於《司馬溫公文集》卷六。

該奏疏作於神宗熙寧二年(1069年)八月初五日,核心是"阿雲"一案的處理。登州婦人阿雲,於母亡服喪期間許配給韋姓男子,阿雲嫌其寢陋,謀殺未成,致韋重傷。審問過程中阿雲供認了犯罪事實,審刑院、大理寺斷為死罪。王安石主張以法斷案,根據自首情節,可以減輕罪刑。司馬光等主張以禮釋法、以禮決獄,以母服中不該出嫁和老婆謀殺老公,要求判阿雲死刑。它表面上是一個普通案件的處理和紛爭,但背後有以司馬光和王安石為代表的守舊派和革新派思想之較量,也有"禮"與"法"的爭議。當然,王安石通過阿雲一案表達其"禮不可以庶人為下而不用,刑不可以大夫為上而不施"的法律觀,也有進步意義。

夫天下之事有難決者,以先王之道揆之[①],若權衡之於輕重[②],規矩之於方圓,錙銖毫忽[③],不可欺矣。是以人君務明先王之道,而不習律令,知本根既殖,則枝葉必茂故也。近者登州婦人阿雲,謀殺其夫,重傷垂死,情無可愍[④],在理甚明,已傷不首,於法無疑。中材之吏,皆能立斷。事已經審刑院、大理寺、刑部斷為死罪。而前知登州許遵文過飾非[⑤],妄為巧說。朝廷命兩制定奪者再[⑥],命兩府定奪者再[⑦],敕出而復收者一,收而復出者一,爭論縱橫,至今未定。夫以田舍一婦人有罪,在於四海之廣,萬機之眾,其事之細,何啻秋毫之末[⑧]?朝廷欲斷其獄,委一法吏足矣。今乃紛紜至此,設更有可疑之事大於此者,將何以決之?

①揆:揣測。

②權:秤錘;衡:秤桿。

③錙銖毫忽:比喻極其微小的數量。舊制錙為一兩的四分之一,銖為一兩的二十四分之一。

④愍:同"憫",哀憐。

⑤文過飾非:用漂亮的言詞掩飾自己的過失和錯誤。文、飾,掩飾;過、非,錯誤。

⑥兩制:內制和外制的合稱。指翰林學士和中書舍人。

⑦兩府:中書省和樞密院。

⑧何啻(chì):反問的語氣,表示不止。亦作"何翅"。猶何止,豈只。

夫執條據例者,有司之職也[①];原情制義者[②],君相之事也[③]。分爭辨訟,非禮不決,禮之所去,刑之所取也。阿雲之事,陛下試以禮觀之,豈難決之獄哉?彼謀殺為一事、為二事,謀為所因、不為所因,此苛察繳繞之論[④],乃文法俗吏之所事[⑤],豈明君賢相所當留意邪!今議論歲餘而後成法，終於棄百代之常典，悖三綱之大義，使良善無告，姦宄得志，豈非徇其枝葉而忘其本根之所致邪[6]？若此之類，臣竊恐似未得其要也。此皆衆人之所私議竊歎，而莫敢明言者。臣以獨受恩深重，不顧斧鉞[7]，為陛下言之，惟聖明裁察。臣光昧死再拜以聞皇帝陛下[8]。

①有司：指官吏。古代設官分職，各有專司，故稱有司。

②原情：推究本情。　制義：制定大義。

③在等級森嚴的封建社會裏，君臣、民是涇渭分明的。最高層是"君"，封建君王掌握着最高立法權，在律無正文、信律有惑或者為袒護私情時，都可以以敕破律；中間一層是王公大臣、高級官員，他們可以適當解釋法律，也可以在重大疑難案件中向最高統治者提出建議，由皇帝裁斷；一般官員、法吏和平民必須嚴格遵守法定主義。

④苛察：苛刻煩瑣，顯示精明。　繳繞（jiǎo rào）：謂說理、行文或問題、事情等糾纏不清。

⑤文法：指法令條文。

⑥徇：順從，曲從。

⑦顧：顧慮。　斧鉞：古代酷刑中的一種，意思是用斧鉞劈開頭顱，使人致死。

⑧聞：使動用法，使……聽到。

【語言要點】

1. 字詞理解

揆之　權衡　何啻　情無可愍　文過飾非　何啻　原情　繳繞　徇其枝葉

2. 語句通釋

（1）是以人君務明先王之道，而不習律令，知本根既殖，則枝葉必茂故也。

（2）夫執條據例者，有司之職也；原情制義者，君相之事也。

（3）分爭辨訟，非禮不決，禮之所去，刑之所取也。

（4）今議論歲餘而後成法，終於棄百代之常典，悖三綱之大義，使良善無告，姦宄得志，豈非徇其枝葉而忘其本根之所致邪？

【思考與討論】

1. 瞭解宋代阿雲之獄的背景，談談你對"阿雲案"處理的看法。

2. 司馬光與王安石對阿雲之獄的分歧體現了他們各自怎樣的法律觀念？

蘇軾

蘇軾(1037 年~1101 年),字子瞻,一字和仲,號東坡居士,謚文忠。眉州眉山(今四川眉山市)人,北宋文豪。嘉佑二年(1056 年),虛歲二十一的蘇軾首次出川赴京,參加朝廷的科舉考試,與弟蘇轍同登進士。翌年,他參加了禮部的考試,以《刑賞忠厚之至論》獲得主考官歐陽修的賞識。曾任鳳翔府簽判,開封府推官等職。因與王安石等政見不合,調任杭州、密州、徐州、潮州等地的地方官。後又因在詩文中"譏切時政",而被御史彈劾入獄,出獄後被貶為黃州團練副使。神宗死後,司馬光執政,蘇軾被召到朝廷,歷任翰林學士、翰林侍讀學士等職。哲宗親政後,又被貶到惠州(今廣東惠州市)、儋州(今海南儋州市)等地。徽宗即位後遇赦內遷,途中死於常州。

蘇軾的思想比較復雜,矛盾地交織著儒道佛思想。少年時他懷有經世濟民、致君堯舜的積極入世抱負,但又鄙視功名利祿。法律思想上,蘇軾主張立法宜寬,不過於嚴苛,提出了"德先刑後""禮刑相為表裏"的觀點,強調道德教化,反對專任刑罰,但為了維護社會良好的秩序,也不排斥刑罰的作用,主張對那些社會危害大的犯罪進行嚴厲處罰,對於"姦人","不必待其自入於刑",應主動"去姦"。他反對王安石變法,認為君主應該自覺維護國家成文法的權威,不應輕下詔令,以言廢法,認為"人與法並行而不相勝,則天下安"。司法實踐中,他追求情理法的融合,主張立法行政順應風俗人情,禮法"不可以出於人情之所不安"。

刑賞忠厚之至論

題解

本篇題目出自《尚書·大禹謨》偽孔安國的注文:"刑疑付輕,賞疑從眾,忠厚之至。"

宋代科舉考試中的策論大多要求考生就一些問題展開論述,即論證某項國家政策或對策的可行性與合理性,側重於考查考生解決問題的能力。"刑賞忠厚之至論"就是宋嘉祐二年禮部進士考試策論的題目,該文是蘇軾應禮部試的試卷。文章以忠厚立論,援引古仁者施行刑賞以忠厚為本的範例,闡發了儒家的仁政思想。文章說理透徹,結構嚴謹,文辭簡練而平易曉暢。主考官歐陽修認為它脫盡五代宋初以來的浮靡艱澀之風,十分賞識,曾說"讀軾書不覺汗出,快哉!老夫當避此人,放出一頭地。"

堯、舜、禹、湯、文、武、成、康之際,何其愛民之深,憂民之切,而待天下以君子長者之道也。有一善,從而賞之,又從而詠歌嗟歎之①,所以樂其始而勉其終②。有一不善,從而罰之,又從而哀矜懲創之③,所以棄其舊而開其新④。故其吁俞之聲⑤,歡休慘戚⑥,見於《虞》、《夏》、《商》、《周》之書。成、康既沒,穆王立,而周道始衰。然猶命其臣呂侯⑦,而告之以祥刑⑧。其言憂而不傷,威而不怒,慈愛而能斷,惻然有哀憐無辜之心,故孔子猶取焉。《傳》曰:"賞疑從與⑨,所以廣恩也;罰疑從去⑩,所以慎刑也。"

①嗟歎:感歎,贊歎。

②所以:用來……的辦法。

③哀矜:同情,憐憫。　懲創:懲戒。

④舊:過去的錯誤。　新:自新之路。

⑤吁俞:吁,驚歎聲。　俞:應答聲。

⑥歡休:和善也。　慘戚:悲哀也。

⑦呂侯:人名,一作甫侯,周穆王之臣,為司寇。周穆王用其言論作刑法,參見《尚書·呂刑》篇。

⑧祥刑:謂善用刑罰,表示慎刑的意思。

⑨賞疑從與:言賞而存疑,則寧可與之。

⑩罰疑從去:言當罰而疑,則寧可去之。

當堯之時,皋陶為士①。將殺人,皋陶曰"殺之"三,堯曰"宥之"三②。故天下畏皋陶執法之堅,而樂堯用刑之寬。四岳曰"鯀可用”[3],堯曰“不可,鯀方命圮族[4]”,既而曰“試之”。何堯之不聽皋陶之殺人,而從四岳之用鯀也?然則聖人之意,蓋亦可見矣。《書》曰[5]:“罪疑惟輕,功疑惟重。與其殺不辜,寧失不經[6]。”嗚呼,盡之矣[7]。

①皋陶:又作咎陶、咎繇,亦作“皐陶”、“皋繇”或“皐繇”。皋陶是舜帝和夏朝初期的一位賢臣,傳說中生於堯帝統治的時候,曾經被舜任命為掌管刑法的“理官”,以正直聞名天下,被奉為中國司法鼻祖,後常為獄官或獄神的代稱。　士:獄官。

②宥:寬恕。

③四岳:唐堯之臣,羲和之四子也,分掌四方之諸侯。一說為一人名。鯀:傳說大禹之父,四兇之一。

④語出《尚書·堯典》。方命:逆名也,違背命令。　圮(pǐ)族:猶言敗類也。圮,破裂,分裂。

⑤語出《尚書·大謨》。

⑥寧:寧可。　失:犯過錯。　不經:不合常法。

⑦盡:達到極端,這裏指忠厚之極。

可以賞,可以無賞,賞之過乎仁;可以罰,可以無罰,罰之過乎義。過乎仁,不失為君子;過乎義,則流而入於忍人[1]。故仁可過也,義不可過也。古者賞不以爵祿,刑不以刀鋸。賞之以爵祿,是賞之道行於爵祿之所加[2],而不行於爵祿之所不加也。刑之以刀鋸,是刑之威施於刀鋸之所及,而不施於刀鋸之所不及也。先王知天下之善不勝賞[3],而爵祿不足以勸也[4];知天下之惡不勝刑,而刀鋸不足以裁也[5]。是故疑則舉而歸之於仁[6],以君子長者之道待天下,使天下相率而歸於君子長者之道。故曰:忠厚之至也。

①忍人:性情狠戾之人。

②行:起作用。

③勝:能夠承擔或承受。　不勝賞,即賞不盡。

④勸:勸勉,鼓勵。

⑤裁:制裁,處罰。

⑥疑則舉而歸之於仁:有疑問的地方一律依照仁厚的精神來處理。　舉,全。

《詩》曰[1]:"君子如祉[2],亂庶遄已[3]。君子如怒,亂庶遄沮[4]。"夫君子之已亂[5],豈有異術哉?制其喜怒[6],而無失乎仁而已矣。《春秋》之義,立法貴嚴,而責人貴寬。因其褒貶之義以制賞罰[7],亦忠厚之至也。

①語出《詩經·小雅·巧言》。

②祉:喜。

③庶:表示希望發生或出現某事,進行推測;但願,或許。　遄(chuán):快,迅速。

④沮:止也,止息,阻止。

⑤已:動詞,平息。

⑥制:控制。

⑦制:制定。

【語言要點】

1.字詞理解

哀矜　懲創　宥之　方命　圮族　忍人　已亂

2.語句通釋

(1)有一善,從而賞之,又從而詠歌嗟歎之,所以樂其始而勉其終。

(2)賞疑從與,所以廣恩也;罰疑從去,所以慎刑也。

(3)罪疑惟輕,功疑惟重。

(4)賞不以爵祿,刑不以刀鋸。

(5)君子如祉,亂庶遄已。君子如怒,亂庶遄沮。

【思考與討論】

1.評價"立法貴嚴,責人貴寬"的法律思想。

2.本文在論證技巧上有何值得借鑑之處?

宋慈

宋慈(1186年～1249年),字惠父(也作惠夫),建陽(今屬福建南平)人,祖籍河北邢臺市南和縣,唐相宋璟後人,官至朝議大夫、直煥章閣、知廣州、充廣南東路經略安撫使、馬步軍都總管。宋慈在二十餘年的宦海生涯中,先後四次出任廣東、江西、廣西、湖南四處刑事長官,以斷獄著稱,在長期的斷案過程了積累了豐富的法醫檢驗經驗,並與當時已有的法醫學著作《內恕錄》等加以綜合、核定和提煉。宋理宗淳祐七年(1247年),宋慈完成了《洗冤集錄》這部世界上最早的法醫專著。

宋慈一生平反冤案無數,他認為"獄事莫重於大辟,大辟莫重於初情,初情莫重於檢驗",堅持"審之又審",重視現場勘驗,在唯心主義盛行的理學時代,作為一名封建官吏,能把實地檢驗作為正確判斷案情的重要條件,以民命為重,並身體力行、不辭勞苦,為搜集整理法醫資料而付出了畢生的精力,把法醫檢驗提高到一個嶄新的高度,非常可貴。他開創了"法醫鑒定學",因此也被尊為世界法醫學鼻祖。

《洗冤集錄》序

題解

《洗冤集錄》是宋慈對當時傳世的屍傷檢驗著作加以綜合、核訂和提煉,並參以自己的豐富實踐經驗寫成的。刊於宋淳祐七年(1247年),是中國古代法醫學著作,同時也是世界上現存第一部系統的法醫學專著,曾被譯成荷蘭、英、法、德國文字,傳入各國。歐洲十六世紀才有法醫學,比中國晚了三百多年。

《洗冤集錄》的宋刊本已佚,現存最早版本為元刊本,分5卷,53條,前面有一個檢驗總論,其後為驗屍、驗骨、驗傷、中毒、救死方5個部分。它彙集了不少前人的成果,如《內恕錄》、《疑獄集》、《折獄龜鑒》、《棠陰比事》、《檢驗法》等;它記述了人體解剖、檢驗屍體、勘察現場、鑒定死傷原因、自殺或謀殺的各種現象、各種毒物和急救、解毒方法等內容,它區別溺死、自縊與假自縊、自刑與殺傷、火死與假火死的方法,至今還在應用,它記載的洗屍法、人工呼吸法,迎日隔傘驗傷以及銀針驗毒、明礬蛋白解砒霜中毒等都很合乎科學道理。自南宋以來,該書為歷代官府奉為屍傷檢驗藍本,驗官、仵作人手一册,在司法實踐中,起過重大作用。但由於時代和技術條件的限制,它也有局限,有比較粗糙、原始和不科學的記述。例如《驗骨》中說:"人有三百六十五節,按一年三百六十五日。"又說:"男子骨白,婦人骨黑。"

獄事莫重於大辟①,大辟莫重於初情②,初情莫重於檢驗。蓋死生出入之權輿③,幽枉屈伸之機括④,於是乎決⑤。法中所以通著令佐理掾者⑥,謹之至也。年來州縣悉以委之初官⑦,付之右選⑧。更歷未深⑨,驟然嘗試。重以仵作之欺僞⑩,吏胥之姦巧⑪,虛幻變化,茫不可詰⑫。縱有敏者,一心兩目,亦無所用其智,而況遙望而弗親⑬,掩鼻而不屑者哉!

①獄事:刑獄之事。 大辟:夏商五刑之一,是死刑的總稱,其執行方法主要是斬首,又稱殺罪。

②初情:查明案情的真相。

③權輿:起始。

④機括:事物的關鍵。

⑤決:確定。

⑥通著令:傳達法令。 佐:選拔。 理掾者:司法官員。

⑦初官:初入選的官員。

⑧右選:武職官員。古代吏部侍郎分左右選,掌右選者負責武官的銓敘選授。

⑨更歷:經歷。

⑩重以:加上。 仵作:又稱行人。古代從事屍體處理,幫助殯葬的人。宋代盛行屍體檢驗,仵作常受官府雇傭檢驗屍體,在主持檢驗官員的指揮及監督下,細察屍體周身,並把檢驗情況大聲喝報給檢驗官員,由驗官分析判斷。

⑪吏胥:官署中辦理簿書案牘等事的一般官吏。

⑫詰:查究。

⑬親:接近。

慈四叨臬寄[①],他無寸長,獨於獄案審之又審,不敢萌一毫慢易心[②]。若灼然知其為欺[③],則亟與駁[④];亦或疑信未決,必反覆深思,惟恐率然而行[⑤],死者虛被澇漉[⑥]。每念獄情之失,多起於發端之差[⑦];定驗之誤,皆原於歷試之淺[⑧]。

①叨:叨忝,叨占恩澤,任職的自謙。　臬寄:指執法官。

②慢易:怠慢輕率。

③灼然:明確、確定的樣子。

④亟:立即。　駁:駁回,發回重審。

⑤率然:輕率的樣子。

⑥澇漉:本義是水淹沒,此指受到損害。虛被澇漉,即白白地受折騰。

⑦發端之差:開頭出現的差錯。

⑧歷試之淺:實踐經驗太少。

遂博採近世所傳諸書,自《內恕錄》以下凡數家[①],會而粹之[②],釐而正之[③],增以己見,總為一編,名曰《洗冤集錄》。刊於湖南憲治[④],示我同寅[⑤],使得參驗互考,如醫師討論古法,脈絡表裏先已洞澈,一旦按此以施鍼砭[⑥],發無不中,則其洗冤澤物[⑦],當與起死回生同一功用矣。

①《內恕錄》,醫學方面的著作,現已佚失。

②會:匯合。　粹:精選。

③釐:考證。　正:訂正。

④憲:宋代官名,即諸路提點刑獄公事。　治:官署衙門所在地。

⑤同寅:同僚。

⑥施:實施。　鍼砭:針刺治病。

⑦澤物:造福百姓。澤,恩澤。

淳祐丁未嘉平節前十日[①],朝散大夫[②]、新除直秘閣[③]、湖南提刑[④]、充大使行府參議官宋慈惠父序[⑤]。

①嘉平節:即陰曆臘月初八日。

②朝散大夫:宋代文職散官員,即有官名而無固定職務的文官,官階從五品下。

③新除:新任命官職。　直秘閣:官名,主管國家圖書館事。

④湖南提刑:湖南提點刑獄的簡稱,即主管全省刑獄的最高法官。

⑤大使行府參議官:大使衙署的參議官。當時陳韡任湖南安撫大使兼節制廣西,宋慈為他的參議官。　參議官,官名,屬於幕僚類的官員。

賢士大夫或有得於見聞,及親所歷涉,出於此集之外者,切望片紙錄賜①,以廣未補②。慈拜稟。

①錄:記載。

②廣:作動詞,擴大。　未補:沒有彙集的(經驗)。

【語言要點】

1. 字詞理解

大辟　初情　權輿　更歷　茫不可詰　審之又審　慢易　會而粹之　釐而正之　切望

2. 語句通釋

(1)獄事莫重於大辟,大辟莫重於初情,初情莫重於檢驗。

(2)蓋死生出入之權輿,幽枉屈伸之機括,於是乎決。

(3)慈四叨臬寄,他無寸長,獨於獄案審之又審,不敢萌一毫慢易心。

(4)會而粹之,釐而正之,增以己見,總為一編,名曰《洗冤集錄》。

【思考與討論】

1. 試述《洗冤集錄》撰寫的原因及對後世的影響。

2.《洗冤集錄》反映了怎樣的法律思想?

方孝孺

方孝孺(1357 年~1402 年),字希直,又字希古,號遜志,因其故里舊屬緱城裏,故稱"緱城先生";又因在漢中府任教授時,蜀獻王賜名其讀書處為"正學",亦稱"正學先生",福王時追謚文正。幼時好學,長大後師從宋濂,常以明王道、致太平為己任。惠帝即位後,召為翰林侍講,次年遷侍講學士,後改文學博士,主持編纂《太祖實錄》、《類要》。方孝孺在明太祖時未受大用,建文帝倚為心腹之臣。因不肯為明成祖所用,被誅十族。

方孝孺的思想主旨是民本,主張仁義治國,強調用德教化民心;法律上主張立法利民,認為國家立法,不僅有"利其國""保其子孫之不之"之功能,還有"禁暴亂、貪猾、詭偽、盜竊"的作用,即利民之功用。

方孝孺著作甚豐,有《周禮考次》、《大易枝辭》、《武王戒書注》、《宋史要言》、《帝王基命錄》、《文統》等。他的政治主張主要見於《遜志齋集》、《方正學先生集》以及《明史》相關紀傳中。

深慮論(其六)

題解

《深慮論》是史論,寫於明洪武七年(1374 年)。

明朝的開國皇帝朱元璋登基後,與前朝許多開國皇帝一樣,面臨着如何鞏固和加強統治權的問題。為了強化封建專制,加強中央集權,朱元璋對中央和地方的封建官僚機構,進行了一系列的改革,但也有很多做得不妥的地方,埋下了戰禍的危機。正是這樣的背景下,作者寫了《深慮論》向當政者提出警策勸諫。

本篇中,方孝孺提出了治國以仁義的民主法治思想,主張以民為本,德主刑輔,仁以施治,法以保證,認為衡量法的好壞在於利民、衛民和不亂民,而不在於頻繁地變法和制定新法。

智者立法,其次守法,其次不亂法。立法者,非知仁義之道者不能。守法者,非知立法之意者不能。不知立法之意者,未有不亂法者也。古之聖人既行仁義之政矣,以為未足以盡天下之變,於是推仁義而寓之於法①。使吾之法行,而仁義亦陰行其中②,故望吾之法者知其可畏而不犯,中乎法者知法之立無非仁義而不怨③。用法而誅其民,其民信之曰:"是非好法行④,欲行仁義也。"故堯舜之世有不誅,誅而海內服其公,以其立法善而然也。

①推仁義而寓之於法:謂推行仁義兼寓法治。

②陰:暗中的,潛行的。

③中:觸犯。

④好(hào):喜歡。

夫法之立,豈為利其國乎,豈以保其子孫之不亡乎?其意將以利民爾。故法苟足以利民,雖成於異代出於他人,守之可也。誠反先王之道①,而不足以利民,雖作於吾心②,勿守之可也。知其善而守之,能守法者也。知其不善而更之,亦能守法者也。所惡乎變法者,不知法之意,而以私意紛更之③。出於己者以為是,出於古之人者以為非。是其所當非,而非其所宜是。舉天下好惡之公,皆棄而不用,而一準其私意之法④,甚則時任其喜怒,而亂予奪之平⑤,由是法不可行也。蕭何曹參⑥,世所謂刀筆吏⑦,其功業事為⑧,君子恥稱焉。然何之立法,參之善守法,後世莫及也。當秦之亡,其患不在乎無法,而患乎法之過嚴。不患乎法廢而不舉,而患乎自亂其法。故蕭何既損益一代之典⑨,曹參繼之,即泊然無所復為⑩。參之才,何之所畏,非不能有為者也。特恐變更而或致於亂,不如固守之為萬全爾。

①誠:果真,如果。

②作:產生。

③私意:私心,己意。　紛更:變亂更易。

④準:以……為依據。

⑤亂:使動用法,使……亂。　予奪之平:賞罰的公平性。

⑥蕭何(前257年~前193年),早年任沛縣(今江蘇沛縣)功曹,秦末輔佐劉邦起義。對歷代律令頗有研究,《九章律》是其法律代表作。法律思想上,主張無為,喜好黃老之術。曹參(?年~前190年),西漢開國功臣,是繼蕭何後的漢代第二位相國。漢惠帝時官至丞相,一遵蕭何約束,有"蕭規曹隨"之稱。

⑦刀筆吏:古人用簡牘時,如有錯訛,即以刀削之,故古時的讀書人及政客常常隨身帶著刀和筆,以便隨時修改錯誤。因刀筆並用,歷代的文職官員也就被稱作"刀筆吏"。在古代,人們又往往特將訟師幕僚稱作"刀筆吏",顧名思義就是謂其深諳法律之規則,文筆犀利,用筆如刀。"刀筆吏"如刀之筆的操縱,往往使許多案件干坤陡轉,或無中生有,或大事化小、小事化了。

⑧事為:作為,行為。

⑨損益:減少和增加,指斟酌權衡以定國家之法。

⑩泊然:恬澹無為之貌。

夫天下譬之寶玉然,法譬則韜藏之器然①。善為寶玉計者,器既成,則藏而置之,勿動可也。日持而弄之②,攜之以示人,挾之以出遊,失手而墮地,不碎則缺紋矣。故國有治於疏略③,而亂於過為之計④。過計者未嘗不笑疏略者為愚,而不知疏略者為智大也。故用智之為智,眾人之所知,而不用其智之為智,非君子不能。孟子曰:"禹之治水也,行其所無事也⑤。"豈止治水哉!治天下者,亦行其所無事而已。

①譬則:譬如。韜藏:隱藏,隱蔽。

②弄:弄字上為"玉",下為"廾",指雙手玩賞玉器;此處即用本義,指用手把玩,玩弄。

③治於疏略:相當於"無為而治"。

④過為之計:即過計,過多的謀劃和考慮。

⑤語出《孟子·離婁下》。行其所無事,指順應水的本性而不是硬去多事。

【語言要點】

1. 字詞理解

陰行其中　一準其私意之法　作於吾心　紛更　韜藏之器　持而弄之

2. 語句通釋

(1)智者立法,其次守法,其次不亂法。

(2)舉天下好惡之公,皆棄而不用,而一準其私意之法,甚則時任其喜怒,而亂予奪之平,由是法不可行也。

(3)所惡乎變法者,不知法之意,而以私意紛更之。

(4)善為寶玉計者,器既成,則藏而置之,勿動可也。

【思考與討論】

試述方孝孺民本法治思想在歷史上的地位及現實意義。

黄宗羲

黃宗羲(1610年~1695年),字太冲,號南雷,一號梨洲,世稱南雷先生或梨洲先生。浙江余姚人,明末清初經學家、史學家、思想家、地理學家、天文曆算學家、教育家。黃宗羲學識淵博,大凡天文、曆算、音律、經史百家,釋道、農工等無不深究;治學以捍衛陽明心學自任,力主誠意慎獨之說。他早年曾和明末宦黨魏忠賢集團的餘孽阮大鋮等作鬥爭,中年時組織義軍,在四明山結寨抗清。明亡後,堅決不做清朝的官,集中精力於學術著作。

黃宗羲主張以民為本,提出了"民主"思想,並將自由、平等意識引入立法原則。康熙元年(1662年)撰成的《明夷待訪錄》提倡民權,猛烈抨擊封建專制的政治制度。黃宗羲反對"一家之法",宣導"天下之法",認為提出"法律應當是天下之公器",反對"人治",對後世產生了深遠影響,推動了我國近代民主思想的形成,對民主革命運動產生了重要的影響,因而黃宗羲也有"中國思想啟蒙之父"之譽。

黃宗羲與顧炎武、王夫之並稱明末清初三大思想家(或明末清初三大儒);與顧炎武、方以智、王夫之、朱舜水並稱為"明末清初五大師"。他的重要著作還有《明儒學案》,是中國的第一部學術史。

原法

題解

《原法》是《明夷待訪錄》中重要的一篇。"明夷"出自《周易》卦名:"箕子之明夷",據《周易正義》云:"日入地中,明夷之象施之於人事,闇主在上,明臣在下,不敢顯其明志,亦明夷之義也"。所謂"明夷"指在黎明前的昏暗,"待訪",指等待明君來訪,題名的意思是黎明前等待明君來訪的備忘錄。《明夷待訪錄》全書共計21篇,有學者稱《明夷待訪錄》為中國古代的"人權宣言",媲美《民約論》。顧炎武對此書高度評價:"讀《待訪錄》,知百王之弊可以復振。"

《原法》集中體現了黄宗羲的民主和民本觀念。黄宗羲在動盪、變革的時代,憑藉自己的睿智提出了一系列超前的法律主張。他認為應樹立"天下之法",同時指出"一家之法"是"非法之法",最終認為要實現"有治法而後有治人"。

三代以上有法①,三代以下無法。何以言之?二帝、三王知天下之不可無養也,為之授田以耕之②;知天下之不可無衣也,為之授地以桑麻之③;知天下之不可無教也,為之學校以興之④,為之婚姻之禮以防其淫,為之卒乘之賦以防其亂⑤。此三代以上之法也,固未嘗為一己而立也。後之人主,既得天下,唯恐其祚命之不長也⑥,子孫之不能保有也,思患於未然以為之法⑦。然則其所謂法者,一家之法,而非天下之法也。是故秦變封建而為郡縣⑧,以郡縣得私於我也;漢建庶孽⑨,以其可以藩屏於我也;宋解方鎮之兵⑩,以方鎮之不利於我也。此其法何曾有一毫為天下之心哉!而亦可謂之法乎?

①三代以上有法:指夏、商、周及之前的堯、舜時代有立法為公之法,相對應的是三代以下之法只是君王一家一姓的私法。

②授田:古代田制,按戶口把田地授給百姓耕種,年老及身故則還田。

③桑麻:名詞作動詞,養蠶種麻。

④興之:興起教化。

⑤卒乘:泛指軍隊。卒乘之賦即兵賦,徵集士兵與戰車。

⑥祚(zuò)命:祿命,君王統治天下時間的久暫。

⑦思患於未然:考慮、防備還沒發生的禍患。

⑧封建,即封邦建國,古代帝王把爵位、土地分賜親戚或功臣,使之在各該區域內建立邦國,即封建親戚以藩屏周。相傳黄帝為封建之始,至周制度始備。

⑨庶孽:即"庶子"。舊時指媵妾之子,此處代指分封之制。

⑩方鎮:唐太宗貞觀元年(627年),依據山川形勢劃分全國為十道,開始並沒有設置固定官員和辦事機構,臨時差遣官員前去巡察。玄宗開元二十一年(733年),又分為十五道,各道設採訪處置使,並無地方實權,三年一替,檢舉非法,有類漢刺

史。後來邊境不靖,又兼度支使等,逐漸掌握財政,軍政方面大權,稱為節度使。安史之亂時河南、河北要衝也遍置節度使。節度使驕横跋扈,漸漸獨霸一方,不受節制,成為藩鎮(亦稱方鎮),父死子襲。

三代之法,藏天下於天下者也①。山澤之利不必其盡取,刑賞之權不疑其旁落,貴不在朝廷也,賤不在草莽也②。在後世方議其法之疏,而天下之人不見上之可欲,不見下之可惡,法愈疏而亂愈不作,所謂無法之法也。後世之法,藏天下於筐篋者也③。利不欲其遺於下,福必欲其斂於上;用一人焉,則疑其自私,而又用一人以制其私;行一事焉,則慮其可欺④,而又設一事以防其欺。天下之人共知其筐篋之所在,吾亦鰓鰓然日唯筐篋之是虞⑤,故其法不得不密。法愈密而天下之亂即生於法之中,所謂非法之法也。

①藏天下於天下:把天下的財富收藏於天下之中,即"公天下"。

②草莽:叢生的雜草,引申為"鄉野",與"朝廷"相對。

③筐篋:比喻君王一己之私利,一己之私囊。

④慮:擔心。　可欺:可能為人所欺。

⑤鰓鰓(xǐ):亦作"諰諰",恐懼貌。　虞:憂慮。

論者謂一代有一代之法,子孫以法祖為孝①。夫非法之法,前王不勝其利欲之私以創之②,后王或不勝其利欲之私以壞之。壞之者固足以害天下,其創之者亦未始非害天下者也。乃必欲周旋於此膠彼漆之中,以博憲章之餘名③,此俗儒之勦說也④。即論者謂天下之治亂不繫於法之存亡。夫古今之變,至秦而一盡,至元而又一盡。經此二盡之後,古聖王之所惻隱愛人而經營者蕩然無具⑤,苟非為之遠思深覽,一一通變,以復井田、封建、學校、卒乘之舊⑥,雖小小更革,生民之戚戚終無已時也。即論者謂有治人無治法⑦,吾以謂有治法而後有治人。自非法之法桎梏天下人之手足,即有能治之人,終不勝其牽挽嫌疑之顧盼⑧,有所設施⑨,亦就其分之所得⑩,安於苟簡⑪,而不能有度外之功名⑫。使先王之法而在,莫不有法外之意存乎其間。其人是也⑬,則可以無不行之意;其人非也,亦不至深刻羅網⑭,反害天下。故曰有治法而後有治人。

①法祖:效法祖宗的成法。

②勝:剋制。此句謂先王不能剋制自己(滿足)利慾的私心而創立了一家之法(非法之法)。

③憲章:遵守法制。　餘名:無用的虛名。

④勦說:鈔襲別人的言論。

⑤經營者:指治理天下的制度。

⑥井田:就是具有一定規劃、畝積和疆界的方塊田。“井田”一詞,最早見於《穀梁傳·宣公十五年》:“古者三百步為里,名曰井田。”夏代曾實行過井田制。商、周兩代的井田制因夏而來。戰國時期,秦國商鞅變法,“為田,開阡陌”,推行土地個人私有制。至此,井田制徹底瓦解。

⑦治人:治國之人。　治法:治國之法。

⑧此句謂終究不能承受君王牽制嫌疑的目光,即能治之人極不受君王之信任。

⑨設施:措施,布置安排,行事。

⑩就其分之所得:俯就於他的職分所能做到的限度。

⑪苟簡:苟且簡略。

⑫度外:法度之外。

⑬其人:指執政者。

⑭深刻:嚴峻苛刻,多指刑罰嚴厲。　羅網:法網。此言不至於把法網搞得很嚴酷。

【語言要點】

1. 字詞理解

建庶孽　祚命　唯筐篋之是虞　蕩然無具　勦說　就其分之所得　深刻

2. 語句通釋

(1)知天下之不可無養也,為之授田以耕之;知天下之不可無衣也,為之授地以桑麻之;知天下之不可無教也,為之學校以興之,為之婚姻之禮以防其淫,為之卒乘之賦以防其亂。

(2)夫非法之法,前王不勝其利欲之私以創之,後王或不勝其利欲之私以壞之。

(3)乃必欲周旋於此膠彼漆之中,以博憲章之餘名,此俗儒之勦說也。

(4)利不欲其遺於下,福必欲其斂於上;用一人焉,則疑其自私,而又用一人以制其私;行一事焉,則慮其可欺,而又設一事以防其欺。

(5)自非法之法桎梏天下人之手足,即有能治之人,終不勝其牽挽嫌疑之顧盼,有所設施,亦就其分之所得,安於苟簡,而不能有度外之功名。

【思考與討論】

1."天下之法"與"一家之法"的區別何在?

2.你怎麼看待"治法"與"治人"、"守法"與"變法"?

唐甄

唐甄(1630 年～1704 年),是中國明末清初的思想家和政論家,初名大陶,字鑄萬,號圃亭。唐甄出身於官僚地主家庭,清順治十四年(1675 年)中舉人。曾在山西長子擔任過十個月的知縣,因受逃犯牽連被革職。後曾經商,因賠本流寓江南,靠講學賣文維持生活。其學問近於"陸、王"一系,對於時政、民生、實務多所論述。唐君毅於《中國哲學原論・原教篇》將唐甄與費密並稱。

《潛書》是唐甄的代表作,書中提出了一系列抨擊君權專制和宣導以民為本的進步的政教觀點和主張,旨在善政養民,摒棄程朱理學,以實學濟世扶危,治國平天下。政治上,他抨擊專制制度,認為"自秦以來,凡為帝王者皆賊也。"(《潛書・室語》),主張"抑尊",鉗制君主的權勢,這似乎包含近代君主立憲理論的萌芽。經濟上,他主張"富民",富能"去殘去盜","立國之道惟在於富","為治者不以富民為功,而欲倖致太平,是適燕而馬首南指者也。"(《潛書・考功》)同時宣導"簡樸","堯舜之道無他,耕耨是也,桑蠶是也,雞豚狗彘是也。"(《潛書・宗孟》)唐甄把富、樸看作法律的根本,有樸素的唯物主義成分,但也過分誇大、渲染了君主個人對天下治亂興衰的決定作用;他譴責君主的暴行,主張抑尊,卻又承認君主是最高立法和執法者;他主張變法但又憧憬三代。

省刑

題解

《省刑》篇選自《潛書》。《潛書》原名為《衡書》,只有 13 篇。"衡"表示"志在權衡天下",後因連遭挫折,就只得將其潛存起來,並加以補充完善,改名為《潛書》意即潛存待用。全書共 97 篇論文,分為上下篇兩部分。上篇言學,共五十篇;下篇言治,共四十七篇。旨在"上觀天道,下察人事,遠正古跡,近度今宜,根於心而致之行,如在其位而謀其政。"

唐甄主以法為治,並貴法而有實,但也認為為政不必使用害人廢政的重刑、淫刑,積極主張“省刑”,推崇“民本”。《省刑》篇中,唐甄借盛九苞及客人之口,揭露了清王朝使用重刑的暴政,並且對此表示了自己強烈的不滿,也借巡撫達良輔之口,進一步闡明其省刑的主張。

萊陽盛九苞曰:“山東習用重刑。杖以巨竹連根為之,長八尺,頭徑六寸,厚五寸,敦然方物也①。皂必長大強力者②。臨杖,則裂犯者之袴覆足,以杖一拊臀③,卻立尋丈④,揚杖後,抶地大呼躍進⑤,身杖俱下,乃一撻之,不聞撻聲,但覺地動。一皂一杖,撻二十則易二十人,撻三十則易三十人,恐其再撻則力減也。

①敦然:粗厚結實貌。

②皂:舊稱穿黑衣的衙役或差役為皂隸。

③拊:拍。

④卻立:退立。　尋丈:泛指八尺到一丈之間的長度

⑤抶(chì):用鞭、杖或竹板之類的東西打。

“昔余七之叛也①,事既平,繫獄當死者甚眾。巡撫趙祥星訊之②。有一人枉者③,祥星顰蹙而謂僚吏曰:‘是可矜④,吾欲釋之,諸君以為何如?’僚吏皆起而揖於前曰:‘此至仁至明,釋之幸甚。’於是釋之。故事⑤,免死者必撻而後釋之。撻之二十,舁出⑥,死矣。

①余七:清順治十八年起義的農民領袖,山東棲霞人。後被清鎮東將軍濟世哈領兵鎮壓。

②巡撫,官名。中國明清時地方軍政大員之一。又稱撫臺。巡視各地的軍政、民政大臣。清代巡撫主管一省軍政、民政。以“巡行天下,撫軍按民”而得名。訊:審訊。

③枉:受冤枉。

④矜:憐惜。

⑤故事:舊例。

⑥舁:抬。

"夾棍以鐵貫本,置脛其間[1],左右各五人並力曳之。良久,乃合其末[2],左右擊以巨棍,至百數十。異日復夾,脛腫如股[3],不可入,皂舉踵踏入,復夾之。杖之毒者,前一杖卻,一杖中。蓋一杖杖已,皮不少損而內肉糜爛,如腐瓜之瓤。出,以刀劃去糜肉,得良藥,十有半活者。皂得賂,則直撻之,血立濺,乃反不死。其毒如此。

①脛:小腿。

②合其末:指夾棍兩頭合在一起。

③股:大腿。

"山東之民號為獷悍[1],皆謂非重刑不能服之。又謂大吏有體[2],非重刑無以示尊威。是以沿習而然,雖有慈者不能改也。吳民號為柔弱,習用輕刑,故吳為幸。"

①獷悍:粗野強悍。

②有體:有體統。

客有嘻者曰[1]:"吳刑雖輕,重者自重,不一於輕也。吾親見巡撫杖偽為薦書者,血肉飛濺四傍,四傍方丈之間,青草皆為赭地[2]。此亦何輕於山東!"

①嘻:喜笑的樣子,此處表示不同意見。

②赭:紅褐色。

昔者唐子之治長子也[1],一年而罷。一年之間,治群殺數人之獄者二[2],獄成,未嘗加一杖於殺人者之身。內司諫曰[3]:"殺人,至惡也;殺數人,大獄也,而公不加一杖。從來號為慈吏者,未有過寬若此者也。公不忍於所當忍,吾恐民風日玩[4],從此得罪者愈多矣。"

①長子:長子縣,今山西長治市屬縣。

②獄:官司,罪案。

③內司:縣衙裏的胥吏。

④翫:輕視。

唐子曰:“不然。彼殺人者,豈其始念則然哉!逞一時之忿[①],自陷其身於死,而不徐為之慮也。既以一死抵一死,亦足蔽其辜矣[②],又從而杖之,是淫刑也[③]。吾不加一杖者,是為至平,不為過寬。”

①逞:放任。

②蔽其辜:抵罪。　辜,罪。

③淫刑:過重的刑罰。　淫,過度,過分。

夫山西之民,非弱於山東也,長子之民,又號為多姦。唐子為吏一年,夾棍非刑,廢而不用。俗用之杖,雖未能遽改,以從律之制,然且薄且減,亦不乖制[①]。一年之間,令未嘗不行也,政未嘗不舉也,賦未嘗不入也,豪強未嘗不伏也,疑獄隱慝未嘗不得其情也[②],關市橋樑傳乘賓旅未嘗不治也[③],四境之內未嘗不安也。

①乖:違背。

②隱慝(tè):別人不知的罪惡,不可告人的罪惡。

③傳乘:驛站的車馬,特指驛站。

巡撫達良輔嘗謂唐子曰:“百里之長[①],不患無威,奚以重刑為[②]!重以刑之,既傷其體,歸而療治,又費其財,仁者弗為也。苟治事而事治,懲民而民服,斯可已矣,奚以重刑為!”

①百里之長:一縣之長。百里:古時一縣所轄之地,因以為縣的代稱。借指縣令。另外,百里有時也指古時諸侯封地範圍。《孟子·萬章下》:“天子之制,地方千裏,公侯皆方百里。”後來也用以稱諸侯國。

②奚:疑問代詞,相當於“胡”、“何”。

【語言要點】

1. 字詞理解

皂　撻之　可矜　故事　舁出　民風日齗　逞一時之忿　淫刑　乖制

2. 語句通釋

(1)臨杖,則裂犯者之袴覆足,以杖一拊臀,卻立尋丈,揚杖後,趺地大呼躍進,身杖俱下,乃一撻之,不聞撻聲,但覺地動。

(2)逞一時之忿,自陷其身於死,而不徐為之慮也。

(3)令未嘗不行也,政未嘗不舉也,賦未嘗不入也,豪強未嘗不伏也,疑獄隱慝未嘗不得其情也,關市橋梁傳乘賓旅未嘗不治也,四境之內未嘗不安也。

(4)百里之長,不患無威,奚以重刑為!

【思考與討論】

1. 討論"民本主義"法精神在古代的承傳及其當代意義。

2. 你怎麼看待"德禮為政教之本,刑罰為政教之用"之說?

3. 比較"刑棄灰於街者"與"為政不用重刑"兩者的思想依據。

沈家本

沈家本(1840年~1913年),清末官吏、法學家。字子淳,又作子敦,別號寄簃,吳興(今浙江湖州)人,晚清著名法學家。光緒九年(1883年)進士,歷任天津、保定知府、刑部右侍郎、修訂法律大臣、大理院正卿、法部右侍郎、資政院副總裁、法部左侍郎等職。

沈家本是第一個為中國引進西方法律體系的法學泰鬥,有"中國法制現代化之父"之譽稱。在他主持修定法律期間,僅刑法和刑民訴訟法就先後譯出法、德、俄、荷、意、日、美、比利時等國法律文獻近40種;他建議廢除淩遲、梟首、戮屍、緣坐、刺字、笞杖等酷刑,並且改革刑律,修訂了《大清現行刑律》以取代《大清律例》,參照西方和日本刑法制訂了《大清新刑律》;同時還創辦了京師法律學堂以造就法學人才,聘任了日本法學博士來華參與修律,延請留學生翻譯了大批歐美和日本的新式法典。

沈家本撰有《古今官名異同考》、《讀史瑣言》、《史記瑣言》、《寄簃文存》、《枕碧樓偶存稿》、《歷代刑法考》、《律目考》、《歷代刑官考》、《刑志總考》等30餘種著作。法律思想上,沈家本認為"法者,天下之程式,萬事之儀表"、"世無無法之國而能長久者",主張"前德後刑,德主刑輔",反對重刑重法,提倡"治以寬平,民樂其安,重於犯法",反對誅連,認為平決紛爭的重要手法不是刑罰而是教化。

法學名著序

題解

本篇選自《歷代刑法考·附寄簃文存》。該序文集中概括了沈家本提倡以法治國、以法救國的政治和法律思想。他主張學習西法,借鑒西方的法律制度,但也看到了中國封建專制法律與西方資本主義法律的不同,故反對盲目崇拜西法,處處以西法為是,而應該融會貫通,會合中西。但由於缺乏對西方近代法制的本質、社會基礎及其文化的瞭解,其學說中也出現了以西法比附中法的牽強。

《管子》曰[①]:"不法法則事毋常[②],法不法則令不行[③]。"此言國不可無法,有法而不善,與無法等。然則議法者欲明乎事理之當然,而究其精意之所在,法學之講求,烏可緩乎?南齊孔稚珪《請置律學助教表》云[④]:"尋古之名流,多有法學。故釋之、定國[⑤],聲光漢臺。元常、文惠[⑥],績映魏閣。"爾時稚珪提唱宗風[⑦],始標法學之名,以樹之的,復特引名流以為重,其惓惓於法學之講求[⑧],意何殷也。

①引文出自《管子·法法》。管子是我國古代重要的政治家、軍事家、思想家,也是先秦諸子中法家學派的重要人物。

②不法法:不遵守法律。

③法不法:法律不被遵守。

④孔稚珪:南朝齊駢文家。

⑤釋之:張釋之,西漢文帝時任廷尉,以執法公正不阿聞名。時人稱贊"張釋之為廷尉,天下無冤民"。　定國:于定國,宣帝時任廷尉。少時隨父學法。為獄吏、郡決曹。為人謙恭,能決疑平法,被時人所稱贊。

⑥元常:鍾元常,即鍾繇,三國時曹魏著名書法家、政治家。　文惠:三國時曹魏大臣高柔之字。以善於治法聞名。

⑦唱:同"倡"。

⑧惓惓:真摯誠懇。

夫自李悝著經[①],蕭何造律,下及叔孫通、張湯、趙禹之儔[②],咸明於法,其法即其學也。迨後叔孫宣、郭令卿、馬融、鄭玄諸儒,各為章句,凡十有餘家,家數十萬言。凡斷罪所當由用者,合二萬六千二百七十二條,七百七十三萬二千二百餘言。法學之興,於斯為盛。鄭氏為一代儒宗,猶為此學,可以見此學為當時所重,其傳授亦甚廣。魏衛覬請置律博士[③],轉相教授。自是之後,下迄唐、宋,代有此官,故通法學者不絕於世。洎乎元主中原[④],此官遂廢,臣工修律之書[⑤],屢上於朝,迄未施行。明承元制,亦不復設此官。國無專科,人多蔑視,而法學衰矣。衛覬云:"刑法者,國家之所貴重,而私議之所輕賤。"斯言若傷於過激。然紀文達編纂《四庫全書》[⑥],法令之書,多遭擯棄,並以刑為盛世所不尚,所錄略存梗概而已。夫以名公鉅卿[⑦],創此論於上,天下之士,又孰肯用心於法學?其衰也宜也。

①李悝(前455年~前395年),戰國時法家重要代表人物。他彙集當時各國法律編成的《法經》(現已失傳),是我國古代第一部比較完整的法典。

②儔:同類,同輩。

③衛覬(155年~229年):三國時期著名的政治家、文學家、書學家,也是曹魏政權中頗有見識的政治人物,先後任過縣令、治書侍御史等職。魏國建立後,他與王象共同主持制定典禮制度,官至尚書。 律博士,官名。漢末曹操為魏王時置,稱廷尉律博士,負責教授法律,培養司法官員,成為我國最早設置的專門從事法律教育的官員。晉及南朝沿置,梁稱胄子律博士。此官職延續至元代被廢除。

④洎:到,及。

⑤臣工:群臣百官。

⑥紀文達:即紀昀、紀曉嵐(1724年~1805年),曾任《四庫全書》總纂修官,撰寫了《四庫全書總目提要》。因其"敏而好學可為文,授之以政無不達"(嘉慶帝御賜碑文),故卒後謚號文達,鄉里世稱文達公,代表著作是《閱微草堂筆記》。

⑦名公鉅卿:有名望的權貴。

近今泰西政事[①],純以法治,三權分立,互相維持。其學說之嬗衍[②],推明法理,專而能精,流風餘韻,東漸三島[③],何其盛也。各國法學,各自為書,浩若烟海,譯才難得,吾國中不能多見。日本之遊學歐洲者,大多學成始往,又先已通其文字,故能誦其書冊,窮其學說,辨其流派,會其淵源[④]。迨至歸國之後,出其所得者,轉相教授,研究之力,不少懈怠[⑤]。是以名流輩出,著述日富。大抵專門之學,非博觀約取,其論說必不能詳,非極深研幾[⑥],其精蘊必不能罄[⑦]。此固非積數十寒暑之功候不能有所成就。若第淺嘗而獵取之[⑧],遂欲折衷群言,推行一世,難矣。

①泰西：舊泛指西方國家，一般指歐美各國。

②嬗衍：變遷演化。

③三島：常指傳說中的蓬萊、方丈、瀛洲三座海上仙山，此處指日本。

④會：領悟。

⑤少：通"稍"。

⑥研幾：窮究精微之理。

⑦罄：窮盡。

⑧第：只是，只不過。

今者法治之説，洋溢乎四表，方興未艾，朝廷設館，編纂法學諸書，將改弦而更張之矣。乃世之學者，新舊紛挐[1]，各分門戶，何哉？夫吾國舊學，自成法係，精微之處，仁至義盡，新學要旨，已在包涵之內，烏可弁髦等視[2]，不復研求？新學往往從舊學推演而出，事變愈多，法理愈密，然大要總不外"情理"二字。無論舊學、新學，不能舍情理而別為法也，所貴融會而貫通之。保守經常[3]，革除弊俗，舊不俱廢，新亦當參，但期推行盡利，正未可持門戶之見也。或者議曰，以法治者，其流弊必入於申、韓[4]，學者不可不慎。抑知申、韓之學，以刻覈為宗旨[5]，恃威相劫[6]，實專制之尤。泰西之學，以保護治安為宗旨，人人有自由之便利，仍人人不得稍越法律之範圍。二者相衡，判然各別。則以申、韓議泰西，亦未究厥宗旨耳。

①紛挐（ná）：亦作"紛拏"。紛亂、錯雜貌。

②弁髦：弁，黑色布帽；髦，童子眉際垂發。古代男子行冠禮，先加緇布冠，次加皮弁，後加爵弁，三加後，即棄緇布冠不用，並剃去垂髦，理髮為髻。因以"弁髦"喻棄置無用之物。

③保守：保存守護。　經常：常道，常法。

④申韓：戰國時法家申不害和韓非的並稱，後世以"申韓"代表法家，亦以稱申韓之學。

⑤刻覈：苛刻殘暴。

⑥劫：威逼，脅制。

此編網羅法學之書，精譯印行，其中作者並日本近世知名之士[1]，經數十載之研稽[②],著為論說,卓然成家[③],洵足餉遺當世[④]。彼都人士,交相推重,非虛語也。方今憲政推行,新法令將次第頒佈,得是書而講求之,法學之起衰,庶於是乎！在竊願拭目竢之[⑤]。宣統三年夏五月。

①並:全,都。

②研稽:研究考察。

③卓然:高超出眾的樣子。

④洵:確實,實在。　餉遺:饋贈。

⑤竢,同"俟",等待。

【語言要點】

1. 字詞理解

洎乎元主中原　會其淵源　迨至　研幾　大抵　精蘊必不能罄　趙禹之儔　洵足餉遺當世　研稽　拭目竢之

2. 語句通釋

(1)不法法則事毋常,法不法則令不行。

(2)大抵專門之學,非博觀約取,其論說必不能詳,非極深研幾,其精蘊必不能罄。

(3)抑知申、韓之學,以刻覈為宗旨,恃威相劫,實專制之尤。

(4)經數十載之研稽,著為論說,卓然成家,洵足餉遺當世。

【思考與討論】

1. 瞭解沈家本融會中西思想的形成,並談談你怎麼看待"中法"與"西法"的"會通"。

2. 怎麼理解沈家本"舊不俱廢,新亦當參"的貫古通今的法律思想?

附録一　古代判詞選

龍筋鳳髓判

《龍筋鳳髓判》，唐張鷟撰，凡四卷，共有判詞 79 則。

張鷟（660？年～740？年），字文成，自號浮休子，深州（今河北深縣）人。傳其兒時夢見紫文大鳥止其庭，因取名鷟，字文成。張鷟少時聰敏過人，當時儒士多稱其才，莫不歎異。調露年（679 年）登進士第，授岐王府參軍，先後任長安尉、鴻臚丞、司門員外郎。張鷟"性褊躁，不持士行"，開元初年被誣"多口語訕短時政"而賜死，其子上表請代父死，且黃門侍郎張廷珪、刑部尚書李日知連表稱冤，遂減死流嶺南數年。後起為龔州（今廣西平南縣）長史。

《四庫全書總目提要》比較白居易與張鷟的判詞，謂"居易判主流利，此則縟麗，各一時之文體耳"，又謂"鷟作是編取備程試之用，則本為隸事而作，不為定律而作，自以徵引賅洽為主"。

學界一般認為唐人判詞都為虛判。今有學者以張鷟判詞中顯著可考的 8 則判詞為例，詳加考證，認為這些判目實際上均源自真實的案例，是武周、中宗兩朝的實錄。

《龍筋鳳髓判》在清乾隆年間被收錄進《四庫全書》（附有明朝劉允鵬所輯的注文），嘉慶年間又被收錄進《全唐文》；此外還有嘉慶辛未（1811 年）湖海樓刻本（蕭山陳春補正本）。各本中判詞都沒有題目，所選判詞的題目均由選編者自擬。

非時興造判

題解

本則選自《龍筋鳳髓判》卷二"將作監"。據《新唐書》卷四十八《百官志三》,將作監"掌土木工匠之政"。《唐律》卷十六《擅興律》"非法興造"條:"諸非法興造及雜徭役,十庸以上,坐贓論。"《疏議》曰:"'非法興造',謂法令無文;雖則有文,非時興造亦是,若作池、亭、賓館之屬。"

大匠吳淳掌造東都羅城①,牆高九仞,隍深五丈②。正屬春時,妨農作。百姓訴至秋收後,淳自求功,抑而不許。御史彈非時興造,付法,不伏。

①大匠:將作監的長官。據《新唐書》卷四十八《百官志三》,唐武德初改令曰大匠,龍朔二年改大匠曰大監。　東都:指洛陽。　羅城:為加強防守而在城牆外加建的凸出形小城圈。

②隍:護城河。有水為池,無水為隍。

九卿分統①,漢朝開土木之官②;百工惟時③,《周禮》置梓材之職④。斧斤動役,測之以寒暑⑤;版築興功⑥,揆之以日星⑦。以人從欲⑧,傾宮就而紂亡⑨;以欲從人,露臺休而漢盛⑩。

①九卿:古時中央政府的九個高級官職。漢把將作大匠等官稱為九寺大卿。

②漢朝開土木之官:秦已設將作少府,漢景帝時改稱將作大匠。

③百工惟時:各位官員都想幹好自己的事情。語見《尚書·皋陶謨》。百工,本指從事各種手工業的工奴,這裏指管理工奴的官員;惟,思;時,善,《詩經·小雅·頍弁》:"爾酒既旨,爾肴既時。"毛傳:"時,善也。"

④《周禮》置梓材之職:《周禮·考工記》稱攻木之工七,其一為梓人。《尚書·梓材·釋文》:"治木器曰梓。"

⑤測之以寒暑:古人用土圭測日影長度以正四時。《周禮·地官·大司徒》:"以土圭之灋……正日景以求地中。日南則景短,多暑;日北則景長,多寒。"

⑥版築:原指築牆時將泥置兩板之中,再用杵舂實。這裡泛指土木營建時的各

項工作。

⑦揆：測度。《詩經·鄘風·定之方中》："定之方中，作於楚宮。揆之以日，作於楚室。"定，定星，即營室星；方中，正中，即南天之中。春秋戰國時，營室星黄昏時出現在正南方的季節，正是農事結束、營造房屋的時候。又《淮南子·時則訓》："仲秋之月……是月可以築城郭，建都邑。"

⑧以人從欲：語出《左傳·僖公二十年》："以欲從人則可，以人從欲鮮濟。"

⑨傾宫：高巍的宫殿。傾，形容宫殿高聳欲傾。《三國志》卷二十五《楊阜傳》："紂為傾宫、鹿臺，以喪其社稷。"鹿臺，古臺名，《史記》卷三《殷本紀》："帝紂……厚賦稅以實鹿臺之錢。"南朝宋裴駰《史記集解》引如淳曰："其大三里，高千尺。"武王伐紂時，"紂走，入登鹿臺，衣其寶玉衣，赴火而死。"又，據《淮南子·墬形訓》漢高誘注，"傾宫"指"宫滿一頃"。

⑩露臺：高臺。漢文帝時，"嘗欲作露臺，召匠計之，直百金。上曰：'百金，中民十家之產……何以臺為！'"事見《史記》卷十《孝文本紀》。

吴淳任居大匠，職重繕工①，踐李固之前規②，躡曹褒之舊跡③；建都河洛④，起役伊瀍⑤，百堵所以雲興⑥，九仞由其嶽立。畚簣魚貫，強脊者使之負持；鍬杵雁行，長脛者令其踏插⑦。優旃欲漆之郭，雖復難周⑧；張儀覆錦之城，於焉易就⑨。

①繕工："將作監"在唐龍朔二年改為"繕工監"。

②李固：東漢人，漢順帝永和年間曾任將作大匠。事見《後漢書》卷六十三《李固傳》。

③曹褒：東漢人，漢和帝永元年間曾任將作大匠。事見《後漢書》卷三十五《曹褒傳》。

④建都河洛：班固《東都賦》："遂超大河，跨北嶽，立號高邑，建都河洛。"大河，指黄河。北嶽，指恒山。立號高邑，指東漢光武帝劉秀於鄗（今河北柏鄉北）即位，改鄗名為高邑。河洛，黄河和洛河，這裏指洛陽。

⑤伊瀍：伊河、瀍河，均在洛陽附近流入洛河。

⑥百堵所以雲興：《詩經·大雅·綿》："築之登登，削屢馮馮。百堵皆興，鼛鼓弗勝。"毛傳："登登，用力也。削牆鍛屢之聲馮馮然。""鼛，大鼓也，長一丈二尺。或鼛或鼓，言勸事樂功也。"堵，土牆。其長度說法不一，一般以為一堵之牆長高各一丈。

⑦畚簣魚貫，強脊者使之負持；鍬杵雁行，長脛者令其踏插：語出《淮南子·齊

俗訓》:"伊尹之興土功也,修脛者使之蹠钁,強脊者使之負土。"漢高誘注:"長脛以蹋插者,使入深;脊強者任負重。"蹠、蹋,均為踏義。钁,依高注為插(通"鍤"),鍬類農具。插,《全唐文》作"鍤"。

⑧優旃:秦樂伎,侏儒,善用笑言諷諫。秦二世欲用漆塗城,"優旃曰:'……漆城雖於百姓愁費,然佳哉!漆城蕩蕩,寇來不能上。即欲就之,易為漆耳,顧難為蔭室。'於是二世笑之,以其故止。"事見《史記》卷一百二十六《滑稽列傳》。 郭:城牆。 復:反復多次。 周:成全。

⑨張儀:戰國時魏人,縱橫家。相傳錦城為張儀所築。 覆:蓋。 錦城:即錦官城,又稱錦里,在今成都南。晉常璩《華陽國志》卷三《蜀志》:"西城故錦官也。錦江織錦濯其中則鮮明,濯他江則不好,故命曰錦里也。"後人泛稱成都為錦官城。

九重之邑①,無勞走馬之形②;萬家之都,自有臥龍之異③。理須候隙,啟閉務在從時④。下不奪於三農⑤,上不虧於八部⑥。倉庚遷木⑦,殊非浚洫之辰⑧;戴勝降桑⑨,豈是營都之日?寧有自求微效,廣棄人功?既廢春疇,宜從霜典⑩。

①九重:指城邑,極言其深廣。古代神話謂昆侖山有層城九重。

②走馬之形:"秦時,築城於武周塞內以備胡,城將成而崩者數焉。有馬馳走,周旋反復。父老異之,因依馬跡以築城,城乃不崩。遂名馬邑。"事見《搜神記》卷十三《馬邑城》。

③臥龍:涼州有臥龍城。"永甯初,(張軌)出為護羌校尉、涼州刺史。"永興中,因平鮮卑寇有功,"惠帝遣加安西將軍,封安樂鄉侯,邑千戶。於是大城姑臧。其城本匈奴築也,南北七里,東西三里,地有龍形,故名臥龍城。"事見《晉書》卷八十六《張軌傳》。

④啟閉務在從時:進行工程建設一定不能違背農時。從時,不違背農時、不妨礙農時。《左傳·僖公二十年》:"春,新作南門。書,不時也。凡啟塞,從時。"晉杜預注:"門戶道橋謂之啟,城郭牆塹謂之塞。(從時,)啟塞皆從土工之時。"

⑤三農:住在三類地區的農民。《周禮·天官·大宰》:"以九職任萬民。一曰三農,生九穀。"東漢鄭玄注:"鄭司農云:'三農,平地、山、澤也'。……玄謂三農,原、隰及平地。"

⑥八部:佛教分諸天鬼神及龍為八部。《翻譯名義集·八部》:"一天、二龍、三夜叉、四幹闥婆、五阿修羅、六迦樓羅、七緊那羅、八摩睺羅伽。"

⑦倉庚遷木:指黃鶯出來活動的時間,這裏指春天。倉庚,黃鶯的別名。遷木,

《詩經·小雅·伐木》"(出自幽谷,)遷於喬木"的省文。

⑧洫:護城河。這裏指吳淳嘗造東都羅城時掘的"隍"。

⑨戴勝降桑:指春天。戴勝,鳥名,《禮記·月令》:"季春之月……戴勝降於桑。"《淮南子·時則訓》亦曰:"季春之月……戴鵀降於桑。"漢高誘注:"戴鵀,戴勝鳥也。"

⑩霜典:嚴明的曆法。

白氏長慶集

《白氏長慶集》,唐白居易撰。共七十一卷,外集二卷。其中卷六十六、六十七收有其擬寫的判詞101則。因白居易在判詞中均不列涉案人名,而只是假設甲乙來擬寫判詞,所以白居易的判詞被稱為“甲乙判”。白居易的判詞在當時影響很大,白居易自己也曾對人炫耀道:“日者,又聞親友間說,禮、吏部舉選人,多以僕私試賦判,傳為準的。”《白氏長慶集》各則判詞都沒有題目,這裏採用的是《文苑英華》擬的題目。

白居易(772年~846年),字樂天,下邽(今陝西渭南)人。因曾任太子少傅,故世稱“白傅”。晚年居洛陽香山,自號香山居士。白居易前期的政治思想以“兼濟天下”為主,創作了大量政治諷喻詩。元和十年(815年)因上疏言事得罪權貴,被貶為江州(今江西九江一帶)司馬。從此白居易思想發生了巨大的變化,由“兼濟天下”為主轉向以“獨善其身”為主。晚年思想上趨向消沉,常以隱士佛子自居。

白居易是中唐傑出的現實主義詩人,是新樂府運動的倡導者和主要代表。白居易還是中國法律思想史上一位引人注目的法律思想家。白居易在強調法制作用的同時,更強調治理國家不能依靠“猛政”、“嚴刑”,而應靠君主“勤政令以撫之,推誠信以奉之”。他認為要減少犯罪,就要大行教化、大興廉恥。他極力主張“理大罪,赦小過”,反對片面講求“刑煩”或“刑寬”。

子行盜判

題解

本則選自《白氏長慶集》卷六十七。《文苑英華》列入卷五百二十二"刑獄門"。

得甲告其子行盜。或誚其父子不相為隱①。甲云:"大義滅親。"

①不相為隱:一本作"不相容隱"。《唐律》卷六《名例律六》"同居相為隱"條:"諸同居,若大功以上親及外祖父母、外孫,若孫之婦、夫之兄弟及兄弟妻,有罪相為隱……皆勿論。"

法許原親①,慈通隱惡②,俾恩流於下,亦直在其中③。甲齒忝人倫④,忍傷天性。義方失教,曾莫愧於父頑⑤;攘竊成姦,尚不為其子隱。道既虧於庭訓⑥,禮遂闕於家肥⑦。且情比樂羊⑧,可謂不慈傷教;況罪非石厚⑨,徒云"大義滅親"。是不及情,所宜致誚。

①原親:寬恕親情。原,宥。《文苑英華》、《全唐文》卷六百七十三作"原情",推究事情產生的原因。

②隱惡:隱匿罪惡。

③直在其中:語出《論語·子路》:"葉公語孔子曰:'吾黨有直躬者,其父攘羊而子證之。'孔子曰:'吾黨之直躬者異於是。父為子隱,子為父隱。直在其中矣!'"

④甲齒忝人倫:《全唐文》作"甲忝齒人倫"。忝,辱;齒,並列。

⑤父頑:《尚書·堯典》:"(舜)瞽子,父頑,母嚚,象傲。"漢孔安國傳:"無目曰瞽。舜父有目不能分別好惡,故時人謂之瞽。……心不則德義之經為頑。象,舜弟之字。"宋蔡沈《書經集傳》:"舜乃瞽者之子也。……母,舜後母也。象,異母弟名。傲,驕慢也。"

⑥庭訓:指父親的教誨。《論語·季氏》記孔子在庭,其子伯魚趨而過之,孔子教以學《詩》、《禮》。後因稱父教為庭訓。

⑦家肥:《禮記·禮運》:"父子篤,兄弟睦,夫婦和,家之肥也。"因以"家肥"指家庭和睦有禮。

⑧樂羊:戰國時魏將。魏文侯令其率軍進攻中山國,"其子執在城中,城中縣其

子以示樂羊。樂羊曰:‘君臣之義,不得以子為私。’攻之愈急。中山因烹其子而遺之鼎羹與其首。樂羊循而泣之曰:‘是吾子。’已為使者跪而啜三杯。使者歸報中山曰:‘是伏約死節者也,不可忍也。’遂降之。為魏文侯大開地有功。”事見《淮南子·人間訓》。

⑨石厚:春秋時衛國大臣。衛桓公被弟弟州吁殺死,州吁自立為國君。州吁跟寵臣石厚商量如何鞏固統治地位。石厚去問他的父親、衛國大臣石碏。結果石碏設計“涖殺州吁於濮”,又“使其宰獳羊肩涖殺石厚於陳”。故“君子曰:‘石碏,純臣也。……大義滅親,其是之謂乎!’”事見《左傳·隱公四年》。這裏意謂本題中“行盜”之子的罪行並不如石厚那麼嚴重。

名公書判清明集

《名公書判清明集》是宋代一部訴訟判詞和官府公文的分類彙編。盛時選在《清明集後序》中講到了《清明集》書名的由來:"《呂刑》曰'明清於單辭'說,書謂明無一毫之蔽,清無一點之污,然後能察其情,民受祥刑,斯為哲人。《清明集》之作,義或肇於是乎!"全書十四卷中分有官吏、賦役、文事、戶婚、人倫、人品、懲惡七門,每門又分有若干類:官吏門下分申儆、受贓、昭雪等十五類,賦役門下分財賦、稅賦、差役等七類,文事門下分學校、書院、科舉等四類,戶婚門下分爭業、立繼、遺囑等三十七類(其中六類名稱重複出現),人倫門下分父子、宗族、鄉里等十類,人品門下分宗室、士人、僧道等七類,懲惡門下分豪橫、妄訴、鬥毆等二十三類。除去名稱重複的六類,全書實際共分七門九十七類。據統計,宋、明兩本共收書判四百七十三篇(以一案作一篇),其中三百六十七篇注明了作者名號,而其他篇目並未注明作者名號。

過去流傳的本子為日本靜嘉堂所藏的宋刻本(景定二年,1261 年),這是個只含"戶婚門"、約六萬餘字的殘本。明刻本共十四卷,係明隆慶三年(1569 年)山東道監察御史盛時選刻本。1983 年,中國社會科學院歷史研究所宋遼金元史研究室以上海圖書館所藏的明刻本為底本,宋刻本作補充,點校出版了《名公書判清明集》(中華書局,1987)。

受人隱寄財產自輒出賣

翁浩堂

題解

本則選自《名公書判清明集》卷五《户婚門·爭業下》。翁浩堂:翁甫,字景山,號浩堂。寶慶二年(1226年)進士。曾任兩浙轉運判官。

江山縣詹德興以土名坑南、牛車頭、長町丘等田,賣與毛監丞宅[①]。有本縣臨江鄉呂千五者入狀[②],陳稱上件田系其家物,詹德興盜賣。

①監丞:國子監掌管校規的官員。

②入狀:遞狀。入,納,遞交。

今據毛監丞宅執出繳捧幹照[①],有淳熙十六年及紹熙五年契兩紙,各系詹德興買來。又有嘉熙四年產簿一扇,具載上件田段,亦作詹德興置立,不可謂非詹德興之業矣。又據呂千五執出嘉定十二年分關一紙[②],系詹德興立契,將上件田段典與呂德顯家。觀此,則又不可謂非呂千五之家物也。推其原故,皆是鄉下姦民逃避賦役,作一偽而費百辭,故為此之紛紛也。

①幹照:官府所發的認證文書,其中記載了該標的物的變更等情況。

②分關:財產分割書。

呂千五所供,已明言乃父因鄉司差役,將產作江山縣詹德興立戶,即此見其本情矣。在法:"諸詐匿減免等第或科配者,以違制論。"注:"謂以財產隱寄,或假借戶名,……及立詭名挾戶之類。"[①]如呂千五所為,正謂之隱寄、假借。既立產簿作外縣戶,卻又兜收詹德興典契在手。賦役及己,則有產簿之可推;戶名借人,又有典契之可據。其欺公罔私,罪莫大焉。今智術既窮,及被詹德興執契簿為憑而出賣,官司既知其詐,而索以還之,是賞姦也。此呂千五之必不可複業也。

①所引“法”及“注”見《慶元條法事類》卷四十七《賦役門一·匿免稅租·詐偽敕》。隱寄：隱瞞寄託（田地）。　詭名：假冒姓名。　挾戶：占為戶主。挾，占有，擁有。

詹德興元係呂千五之的親[①]，故受其寄。及親誼一傷，則視他人之物為己有，不能經官陳首，而遽自賣之。在法：“即知情受寄，詐匿財產者，杖一百。”[②]詹德興受呂千五戶之寄產，自應科罪。官司既知其偽，而遂以與之，是誨盜也。此詹德興之必不可以得業也。

①的親：指血統最接近的親屬。的，通“嫡”。

②所引法見《慶元條法事類》卷四十七《賦役門一·匿免稅租·詐偽敕》。

西安稅賦陷失，科配不行[①]，邑號難為者[②]，皆因鄉民變寄田產所致。當職或因索幹照而見，或閱版籍而知[③]，未能一一裁之以法，亦未見有寄主與受寄人如是之紛爭也。上件田酌以人情，參以法意[④]，呂、詹二家俱不當有。毛監丞宅承買，本不知情，今既管佃，合從本縣給據，與之理正。兩家虛偽契簿，並與毀抹附案。詹德興賣過錢[⑤]，追充本縣及丞廳起造，牒縣丞拘監。詹德興已死，呂千五經赦，各免科罪。詹元三留監，餘人放。

①科配：官府攤派正項賦稅外的臨時加稅。

②邑號難為者：似指被定為政事繁忙或難以治理的州縣。漢代以降，已將各州縣劃分等級，其功能在於訂定地方官員配額、品級、俸祿，及銓選官員的標準。

③版籍：登記戶口、土地的簿冊。

④酌以人情，參以法意：《名公書判清明集》卷九《戶婚門·取贖》胡石壁《典買田業合照當來交易或見錢或錢會中半收贖》中也有論述：“法意、人情，實同一體，徇人情而違法意，不可也；守法意而拂人情，亦不可也。權衡於二者之間，使上不違於法意，下不拂於人情，則通行而無弊矣。”即中國傳統法律實施所追求的“情法兩盡”、“情法兩得”、“情法兩平”、“情法兼到”。

⑤過錢：領了的錢。

折獄新語

《折獄新語》,明李清撰。該書為李清任寧波府推官時審理各類民刑案件的判詞,分為婚姻、承襲、產業、詐偽、淫姦、賊情、錢糧、失誤、重犯、冤犯等十卷,共210則。

李清(1602年~1683年),字映碧,一字心水,明末興化(今屬江蘇)人。崇禎四年(1631年)進士,授寧波府推官。考績最優,擢刑科給事中。同日上疏,言治獄不宜不問失入,而獨罪失出,並論尚書劉之鳳斷獄不當之處。"尋以天旱,復疏言此用刑鍛煉刻深所致",於是尚書甄淑"劾清把持",結果被降級調任浙江布政司照磨(主管文書照刷卷宗的官員)。後起為吏科給事中,又遷工科給事中、大理寺左寺丞等職。明亡後隱歸故園,"杜門不與人事,當道屢薦不起"。晚年潛心史學,所著有《南北史合注》、《澹寧齋史話》、《南渡錄》、《三垣筆記》、《折獄新語》、《檮杌閑評》等。

占產事

題解

本則選自《折獄新語》卷二"承襲"。

審得先故王煬,乃王榮義男;而後故王恩,則榮繼子也。今取分書閱之[①],猶煬故恩存時,於是舉置田六十畝作三股均分,而煬子大英、大傑得二，恩僅得一，此豈有說乎？則謂煬子兩，而恩止一子大相耳。

①分書：指家產分割文書。

夫是舉也，榮有三失：以猶子承祧①，又以螟子樹敵②，則有非我族類之嫌③，一失也；不以子之多寡為豆判④，而以孫之贏縮為瓜分，則有“不揣其本，而齊其末”之誚⑤，二失也；且猶子之子，僅一隅短割⑥，而螟蛉之子，反半壁長截，則有“其所厚者薄而其所薄者厚”之疑⑦，三失也。雖然，此非正理，獨無隱情乎？夫世所謂繼子者，生安知懷橘為何物⑧，死安知刻木為何形⑨？想口不禱松、鶴⑩，而心欲咒菌、蟒⑪，惟眈眈於一塊土之入掌耳！若義子者，雖曰寄生，不作飛花，故為之父若母，反有“飛鳥依人，人自憐之”之意⑫。而未可曰：彼視予猶父也，予不得視彼猶子也⑬？榮之厚畀英、傑，無乃為是乎？

①猶子：《禮記·檀弓上》：“兄弟之子，猶子也。”這裏指繼子王恩。　承祧：繼承祖廟的祭祀。　祧，遠祖廟。

②螟子：養子。指王煬。

③非我族類：指不是跟自己一條心的人。族類，同族的人。《左傳·成公四年》：“史佚之《志》有之曰：‘非我族類，其心必異。’楚雖大，非吾族也，其肯字我乎？”

④豆判：同“豆剖”，這裏指析分田產。

⑤不揣其本，而齊其末：語出《孟子·告子下》。揣，測量，量度；本，樹之根；末，樹之梢。

⑥短割：指分割得少。

⑦其所厚者薄而其所薄者厚：語出《禮記·大學》。這裏指王榮分田產，繼子、親侄王恩應厚而反薄，義子王煬應薄而反厚。

⑧懷橘：指陸績事。陸績，字公紀。三國時吳郡吳人。六歲時“於九江見袁術。術出橘，績懷三枚，去，拜辭墮地，術謂曰：‘陸郎作賓客而懷橘乎？’績跪答曰：‘欲歸遺母！’”事見《三國志》卷五十七《陸績傳》。

⑨刻木：丁蘭幼失父母，長大後思親不已，乃刻木作雙親像奉之。事見元代郭居敬《廿四孝》。

⑩禱：祝求。　松、鶴：均為長壽之物。“禱松、鶴”猶言祝人長壽。

⑪欲咒菌、蟒：指王恩作為王榮繼子，心中卻只想咒王榮早死，以早些把田產搶

到手。菌,一種朝生夕死的植物。蟧,蜉蟧,壽命極短的小蟲。

⑫飛鳥依人,人自憐之:《新唐書》卷一百零五《長孫無忌傳》:(唐太宗謂)"褚遂良鯁亮,有學術,竭誠親於朕,若飛鳥依人,自加憐愛。"飛鳥依人,形容可親可愛的樣子;憐,愛。

⑬彼視予猶父也,予不得視彼猶子也:養子把我當作親生父親,難道我就不能把他當作繼子?

迨死肉未寒,生戈已起①。而恩子大相始控之縣,則斷出二畝;繼控之府,則斷出六畝。浸淫而進之②,如食桑之蠶,葉不盡不止矣!大英等之告,非求收覆水③,但欲保故疆耳。今讀大相詞內,猶以房屋灘園未經均分為言,而築薛不休,又思逼滕也④。無乃有以召大英輩之呶呶乎⑤?

①死:指剛死去的王榮。　生:指大相和大英、大傑兄弟。

②浸淫:逐漸接近之意,原指水向周圍浸漬。

③覆水:已倒在地上的水。這裏指已判給大相的田地。

④築薛不休,又思逼滕:薛、滕是相鄰的小國,齊滅薛築城,滕甚感恐慌。事見《孟子·梁惠王下》:"滕文公問曰:'齊人將築薛,吾甚恐,如之何則可?'"

⑤呶呶:嘮叨。

恐為大英兄弟者,未可作"齊歸魯侵"之說①;而為大相者,亦難作"伐虢取虞"之計也②。王大英、王大相同室操戈,各杖以儆。其所分田產,仍照原斷行。雖然,不平而偏,王榮實召兵矣!若問禍首,當罪老奴。杖不及死,亦幸矣哉!

①齊歸魯侵:齊國歸還侵魯取得的田地。事見《左傳·定公十年》。這裏指判給大相的田地,原非大英所有,不能說大相"侵占",也不能叫大相"歸還"。

②伐虢取虞:晉侯假道於虞以伐虢,滅虢後即取虞。事見《左傳·僖公五年》。此指大相不該想出"伐虢取虞"的辦法進逼大英。

吳中判牘

《吳中判牘》,清蒯德模撰。

蒯德模(1811年~1877年),字子範,安徽合肥人。咸豐末年,以諸生治團練,積功薦保知縣。同治三年(1864年),署長洲(在今江蘇吳縣境內)縣令。蒯德模經常行走鄉間,瞭解百姓想法。他馭下嚴而恤其私,胥役奉法,不敢為蠹。蒯德模執法平允,不為覈刻。上司遇到疑獄,常叫他審理,多所平反。治長洲四年,判八百餘牘,盡愜民意。後擢太倉直隸州知州、蘇州知府、四川夔州知府。

《吳中判牘》共收判牘43則,現存清光緒四年(1878年)葛元煕刻本。俞樾在《序》中稱蒯德模"為當代龔、黃(西漢循吏龔遂與黃霸)。政事、文學,兼而有之……其折獄時手自判牘,有古人'電掃訟庭、響答詩筒'遺意",是書"皆(蒯德模)昔年為牧令時據情定案,援筆直書者也。"

丁四姐判

丁四姐,一酒家女耳,年十七,嫁與榮金和為妻。居鄰城市,學作當壚[①]。來至田家,未諳負耒[②],以致見憎翁姑,難安家室。彼婦已經走出,蕭郎從此路人[③]。乃舅家則控請官追,母氏又托詞賊擄,此中虛實,究未可知。迨武雲鵬以收留之詞自呈,乃知桃花墜雨,尚有餘春;柳絮因風[④],原無定所。丁年正妙,難禁司馬之琴心[⑤];武夫可依,偏愛子南之戎服[⑥]。"人盡夫也"[⑦],天實為之,此亦事之無可如何者矣。第丁氏徙倚軍中,雅善黨家之斟唱[⑧];榮某傖粗竈下[⑨],那知吳女之溫存。若必強以重圓,勢必拼將一死。愛河未續,禍水已成,為兩家計,均失之矣。況武雲鵬者得自亂軍,貯以金屋,非有潛逃之約,不比強暴之污。如斯婢子,見者皆憐,何況老奴⑩,戀焉怎舍?

①當壚:賣酒。壚,放酒罈的土墩。壚,亦作"鑪"。

②諳:熟悉。　耒:古代農具,形如木叉,上有曲柄,下為犁頭,可用以鬆土。

③蕭郎從此路人:語見唐崔郊詩《贈去婢》:"公子王孫逐後塵,綠珠垂淚滴羅巾。侯門一入深如海,從此蕭郎是路人。"後遂以"蕭郎"指美好的男子或女子愛戀的男子。

④柳絮因風:本指謝道韞詠雪事。事見《世說新語・言語》:"謝太傅(謝安)寒雪日內集,與兒女講論文義。俄而雪驟,公欣然曰:'白雪紛紛何所似?'兄子胡兒(謝朗)曰:'撒鹽空中差可擬。'兄女(謝道韞)曰:'未若柳絮因風起。'公大笑樂。"後多以"柳絮因風"指居無定所,或用情不專。宋王從叔《阮郎歸》:"風中柳絮水中萍,聚散兩無情。"

⑤丁年正妙,難禁司馬之琴心:事見《漢書》卷五十七上《司馬相如傳上》:"司馬相如者字長卿,蜀郡成都人也。……會梁孝王薨,相如歸,而家貧無以自業。素與臨邛令王吉相善,吉曰:'長卿久宦遊,不遂而困,來過我。'於是相如往舍都亭,臨邛令繆為恭敬,日往朝相如……臨邛多富人,卓王孫僮客八百人……是時,卓王孫有女文君新寡,好音,故相如繆與令相重而以琴心挑之。相如時從車騎,雍容閒雅,甚都;及飲卓氏,弄琴,文君竊從戶窺,心說而好之,恐不得當也。既罷,相如乃令侍人重賜文君侍者通殷勤。文君夜亡奔相如,相如與馳歸成都。"　丁年,成丁之年,壯年。這裏是雙關,"丁"亦指丁四姐。

⑥武夫可依,偏愛子南之戎服:事見《左傳・昭公元年》:"鄭徐吾犯之妹美,公孫楚聘之矣,公孫黑又使強委禽焉。犯懼,告子產。子產曰:'是國無政,非子之患也。唯所欲與。'犯請於二子,請使女擇焉,皆許之。子皙盛飾入,布幣而出;子南戎服入,左右射,超乘而出。女自房觀之,曰:'子皙信美矣,抑子南夫也。夫夫婦婦,所謂順也。'適子南氏。"晉杜預注:"楚,子南;禽,雁也,納彩用雁;布,陳贄幣;子皙,公孫黑。"武夫,這裏也是雙關,既指軍人,亦指武雲鵬。

⑦人盡夫也:所有的人都可以做她的丈夫。語見《左傳・桓公十五年》:"祭仲專,鄭伯患之,使其婿雍糾殺之,將享諸郊。雍姬知之,謂其母曰:'父與夫孰親?'其母曰:'人盡夫也,父一而已,胡可比也?'遂告祭仲曰:'雍氏舍其室,而將享子於郊。吾惑之,以告。'祭仲殺雍糾,屍諸周氏之汪。公載以出,曰:'謀及夫人,宜其死也。'"晉杜預注:"汪,池也。周氏,鄭大夫。殺而暴其屍,以示戮也。"鄭伯、公,均指

鄭厲公;其婿,指祭仲之婿。

⑧黨家之斟唱:"世傳陶谷學士買得黨太尉家故妓,遇雪,陶取雪水烹團茶,謂妓曰:'黨家應不識此。'妓曰:'彼粗人安有此景,但能於銷金暖帳下淺斟低唱,吃羊羔兒酒耳。'陶默然愧其言。"事見《蘇軾集》卷二十八注。黨太尉,黨進,宋朔州馬邑人,《宋史》卷二百六十有傳。

⑨傖粗:粗野、鄙陋。

⑩見者皆憐,何況老奴:宋祝穆《古今事文類聚》後集卷十五引梅聖俞《桓妬妻》:"昔聞桓司馬,娶妾貌甚都。其妻南郡主,悍妬誰與俱。持刀擁群婢,徑往將必屠。妾時在窗前,解鬢臨鏡梳髮。髮雲垂地,瑩姿冰照壺。妾初見主來,綰髻下庭隅,斂手語出處:'國破家已殂,無心來至此,豈願奉君娛?今日苟見殺,雖死生不殊。'主乃擲刀前,抱持一長籲。曰'我見猶憐,何況是老奴。'盛怒反為喜。哀矜非始圖,嫉忌尚服美。傷哉今亦無。"

本縣用儒家之權變①,參佛氏之圓通②,破小拘墟③,成大歡喜④。斷令償以百元,平茲兩造⑤。一則黃金買笑,得安歌舞之身;一則白首同歸,另覓糟糠之婦⑥。因錯就錯,弦無用其更張⑦;居安斯安,民或欣其得所。自謂是矣,聞者何如?

①儒家之權變:即儒家主張的審時度勢,權衡利弊得失,因人、因時、因地而採取的變通的做法。權變,隨機應變。《史記》卷一百二十九《貨殖列傳》:"智不足與權變,勇不足以決斷,仁不能以取予。"

②佛氏之圓通:妙智所證之理曰圓通。圓通即通達事理,處事靈活。圓,指不偏倚;通,指無阻礙。

③拘墟:《莊子·秋水》:"井蛙不可以語以海者,拘於虛也。"虛,同"墟",居住的地方。後因以"拘虛(墟)"喻指見聞狹隘。

④大歡喜:即"皆大歡喜",人人得其所欲,無不滿意。佛經結束時的套語。《金剛經》:"皆大歡喜,信守奉行。"

⑤兩造:爭訟的雙方,即原告和被告。

⑥糟糠之婦:指妻子。《後漢書》卷二十六《宋弘傳》:"貧賤之知不可忘,糟糠之妻不下堂。"糟糠,原指粗劣的食物,因以"糟糠之妻"指患難與共的妻子。

⑦弦無用其更張:意謂不必"改弦更張",即不必改變丁四姐與武雲鵬之間的關係。

附錄二　古代漢語基礎

第一章 漢字

第一節　漢字的起源與形體演變

一、漢字的起源

文字是記錄語言的書寫符號。語言的產生與人類社會的形成是同步的，文字的出現則標誌著人類進入文明社會。文字跨越了語言受時空限制的局限，能傳於異時，留於異地。數千年的人類文明得以留傳，並一代代地積累和發展，除了依靠實物和口耳相傳，更重要地就是依賴由文字記載的傳世文獻。

文字記錄語言，無非記錄語言的兩個要素，一是義，二是音。世界上的文字也就分為兩類，前者為表意文字，後者為表音文字。漢字和古埃及的聖書字、古巴比倫的楔形字一樣，屬於表意文字。有人說漢字是意音文字，因為漢字中也包含表音成份。其實給它起什麼名稱是次要的，重要的是認識它的性質。研究表明，凡是獨立形成的文字體系，都是像古漢字、聖書字、楔形字那樣兼用意符和音符的文字。單純使用音符的表音文字，最初是在這種文字的影響下形成的。

作為世界上唯一仍在使用的表意文字，漢字起源的探討不僅關係到我國古代文明何時開端的問題，也關係到人類社會何時步入文明的新紀元的課題。討論這個問題，不能簡單地說漢字產生於何時，起源於何物，因為漢字的形成是一個過程，受很多因素共同影響。

（一）倉頡造字

關於文字的創始，各國都有一些神話傳說。如：聖書字是知識之神托特所造，楔形文字是命運之神那勃所造，希伯萊文是摩西所造，希臘文是赫爾墨斯所造，婆羅米文是梵摩天帝所造。我國普遍流傳的是"倉頡造字"之說。這一傳說始見於《荀子·解蔽》："故好書者眾矣，而倉頡獨傳者，一也"。而後引申出《淮南子·本經訓》“昔者倉頡作書而天雨粟,鬼夜哭”,《論衡·骨相篇》“倉頡四目”等記載,這顯然表明了倉頡造字的神話色彩。漢字由勞動群眾集體創作,不是某個人的功勞,這已是共識。但尊倉頡為造字聖人,確有其必然性。在漢字體系形成過程中,起主要作用的大概就是為統治者服務的巫、史一類人。納西原始文字在過去是由納西族的“東巴”(巫師)掌握的,所以也叫東巴文。目前所能看到的比較成熟、時代最早的古漢字是與占卜有關的甲骨文,它們也出自當時的巫、史之手。相傳倉頡是黃帝的史官,把他與造字聯繫在一起是合乎情理的。荀子所說的“倉頡獨傳者”指的是倉頡對文字作了搜集、整理的工作。從另一方面說,“倉頡”其人,可能和傳說中的其他上古人物“有巢氏”、“燧人氏”、“神農氏”等一樣,是後人根據發明創造的功績而起的名字。從古音看,契與頡音近,“倉頡”也許就是“創契”的意思,是後人對創造文字的古代史官的追稱。

(二)結繩記事

結繩是原始民族普遍采用的一種記事法。我國古代文獻中有不少關於結繩的記載:《易·繫辭下》“上古結繩而治,後世聖人易之以書契”、《老子》“使民復結繩而用之”、鄭玄注《易》“結繩為約,事大,大結其繩,事小,小結其繩”。我國的許多少數民族和國外的一些民族至今仍采用結繩記事的方法。結繩只能起到幫助記憶的作用,它本身不能獨立完整地記錄事情,更不能表示語言中的讀音。不過,結繩形象卻成為了個別原始文字的構字符號,比較明顯的是代表“十”和“十”的倍數的文字。原始人在實物點數和依賴手指幫助點數的基礎上,采取放置一根草莖或在繩上打一個結的辦法來代表十之數。在商周金文中,“十”寫作,“廿”(niàn)寫作,“卅”(sà)寫作,像若干打結的繩(另一端繫在一起)。甲骨文分別寫作,有繩無結,這是為了契刻方便而簡省了筆畫。間接取形於結繩的漢字有“世”字,金文作,篆文作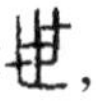,是由“卅”略加變形構成的。《說文》:“世,三十年為一世”。個別漢字採用結繩形象作為構字符號,說明結繩記事法對於漢字的產生有一定影響。

(三)刻契為約

刻契為約的辦法,產生於原始時代發明文字之前。那時候人們在木塊上刻劃一些簡單的紋路或缺口以幫助記憶,其作用與結繩相似。這種辦法至現代還保存在一些少數民族中。“如紅河哈尼族農民給地主交租,按租金多少在木片或竹片上刻缺口,然後一剖為二,地主和農民各執其一”。每一缺口的代表數不一,一般是一缺代表一秤(50 斤穀子),有時還代表更大的數。① 木契上的簡單刻劃線條,和結繩一樣只起幫助記憶的作用。不過,契刻的這種形式,卻很可能是最早的文字書寫形式之一。古人利用這種形式把一些數字符號或象形符號刻劃在陶器或竹片上,用以傳遞某種信息,就有可能逐漸演化成類似青銅器上的族徽文或竹簡木牘這類文書,文字和文獻也就逐漸地形成了。從這點說,書契比結繩更具有促進文字產生的條件。

(四)圖畫記事

在文字產生之前,人們曾經用圖畫來記事或傳遞信息。所以文字起源於圖畫是較為普遍的認識,但並不全面。需要區分的是用來記事的圖畫和圖畫形式的文字,兩者是不同的。後者可以是象形字、表意字,是文字,前者只是圖畫。原始人當然有可能指著畫出來的一頭鹿說出"鹿"這個詞來,但是這跟自覺地用鹿的圖形來記錄"鹿"這個詞,完全是兩回事。圖畫是通過形象來直接代表事物、表達意義,而文字是先通過形體特徵使人們知道它的讀音和所代表的詞,然後轉化為語言表達意義。只有當社會生產和社會關係發展到人們感到必須用記錄語言的辦法來記事或傳遞信息時,他們才有可能用圖畫形式的文字來記錄事物的名稱——語言裏的詞。通常是在階級社會形成前夕,文字才有可能出現。

(五)原始刻符

在漢字起源問題的討論中,原始社會時代遺留下來的器物上所刻劃、描畫的符號最引人注目。其中具有代表性的是三類刻符:第一是陝西關中地區發現的屬於仰韶文化的陶器刻符(圖 1),偶爾也見於骨器和石器;第二是山東莒縣陵陽河等地發現的屬於大汶口文化的陶器刻符(圖 2);第三是河南漯河市舞陽縣發現的屬於賈湖文化的契刻符號(圖 3)。第一類刻符數量最多,形體較簡單,大都是几何形符號,多半刻在陶鉢外口緣的黑寬帶紋和黑色倒三角紋上,只有極少數刻在陶盆外壁和陶鉢底部。一般的器物上只有一個刻符。根據碳 14 年代測定,這些陶器距今已有六七千年之久。對仰韶文化陶符的性質存在不同看法,比較可信的是以裘錫圭、李學勤為代表的觀點,這批陶符不是文字,只是對漢字產生有一定影響的符號,它們不具備象形符號的特徵,不能把它們與商周的象形文字相比附,但很可能具有標識數目的作用,是數字的前身。第二類刻符像具體事物之形,不如前一類使用得普遍,主要是在同型的大口陶缸上發現的幾個象形符號,刻劃位置與前類相似,基本刻在器外壁靠近口沿的部位。

① 汪寧生:《從原始記事到文字發明》,載《考古學報》1981 年第 1 期。

據估計,這些陶缸距今四千五百至五千年左右。對大汶口文化陶符的性質也存在不同看法,較合理的推斷是這些象形符號已經不是非文字的圖形,而是原始文字。因為不管是單獨使用的功能性,還是不同地方出現的流通性,以及結構上獨體與合體兼有,都表明它們已具有早期漢字的特點。第三類賈湖文化刻符共發現十七例,分別刻在甲、骨、石、陶器上,距今約八千年。專家研究認為,賈湖刻符與比它晚四、五千年的殷墟甲骨文有著驚人的相似,皆以利器為工具把符號刻在龜甲、骨器上,同樣與占卜有關。特別是有些符號的形狀與商代甲骨文相似,如圖3中第一個形似眼睛的"目"。根據前兩類刻符已可以推測,漢字形成過程開始的時間大概不會晚於公元前第三千年中期。如果確認賈湖刻符是文字,那麼,漢字的源頭就可追溯到八千年前。

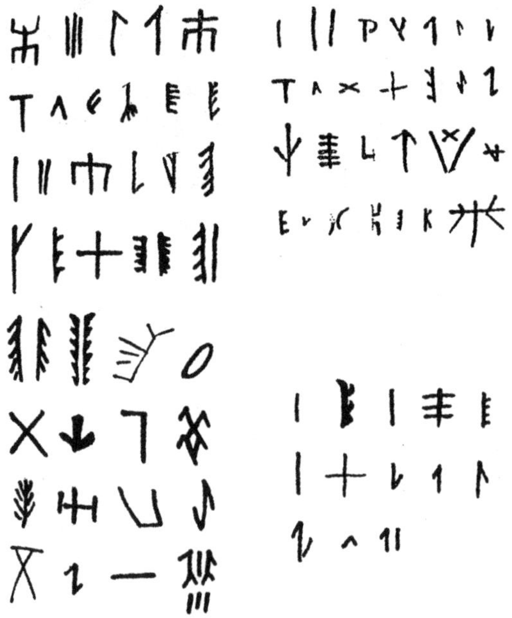

圖1　仰韶文化陶器刻符(左:臨潼薑寨出土。右上:西安半坡出土。右下:零口、垣頭、五樓、莘野、李家溝等地出土。)

圖2　大汶口文化陶器刻符

圖 3　賈湖文化刻符

二、漢字的形體演變

從目前所能見到的最早的成體系的甲骨文算起,漢字的形體也已經歷三千多年的演變了。形體的變化表現在字體和字形兩方面,它們往往是交織在一起難以截然劃分的。

漢字字體演變的過程可以分成兩個大階段,即古文字階段和隸、楷階段,具體到某個或某幾個時代通行的字體而言,古文字階段包括殷商時代通行的甲骨文、西周通行的金文、戰國時的秦國流行的大篆、秦王朝通行的小篆,隸楷階段也稱今文字階段包括兩漢通行的隸書和魏晉以來一直通行的楷書。隸書是古今漢字的分水嶺,它是漢字發展史上最劇烈變化的產物;它在秦王朝已經出現,在漢代發展成熟,又表明古今文字兩階段是緊密銜接、逐漸過渡的。

(一)甲骨文

甲骨文是殷商時代刻寫在龜甲或獸骨上的文字。當時盛行用龜甲或獸骨占卜吉凶的習俗,做法是在甲骨背面先鑽鑿圓洞和橄欖核槽穴(均不穿透),然後在洞槽邊上灼炙,甲骨面上就會出現裂紋,占卜者據之判斷吉凶。占卜時間、人物、內容等記錄就刻在卜問用的甲骨上,今稱"卜辭"。甲骨文隨殷商時代的消亡而掩埋在廢墟中,1899 年在河南安陽小屯村及其附近被發現,這一帶為殷都遺址,故甲骨文又稱殷墟文字。目前已經發掘出的甲骨計約 15 萬片,已發現的漢字總數為 5000 多個,其中考釋出的字不到一半。

甲骨文一般是用刀刻的,而且甲骨堅硬,所以字的大小不一,線條細瘦,直筆居多,拐彎處多方筆,棱角分明,外形參差不齊;而且文字尚未統一,結構尚不定型,許多字可以正寫、反寫,筆畫繁簡不一,偏旁不固定,異體字較多。如:虎,相(圖 4)

圖 4　甲骨文"虎"、"相"

儘管如此,甲骨文已經是相當發達的文字,可以用來記錄較為複雜的內容,有些字已經帶表音成分,有了假借字。

(二)金文

金文是鑄或刻在青銅器上的文字,金指青銅。青銅器以鍾、鼎居多,所以,金文又稱鐘鼎文,其文辭稱銘文。在青銅器上鑄字,商代即有,但不普遍。西周文字是商代文字的繼承和發展,文字資料豐富,其中最主要的是金文。這一時期的銘文篇幅較長,四五十字以上的很常見,百字以上的也不少,最長的是宣王時代的《毛公鼎》(圖 5),長達 497 字。

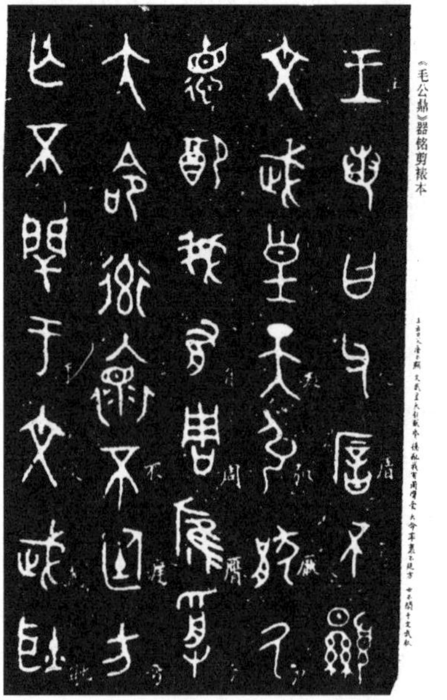

圖 5　毛公鼎(部分)

由於金文是澆鑄而成的，所以筆畫肥大厚實，豐滿圓渾。在結構和行款上，金文更趨於齊整、勻稱、方正，圖畫性減弱，符號性增強，但異體字仍然較多。

（三）篆書

篆書包括大篆和小篆兩種。大篆又有廣義和狹義之分。廣義的大篆指先秦所有的文字，包括甲骨文、金文、籀文和春秋戰國通行於六國的文字。狹義的大篆專指春秋戰國時秦國的文字，一般以籀文和石鼓文為代表。籀文傳說是《史籀篇》裏的字，石鼓文因刻在鼓形石上而得名（圖 6）。春秋戰國時秦國的大篆基本保持了西周金文的寫法，只是字形更整齊、筆畫更勻稱。

圖 6　石鼓文

小篆是秦始皇統一六國後採用的標準字體，是在大篆的基礎上整理、簡化而成的。泰山刻石是小篆的典型代表（圖 7）。與大篆相比，小篆的字形簡化了許多，筆畫更簡單，結構上更整齊、勻稱，線條略帶弧形，偏旁也較為固定，減少了異體，基本上做到了定型化。

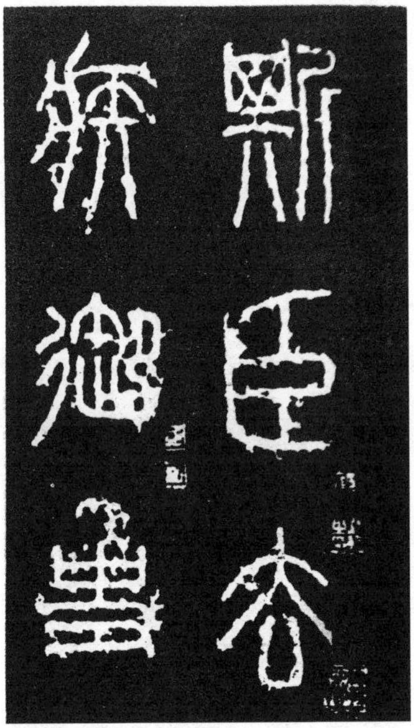

圖7　泰山刻石

小篆是秦始皇為鞏固政權而推行“書同文”政策的產物，也是漢字第一次規範化的產物。小篆的誕生標誌著漢字的統一，文字的符號性和規範性由此得到了很大的提高。

（四）隸書

隸書在秦王朝即已產生，稱秦隸或古隸。秦王朝官方運用的標準字體是小篆，而徒隸即下級人員日常書寫則採用相對省簡、潦草一點的小篆，遂稱“隸書”。秦隸發展到漢代更加簡單易寫，從而形成漢隸，也叫今隸，成為漢代通行的正式字體。

隸書的誕生在漢字發展史上具有重要意義，它是古漢字發展演變為現代漢字的里程碑。隸書變篆書的曲線為方折，變弧形為直線，變連筆為斷筆，從而形成筆畫。隸書的筆畫平直，筆勢舒展，每個字都用“挑法”，有波磔（即捺、長橫有折波），字字有棱角（圖8）。隸書用點、横、豎、撇、捺等筆畫轉寫篆書所發生的漢字字體的變化稱為“隸變”。隸變改造了偏旁，使漢字進一步變成純符號性質的文字，同時也實現了由繁趨簡。

圖8　隸書(東漢禮器碑)

(五)楷書

楷書又叫真書、正書,就是規矩整齊、可做楷模的字體。楷書始於漢末,盛行於魏晉,一直沿用到今天,是通行時間最長的標準字體。

楷書由隸書演變而來,與漢隸的結構基本相同,但取消了波磔筆法,筆畫更加平直,字形方正,書寫簡便。楷書使漢字完全變為由筆畫組成的方塊形符號,漢字成為方塊字就定型了。

(六)草書、行書

草書、行書沒有像甲骨文、金文、篆書、隸書、楷書那樣在一定的歷史階段正式通行,而一直是輔助性字體。

廣義地說,每種字體都有草率的寫法。而一般說的草書,專指漢代以後形成的一種字體,包括章草、今草、狂草。章草是隸書的草寫體,興於漢章帝時。今草產生於東漢末,是章草的繼續,是楷書的快寫體。狂草在今草的基礎上任意增減筆畫,恣意連寫,興於唐代。今草和狂草都不易辨認。

行書產生於東漢末,是一種介於楷書和草書之間的字體。它近楷不拘,近草不放,筆畫連綿,各字獨立,好寫好認,切合實用。

字體的變化與字形的簡化是相伴的，這從“馬”、“魚”二字的演變就可看出（圖9）。在字體沒有發生顯著變化的情況下，字形的簡化也在不斷進行，如甲骨文中的“車”、“漁”（圖10）。當然，在漢字發展過程中也存在少量加筆畫、加偏旁的字形繁化的現象，但其影響跟簡化不能相提並論。總之，漢字形體上的變化主要是由繁趨簡。

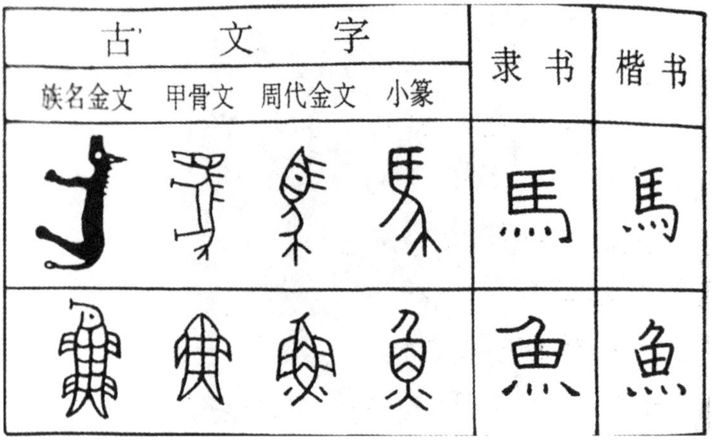

圖9 “馬”、“魚”二字的演變

圖10 甲骨文“車”、“漁”

第二節 漢字的構造

早在春秋戰國時代，古人已開始分析漢字的構造了，如《左傳》“皿蟲為蠱”、“止戈為武”，《韓非子》“自環者謂之私，背私者謂之公”等。當然，這樣零星的分析不成系統，也不可靠。在之後的古文字向隸楷化發展的重要階段，以及古今文之爭的文化大環境下，關於漢字構造的系統理論得以完成，那就是“六書”說。

“六書”之稱，最早見於《周禮·地官·保氏》：

“保氏掌諫王惡，而養國子以道，乃教之六藝：一曰五禮，二曰六樂，三曰五射，四曰五馭，五曰六書，六曰九數。”

但《周禮》並未具體說明六書的內容。漢代學者把六書解釋為關於漢字構

造的六種基本原則。《漢書・藝文志》說:

"古者八歲入小學,故周官保氏掌養國子,教之六書,謂象形、象事、象意、象聲、轉注、假借,造字之本也。"

鄭眾注《周禮》說:

"六書,象形、會意、轉注、處事、假借、諧聲也。"

許慎《說文解字・敘》列六書名目為:指事、象形、形聲、會意、轉注、假借。還一一作了闡釋和舉例。

上述三家的六書名稱大同小異,次序不盡相同。據唐蘭考證,三家之說同出一源,皆本於西漢末古文經學大師劉歆:班固《漢書・藝文志》是據劉歆《七略》改編而成;鄭眾的父親鄭興是劉歆的學生;許慎是賈逵的弟子,而賈逵的父親賈徽是受業於劉歆的。不過,鄭眾和班固都沒有具體對"六書"加以闡釋,這說明許慎在漢字構造理論上的貢獻是有開創意義的。清代以後,"六書"的名稱一般採用許慎的,而次序採用《漢書・藝文志》的,即象形、指事、會意、形聲、轉注、假借。

一、象形

許慎《說文解字・敘》:"象形者,畫成其物,隨體詰詘,日、月是也。"所謂象形,就是描畫客觀事物外形,按物體形狀作曲折變化。許慎根據篆文分析"日"、"月"二字是象形字。後世出土的商周文字中"日"、"月"的象形程度更高:

"日"像一個圓面,空廓中是實的。"月"像月缺形。這是像事物整體之形。

有的象形字像事物的特徵部分,如"牛"、"羊":

分別像牛、羊的頭部,突出牛角上彎、羊角下彎。

有的像事物整體之外還附加相關部分,如"瓜"、"果":

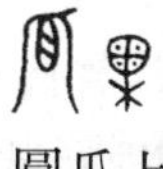

圓瓜上附加與瓜類相關的藤蔓,圓果下附加與果子相關的樹木,這樣就避免了與同形事物相混淆。

象形字是古老的文字,它圖畫意味濃,一般出現得較早。但象形造字法有其局限性,如抽象的事物無法象形,複雜的事物難以象形。隨著古漢字向隸楷發展,漢字圓轉的筆畫線條逐漸變得方折,從秦漢開始新的象形字基本上不再產生,而且已有的象形字也變得不再象形了。現在仍說“牛”、“羊”等屬於象形,是用歷史的眼光來看待這些字。

二、指事

《說文·敘》:“指事者,視而可識,察而見意,上、下是也。”所謂指事,就是一眼看去能夠辨識,仔細觀察就能明白意義,“上”、“下”二字是指事字。許慎對指事的闡釋不夠明確,不能將之與象形、會意區分開來,好在例字“上”、“下”比較典型。上、下是抽象的方位概念,無物形可像。甲骨文“上”作,“下”作,長橫表示參照線,一點或一短橫指示方向位置,在上就表示“上”,在下就表示“下”。可見,如“上”、“下”的指事字是用純粹的符號來表示抽象的概念。同樣由純粹符號構成的數字也屬此類。

還有一類字,也表示抽象概念,其字形是在象形字上附加指示性的符號,一般把這樣的字也歸為指事。如:

本 末 刃 亦

“本”是在“木”下部加一個點,表示樹根的所在;“末”是在“木”上部加一個點,表示樹梢的所在;“刃”是在“刀”口上加一個點,表示刀刃所在;“亦”是在正面站立的人(大)的胳膊下各加一點,表示腋下(“亦”的本義)。

象形字附加符號組成的指事字,應是在象形字產生後出現的。由純粹符號構成的指事字,有些由漢字產生前的刻劃符號演變而來,其出現並不晚於象形字。

漢字中指事字比象形字還少,秦漢以後的隸楷階段也幾乎沒有出現新指事字。象形字和指事字有一個共同特點,即都是獨體字,其他絕大多數的字都是以它們為基本構字部件組成的。

三、會意

《說文·敘》:“會意者,比類合誼,以見指撝,武、信是也。”所謂會意,就是並列物類(構字部件)拼合意義,由它們的某種聯繫體現字義,“武”、“信”是會意字。對許慎所舉的例子,現代文字學的研究與許氏理解是不同的。許氏根據《左傳》“止戈為武”之語,認為“武”的本義是制止干戈。現代學者根據“武”的甲骨文,“止”像人的腳印,在別的會意字中多表示人的行走前進方向,所以認為“武”是持戈前進。兩種說法其實反映了兩類不同的會意方式,前者是以義會意,後者是以形會意。兩種方式在許慎《說文》對會意字的分析中都存在。至於“信”字,現代學者通常把它看作是從言、人聲的形聲字。盡管如此,許慎對會意

的理解大體是合理的。

《說文》一般用“從某從某”或“從某某”來說明會意字。如以下一些會意字：

休　初　宿　盥　並　森

“休”，以人靠在樹旁表示休息。“初”，刀和衣合在一起以示裁剪，這是制衣的開始步驟，所以有開始義。“宿”，從宀從人從㐁（簟），表示人睡在屋裏的簟席上。“盥”，在皿中用水洗手（臼像兩手形）。“並”，兩人並立，表示比並。“森”，三木為森。其中，前四個字一般稱為異體會意字，後兩個字稱為同體會意字。“休”、“初”、“並”是由兩個部件合成的，“宿”、“盥”、“森”是由三個部件合成的。

會意字匯合象形字和指事字成為新字，從而提高了造字效率，所以數量上相對較多。到了漢字的隸楷階段，仍有一些會意字出現，主要採用以義會意的方式，如“小、土”為“尘”，“不、正”為“歪”，“山、石”為“岩”等。

四、形聲

《說文·敘》：“形聲者，以事為名，取譬相成，江、河是也。”所謂形聲，以事類作為形旁的名稱，以讀音相近的字作為聲旁合成形聲字，江、河二字是形聲字。“譬”指比擬其音。《說文》用“從某，某聲”的形式來表述形聲字的結構，如“江”字“從水，工聲”。

形聲字由表意的形旁（也叫形符、意符等）和表音的聲旁（也叫聲符、音符等）構成，其造字法比象形、指事、會意有很大的優越性。同一個形旁加上不同的聲旁可以造出意義有關而讀音不同的一大批字，如以“目”為形旁的字：眼、眶、盼、瞅、瞥、盯、瞄、睹、瞧、瞰、瞻、睡等；同一聲旁加上不同的形旁也可以造出讀音相同或相近的一大批字，如以“龍”為聲旁的字：朧、籠、聾、攏、壟、隴、壟、瓏、櫳、礱、瀧、朧等，造字效率非常高。商代甲骨文中形聲字約占百分之二十，《說文》中形聲字占了百分之八十以上，現代漢字中形聲字已占百分之九十以上。許慎《說文·敘》中說道：“倉頡之初作書，蓋依類象形，故謂之文。其後形聲相益，即謂之字。字者，言孳乳而浸多也。”正是闡明了“文字”由“文”而轉稱“字”，與形聲的造字功能強大密切相關。

形聲字的形旁和聲旁的組合位置有不同表現，賈公彥在《周禮·地官·保氏》的疏文中作了如下總結：

“書有六體，形聲實多。若‘江、河’之類，是左形右聲；‘鳩、鴿’之類，是右

形左聲;'草、藻'之類,是上形下聲;'婆、娑'之類,是上聲下形;'圃、國'之類,是外形內聲;'闕、闠、衡、銜'之類,是外聲內形。此形聲之等有六也。"

其中左形右聲最多,上形下聲次之。賈氏的六分法已包括絕大多數形聲字,但有少量形聲字的形旁或聲旁占據形聲字的一角,需要仔細辨識。

聲占一角的如:旗,從㫃,其聲;徒,從辵,土聲;新,從斤、木,辛聲。

形占一角的如:疆,從土,彊聲;穎,從禾,頃聲;騰,從馬,朕聲。

此外,還有三種情況也值得注意。省形字,如:星,從晶省,生聲。省聲字,如:㜲,從㝆,好省聲。亦聲字,如:娶,從女從取,取亦聲。

形聲字的形旁能表意、聲旁能表音,此功能可以幫助我們認識形聲字的音義,同時也存在局限性。形旁一般是說明形聲字意義的類屬或某種聯繫。如以"馬"為形旁的"驪"指純黑色的馬,形旁表類屬;"驛"指舊時傳遞公文的人休息、換馬的中轉站,形旁表聯繫。前面所舉一大批以"目"為形旁的形聲字,說明它們都與眼睛有關,但無法區分它們的具體意義。而且由於社會的發展,客觀事物的變化,有些形旁的表意作用削弱甚至喪失。如"篇"以"竹"為形旁、"鏡"以"金"為形旁,分別表示古代在竹簡上寫字、使用的是銅鏡,與現代的"篇"、"鏡"相去甚遠。

聲旁作為標音成分,在造字之初,與形聲字的讀音是相同相近的。隨著語音的演變,時至今日,大約有四分之一的形聲字聲旁和形聲字的讀音完全相同。如以"代"為聲旁的字:岱、貸、袋、玳、黛等,以"段"為聲旁的字:鍛、緞、椴、煅、碫等,這是全表音。另外大約四分之三的形聲字聲旁和整個字的讀音不完全相同。如以"垂"為聲旁:陲、捶、錘、睡、埵、唾,這是半表音,即該聲旁的部分形聲字與聲旁讀音相同,部分形聲字則不同;以"兌"為聲旁:銳、稅、說、蛻、脫、悅,這是不表音,即該聲旁的形聲字與聲旁讀音都不相同。

五、轉注

《說文·敘》:"轉注者,建類一首,同意相受,考、老是也。"許慎對轉注的界說不很明確,《說文》正文中也沒有一字注明屬於轉注。歷代學者根據八字韻語和"考"、"老"二字的形、音、義對轉注作了各種解說,但至今沒有定論。我們需要瞭解的是由清代大儒戴震提出並基本得到公認的看法,即:"六書"中,象形、指事、會意、形聲的性質與轉注、假借的性質是有區別的。前四書是從平面靜態的角度孤立地分析字形結構歸納出來的,是造字的方法,即所謂"字之體";後二書是從歷史動態的角度聯繫地分析字與字的關係歸納出來的,是用字的方法,即所謂"字之用"。這就是"六書"的"四體二用"說。

六、假借

《說文·敘》:"假借者,本無其字,依聲托事,令、長是也。"所謂假借,是指某一個詞,本來沒有為它造過專用的字,而是依據讀音把這個詞的意義寄托給另一個音同或音近的字,即借用一個音同或音近的字來表示這個未造字的詞。所以假借並沒有造出新字。

屬於假借字的如代詞(或語氣詞)的"其"。古人沒有為這個詞造字,而是借用了讀音相近的本義為簸箕的象形字"其"。至於"箕"則是後來為"其"的本義簸箕而造的。

又如代表獅子義的"師"。東漢時獅子首次出現在中國,《後漢書·順帝紀》:"疏勒國獻師子封牛。"根據讀音借用了"師"去記錄它。後來才在"師"字上加"犬"旁造出"獅"字。

再如人稱代詞"我"。這個詞也是"本無其字","依聲托事"托給了像一種兵器之形的"我"。而那種兵器久已失傳,無論是"我"的本義還是借義都沒有必要再去造字了。

許慎為闡述假借而舉的"令"、"長"二字,後世學者已指出它們其實屬於詞義的引申。根據《說文》,"令"的本義是"發號","長"的本義是"久遠"。在東漢時代,"令"、"長"都成為縣級行政長官的名稱。一般認為,縣令、縣長義是由本義引申出來的。許慎在《說文》中提到的其他假借也多與詞義引申有關,可見許慎並未區分假借與引申。而近代文字學認為,文字的借義與本義之間是沒有引申關係的,兩者僅僅是讀音相同或相近。所以,假借和引申是要嚴格區分的。

六書中的假借強調"本無其字",與之相對的是"本有其字"的假借,即一個詞本來有記錄其音義的字,書寫時不用,而借用另一個音同或音近的字來代替它。為與"本無其字"的假借相區分,一般稱"本有其字"的假借為通假。通假是閱讀古代文獻必須要認識的一個重要現象,要透過通假字,找出本字,才能正確理解文獻原意。從現存文獻來看,通假現象集中出現在先秦兩漢時期。魏晉隋唐的不少文人出於擬古的癖好使用通假字,但都是沿用先秦兩漢的定例。所以,辨析通假,一則要根據先秦兩漢的古音,二則可以掌握一些相沿成習的定例。比如下列通假字與本字:

"共"與"供":"王祭不共,無以縮酒。"(《左傳·僖公四年》)

"卒"與"猝":"卒然邊境有急,數十百萬之眾,國胡以饋之?"(《論積貯疏》)

"說"與"悅":"秦伯說,與鄭人盟。"(《左傳·僖公三十年》)

“被”與“披”:“微管仲,吾其被髮左衽矣。”(《論語・憲問》)

“熙”與“嬉”:“聖人非所與熙也,寡人反取病焉。”(《晏子春秋》)

“培”與“憑”:“故九萬里則風斯在下矣,而後乃今培風。”(《莊子・逍遙遊》)

第三節　古今字、異體字、繁簡字

漢字以字形記錄詞的讀音和意義,所以,每一個漢字都具有形、音、義三個要素。六書中的假借和文獻中的通假反映的是字與字的關係,其實也就是漢字的形音義之間的關係。文獻中還有一些用字現象,同樣反映的是形音義三方面的關係。以下重點討論古今字、異體字、繁簡字,它們有一個共同點,即音、義同,形不同,也可以說同詞異字。

一、古今字

“古今字”這一術語是由東漢經學家鄭玄首先提出的。《禮記・曲禮下》“予一人”,鄭玄注:“余、予,古今字。”即同一個詞在不同的時代用不同的字來記錄,那麽,早先使用的字叫“古字”,後來使用的字叫“今字”,合稱“古今字”。這裏所謂“古今”是相對而言的,段玉裁在《說文解字注》“誼”字下明確指出了這一點:“古今無定時,周為古則漢為今,漢為古則晉宋為今,隨時異用者謂之古今字。”

古今字的形成是語言發展過程中的一個客觀現象。一個字在創制之初,是與它所記錄的詞單一對應的。隨著語言文字的使用,詞義往往被引申,文字常常被假借或通假,由此就形成了一字表多詞的現象。如果一個字所承擔的記詞負擔過重,主要指它所記的詞太多,或所記的幾個詞都是常用詞,就勢必造成混淆,增加閱讀障礙。例如《詩經・靜女》“匪女之為美”、“悅懌女美”二句,讀者很難確定“女”字是姑娘的意思還是第二人稱代詞。為解決這一問題,人們往往分散該字的記詞負擔,將它的某個意義讓別的字來記錄,如將“女”字的假借義——第二人稱改用“汝”字(本義為水名),或把該字加以改造,如將“其”的本義簸箕用加竹字頭的“箕”來表示。這樣,古今字就產生了。在第二人稱代詞的用法上,“女”是古字,“汝”是今字;在簸箕的意義上,“其”是古字,“箕”是今字。

今字為分擔古字的記詞任務而造或借用,根據今字所記古字的不同詞義,或本義,或引申義,或假借義,古今字的產生有以下四種常見的模式。

(一)今字為古字的引申義而造或借用,古字保留本義

"反"和"返"。《說文》:"反,覆也。"段玉裁注:"反,覆者,倒易其上下。"可見,"反"字本義是正反的反。由正反的反引申出往返的返,即返回義,如《列子·湯問》:"寒暑易節,始一反焉。"後來為"反"的這一引申義專造了"返"字來表示,本義仍由"反"字表示。在返回的意義上,"反"與"返"構成一對古今字。

"取"和"娶"。《說文》:"取,捕取也。"以手取耳會意。由獲取引申出娶妻之義,《詩經·豳風·伐柯》:"取妻如何?匪媒不得。"後來給"取"字加上義符造出"娶"字來專指娶妻,在這一意義上,"取"是古字,"娶"是今字。

"解"和"懈"。"解"字甲骨文像雙手把牛角卸下來的形象,本義是分解。引申指人的精力分散懈怠,如《詩經·烝民》"夙夜匪解,以事一人"。這個引申義後來另造了"懈"字,本義分解仍用"解"字。在鬆弛、懈怠的意義上,"解"與"懈"是古今字。

屬於這類古今字的又如(古字在前,今字在後):

昏/婚　　赴/訃　　竟/境

賈/價　　大/太　　藏/臟

(二)今字為古字的假借義而造或借用,古字保留本義

"采"和"彩"。"采"是從爪從木的會意字,表示摘取的意思,與顏色、色彩沒有意義關聯。文獻中用"采"字記錄顏色、色彩義屬於假借,如《禮記·月令》"命婦官染采",鄭注:"采,五色。"後來為"采"的這一假借義專造了"彩"字。在彩色的意義上,"采"是古字,"彩"是今字。

"麤"和"粗"。《說文》:"麤,行超遠也。從三鹿。""麤"的本義是跳躍遠行,被假借來表示"粗大、粗魯、粗糙"。《禮記·月令》"食菽與雞,其器高以麤"、《禮記·王制》"布帛精麤不中數"用的就是假借義。之後,"麤"的這一假借義另外借用了本義為糙米的"粗"字來表示。這樣,"麤"和"粗"是一對古今字,"粗"是為"麤"的假借義而借用的今字。

"蘇"和"甦"。《說文》:"蘇,桂荏也。""蘇"字本義是一種草本植物,被假借來表示"蘇醒",如《小爾雅·廣名》"死而復生謂之蘇"、《左傳》"蘇而復上者三"。後來為"蘇"的這一假借義另造了會意字"甦"。

屬於這類古今字的又如:

牟/麰　　隹/唯　　師/獅

與/歟　　戚/慽　　母/毋

(三)今字為古字的本義而造或借用,古字表示引申義

“責”和“債”。《說文》:“責,求也。從貝朿聲。”王筠說:“謂索求負家償物也。”王說更接近“責”之本義。《左傳·昭公二十一年》:“使有司寬政,毀關,去禁,薄斂,已責。”用的就是“責”的本義討債。也作名詞債務講,如《戰國策·齊策四》:“先生不羞,乃有意欲為文收責於薛者乎?”由討債、索取財物引申出要求義,進而引申出詰問、責任等義。為免“責”字擔負詞義過多,後人就為本義專造了“債”,引申義要求等則由“責”承擔。

“閒”和“間”。“閒”字從門從月會意,表示月光從門縫中透進來,本義指夾縫、間隙,如《莊子·養生主》“彼節者有閒”。引申指空間、時間上的間隔、間斷,如《戰國策·齊策一》“時時而閒進”。又引申出抄近路、離間等意義。後來人們把“閒”改造成“間”,用來表示“閒”的本義間隙以及很多引申義。“閒”僅用於表示它的引申義之一——空閑,即兩個工作時段之間的閑暇(這個意義後來又借用“閑”)。

“益”和“溢”。“益”是會意字,從水從皿,表示器皿中有水漫出,本義即水漫出,引申指增加、增多,又引申指補助、有利,進而引申出富裕、利益、更加等多個意義。為以示區別,後人給“益”加上水旁造出“溢”字來表示本義水漫出,諸多引申義仍由“益”承擔。

屬於這類古今字的又如:

臭/嗅　　居/踞　　原/源

丞/拯　　奉/捧　　內/納

(四)今字為古字的本義而造或借用,古字表示假借義

“莫”和“暮”。《說文》:“莫,日且冥也。從日在茻中。”“莫”是會意字,以太陽落在草叢裏表示傍晚。《禮記·聘義》“日莫人倦”正是用“莫”的本義。後“莫”被假借用作否定代詞,如《孟子·梁惠王上》“晉國,天下莫強焉”,還用作否定副詞。為作出區別,後人為“日且冥”這個本義專造了“暮”字,“莫”字則用於假借義。

“它”和“蛇”。“它”本為象形的蛇,後借用作代詞,如《墨子·公輸》“與它石迥異”。於是給本義另造了“蛇”字。

“亦”和“腋”。“亦”是指事字,本義是人的腋窩,被假借表示又、也。於是本義另造從肉、夜聲的“腋”字來表示。

屬於這類古今字的又如:

其/箕　　而/耏　　自/鼻

然/燃　　　衰/蓑　　　韋/圍

有時古字的多項意義各有專職的今字來分擔,於是古字相對應的今字就不止一個。如"厭"字的多項意義中,除厭惡義仍用"厭"字表示外,滿足義加食旁寫作"饜",壓迫義加土旁寫作"壓",惡夢義加鬼旁寫作"魘"。這樣就形成了"厭/饜"、"厭/壓"、"厭/魘"幾對古今字。其他如相對於古字"辟"的今字有"避"、"躄"、"譬"、"嬖"、"僻"、"闢"等,相對於古字"采"的今字有"採"、"彩"、"綵"等,相對於古字"奉"的今字有"捧"、"俸"等。

今字的產生有兩種途徑,一是造新字,二是借用他字,造新字往往是以古字為基礎的,所以今字與古字在形體上有一定的聯繫。最常見的情況是今字以古字為聲旁、添加形旁而構成形聲字。前面所舉古今字中的今字,絕大多數用此方式造出,如"反/返"、"采/彩"、"解/懈"、"益/溢"、"責/債"、"其/箕"等。其次是今字改換古字的形旁而構成新的形聲字。如"赴"的本義是奔赴,引申指奔赴告喪,為引申義專造的今字"訃",沿用古字聲旁"卜",改換形旁為"言",以示"告喪";又如洛水的"洛"古作"雒",後來隹旁改為水旁。再次將古字略加變形而成今字。如用作否定副詞的今字"毋",是由古字"母"變成的;作程度副詞的今字"太",是由古字"大"變成的;空間的"間"是由"閒"字變成的。也有完全新造的今字,與古字形體沒有聯繫。如腋窩義的今字是採用形聲造字法新造的"腋",與古字"亦"形體沒有聯繫;蘇醒義的今字是採用會意方式新造的"甦",與古字"蘇"形體無關。借用他字的今字一般與古字形體也沒有聯繫,如"麤/粗"。

二、異體字

文字不是出自一人之手,是群眾創造和使用的,所以,同一個詞造出兩個或更多的字來是完全可能的。文字學上也因此有正體、變體、俗體等之說。這裏要討論的異體字是指:兩個或兩個以上字形不同而讀音和意義完全相同的文字。

異體字字形上的差異及其來源大致有以下幾種表現。

(一)造字法不同

韭/韮　　　鬲/歷

羴/羶　　　淼/渺　　　嵩/崧　　　泪/淚

以上各組前一個字中,"韭"、"鬲"是象形字,其餘是會意字;後一個字都是形聲字。

(二)同是會意字而構成的偏旁不完全相同

明/朙　　　災/灾　　　農/莀　　　葬/塟

(三)同是形聲字而構成的偏旁或相對位置不同

有的是形旁不同,如:

遍/徧　　睹/覩　　裙/帬　　杯/盃

有的是聲旁不同,如:

綫/線　　褲/袴　　猿/猨　　磻/磫

有的是形旁和聲旁都不同,如:

糯/稬　　村/邨　　視/眡　　糍/餈

有的是形旁和聲旁都相同,但相對位置不同,如:

鞍/鞌　　群/羣　　够/夠　　慚/慙

(四)保留古代字形

肯/肎　　侯/矦　　似/佀　　年/季

以上各組中的後一個字是古代字形。

異體字的讀音相同通常指古今音都相同,意義相同一般要求本義和各個義項都相同,如果不符合就不能認為是異體字。如“寘”和“置”,在“放置”這一意義上,二者相同,可是“置”還有一些别的意義是“寘”所沒有的,而且這兩個字的古音也不一樣,所以“寘”和“置”不是異體字。又如“雕”、“彫”、“凋”三字,本義不同,只在彫飾、彫琢的意義上“雕”與“彫”通用,在凋傷、凋零的意義上“彫”曾與“凋”通用。它們也不是嚴格意義上的異體字。當然有說它們是“部分異體字”或“廣義的異體字”。1955 年文化部和中國文字改革委員會聯合發佈的《第一批異體字整理表》收錄異體字 810 組,就是廣義的異體字。

古今字和異體字都是同一個詞而具有兩個或兩個以上書寫形式的現象,兩者在產生的原因和時間先後以及讀音、意義的對應上都有不同。其中最主要的區别是表示同一個詞的兩個字的用法後來是否有分工,有分工的是古今字,沒有分工的是異體字。如韭菜的“韭”和瓜果的“果”後來都有加艸頭的寫法,但是“韭”和“韮”在任何場合下都可以互相替換,用法沒有分工,所以是異體字;“果”和“菓”的用法卻有分工,瓜果的“果”可以寫作“菓”,而表示引申義的“結果”、“成果”、“如果”等卻不能寫作“菓”,所以“果”和“菓”是古今字。如果聯繫產生原因等考察,就更能證實它們的不同。

三、繁簡字

字形簡化是漢字發展過程中一直存在的現象,早在商代文字中字形就有繁有簡,北魏時代“亂”字已經簡化為“乱”。與繁體字並稱的簡化字通常特指建國後在大陸推廣的簡化漢字,即 1956 年中華人民共和國國務院公布的《漢字簡化方案》所規定的簡化字，1964 年 3 月文化部、教育部、文改會《關於簡化字的聯合通知》又作了一些補充規定和局部調整。簡化字著眼於字形筆畫的簡省，讀音、意義是不變的。從 1964 年編印、1986 年重新發表的《簡化字總表》中公佈的簡化字來分析，簡化字中一部分是遵循一定的方法新造的字，另一部分是選用的古字、俗字等。具體如下：

（一）簡化偏旁

有的是換用一個簡單的聲旁，如：

優/优　　蘋/苹　　燈/灯　　撲/扑

有的是簡化複雜偏旁的筆畫，如：

貨/货　　銀/银　　錢/钱　　譏/讥

有的是將複雜偏旁換成簡單符號，如：

漢/汉　　鷄/鸡　　趙/赵　　區/区

（二）保留特徵或輪廓。如：

聲/声　　飛/飞　　奪/夺　　齒/齿

（三）草書楷化，即用正楷的筆法來書寫繁體字的草書。如：

長/长　　堯/尧　　專/专　　為/为

（四）構成新的形聲字或會意字。如：

驚/惊　　響/响　　護/护　　憂/忧

筆/笔　　叢/丛　　簾/帘　　蠶/蚕

（五）同音替代。如：

後/后　　穀/谷　　麯/曲　　薑/姜

（六）採用古字。如：

氣/气　　雲/云　　從/从　　網/网

（七）採用異體字。如：

淚/泪　　無/无　　脣/唇　　蹟/迹

（八）採用俗字。如：

竈/灶　　糧/粮　　弔/吊　　亂/乱

簡化字在書寫上確實帶來了便利，但也存在一些問題，有兩點特別值得注意。一是簡化偏旁不能任意類推。如“言”字作偏旁都可簡化為“讠”，“義”簡化為“义”，作偏旁也可類推，但“柬”作偏旁於“練”、“煉”、“揀”可簡化類推，分別作“练”、“炼”、“拣”，而於“諫”、“闌”則不可，只能作“谏”、“阑”。換用簡單聲旁的如“燈”簡化成“灯”，可是“凳”、“瞪”、“橙”等並不能類推；“鄧”字則換用簡單符號成"邓",更不能任意類推。類似的情況還很多。二是同音替代使本來不同的字混而為一。前面同音替代所舉的例子"後/后"、"穀/谷"、"麯/曲"、"薑/姜",每一組中的兩個字在古文獻中都只是讀音相同而形義完全不同的。如:"後"是先後的後,"后"是名詞,表示君主或君主的配偶。簡化後兩者都寫作"后",這樣一來就會引起混淆。《史記・孝景本紀》:"孝文在代時,前后有三男。"所謂"前后"指的是孝文帝前妻,但很容易被誤解成前前後後的意思。繁簡字中常見的同音替代字很多,如:"幾/几"、"裹/里"、"餘/余"、"鬥/斗"、"徵/征"、"醜/丑"、"臺/檯/台"等,在學習古代漢語時要引起重視。

第二章 詞義

第一節　字、詞之別

古代漢語以古代書面資料為主要研究對象,人們所面對的是一個個的方塊漢字。在傳統的語文學研究中,字是最基本的研究單位,甚至認為字直接記錄了概念。由此,漢字形體與意義之間的關係便成為語文學研究的一大重點。這種研究囿於漢字表意的特點,弱化了語言的作用,形成了一種重形不重音的研究傳統。

一般認為,文字是記錄語言的書寫符號系統,二者聯繫緊密。尤其是在漢字產生之初,漢語以單音詞為主,形成了一個漢字記錄一個詞占絕大多數的局面。此後,上古漢語成為此後諸代經久不變的書面語經典,字詞一一對應的關係便不斷地流傳下來,自然也就有了"一個字就是一個詞"的看法。但是,字屬於文字層面,詞則屬於語言層面,二者層次不同,單位也不盡一致,並非總是一一對應。

有時一個漢字只記錄詞中一個沒有意義的音節,如"蟋蟀","蟋"字與"蟀"字分別記錄了一個無意義的音節,只有二者合起來才構成一個詞,與之類似的還有"葡萄"、"徘徊"等;有時,一個漢字記錄的只是復合詞中的一個語素,如"朋友""黎民""天子"等都是一個詞,但要用兩個漢字記錄。先秦漢語中已經存在不少的復合詞,漢代以後更是大量出現,發展到現代漢語復合詞終成為主流。此外,還存在著異字同詞以及同字異詞的現象。"異字同詞"現象,如表示"娶妻"可以用"娶"來記錄,也可以用"取"記錄;如"期""朞"、"案""桉""嘆""歎"等字都記錄了同一個詞。同字異詞現象,如"女"字既可以記錄義為"女子"的"女"(nǚ),又可以記錄表第二人稱代詞的"女"(rǔ);又如,"怕"字既可以記錄義為“恬澹、澹泊”的怕(bó),後來改用“泊”記錄,同時也記錄義為“害怕”的“怕”。有的同字異詞指那些讀音一樣,但卻記錄了意義沒有任何聯繫的兩個詞,如“花”字,不但記錄了義為“植物繁殖器官”的“花”,同時也記錄了義為“花錢”的花,雖然二者的讀音都是“huā”。

可見,在古代漢語尤其是上古漢語中,雖然“一個字就是一個詞”、“同一個字所記錄的為同一個詞”具有普遍性,但這種看法是不嚴謹的,沒有照顧到許多特殊情況。判斷一個詞的標準不僅要看字形,更重要的是參考音和義。只有音、義相同,字形不同也是同一個詞。即使字形、讀音相同,意義不同的話,也是不同的詞。對於古代漢語詞彙研究而言,詞義是非常重要的。

第二節　古今詞義的關係

詞義一般指詞的理性意義,也稱為概念意義,即通常所謂詞的概念,反映了詞所代表事物的本質特徵。一般在詞典中所見到的給詞下的定義就是詞的理性意義。除了理性意義外,詞義還有感情意義、隱含意義等。

社會不斷變化,人的認識不斷深入,促進了語言的不斷發展。在新詞產生與舊詞消亡的同時,詞義也在持續的演變之中。對比古今詞義,有的基本沒有發生變化,有的則出現差異,差異的程度也不盡相同。

一、古今詞義基本未變。漢語中有些詞詞義是非常穩固的,古今基本沒有什麼變化,如“人”“牛”“馬”“月”“手”“大”“小”“黑”“白”“一”“二”“三”等等。這種詞都屬於基本詞彙,是所有詞彙的核心。這些詞與人們的日常生活關係密切,與詞義相對應的客觀事物變化不大,因此基本詞彙的詞義發展緩慢。這也保證了漢語的穩定性,體現了古今漢語的傳承關係。

二、古今詞義差異較大,意義之間的聯繫比較隱晦。例如:

1. 苦山有木,服之不字。　　《山海經·中山經》

“字”此處為“懷孕、生育”的意思,現代漢語中則多指“文字”。

2. 故舊不遺,則民不偷。　　《論語·泰伯》

“偷”此處為“不厚道”的意思,現代漢語中則多指“盜竊”。

3. 若舍鄭以為東道主,行李之往來,供其乏困,君亦無所害。　　《左傳·僖公三十年》

“行李”此處為使者,現代漢語中則多指出門時攜帶的東西。

4. 凡祭祀,共其犧牲。　　《周禮·地官》

“犧牲”此處指供祭祀用的純色全體牲畜,現代漢語中則多指為了正義事業而捨棄生命。

此類古今詞義差别較大,一般人很難發現古今詞義之間的複雜聯繫,但不能否認它們之間是有聯繫的。如果意義間沒有聯繫,就不能稱之為同一個詞了。如“文字”之“字”的意義來源,即許慎所謂“獨體為文,合體為字”,而“合體”與“懷孕”則密切相關。

三、古今詞義略有差别,意義之間的聯繫比較緊密,例如:

1. 一鼓作氣,再而衰,三而竭。　　《左傳・莊公十年》

“再”此處義為“兩次、第二次”,現代漢語中則多指“又一次”。

2. 赦之,以勸事君者。　　《左傳・成公二年》

“勸”此處與“勸學”之“勸”同為“勉勵、鼓勵”的意思,表示積極的鼓勵,而現代漢語中則為消極的勸阻。

3. 循牆而走。　　《左傳・昭公七年》

“走”此處義為跑,現代漢語則指走路。

4. 不積跬步無以至千里。　　《荀子・勸學》

古代一次舉步為“跬”,相當於現在的一“步”;兩次舉步為“步”,相當於現在的兩步。

5. 惟十有三祀,王訪於箕子。　　《尚書・洪範》

“訪”此處為咨詢,現代漢語為拜訪、探望。

相較於第二類,以上諸詞的古今意義差别較小,意義之間邏輯關係較為明顯。但正是這種細微的差别,往往成為學習古代漢語詞彙的難點,因為古今意義差别不大,很多時候往往會用今義解釋古義,從而造成了理解上的偏頗。

第三節　詞義演變的結果

詞義在發展過程中產生變化,造成了古今詞義的不同。詞義的變遷,主要有以下幾種情況:

一、詞義的擴大

詞義擴大指詞義在發展過程中,詞義所概括的客觀事物的範圍由小到大,由部分到整體,由個别到一般。古義包含在今義之中,今義大於古義。

江:古義僅指長江,如《尚書・禹貢》:“江漢朝宗於海。”又如《孟子・滕文公上》:“決汝漢,排淮泗而注之江。”後泛指所有大的江河。與之類似的還有

“河”,古義僅指黃河,同樣在《尚書·禹貢》:“島夷皮服,夾右碣石入於河。”後泛指所有的河流。

響:古義指“回聲”,如《易·繫辭上》:“其受命也如響。”唐孔穎達疏:“如響之應聲也。”又如《呂氏春秋·有始》:“日中無影,呼而無響。”後“響”所指擴大到一切聲音。

好:古義指女子貌美,如《戰國策·趙策三》:“鬼侯有子而好,故入之於紂,紂以為惡。”又如漢王褒《四子講德論》:“故毛嬙、西施,善毀者不能蔽其好;嫫母、倭傀,善譽者不能掩其醜。”皆單指女子的貌美,後來一切事物的美好都可以稱之為“好”,詞義擴大。

雄:據《說文》:“雄,鳥父也。”可知“雄”僅指雄鳥,如《詩經·邶風·雄雉》:“雄雉於飛,泄泄其羽。”後“雄”泛指一切鳥獸的雄性。

二、詞義的縮小

與詞義擴大恰相反,詞義縮小是指詞義在發展過程中,詞義所概括的客觀事物的範圍由大到小,由整體到部分,由一般到個別。今義包含在古義之中,古義大於今義。

穀:古義為糧食作物的總稱,為“百穀之總名”,如《禮記·曲禮下》:“歲凶,年穀不登,君膳不祭肺,馬不食穀。”又如《孟子·梁惠王上》:“不違農時,穀不可勝食也。”後“穀”則只是單一糧食作物“穀子”的名字。

宮:古義為房屋、居室的通稱,如《易·困》:“入於其宮,不見其妻,不祥也。”又如,《墨子·節用》:“古者,人之始生,未有宮室之時,因陵丘堀穴而處焉。”秦漢以後,則只有皇帝居住的房屋叫作“宮”,如“阿房宮”等。與此類似的還有“朕”,最初為第一人稱代詞,據漢蔡邕《獨斷》:“朕,我也。古代尊卑共之,貴賤不嫌,則可同號之義也。”如屈原《離騷》:“帝高陽之苗裔兮,朕皇考曰伯庸。”後自秦始皇起,成為以後各代皇帝的自稱,據《史記·秦始皇本紀》:“臣等昧死上尊號,王為‘泰皇’,命為‘制’,令為‘詔’,天子自稱曰‘朕’。”由此也可知,詔古義為“告知”,不局限於皇帝告下,詞義也是縮小了。

吃:不僅有“食”義,即咀嚼後下咽,也有“飲”的含義,如唐杜甫《送李校書二十六韻》:“臨歧意頗切,對酒不能吃。”《朱子語類》卷二七:“如一椀水,聖人是全得水之用,學者是取一盞喫了,又取一盞喫,其實都只是水。”明清小說中也會經常見到“吃酒”一詞。現代漢語中,“吃”則縮小到只有“食”的意義。

瓦:古義為陶制器物的總稱,如“瓦盆”“瓦罐”等詞,又如楚辭《卜居》:“黃鐘毀棄,瓦釜雷鳴”。《荀子·性惡》:“夫陶人埏埴而生瓦。”除此之外,“瓦”還是一種泥土所燒製的紡錘的名稱,如《詩經・小雅・斯干》:"乃生女子……載弄之瓦。"毛傳:"瓦,紡塼也。"到了宋元時代,"瓦"又成了都市中商業貿易和娛樂的場所,據宋張端義《貴耳集》:"臨安中瓦在御街中,士大夫必游之地,天下術士皆聚焉。"到了現代漢語,"瓦"的意義則縮小為蓋房頂所用的一種建築材料。

丈夫:據《說文》:"人長八尺故曰丈夫。"可知"丈夫"在古代為成年男子的通稱,如《穀梁傳・文公十二年》:"男子二十而冠,冠而列丈夫。"《戰國策・趙策》:太后曰:"丈夫亦愛憐其少子乎?"後發展為所有男子,包括男孩子都可以稱為"丈夫",如《國語・越語》:"生丈夫,二壺酒,壹犬;生女子,二壺酒,壹豚。"後來,"丈夫"詞義所轄,專指配偶中的男方。

三、詞義的轉移

詞義的轉移是指,詞義由原來所概括事物,轉移到了與之相關卻無類屬關係的另一事物之上。與詞義的擴大與縮小相比,詞義轉移最大特點是,詞義轉為新義之後,原來舊的意義就不存在了。

兵:據《說文》:"兵,械也。"可知,"兵"原來指的是兵器,如《詩經・秦風・無衣》:"王於興師,脩我甲兵,與子偕行。"又如《後漢書・東夷傳》:"其兵有矛、楯、木弓,竹矢或以骨為鏃。"後來,"兵"有了士兵的意義,從器械轉移為持器械的人,如《戰國策・趙策》:"必以長安君為質,兵乃出。"轉移前後的兩種意義之間雖有聯繫,但沒有類屬關係,是為詞義的轉移。

獄:古義為"爭訟",如《周禮・秋官・大司寇》:"以兩劑禁民獄。"鄭玄注:"獄,謂相告以罪名者。"後詞義發生轉移,產生了"監獄"的意義,如《漢書・刑法志》:"今郡國被刑而死者歲以萬數,天下獄二千餘所,其冤死者多少相覆。"

涕:眼淚,如。《周易・離》:"出涕沱若,戚嗟若。"又如《文選・司馬相如〈長門賦〉》:"左右悲而垂淚兮,涕流離而從横。"李善注:"自眼出曰涕。"後"涕"有了"鼻涕"的意義,如漢王褒《僮約》:"咋索仡仡,扣頭兩手自搏,目淚下落,鼻涕長一尺。"現代漢語中,"涕"只有"鼻涕"而無"眼淚"之義。

暫:據《廣雅・釋詁》:"暫,猝也。"即"突然"的意思。如《說文》:"突,犬從穴中暫出也。"《史記・李將軍列傳》:"廣詳死,睨其旁有一胡兒騎善馬,廣暫騰而上胡兒馬。"後大約在漢代,"暫"由"突然"義轉移為"不久、須臾、短時間"的意義,即《說文》:"暫,不久也。"如唐白居易《秦中吟・重賦》:"里胥迫我納,不許暫逡巡。"清魏源《聖武記》卷一:"晝長夜暫,北極出地五十一度。"現代漢語中則多用為副詞"暫時"。

一般而言,在詞義的變遷過程中,凡是不屬於擴大、縮小的,基本上都可以看作是轉移。

四、詞義感情色彩的變化

詞義的感情色彩,指詞義顯現出的人的感情態度,包括褒、貶、輕、重、尊敬、輕蔑等。在詞義變遷的過程中,詞義的感情色彩也會發生變化。

(一)詞義褒貶的變化

卑鄙:本指地位的低微鄙陋,見識短淺,是一個中性詞。如《三國志·蜀志·諸葛亮傳》:“先帝不以臣卑鄙,猥自枉屈,三顧臣於草廬之中。”《北史·于翼傳》:“明帝雅愛文史,立麟趾學,在朝有藝業者,不限貴賤,皆聽預焉。乃至蕭撝、王褒等與卑鄙之徒同為學士。”後來詞義色彩逐漸變為貶義,如清沈复《浮生六記》:“余自績溪之游,見熱鬧場中卑鄙之狀不堪入目,因易儒為賈。”並一直延續到現代漢語。

爪牙:本用以比喻勇士、衛士,是一個褒義詞,如《詩經·小雅·祈父》:“祈父!予王之爪牙。”鄭玄箋:“此勇力之士。”又如《漢書·李廣傳》:“將軍者,國之爪牙也。”後來“爪牙”有了“黨羽、幫兇”的意義,逐漸變為一個貶義詞,如唐元結《問進士》:“外以奉王命為辭,内實理車甲,招賓客,樹爪牙。”

謗:本為“指責别人的過失”,為一中性詞,如《國語·周語上》:“厲王虐,國人謗王。”又如《戰國策·齊策》:“能謗譏於市朝,聞寡人之耳者,受下賞。”後有了“誹謗”之義,成為一貶義詞,如漢東方朔《七諫·沉江》:“正臣端其操行兮,反離謗而見攘。”《醒世恆言·張孝基陳留認舅》:“造這話來謗我!”

乖:本義為“背離、違背”,是一中性詞,如《易·序卦》:“家道窮必乖,故受之以睽。睽者,乖也。”晉郭璞《皇孫生請布澤疏》:“故水至清則無魚,政至察則衆乖,此自然之勢也。”“違背”之義很容易變成貶義詞,産生“邪惡、姦猾”之義,如《通典·食貨九》:“遂令接境乖商,連邦隔貿。”清李漁《意中緣·見父》:“恨姦人計乖,使我父女活離開。”而後,“乖”又朝著褒義方向發展,有“聽話、馴服、不淘氣”之義,如《西遊記》第四二回:“好乖兒女,也罷也罷,向前開路,我和你去來。”巴金《春》五:“爹爹說我乖,婆婆也說我乖,我會聽話,我不愛哭。”現代漢語中,“乖”是一個褒義詞。

(二)詞義輕重的變化

誅:本義為“指責、責備”,如《周禮·天官》:“以八柄詔王馭羣臣……八曰誅,以馭其過。”鄭玄注:“誅,責讓也。”《論語·公冶長》:“宰予晝寢。子曰:‘朽木不可雕也,糞土之牆不可杇也;於予與何誅?’”如今還在使用的成語“口誅筆伐”還保留了此義。後“誅”有了“殺戮”的意思,如《孟子·梁惠王下》:“聞誅一夫紂矣,未聞弒君也。”唐柳宗元《佩韋賦》:“尼父戮齊而誅卯兮,本柔仁以作極。”詞義加重。

賊:據《說文》:“賊,敗也。”是破壞、毀壞的意思,如《左傳·文公十八年》:“毀則為賊。”孔穎達疏:“有人毀法則者是為賊,言其賊敗法也。”可知,有破壞法則者可以稱之為賊。賊有“殺害、殺戮”的意義,如《尚書·舜典》:“寇賊姦宄。”孔傳;“殺人曰賊。”又,《荀子·正論》:“故盜不竊,賊不刺。”楊倞注:“盜賊,通名。分而言之,則私竊謂之盜,劫殺謂之賊。”可知,此時的“賊”有如今“盜”的含義,後來“賊”才僅指“偷竊”之義,詞義不斷的減輕。

另如“盜”,本義為“偷竊”,如《左傳·僖公二十四年》:“竊人之財猶謂之盜,況貪天之功,以為己力乎?”或指偷竊的人,如《論語·陽貨》:“色厲而內荏,譬諸小人,其猶穿窬之盜也與?”後,“盜”與“殺人、殺戮”聯繫在一起,如《尉繚子·武議》:“殺人之父兄,盜也。”《舊唐書·代宗紀》:“丁卯夜,盜殺李輔國於其第,竊首而去。”詞義不斷的加重。

第四節　本義與引申義

一、本義

對於學習古今詞義演變而言,掌握一個詞的本義以及意義發展的方式相當重要。顧名思義,“詞的本義”指一個詞本來或最初的意義。但語言有幾十萬年的歷史,文字則只有幾千年,在文字產生之前,語言的詞義的狀況是無從去考證的,詞的本義更是不得而知。一般而言,詞的本義只能從有了文字記錄才開始研究。所謂的“詞的本義”,就是文字產生之初文獻所記錄下的最早的詞義。

傳統的語文學家多是從文字字形著手研究本義的,認為字形所體現的意義就是字的本義,也就是詞的本義。這固然與傳統語文學以“字”為研究單位密切相關,但另一方面也是漢字表意特點所導致的。這雖在一定程度上模糊了“字”“詞”的界限,同時也取得了很大的成就。其中的佼佼者便是東漢的許慎,其代表是《說文解字》,此書在傳統語文學科中有著舉足輕重的地位。許慎根據字形探究本義,據清人王筠《說文釋例》:“許君之立說也,推古人造字之由,先有字義,繼有字聲,乃造字形,故其說義也,必與形相比附。”如:

《說文》:“秉,禾束也。從又持禾。”按,“秉”小篆作,正像以(又,為手形,《說文》:“又,手也。”)持(禾)之形。許慎據此認為“秉”之本義為“禾束”,

並可在上古文獻中得到印證,如《詩經·小雅·大田》:"彼有遺秉。"

《說文》:"戒,警也,從廾持戈,以戒不虞也。"按,"戒"小篆作,正像以(廾,為雙手捧物形)持之形,許慎以此字形會"戒備"之義。《詩經·小雅·采薇》"豈不日戒,玁狁孔棘"正是用了本義。

《說文》:"向,北出牖也,從宀從口。"按,牖為"窗戶"的意思。"宀"小篆作,《說文》:"宀,交覆深屋也。""口"當非"口",而是窗戶口的象形。許慎據此字形認為"向"的本義即指房屋中朝北的窗戶,《詩經·豳風·七月》之"塞向墐戶"即用此義。

另如"戶",《說文》:"戶,護也,半門曰戶,象形。"按,"戶"小篆作,正像"半門"("門"小篆作)之形。古語"夜不閉戶"正是用了本義。

《說文》:"適,之也,從辵(chuò)啻(chì)聲。按,"適"小篆作,"辵"後來演化為"辶",是"行走"的意思,以此可知"適"的本義是與"走"相關的,為"到、往……去"的意思。

形聲字的形符(或叫意符)只是指明了字本義的相關範圍,並不能直接給出字形的本義,如字形"適",只可依據其從"辵",知道其與走相關,但無法確知其本義為何。又如《說文》:"除,殿陛也,從𨸏余聲。"𨸏即"阜",就是"阝"。"除"即宮殿的臺階,從"阝"之字的本義多與"土地、地形"相關,如"陽"即"山的南面","陸"、"陡""陵"等同樣如此。

當然,許慎囿於時代的局限,對於有些字形的解釋明顯帶有時代的印記。另外,許慎是根據小篆字形推測字本義的,他至多看到了周代的金文,很可能沒有見過甲骨文,所以有些字形的解釋也出現了偏差。如《說文》:"王,天下所歸往也。董仲舒曰:'古之造文者,三畫而連其中謂之王。三者,天、地、人也,而參通之者王也。'孔子曰:'一貫三為王'。"按,"王"甲骨文作、,金文作,可知,"王"並非許慎所說之"一貫三",而是象斧鉞之形,以此象徵王權。其所言"王,天下所歸往也"以及上文"戶,護也"都是聲訓,即通過聲音尋找得名之原因,《說文解字》中的聲訓許多都有失偏頗。

由以上例子可以看出,通過分析字形或可以得到字的本義,或可給出造字之時所記錄意義的線索,如果能在語言文獻中找到例證,則基本可以斷定此義就是詞的本義。離開語言單純的分析字形,或者僅僅依靠文獻材料而忽略字形的作用,都不容易確定詞的本義。只有將兩者結合起來,以字形為線索,以語言為依據,才能更好地探求詞的本義。

二、引申義

翻開字典、詞典，只有一個義項的詞是少之又少，一詞多義非常普遍，這主要得益於詞義的引申。所謂引申，指的是基於聯想作用而產生的一種詞義發展方式。舊義與新義之間存在著必然聯繫，在意義的局部又有所變化，產生不同，久了固定下來便成為一個新的義項。如“信”主要有以下幾個義項：

1.《說文》：“信，誠也。從人從言。會意。”可知“信”的本義與人和言相關，指言語真實，如《老子》：“信言不美，美言不信”。

2. 人說話有信用，誠實不欺，如《論語・學而》：“為人謀而不忠乎？與朋友交而不信乎？”

3. 果真、確實，如《尚書・金縢》：“二公及王，及問諸史與百執事。對曰：‘信，噫！公命，我勿敢言。’”孔傳：“史百執事言信有此事，周公使我勿道。”

4. 相信、信從。《尚書・湯誓》：“爾尚輔予一人，致天之罰，予其大賚汝。爾無不信，朕不食言。”《孟子・盡心下》：“孟子曰：‘盡信《書》，則不如無《書》。”唐韓愈《答胡生書》：“至於是而不悔，非信道篤者，其誰能之？”巴金《關於〈長生塔〉》：“他信神，必然也信鬼。”

5. 符契，憑證。《墨子・號令》：“大將使人行，守操信符。信不合，及號不相應者，伯長以上輒止之。”《史記・刺客列傳》：“今行而毋信，則秦未可親也。”

6. 使者；傳送公文函件的人。《史記・韓世家》：“命戰車滿道路，發信臣，多其車，重其幣。”杜甫《寄高適》：“書成無信將。”

7. 音訊、消息。杜甫《得弟消息》：“近有平陰信，遙憐舍弟存。”

8. 書信。唐李紳《端州江亭得家書》：“開拆遠書何事喜，數行家信抵千金。”

上述八個義項，第二、三、四、五個義項均包含了“真實”這一意義，而這正是“信”的本義。第六、七、八義項是由“符契，憑證”層層引申出的。再看一下段玉裁對“理”詞義引申的解釋：

理，治玉也。《戰國策》“鄭人謂玉之未理者為璞”，是理為剖析也。玉雖至堅，而治之得其理以成器不難，謂之理。凡天下一事一物，必推其情至於無憾而後即安，是之謂天理，是之謂善治。此引申之義也。戴先生《孟子字義疏證》曰：“理者，察之而幾微，必區以別之名也，是故謂之分理。在物之質曰肌理，曰腠理，曰文理。得其分則有條而不紊，謂之條理。”鄭注《樂記》曰：“理者，分也。許叔重曰，知分理之可相別異也。”古人之言天理何謂也？曰：理也者，情之不爽失也。未有情不得而理得者也。天理雲者，言乎自然之分理也。自然之分理，以我之情,絜人之情,而無不得其平是也。

“理”字從“玉”,其本義為“治玉”,即剖析玉石。“治玉”需要依照玉之紋理,“理”就有了“物質組織的紋路”之義,後從玉之理擴展到萬物之理,於是有“肌理”、“腠理”、“文理”“天理”等詞,後又抽象為“條理”。

詞義引申的方式大致可以分為兩種類型,一是連鎖式,一是輻射式。連鎖式引申即一環套一環的引申,如上面所舉“信”的第六、七、八個意義,就是從第五個意義連鎖引申出的,另如“析”:

《說文》:“析,破木,從木從斤。”“斤”本義為“斧”,字形為以斧破木之形,本義為“砍樹、砍木頭”,如《詩經·小雅·車舝》:“陟彼高岡,析其柞薪。”後引申為“剖、劈”,對象不限於木,如《淮南子·俶真訓》:“剖賢人之心,析才士之脛。”後引申為“分開、分散”,如《荀子·王霸》:“上詐其下,下詐其上,則是上下析也。”後又引申為“解,解除”,如《文選·宋玉〈風賦〉》:“清清泠泠,愈病析酲。”李善注引應劭曰:“酲,酒病;析,解也。”

從本義到引申義,四個意義環環相扣,連鎖引申。後一個義項都是在前一個義項的基礎上發展而來的。

所謂輻射式,即從本義出發,向不同的方向引申,引申義與本義有密切關係,如上文所舉“信”的第二到第五個意義,就是分別從本義引申出來的。另如“節”,《說文》:“節,竹約也。從竹,即聲。”“約”為“纏束”的意思,正像竹節的形狀,“節”的本義為“竹節”,如《呂氏春秋·古樂》:“取竹於嶰谿之谷,以生空竅厚鈞者,斷兩節間,其長三寸九分,而吹之以為黃鐘之宮。”其引申義如下:

1. 用於樹木,則為“木節”,如《後漢書·虞詡傳》:“不遇盤根錯節,何以別利器乎?”

2. 用於動物,則為“關節”,如《莊子·養生主》:“彼節者有閒,而刀刃者無厚。”

3. 用於時日,則為“節氣、季節”,如《列子·湯問》:“寒暑易節,始壹反焉。”

4. 用於音樂,則為“節奏、節拍”,如《楚辭·九歌·東君》:“展詩兮會舞,應律兮合節。”

5. 用於道德,則為“節操”,如文天祥《正氣歌》:“時窮節乃見。”

6. 用於社會,則為“法度”,如《禮記·曲禮》:“禮不逾節。”

上述六個引申義均與本義直接聯繫,而相互間的聯繫則不甚密切。這種由本義直接派生引申義的方式,叫作直接引申,如“月”本義是“月亮”,後從本義引申出“月份”,又如“城”本義為“城牆”,後從本義引申出“都城”義,都是直接引申。相應的,間接引申是指在本義直接引申出的意義基礎上,繼續引申的方式,即古人所言“展轉為他訓”,如上文“信”之後三義與本義之間就是間接引申的關係,另如《說文》:“習,數飛也,從羽從白。”由字形可知,“習”與“鳥的羽毛”相關,所謂“數飛”即“鳥不斷練飛”,如《禮記 · 月令》:“鷹乃學習。”從本義引申出“學習”之義,為直接引申,而“習”後來有了“習慣”義,如《論語 · 陽貨》:“性相近也,習相遠也。”相對於本義而言則是間接引申。

就一個詞而言,其詞義引申的方式往往是綜合的,既有連鎖式,又有輻射式,各個引申義與本義之間既有直接引申的關係,又有間接引申的關係,如上文的“信”。有的詞在詞義引申的過程中,詞的讀音產生分化,如果不是用了同一個字記錄,則會被認為是兩個不同的詞。但在釐清詞義引申關係之後,發現其實還是由同一個詞發展而來的,如“朝”:

朝,甲骨文作,為早晨日月同現之形,後加“艸”形作,字形同今天所用之“朝”;金文字形作、,“月”形出現訛變;晚周時期,“月”變為“舟”形作;小篆作。許慎《說文》:“朝,旦也。從倝舟聲。”旦即早晨的意思。許慎的這一解釋是符合甲骨文字形,為“朝”之本義。但從小篆字形中是難以推測出來的,就此看出《說文》並不總是拘泥於字形,也會以語言實際為依據,也提醒我們在探求字、詞本義之時,不但要尋找最早的字形,而且也要結合語言實際。“朝”本義為“早晨”,如《易 · 坤》:“臣弑其君。子弑其父,非一朝一夕之故,其所由來者漸矣。”之後在本義的基礎上,分別派生出了三個引申義:

1. 初、始。《荀子 · 禮論》:“然後月朝卜日,月夕卜宅,然後葬也。”楊倞注:“月朝,月初也。”《尚書大傳》卷三:“凡六沴之作,歲之朝,月之朝,日之朝,則后王受之。”

2. 日;天。《孟子 · 告子下》:“雖與之天下,不能一朝居也。”唐韓愈《次同冠峽》:“今日是何朝,天晴物色饒。”

3. 臣子早上朝見君主。《左傳 · 成公十二年》:“百官承事,朝而不夕。”孔穎達疏:“旦見君謂之朝。”

前兩個意義讀音為 zhāo,後一個意義讀音為 cháo。後來,第三個引申義的基礎上繼續引申,產生了新的引申義:

1. 指帝王接受朝見、處理政務處。《詩經 · 齊風 · 雞鳴》:“鷄既鳴矣,朝既盈矣。”孔穎達疏:“朝盈,謂羣臣辨色入,滿於朝上。”

2. 指以帝王為首的中央政府。《漢書・蕭望之傳》:“朝無争臣則不知過,國無達士則不聞善。”唐韓愈《送殷員外序》:“唐受天命為天子,凡四方萬國,不問海内外,無小大,咸臣順於朝。”

3. 指某一帝王統治時期。唐韓愈《柳子厚墓誌銘》:“曾伯祖奭為唐宰相,與褚遂良、韓瑗俱得罪武后,死高宗朝。”

4. 指同一世系帝王統治時期。唐韓愈《答劉正夫書》:“漢朝人莫不能為文,獨司馬相如、太史公、劉向、揚雄為之最。”

另如“騎”,《説文》本義為“跨馬也”,讀為 qí,後來引申為“騎的馬”,如《戰國策・趙策二》:“趙地方三千裹,帶甲數十萬,車千乘,騎萬匹。”又有“騎兵”的意義,如《三國志・吳志・吕蒙傳》:“敵夜遁去,行遇柴道,騎皆舍馬步走。”二引申義均讀為 jì。雖讀音不同,但意義卻一脈相承。還有一種情況,兩個不同的字在意義上可以發生聯繫。如《詩經・大雅・烝民》:“夙夜匪解,以事一人。”其中“解”義為“鬆懈”。這個意義本由“解”本義引申而來,但是由於引申義與本義距離較遠,一般人已經找不到二者的區别,為了要求區别,就另造“懈”字來代表它。很多“古今字”均是如此,如景、影,責、債,然、燃等等。

如果弄清了詞的本義以及詞義的引申方式,再面對字書、辭典上一個詞紛繁複雜的義項,就可以條分縷析,理解得更透徹。如“解”在《辭海》中共有四個讀音,二十七個意義,看上去實在複雜,其實不然,以前九個意義為例:

1. 判也,剖分也。《莊子・養生主》:“庖丁解牛。”《左傳・宣公四年》:“宰夫解黿。”

2. 離散也。《漢書・陳餘傳》:“恐天下解也。”注:“謂離散其心也。”

3. 説也,析言事理也。《荀子・非十二子》:“閉約而無解。”《史記・吕后紀》:“君知其解乎?”《正義》:“謂解説也。”

4. 脱也,免除也。《禮・曲禮》:“解屨不敢當階,”疏:“脱也。”《漢書・孔光傳》:“於法無所解(《漢書・孔光傳》原作“於法以説解”)”注:“免也。”

5. 開放也。《後漢書・耿純傳贊》:“嚴城解扉。”

6. 曉悟也。《三國志・魏志・賈詡傳》:“太祖與韓遂、馬超戰渭南,問計於詡,對曰:‘離之而已’。太祖曰:‘解’。”注:“謂曉悟也。”

7. 意識也。詳“見解”條。

8. 消釋怨隙也。如雲和解。

9. 達也。《莊子・秋水》:“無南無北,奭然四解。”

第一個意義為本義,《説文》:“解,判也,從刀判牛角。”“分解”是“解”的核心意義。首先由“分解”自然會想到“分散”，即第二義；所謂“解屨”，當為“解鞋帶”之“解”，即“解結”或“使……散開”但因搭配為“屨”，意義則直接過渡到“脫”“分離”，於是有了“解脫”義，即第四義；分解的對象如果是抽象的事，即第三義“分析事理”；此義也可理解為“使事理明白”即第六義“曉悟”，為第三義之引申；與第七義相當的“見解”之“解”也就是“瞭解”的“解”，與第六義“曉悟”同；第八義與“解結”也相關；第五義“開放”其實就是“使……散開”，其與第九義相同；第九義《辭海》解釋是錯誤的，成玄英注《莊子》云：“爽然無礙”，可見“四解”就是四面開放的意思，同樣為“使……散開”的意思。歸納一下，如下表：

第一義（本義）“解牛”——第二義“分散”
——第三義“分析事理”——第六、七義“曉悟”
——第四、五、九義“解結”“使……散開”——第四義“解脫、免”

詞義引申還有一種比喻引申，如以“金”“玉”比喻貴重。唐駱賓王《帝京篇》：“平臺戚裏帶崇墉，炊金饌玉待鳴鐘。”宋蘇舜欽《望太湖》：“笠澤鱸肥人膾玉，洞庭柑熟客分金。”五代和凝《天仙子》：“懶燒金，慵篆玉。”“金科玉條”“金科玉律”等詞如今仍在使用。又如以“虎”“豹”比喻兇猛，以“清”比喻廉潔，以“濁”比喻貪墨等，都是比喻引申。比喻義最初只是一種臨時的比喻，後來用得多了意義就固定下來了。

另外還有“假借義”。嚴格說來假借義屬於文字的範疇，而不屬於詞義範疇，與本義也是沒有關係的。如《辭海》中“解”字同獬，同蟹，通嶰（地名），通澥（海），同廨，通邂（解後即邂逅），這些都是假借。“解”字之所以具有這些意義，只是字形的借用，而不是從本義引申出來的。

有種“實詞虛化”，也經常被認為是詞義引申的一種，如《說文》：“相，省視也。”本義是“看”，為動詞。段玉裁注：“目接物為相，故凡彼此交接皆曰相。”即將作為副詞、義為“互相”的“相”看作是由作為動詞、義為“看”的“相”引申出來的。另如“故”，楊樹達《詞詮》：“故（二）名詞……今言原由。……（九）承遞連詞。因果承時用之，與今義‘所以’同。按此用法乃由第二條‘緣故’之義引申而來。”這種實詞與虛詞之間的引申，除了意義上有聯繫之外，句法關係則起了更關鍵的作用，這比上文所講的那種單純意義間的聯繫要複雜得多。

第三章　工具書

學習古代漢語，常常會遇到一些字詞上的障礙，有的是不能識讀，有的是難以理解，還有的是涉及相關文化知識，這就需要參考一些工具書。本章分別介紹文字、詞彙、文化方面的常用工具書。

第一節　文字方面的工具書

一、《説文解字》

東漢許慎所著的《説文解字》是中國古代語言學史上一部輝煌的著作，其成績之大，影響之深，是其他語言學著作所不能相比的。清代史學家王鳴盛對它推崇備至，他説：

"《説文》為天下第一種書，讀遍天下書，不讀《説文》，猶不讀也。但能通《説文》，餘書皆未讀，不可謂非通儒也。"

段玉裁也評價説：

"此前古未有之書，許君之所獨創，若網在綱，如裘挈領，討原以納流，執要以説詳，與《史籀篇》、《倉頡篇》、《凡將篇》雜亂無章之體例，不可以道里計。"

許慎（約58年～147年）字叔重，汝南郡召陵人（今河南省郾城縣東）。今郾城縣許莊有許慎及其子許冲的墓。關於許慎的生平事跡，范曄《後漢書·儒林傳》裏有簡單的記述："慎性實篤，少博學經籍，馬融常推敬之。時人為之語曰：'五經無雙許叔重。'以五經傳説臧否不同，於是撰為《五經異義》，又作《説文解字》十四篇，皆傳於世。"許慎不僅受到當時古文經學家馬融的"推敬"，同時他還是古文經學大師賈逵的學生。許慎最初在汝南郡做功曹，後來又被推舉為孝廉，到洛陽之後就做了太尉府的南閣祭酒。南閣祭酒是太尉府曹屬中的主要人物，所以他能夠從賈逵問業。賈逵到漢和帝永元十三年（公元101年）去世，這段時間，許慎也一直在太尉府。他創作《說文》一書，和跟從賈逵學習古文經是有很大關係的。《說文》的後敘作於永元十二年（公元100年），就是賈逵去世的前一年。許慎在漢安帝永初四年（公元114年）又曾與馬融、劉珍及博士議郎五十餘人在東觀校五經、諸子和史傳。到建光元年（公元121年），許慎因病居家，才叫他的兒子許沖上《說文解字》。此時，距離他寫《說文》後敘的時間已經有二十二年了。

獨體為文，合體為字，"說文解字"就是說解文字的意思。《說文》正文十四卷，敘一卷，今本每卷分上下卷，共三十卷。收字9353個，重文1163個。許慎將九千多字按偏旁歸納為五百四十部，立五百四十個部首。部首的排列是從"一"部到"亥"部，即"始一終亥"。部首之間是"據形繫聯"，就是把形體相近、相關的排在一起。如："頁、百、面、首"，"又、左、支"等。每部中把意義相近的字排在一起，如"言"部：訕、譏、誣、誹、謗。"肉"部：肓、腎、肺、脾、肝、膽、胃。同時也做到以類相從，如木部的次序，大致是先列木名，其次列舉樹木的各個部分，再列木制品。水部大致也是先列水名，後列與水有關的動詞和形容詞。

《說文》各部先列部首字，指明凡屬此部首的字均從此部首，如"一"部"凡一之屬皆從一"；再列屬於此部的其他字。字頭絕大部分是小篆，也就是說《說文》主要是以小篆作為字形解說依據的，如果有異體字即所謂"重文"就列在下面註明。重文一般是古文和籀文，如許慎在敘中所言："今敘篆文，合以古、籀。"在每部末許慎用"文若干"、"重若干"等用語來表明本部的字頭有若干字、重文有若干字。如第一篇的"一"部，包括部首在內共有字頭"一"、"元"、"天"、"丕"、"吏"五字，而"一"字有一個古文，所以在一部的最後註明"文五、重一"。

《說文》說解文字，先訓釋字義，然後分析字形，有時舉例，有時也注音。舉前四書如下：

月：闕也，太陰之精，象形，凡月之屬皆從月。

二：高也，此古文丄，指事也。凡二之屬皆從二。

休：息止也，從人依木。

椴：木可作牀几，從木叚聲，讀若賈。

《說文》對一個字的釋義，一般是這個字的本義，偶爾也記載另一說。如：

賕：以財物枉法相謝也。從貝，求聲。一曰載質也。

詾：往來言也。一曰小兒未能正言也。一曰祝也。從言，匋聲。詾或從包。

《說文》解說形聲字的結構時用的"某聲"、"某亦聲"、"某省聲"等術語等於給字注了音。許慎認為某些字應註明讀音時,則用直音,注為“讀若某”,如上舉“椵”字“讀若賈”。

《說文》引經據典,起著舉例的作用。如:

湎:沈於酒也,從水,面聲,《周書》曰:罔敢湎於酒。

琚:瓊琚,從玉,居聲,《詩》曰:報之瓊琚。

《說文》對中國語言學的貢獻是卓著的,主要體現在它的科學獨創性上。《說文》以前也有過字書,如《史籀篇》、《倉頡篇》、《凡將篇》等,但僅是三四字句或七字句的識字書,性質“雜廁”。《說文》在前人字書的基礎上發展而來,而有創造性的發展,它能闡明漢字的形體、意義、聲音及三者的關係,這一點也是許慎提供給後人的研究語言文字的重要方法。許慎對當時豐富繁複的漢字作了深入的字形結構分析,首創了分部的工作,使成千上萬的漢字第一次有了系統和條理。按形體分部首來編排漢字的分類原則,至今仍被保留使用。《說文》在字義解釋上抓住字的本義,這是從根本上解決訓詁問題。我們今天編寫的字典、詞典,在本字本義方面,仍要根據《說文》。一部誕生於公元一世紀的語言學著作,至今仍有如此強大的生命力,這無疑是其價值的最充分體現。

《說文》也並非盡善盡美,由於社會、歷史條件的限制,《說文》難免存在不足之處。《說文》編排上的“始一終亥”和有些詞義解說,就受到當時社會思想、陰陽五行說的影響。表現在詞義說解上的如:“一,惟初太始,道立於一,造分天地,化成萬物。”“示,天垂象,見吉凶,所以示人也。從二,三垂,日月星也。觀乎天文以察時變示神事也。”另外,許慎沒有能見到後世出土的甲骨文、金文,因此弄錯了一些字形,對本義的解說也就失之偏頗。如:“為,母猴也。其為禽好爪。爪,母猴象也。下腹為母猴形。”而甲骨文中的“為”字是一隻倒置的手即爪和一隻大象的合體,是會意字,表示手牽象役使之。後人根據甲骨文、金文對《說文》進行了修正。

《說文》在當時受到重視,曆數代而不衰,形成蔚為壯觀的“許學”或“《說文》學”。模仿《說文》者如晉呂忱的《字林》、陳顧野王的《玉篇》等;整理《說文》者有徐鉉、徐鍇兄弟,今通用徐鉉校定本,即“大徐本”;研究《說文》者,至清代達到頂盛,僅注本就有一百多種,以《說文》四大家最為有名,分別是:段玉裁著《說文解字注》、桂馥著《說文解字義證》、王筠著《說文句讀》和《說文釋例》、朱駿聲著《說文通訓定聲》。其中段玉裁《說文解字注》成就最高,獲同時代學者王念孫“千七百年來無此作矣”的贊譽。段玉裁積三十餘年之功完成此書,比勘大小徐本,闡明《說文》體例,闡發形音義關係,旁徵博引,訂訛正誤,他自信

“於許氏之志什得八九矣”。所以讀《說文》,結合《說文解字注》來讀當為正確門徑。

二、《康熙字典》

《康熙字典》是張玉書、陳廷敬等三十人於康熙四十九年(1710 年)始奉敕編纂的,書成於康熙五十五年(1716 年)。因此書“可以奉為典常而不易”,故命名為《字典》。後人因書成於康熙朝,一般稱之為《康熙字典》。這是我國現存的第一部官修字典。

《康熙字典》正文前有序、凡例、檢字、辨似、等韻、總目等,正文後附備考、補遺。備考收的是無從考據的字,補遺收的是按音義可增入但正文未收入的字。

《康熙字典》采用部首排列法,沿用明代梅膺祚《字彙》中所用的 214 部。又根據十二地支把全書分成子丑寅卯辰巳午未申酉戌亥十二集,每集各分上中下,把 214 個部首按照筆畫數目分屬在十二集裏,具體如下:

子集(一畫至二畫):如一部、乙部、二部、人部等。

丑集、寅集(三畫):如口部、土部、大部、女部等。

卯集、辰集、巳集(四畫):如心部、戈部、户部、手部等。

午集(五畫):如玉部、瓜部、瓦部、田部等。

未集、申集(六畫):如竹部、米部、缶部、羊部等。

酉集(七畫):如見部、角部、言部、豕部等。

戌集(八畫至九畫):如金部、門部、阜部、雨部等。

亥集(十畫至十七畫):如馬部、骨部、鬲部、鬼部等。

同部首的字再按筆畫數目分列先後,筆畫少的在前,多的在後。

《康熙字典》的釋字體例是先音後義。每個字下先列歷代主要韻書的反切,包括《唐韻》、《廣韻》、《集韻》、《韻會》、《正韻》等,如果上述韻書中沒有,就採用《玉篇》、《類篇》、《五音集韻》等書的反切及經史子集中的音讀。廣輯韻書的反切及羣書的音讀來注音,分别異同,以供參考,這是《康熙字典》的首創。注音之後是釋義,一般先列本義或最常用義,再列其他的解釋,每義之下一般都引古書為證。如果這個字有别音别義,便再解釋别音别義。字有數形,也都注明。《康熙字典》的特點是詳於音義而略於形體,對字的註音和釋義主要是引用前人的意見,很少有編者自己的見解。它解釋字音和字義,除引用古代韻書或字書的解釋之外,一般還引用古注。這對我們查閱字的古音古義是很有幫助的。

《康熙字典》是我國收字較多的一部字典,共收字四萬七千零三十五個。有些在一般常用的字典辭書裏查不到的字,在這部字典裏可以查到。如《墨子·

旗幟》:"城中吏卒民男女,皆菳異衣章微。""菳"字《辭源》、《辭海》未收,《康熙字典》申集艸部收了。我們閱讀古書,要利用《康熙字典》這一優點。

使用《康熙字典》時,我們要利用正文前面的總目進行查閱。總目列有 214 個部首的名稱,總目中某部首在某集與正文中某部首在某集是一致的。總目中還附有變了形狀的部首,變形部首也是按照筆畫數目分附在子丑寅卯等十二集裏。有些難以辨明部首的字,還要利用正文前面的檢字表進行查閱。檢字表收的都是部首不明的字,這些字都是按照筆畫排列的。漢字中有某些意義顯別、筆畫近似的字,《康熙字典》把這些字都收在正文前面的"辨似"裏,以供查閱。如"辨似"對下列兩組字的辨別:

氾同泛　汜音祀水決復入為汜

戌音恤辰名　戍邊戍

這對我們瞭解形似字的差異是非常有幫助的。

《康熙字典》至今仍被廣泛應用,與它的內容豐富、體例完善是分不開的。但它也有不少缺點,最大的不足是引書或引文的錯誤太多。道光七年王引之受朝廷命令校正《康熙字典》的錯誤,著成《字典考證》一書。該書編排上與《康熙字典》相同,書中考證出《康熙字典》的失誤共 2588 條。這還不是全部,後人編輯《中華大字典》時曾核對原書引文,又勘出數千條。所以,要知道前人已經指出的錯誤,這樣才能使《康熙字典》更好地為我們所用。

三、《漢語大字典》

《漢語大字典》是當代規模宏大、形音義完備的大型漢語字典,共收楷書單字 56000 多個,凡古今文獻資料中出現的漢字,基本上都可以在字典中找到,被譽為"共和國的《康熙字典》"。《漢語大字典》由著名學者徐中舒主編,經川、鄂兩省三百多位編寫人員歷經十年編纂完成。1986 年出版第一卷,至 1990 年出齊八卷。每卷約 200 萬字,總計約 1500 萬字。

《漢語大字典》按部首編排。在傳統的 214 個部首的基礎上,酌情刪並為 200 個部首。正文 7 卷,每卷前有"總部首目錄"、"部首排檢法說明"、"新舊字形對照舉例"、各卷"部首目錄"和"檢字表"。第 8 卷是各種附錄、分卷部首表、全書筆畫檢字表和補遺。排版上採用繁簡體混排的方式,釋文和現代例證用簡化字,其餘全部用繁體字。使用《漢語大字典》時要注意按繁體字進行查檢。

《漢語大字典》在繼承前人經驗的基礎上,注意吸收今人的研究成果。它注重形音義的密切配合,盡可能歷史地、正確地反映漢字形音義的發展。在字形方面,於楷書的單字條目下,收錄了能夠反映形體演變關係的、有代表性的甲骨文、金文、小篆和隸書形體,並簡要說明其結構的演變。所收入的每一個形體都有可靠的實物或拓片為依據,不選用二手或三手材料。在字音方面,對收錄的楷書單字注出現代讀音,並收列中古的反切,標注上古的韻部。在字義方面,不僅收列常用字的常用義,而且注意考釋常用字的生僻義和生僻字的義項,還適當地收錄了複音詞中的詞素義。釋義準確,義項齊備,例證豐富典範。

八卷本是最早問世的版本,是正本、母本,內容上最為完整、齊備。然而分卷多,部頭大,造成實際使用上的困難,查檢不便,收藏、攜帶麻煩,且價格昂貴,一般讀者較難承受。鑒於此,1992 年,湖北辭書出版社和四川辭書出版社出版了縮印本。縮印本採用照相技術製版,即按照原版照相縮小字型大小,製作時除對個別字頭的明顯訛誤作了必要的訂正外,原文及附錄內容基本上保持不變,當然因為頁碼縮減,對附錄《筆畫檢字表》重新進行了編排。因此,縮印本在內容上與八卷本是一致的。通過這種外部形態的壓縮,縮印本全書 160 個印張,16 開,單獨一冊,頗便查檢。

後來又陸續出了簡編本、三卷本、袖珍本、四卷本、普及本等,這可見廣大讀者對《漢語大字典》的需求和該字典的影響之大。1999 年《漢語大字典》第二版修訂工作正式啟動,於 2010 年完成並出版。新版《漢語大字典》的最大亮點是高新技術的運用,它擁有專用的排版軟件和電子字庫。而且《漢語大字典》也有了數字版本,即在電腦上、手機上實現查檢,非常方便。

第二節　詞彙方面的工具書

一、《爾雅》

《爾雅》、《方言》、《說文解字》、《釋名》並稱“小學四種”,即中國古代語言學的四種重要著作。《爾雅》之於詞彙學,猶如《說文解字》之於文字學一樣重要。而且《爾雅》是我國古代第一部語言學專著,它的奠基和開路作用是無可比擬的。

“爾”是近的意思,“雅”是正的意思,指“雅言”。“爾雅”是指用雅正之言來解釋古今異言、方俗殊語及辨別同義詞、近義詞等。《爾雅》一書的性質就是一部按義類編排的詞典。它並非一人一時之作,而是戰國至漢初儒生綴輯周、秦舊文,遞相增益而成。現在留存的《爾雅》是東晉郭璞的注解本,分十九篇。所

收詞語大體分為普通詞語和專用詞語兩大類,具體如下:

篇目	內容	類別
釋詁、釋言、釋訓		普通詞語
釋親	人的家族關係	專用詞語
釋宮、釋器、釋樂	人的日常生活	專用詞語
釋天	天文	專用詞語
釋地、釋丘、釋山、釋水	地理	專用詞語
釋草、釋木	植物	專用詞語
釋蟲、釋魚、釋鳥、釋獸、釋畜	動物	專用詞語

十九篇計有 2091 條,共 4300 多個詞。其中普通詞語共收 623 條,2000 多個詞,分列《釋詁》、《釋言》、《釋訓》三篇內,詞的總數約占全書之半①。這些詞語的來源包括經典常用的詞語、常語通言和方俗異語,前二者資料大多取於當時經典各書,如《易經》、《詩經》、《尚書》、《春秋》三傳、《國語》、《論語》等。

《釋詁》、《釋言》、《釋訓》三篇收詞較複雜,有名詞、動詞、形容詞、副詞。這三篇在體例上各有特點。《釋詁》是列舉古人所用的同義詞,最後用一個詞來加以解釋。如:

初、哉、首、基、肇、祖、元、胎、俶、落、權輿,始也。

林、烝、天、帝、皇、王、后、辟、公、侯,君也。

《釋言》所收多是常用詞,被解釋的往往只有一個單詞,至多不過兩三個詞。如:

還、復,返也。

告、謁,請也。

《釋訓》所收的詞著重在描寫事物的情貌,被釋的詞多數是疊字。如:

明明、斤斤,察也。

條條、秩秩,智也。

《釋親》以下十六篇收的是專用詞語,往往聚類成條。如:

父為考,母為妣。

男子先生為兄,後生為弟。

春為青陽,夏為朱明,秋為白藏,冬為玄英。四氣和謂之玉燭。

有足謂之蟲,無足謂之豸。

---

① 濮之珍:《中國語言學史》,上海古籍出版社 1987 年版。

有時指出何是雅名,何是俗名,或同一物而名稱不同等。

總的說來,《爾雅》把詞義相同相近的詞語收集在一起,用當時常用詞來加以解釋。胡樸安《中國訓詁學史》把《爾雅》的訓釋條例概括為以下八類:

1. 文同訓異。同一文字所用之訓雖異,而義相同。如"幠、厖,大也";"幠,厖,有也"。"幠"、"厖"之文同,一訓為大,一訓為有,是其訓異也。

2. 文異訓同。文雖相異而訓相同。如"皇"、"王"訓君。即同訓。

3. 訓同義異。如"治、肆、古,故也"。"治"、"古"為久故之故,"肆"為語詞之故。

4. 訓異義同。如"俶",始也;"俶",作也。一釋始,一釋作,不同。作亦釋始。

5. 相反為訓。"落",始也;"落",死也。生死相反為義。

6. 同字為訓。"于,於也"。"于"、"於"古今字。

7. 同聲為訓。"係,繼也。"即讀係為繼。《後漢書・李固傳》:"羣下繼望。"即係望。

8. 輾轉為訓。"遹"、"遵"、"率"、"循"訓自。"遹"、"遵"、"率"、"自"又訓循。

《爾雅》作為我國訓詁學的始祖,標誌著古漢語詞彙學、詞義學的發端。首先,《爾雅》不是一些詞彙材料的堆積,而是"分類成篇"、"聚類成條"、"以類相從"①,"是一部結構完整、體例劃一的著作"②。其次,從詞彙成分來看,《爾雅》已能區分普通詞語和專用詞語、基本詞彙和一般詞彙。前者體現在十九篇的分類編排上,後者體現在每個條目都用一個詞來解釋所類聚的各個詞上,因為這個詞比其他類聚的詞更常用、更基本,相當於基本詞彙。再次,從詞的形式和構造來看,《爾雅》不但匯集了許多單音節詞,也搜羅了不少雙音節詞、多音節詞,包括各種復合詞和聯綿詞,特別是《釋訓》前半部分包羅了《詩經》中的疊音詞。最為卓著的一點是《爾雅》對詞義的辨析,它是古漢語"義書"的首創者。它一方面把許多同義詞、近義詞類集起來,表明它們之間"同意相受"的關係,並且指明了一些同義詞、近義詞之間的細微差別,使我們對於各個詞語都有了明確的概念;另一方面又表明了"同詞異義"的現象,往往把同一詞語分列不同意義的各條,如前舉釋例中的"文同訓異"。這又使得我們明瞭詞義的引申轉變、一詞

---

① 李煜:《論〈爾雅〉的編排》,載《廣州大學學報》2004 年第 11 期。

② 何九盈:《中國古代語言學史》,河南人民出版社 1985 年版。

多義的現象。當然,由於時代久遠,又非出於一時一人之手,《爾雅》也有不足之處。如書中有些同義詞、近義詞的排列不科學,有些内容前後重復或矛盾。但是,瑕不掩玉。《爾雅》一書足以顯示古漢語詞彙的豐富性,揭示了我國詞彙上和詞義上各種研究的端倪,標誌了古代語文學的形成發展已達到相當成熟的階段。

《爾雅》對我國古代語言學的影響很大,突出體現在兩個方面:一是注疏《爾雅》者眾多。《爾雅》原文解釋簡略,不易讀懂,自東漢至晉代,注釋者有劉歆、樊光、李巡、孫炎等十餘家,而留傳至今的只有晉郭璞的《爾雅注》。宋代的邢昺著有《爾雅疏》。郭、邢二人的一注一疏成為《爾雅》被收入《十三經注疏》的本子。清代研究《爾雅》的人較多,其中最重要的是邵晉涵的《爾雅正義》和郝懿行的《爾雅義疏》。二是續補《爾雅》者眾多。僅以"雅"為書名的,就有《小爾雅》、《廣雅》、《埤雅》、《駢雅》、《通雅》等,成為我國古代語言學中的"雅學"。與《爾雅》並稱"小學四種"的《方言》、《說文》、《釋名》也受到《爾雅》的影響。《說文》在文字方面的工具書中介紹過。《方言》全稱《輶軒使者絕代語釋別國方言》,是西漢末年揚雄憑一己之力、歷二十七年著成的。主要記載各地區的方言詞,仿照《爾雅》的體例,把同義的方言詞一條一條類聚起來,用當時的"通語詞"加以解釋,並分別注明各個方言詞流行的區域。遺憾的是《方言》似乎是未竟之作。《釋名》是東漢末年劉熙撰就的,體例也仿傚《爾雅》,而專用音同或音近的字來解釋,即聲訓的方法,推究事物命名的由來。《方言》、《說文》、《釋名》雖受《爾雅》的影響,但又各自發展,別開途徑,開拓了中國古代語言學研究的新領域,即方言學、文字學、語源學。

二、《經籍籑詁》和《故訓匯纂》

《經籍籑詁》是清代阮元督學浙江時主編的,他定出凡例,延請臧鏞堂等數十人共同編纂,於清嘉慶三年(1798年)出版。這是一部專門匯輯唐代以前各種古書注解的詞典,採用古書100多種。《經籍籑詁》按照平水韻106韻來編排被解釋的字;以一韻為一卷,全書共106卷;同一韻部中各字的先後,是按照《佩文韻府》來排列的;每字之下,羅列唐以前各種古書注解對這個字的解釋。

《經籍籑詁》不僅收集解釋單字(代表單音節的詞、詞素等)的資料,在各個單字之下也搜羅有關的各種雙音節詞的解釋。它把《爾雅》等書和古書傳注中所解釋的種種雙音節詞列入單字之下。凡是雙音節詞中原來把各個音節分開來解釋的,就分列於各字之下;一般的疊音詞、聯綿詞,兩字同義,不可分訓,就隸屬於第一個字下面。如“斯須”這個詞,我們在上平聲四支的“斯”字下能查到《禮記·祭義》注和《漢書·禮樂志》注,其中解釋說:“斯須,須臾也。”

王引之序文當中說《經籍籑詁》“檢一字而諸訓皆存,尋一訓而原書可識”。我們現在要查考《爾雅》、《廣雅》等書對某個字的解釋,就可以利用這部書,其他古代的訓詁和各種古書的注解,也同樣可以此書來查考。所以,《經籍籑詁》這部書本身就是我國古代訓詁學資料的索引,對於我們閱讀唐以前的古書有很大的幫助,對於古漢語詞彙學、詞義學的研究提供不少便利。

《經籍籑詁》的不足之處在20世紀初就已顯露。黃季剛先生說:“清世阮元有《經籍籑詁》,為小學家常用之書。惜其以《佩文》韻分編,又載字先後毫無意義,至其搜輯亦有不備者。今若能通校一過暫用字典編制法編之,次為補其遺闕,此業若成,則材料幾於全備矣。”這段話已經明確指出了《經籍籑詁》資料搜輯不全和編排體例未妥這兩個大缺點。並且黃季剛先生提出了重編《經籍籑詁》的理想。

21世紀初,黃季剛先生的理想得以實現,繼承和發展《經籍籑詁》而來的《故訓匯纂》出版了。這部書的主編為宗福邦、陳世鐃、蕭海波,由武漢大學古籍所編寫,歷18年編纂而成。全書共收字頭近2萬個,引據的訓詁資料50萬條,篇幅達1300萬字,全面匯輯了從先秦至晚清的古籍文獻中的注釋材料。《故訓匯纂》與《經籍籑詁》相比有兩個顯著特點:

首先是規模的擴大。《故訓匯纂》引用典籍的時代比《經籍籑詁》多出千餘年,範圍不但收全了10部“小學”專書的義訓條目,而且在經史子集故訓之外,擴充到近代筆記和佛經注釋。其篇幅超出《經籍籑詁》四倍,克服了《經籍籑詁》搜輯不備的缺點。

其次是編排體例的重新設計。全書改用《康熙字典》的214部排列,便於檢索。更重要的是,《故訓匯纂》的編例,是在現代語言文字學觀念的指導下創立的。在詞彙學、文字學、音韻學和訓詁學方面都有所突破。

《故訓匯纂》聚集了近3000年以來的中國傳世典籍的解釋材料,雖說在旁徵博引時不免有誤,但是對於每一位古代漢語的學習者和研究者極具參考價值,對於訓詁學研究具有重大意義。

三、《漢語大詞典》

《漢語大詞典》是目前收詞量最多、最權威、最實用的一部大型多卷本漢語詞典。全書正文 12 卷,共收單字 2.27 萬,複詞 37.5 萬,約 5000 萬字,並配有插圖二千餘幅;另有《附錄 · 索引》1 卷。詞典由羅竹風主編,山東、江蘇、安徽、浙江、福建、上海五省一市的 1000 多名專家學者參與編寫。編纂工作始於 1975 年,1986 年 11 月第一卷出版,至 1993 年 11 月出齊。

《漢語大詞典》從古今數千種漢語典籍著作中廣泛收詞,積累資料卡片近 1000 萬張。以"古今兼收,源流並重"為編纂原則,所收單字以帶複詞並有引文例證者為限。依 200 個部首編排,以繁體字立目,簡化字括注於後。單字下用中文拼音標注現代音,並徵引古代字、韻書中的反切古音。複詞也以繁體字立目,廣泛收列古今漢語中的詞語、熟語、成語、典故和較常見的百科詞語,集古今漢語詞彙之大成。義項分析精當齊全,釋義扼要準確,並輔以豐富飽滿的書證。每個義項一般精選 3 ~ 4 條書證,全面反映語詞的歷史源流演變。書證涉及經部史部、諸子百家、古今文人別集、戲曲小說、筆記雜著、宗教經典、科技著作、學術專著、近現代報章雜誌乃至方誌、碑刻、出土資料等,彌足珍貴。

《漢語大詞典》是我國詞典史上的一座豐碑,它惠及了廣大漢語學習者和研究者,它從詞條全、義項準、書證精三個維度構建了一個漢語詞彙發展史座標係。即使出版以來,不少專著和大量論文對《漢語大詞典》進行補正,但都無非是指出它漏收的詞條或義項、提出更早的書證,都沒有超出它已構建的座標係。《漢語大詞典》的意義不僅僅是詞典學上的,更在於漢語詞彙學上的。

1998 年 9 月 4 日,《漢語大詞典》光盤問世。最新的《漢語大詞典》光盤 2.0 版在印刷版本的基礎上,擴充了大量電子資訊,豐富了原書的信息量,主要是很好地解決了傳統方式查找字或詞時繁瑣且效率低的弊病。2010 年上海辭書出版社出版了《漢語大詞典訂補》,新收錄和訂正《漢語大詞典》詞條三萬多條,約新增 330 餘萬字。《漢語大詞典》第二版的編纂工作已於 2012 年 12 月啟動,分二十五冊,字數約六千餘萬,預計 2020 年全部完成。

第四章 古書的釋讀

第一節 注　　釋

語言、文字不斷發展,雖然較短時間内難以察覺,但歷經數百年之後,語言、文字會產生很大的變化。這就給閲讀古代文獻造成了障礙,不得不使用當下的語言、文字進行解釋,古書注釋應運而生。此即清代學者戴震所言:“昔之婦孺聞而輒曉者,更經學大師轉相傳授,仍留疑義,則時為之矣。”

一般認為,注釋產生於漢代。漢代人閲讀先秦典籍時,在字、詞、句的理解上已經有了一定的障礙,於是就有一些人開始了注釋古書的工作。其中,比較有名的如孔安國傳《尚書》,毛亨傳《詩經》,鄭玄注《周禮》《儀禮》《禮記》,趙岐注《孟子》等。此時的注釋一般叫作“注”“傳”“箋”“章句”“解”等。漢代以後,注釋歷代有之,對象則多集中於先秦典籍,如晉代杜預注《春秋左氏傳》,郭璞注《爾雅》,范寧集解《春秋穀梁傳》等。

到了唐代,非但先秦典籍的原文不好理解,就連唐前各代的注釋也不容易讀懂了,所以此時的注釋工作不但解釋原文,而且要解釋前人注釋。這個時候的注釋一般被叫作“疏”或者“正義”。宋代則延續了這一注釋傳統,並最終完成了後來所稱的“十三經注疏”:

《尚書》,漢孔安國傳,唐孔穎達正義

《周易》,魏王弼、晉韓康伯注,唐孔穎達正義

《詩經》,漢毛亨傳,鄭玄箋,唐孔穎達正義

《周禮》,漢鄭玄注,唐賈公彥疏

《儀禮》,漢鄭玄注,唐賈公彥疏

《禮記》,漢鄭玄注,唐孔穎達等正義

《春秋左傳》,晉杜預注,唐孔穎達等正義

《春秋公羊傳》,漢何休注,唐徐彥疏

《春秋穀梁傳》,晉范寧注,唐楊士勛疏

《論語》,魏何晏集解,宋邢昺疏

《孝經》,唐玄宗注,宋邢昺疏

《爾雅》,晉郭璞注,宋邢昺疏

《孟子》,漢趙岐注,宋孫奭疏

唐代的疏到了今天也非常難懂了,更不要說漢代的注釋了。要想讀懂古書以及古注,首先得瞭解古書注釋的體例。

首先,看一下"十三經注疏"中《詩經》的注釋體例。下圖為中華書局影印的清阮元所刻"十三經注疏"中《毛詩正義・君子於役》:

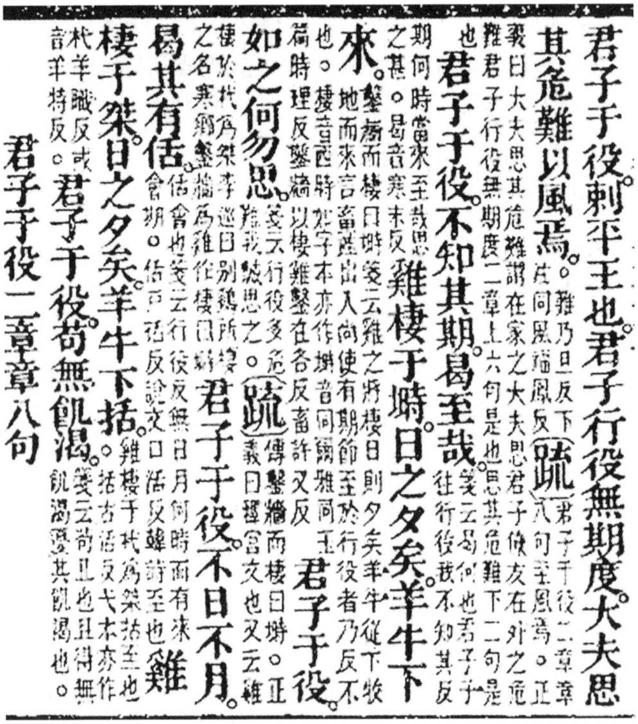
君子于役。刺平王也。君子行役無期度。大夫思其危難以風焉。〇難乃旦反下同風福鳳反【疏】君子于役二章章八句至風焉〇正義曰大夫思其危難謂在家之大夫思君子僚友在外之危難君子行役無期度二章上六句是也思其危難下二句是也

君子于役。不知其期。曷至哉。箋云曷何也君子往行役我不知其反期何時當來至哉思之甚〇曷音寒末反

雞棲于塒。日之夕矣。羊牛下來。鑿牆而棲曰塒箋云雞之將棲日則夕矣羊牛從下牧地而來言畜產出入尚使有期節至於行役者乃反不也〇棲音西時如字本亦作塒音同爾雅同玉篇時理反鑿牆以棲雞鑿在各反畜許又反

君子于役。如之何勿思。箋云行役多危難我誠思之〇【疏】傳鑿牆而棲曰塒〇正義曰釋宮文也又云雞棲於杙為桀李巡曰別雞所棲之名寒鄉鑿牆為雞作棲曰塒

君子于役。不日不月。曷其有佸。佸會也箋云行役反無日月何時而有來會期〇佸戶括反說文口活反韓詩至也

雞棲于桀。日之夕矣。羊牛下括。雞棲于杙為桀括至也〇括古活反弋本亦作杙羊職反或音羊特反〇

君子于役。苟無飢渴。箋云苟且也且得無飢渴憂其飢渴也〇

君子于役二章章八句

圖1 《毛詩正義・君子於役》

大字為《詩經》正文，小字為注釋。首段"君子於役，刺平王也。君子行役無期度，大夫思其危難以風焉"為小序。《詩經》三百零五篇，每一首前面都有一段類似的文字，被稱為"小序"，用以闡明詩歌的中心思想。小序之後一般依次為漢鄭玄箋、唐陸德明音義以及孔穎達疏。此詩小序之後，鄭玄並未作箋，直接為陸德明音義。陸德明著《經典釋文》，匯集了唐代以前各家給先秦經書所作的注釋，以注音為主，兼有釋義，後人多以此為據給先秦古籍註音。如小序後之"難，乃旦反。""風，福風反。"即引自陸德明《經典釋文》。在標明字音的同時又具有別義作用，如"難"有二音，為多音字，確定了字音，才能明確詞義。接下來【疏】標明後之文字為孔穎達的疏。宋代以前，注和疏是分別印行的。宋代以後合注與疏於一書，以方便閱讀。疏放於注之後，先疏正文，再疏注文。有時一注之後有疏，有時幾個注後才有一疏，故疏一般會指明所疏文字。如此處為"君子于役二章章八句至風焉"然後以○隔開，以"正義曰"引出疏文"大夫思其危難，謂在家之大夫思君子僚友在外之危難。君子行役無期度，二章上六句是也。思其危難，下二句是也。"疏文首先解釋了小序詞句的意思，然後闡明小序與詩歌內容的對應之處。

與小序的注釋相比，詩歌正文下一般有一段毛傳，即漢代人毛亨注釋《詩經》的文字。所謂的"傳"也是注釋的名稱，側重於解說經文字詞，闡明經文大義。例如詩的第二句"雞棲於塒，日之夕矣，羊牛下來。"下為毛亨傳"鑿牆而棲曰塒。"後"箋云"二字標明此後之文字為鄭玄箋，即"雞之將棲，日則夕矣，羊牛從下牧地而來。言畜產出入尚使有期節，至於行役者乃反不也。"以○隔開，後為陸德明音義，即"棲音西。時如字，本亦作塒，音同《爾雅》同《玉篇》，時理反。鑿牆以棲雞，鑿，在各反。畜許又反。"詩的第三句"君子于役，如之何勿思"，"箋云"二字之後為鄭玄箋"行役多危難，我誠思之。"【疏】之後為孔穎達疏。"傳鑿牆而棲曰塒"指明所疏的內容，然後以○隔開，以"正義曰"引出疏文"釋宮文也。又云雞棲於杙為桀。李巡曰，別雞所棲之名，寒鄉鑿牆為雞作棲曰塒。"可知疏主要是注釋傳中"鑿牆而棲曰塒"一句，並沒有解釋兩句詩中的其他內容。

從上也可以看出，儘管一般而言《毛詩正義》小序有鄭箋、陸德明音義、孔穎達疏，詩歌正文下有毛傳、鄭箋、陸德明音義、孔穎達疏，但很多時候並不同時具有各項，各家注釋亦有各自所側重點。

其次，看一下"十三經注疏"中的《論語注疏》第一卷：

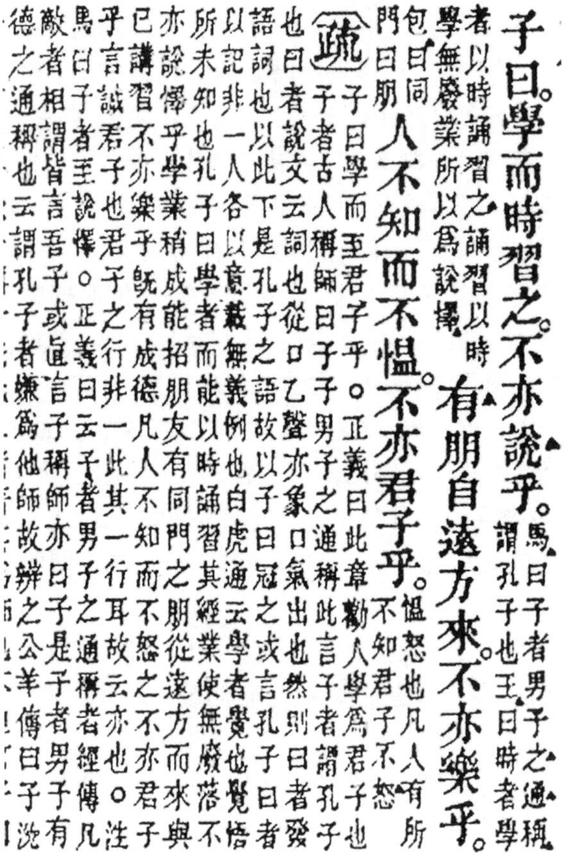
子曰。學而時習之。不亦說乎。馬曰子者男子之通稱謂孔子也王曰時者學
者以時誦習之誦習以時學無廢業所以爲說懌。有朋自遠方來。不亦樂乎。
包曰同門曰朋人不知而不慍。不亦君子乎。慍怒也凡人有所不知君子不怒
【疏】子曰學而至君子乎○正義曰此章勸人學爲君子也
子者古人稱師曰子子男子之通稱此言子者謂孔子
也曰者說文云詞也從口乙聲亦象口氣出也然則曰者發
語詞也以此下是孔子之語故以子曰冠之或言孔子曰者
以記非一人各以意載無義例也白虎通云學者覺也覺悟
所未知也孔子曰學者而能以時誦習其經業使無廢落不
亦說懌乎學業稍成能招朋友有同門之朋從遠方而來與
已講習不亦樂乎既有成德凡人不知而不慍之不亦君子
乎言誠君子也君子之行非一此其一行耳故云亦也○注
馬曰子者至說懌○正義曰云子者男子之通稱者經傳凡
敵者相謂皆言吾子或直言子稱師亦曰子是子者男子有
德之通稱也云謂孔子者嫌爲他師故辨之公羊傳曰子沈

圖2 《論語注疏》第一卷

大字為正文“子曰,學而時習之,不亦說乎。”後小字乃魏何晏集解。所謂集解,即將之前各家的注釋幾種在一起,然後再加上自己注解,也叫作集注。上文“馬曰”之“馬”指馬融,“王曰”之“王”指王肅。集解中各家人名多以“某曰”代之,因此讀集解之前,要讀書前之序文,搞清楚都采取了哪幾家的注釋以及稱呼。【疏】後為孔穎達疏,首先指明所疏之對象“子曰學而至君子乎”,即從“子曰學”到“君子乎”,然後以○隔開,以“正義曰”引出疏文。疏完正文之後,以○隔開,再疏注文,“注馬曰子者至說懌”,同樣以“正義曰”引出疏文。

就注釋的內容和注釋術語而言,主要有以下幾種:

一、解釋詞義

解釋詞義為古書注釋中最重要的內容,也是注釋其它內容的基礎。其中常見的注釋格式有以下幾種:

"某,某也。"或"某者,某也。"

《詩經・君子于役》:"曷其有佸。"毛傳:"佸,會也。"

《論語・學而》:"子曰,學而時習之,不亦說乎。"馬曰:"子者,男子之通稱,謂孔子也。"

《詩經・周南關雎》:"窈窕淑女,君子好逑。"毛傳:"窈窕,幽閑也。淑,善。逑,匹也。"

曰,為,謂之

三個詞相當於今天的"叫作""稱作",被釋的詞都放在三個詞的後面。

《左傳・隱公元年》:"祭仲曰,都城過百雉,國之害也。"杜預注:"方丈曰堵,三堵曰雉,一雉之牆長三丈高一丈。侯伯之城方五里徑三百雉,故其大都不得過百雉。"

《論語・為政》:"子曰,君子周而不比。"何晏注:"孔曰,忠信為周,阿黨為比,小人比而不周。"

《爾雅・釋器》:"骨謂之切,象謂之磋,玉謂之琢,石謂之磨。"

謂

"謂"多用於指明詞的具體含義或者具體所指為何物,將詞義的抽象性或一般性具體化,或是用常見的詞解釋不常用的此語。被釋之詞多放在"謂"的前面。

《楚辭・離騷》:"恐美人之遲暮。"王逸注:"美人,謂懷王。"

"美人"本是一般性的稱謂,而在此句話中則有具體所指,從而以"謂"引出所暗指的對象。

《論語子罕》:"後生可畏。"何晏注:"後生謂少年。"

"後生"概念比較特殊,以"謂"引出比較常用的詞語來解釋。

《左傳・隱公元年》:"大叔完聚。"杜預注:"完聚者,謂聚人而完之,非欲守城也。"

貌

"貌"字一般放在動詞或形容詞之後,描述詞語的狀態。使用"貌"解釋的詞語往往是表示某種性質或狀態的詞。

《詩經・衛風・氓》:"氓之蚩蚩,抱布貿絲。"毛傳"蚩蚩,敦厚之貌。"

《論語·陽貨》:"夫子莞爾而笑。"何晏注:"莞爾,小笑貌。"

《詩經·大雅》"四牡彭彭。"鄭箋:"彭彭,行貌。"

猶

"猶"一般用於注釋同義詞或者近義詞,釋詞與被釋詞之間意義不同但相通相似,相當於現代漢語的"如同""等於說""相當於""與……一樣"。

《禮記·學記》:"就賢體遠,足以動衆,未足以化民。"鄭玄注:"就,謂躬下之,體猶親也。"

《楚辭·離騷》:"背繩墨以追曲兮。"王逸注:"追,猶隨也。"

《左傳·隱公元年》:"潁考叔,純孝也。"杜預注:"純,猶篤也。"

之言、之為言

此二術語僅用於聲訓,即釋詞與被釋詞二者聲音相通,或者是同音關係,或者是雙聲疊韻的關係,利用聲音將二者的意義聯繫起來。

《爾雅·釋訓》:"鬼之言歸也。"

《論語·季氏》:"吾恐季孫之憂不在顓臾,而在蕭牆之内也。"鄭玄注:"蕭之言肅也。牆謂屏也。"

《禮記·曲禮下》:"自世婦以下,自稱曰婢子。"鄭玄注:"婢之言卑也。"

讀為、讀曰

這兩個術語一般用於以本字說明假借字,也即用本字的詞義解釋。

《詩經·衛風·氓》:"淇則有岸,隰則有泮。"鄭箋:"泮讀為畔,畔涯也。"

可知,泮為假借字,畔為本字。

《禮記·曲禮》:"國君則平衡,大夫則綏之,士則提之。"鄭玄注:"綏讀曰妥。妥之謂下於心。"

綏為假借字,妥為本字。

讀若、讀如

這兩個術語一般則用來注音。

《詩經·召南·野有死麕》:"林有樸樕,野有死鹿,白茅純束。"毛傳:"純讀如屯。"

《詩經·魏風·伐檀》:"彼君子兮,不素飧兮。"鄭箋:"飧讀如魚飧之飧。"

《儀禮·聘禮》:"門外米三十車,車秉有五籔。設於門東,為三列,東陳。"鄭玄注:"籔讀若不數之數。"

二、講解語法

詞彙中除了實詞之外,還有大量的虛詞。詞組合成句則又有一定的語法在其中。要想明白一句話的意思,首先要搞懂句中實詞的具體意義,然後要懂得句中的虛詞與組合規則,即所謂語法或句法。

古書注釋中關於語法主要有以下三個内容:

1. 詮釋虛詞

虛詞沒有實在意義,只有語法功能,在句中依附實詞表語法意義。詞彙中虛詞相對較少,但出現頻率高,其作用卻不亞於實詞。在古書中,許多虛詞因為相隔久遠,往往會被理解為實詞,從而在理解上容易產生偏差,因此很有注釋的必要。

詮釋虛詞首先要標明虛詞,經常用到的術語為"辭""發聲""語辭""語助"等,例如:

《詩經·周南·芣苢》:"采采芣苢,薄言采之。"毛傳:"薄,辭也。"

《詩經·邶風·式微》:"式微式微,胡不歸。"毛傳:"式,發聲也。"孔穎達疏:"不取式為義,故云發聲。"

《易經·觀》:"有孚顒若。"孔穎達疏:"若為語辭。"

《左傳·隱公元年》:"公曰:爾有母遺,繄我獨無。"杜預注:"繄,語助也。"

指明虛詞,可知這些詞在句中沒有實在的意義,只起到語法作用。上述的幾個虛詞都表發聲作用,只起到補充音節的作用。

有些虛詞的語法功能相對比較複雜,需要對其功能進行說明,例如:

《左傳·莊公七年》:"星隕如雨。"杜預注:"如,而也。"

這裏採用虛詞"而"解釋"如",說明"而"是虛詞,其功能相當於"而"。據此,"星隕而雨"當是說星墜落時下著雨。如果將"如"理解為實詞,此句很有可能解釋為星墜落的時候像下雨一樣,意思則有所不同。

有的古書注釋很注重虛詞之間的細微差別,如向來被認為是"微言大義"的《春秋》,其所用虛詞,在後人的傳中就有許多分析:

《春秋經·宣公八年》:"冬十月己丑,葬我小君頃熊,雨,不克葬。庚寅,日中而克葬。"

《春秋經·定公十五年》:"丁巳,葬我君定公,雨,不克葬。戊午,日下昃乃克葬。"

《春秋公羊傳》對此二句相比較而言:"而者何,難也。乃者何,注謂問定公日下昃乃克葬,難也。注禮卜葬從遠日不克葬見難者,臣子重難不得以正日葬其君。曷為或言而或言乃,乃難乎而也。注言乃者内而深,言而者外而淺。下昃日昳久故言乃,孔子曰其為之也難,言之得無訒乎,皆所以起孝子之情也。"

"而"與"乃"兩個虛詞,沒有實在意義,表虛詞前後的語意關係。《公羊傳》"均以"難也"解釋,但難度上"乃"大過"而"。以現代漢語言之,"而"近於"就","乃"則近於"才",所表達的程度略有不同。《公羊傳》此注釋也變為後世解釋字形的依據。《說文》:"乃,曳詞之難也,象氣之出難。"段玉裁注:"曳有矯拂之意。曳其言而轉之。若而,若乃皆是也。乃則其曳之難者也。春秋宣八年,日中而克葬。定十五年,日下昃乃克葬。公羊傳曰:而者何,難也。乃者何,難也。曷為或言而或言乃,乃難乎而也。何注:言乃者內而突,言而者外而淺。按乃、然、而、汝、若,一語之轉,故乃又訓汝也,象氣之出難也。"

通過注釋虛詞,不但是疏通句意的基礎,也可以通過不同虛詞來體會句意的細微差別。

2. 分解句式

句法結構簡單而言就是句子詞語之間的關係。有些句子的句法結構比較複雜,如句子成分省略較多,主動被動在形式上往往一致,句子語氣標識不清等情況。如果不進行注釋,對於理解句意也是不小的障礙。古文注釋中,分解句式也是較常見的一種注釋方式。

《左傳・成公二年》:"丑父寢於轏中,蛇出於其下,以肱擊之,傷而匿之,故不能推車而及。"杜預注:"為韓厥所及。"

此段記述簡略,但所敘述的時間以及人物、時間卻很複雜,如果不做注釋很難理解。"丑父寢於轏中,蛇出於其下,以肱擊之,傷而匿之"所敘述的是前一天晚上的事。"故不能推車而及"則敘述當天之事,主語仍為丑父,丑父不能推車。而"及"杜預注"為韓厥所及",則是說被韓厥追上。如果沒有杜預注,"及"很有可能被誤認為與"不能推車"在同一層次,二者構成因果關係,產生誤解。

《左傳・昭公三年》:"山木如市,弗加於山。魚鹽蜃蛤,弗加於海。"杜預注:"賈如在山海,不加貴。"孔穎達疏:"如訓往也,言將山木往至市也,於木既云如市,魚鹽蜃蛤亦如市可知,蒙上文也。"

根據杜注可知,"魚鹽蜃蛤"四種同樣要"如市",與"山木"同。而因為四四對應的句法結構,而蒙上文省略。

《左傳・昭公三年》:"國之諸市,屨賤踊貴,民人痛疾,而或燠休之。"杜預注:"燠休,痛念之聲,謂陳氏也。"

如果沒有杜預的注,"而或燠休之"的主語很容易被認為是"民人",讀了注釋才知其主語當是"陳氏"。

《詩經・鄭風・揚之水》:"揚之水,不流束楚。"毛傳:"揚,激也,激揚之水可謂不流漂束楚乎?”

毛傳中注釋中,句尾有一“乎”字,可知此句當為反問句。古文沒有標點符號,沒有語氣詞的疑問句很容易被誤解,這時候注釋就派上了用場。

閱讀古書文句,認清各語間的層次關係,句子主謂賓的搭配及省略情況,根據上下文推斷句子的語氣等對於理解句意很重要,而這些都離不開前人的注釋。

3. 語序變換、詞類活用

古代漢語尤其是先秦漢語中,語序變換、詞類活用以及詞的特殊用法等情況非常多。這些情況有的是臨時用法,有的則固定成為一種句式,如否定句中代詞賓語前置以及疑問句中代詞賓語前置,就是兩種頗為常見的固定句式。在漢語後來的發展中,這種情況越來越少,就有了注釋的必要。

《詩經·周南汝墳》:“既見君子,不我遐棄。”孔穎達疏:“不我遐棄,猶云不遐棄我,古之人語多倒,詩之此類衆矣。”

《左傳·昭公十九年》:“諺所謂室於怒而市於色者,楚之謂矣。”杜注:“猶人忿於室家,而作色於市人。”

杜預所注使用了正常的語序,這就比較好理解了。

詞類活用是指某些詞臨時改變詞類性質而充當其它詞類的語法現象,有時候需要做一定的注釋。

《論語·顏淵》:“齊景公問政於孔子,孔子對曰:君君臣臣父父子子。”邢昺疏:“政者,正也。若君不失君道,乃至子不失子道,尊卑有序,上下不失,而後國家正也。”

《孟子·梁惠王》:“老吾老,以及人之老;幼吾幼,以及人之幼。天下可運於掌。”趙岐注:“老猶敬也,幼猶愛也,敬吾之老亦敬人之老,愛我之幼亦愛人之幼。”

《左傳·僖公二十八年》:“晉侯圍曹,門焉。”杜預注:“攻曹城門。”

第一例“君”“臣”“父”“子”都是名詞作動詞用,第二例的“老”“幼”都是形容詞作動詞、作名詞用。第三例的“門”也是名詞作為動詞使用,注釋中都做出瞭解釋。

三、疏通文意

有的古文注釋雖然也會單獨解釋一些字詞,但是其重點在於逐句、逐章串講,分析句子、段落大意。其中以章句類的注釋為代表。如王逸《楚辭章句》中的一段注釋:

曰遂古之初誰傳道之，遂，往也。初，始也。言往古太始之元虛廓無形，神物未生，誰傳道此也。上下未形何由考之，言天地未分，溷沌無垠，誰考定而知之。冥昭瞢闇誰能極之，言日月晝夜清濁晦明，誰能極知之。馮翼惟像何以識之，言天地既分，陰陽運轉，馮馮翼翼，何以識知其形象乎。明明闇闇惟時何為，言純陰純陽，一晦一明，誰造為之乎。陰陽三合何本何化，謂天地人三合成德，其本始何化所生乎。

大字為楚辭，小字為王逸章句。小字中除瞭解釋“遂”和“往”之外，其它直接給出了句子的大意。再看一下朱熹《大學章句》首句：

大學之道在明明德，在親民，在止於至善。程子曰，親當作新。○大學者，大人之學也。明，明之也。明德者，人之所得乎天而虛靈不昧以具衆理而應萬事者也，但為氣禀所拘，人欲所蔽，則有時而昏然，其本體之明則有未嘗息者。故學者當因其所發而遂明之，以復其初也。新者，革其舊之謂也，言既自明其明德，又當推以及人使之亦有以去其舊染之污也，止者，必至於是而不遷之意，至善則事理當然之極也，言明明德、新民皆當止於至善之地而不遷，蓋必其有以盡夫天理之極，而無一毫人欲之私也。此三者大學之綱領也。

朱熹在闡釋句意的同時，也夾雜了自己的思想在其中。除了分析句意，章句體注釋還會總結一章的核心內容，如《孟子章句》中每章後面都有“章指”，如《孟子章句》“寡人之於國也”章之後有“章指言，王化之本，在於使民養生喪死之用備足。然後導之以禮儀；責己矜窮，則斯民集矣。”這就使得讀者對一章的內容有個大體瞭解。

一般說來，章句體注釋一般比較淺顯，不糾結於字詞的訓釋，只是給出句子的大意，使人知其然，適合於初學古文者。

四、闡明思想

有的古文注釋側重於利用注釋闡明自己的哲學思想，從上文所引朱熹《大學章句》就可以隱約看出此種端倪。通過重新解釋古文詞句，來闡釋自己的哲學思想。朱熹通過解釋《大學》第一句，從而將自己的“存天理、滅人欲”的思想貫穿其中。另如朱熹《中庸章句》：

天命之謂性，率性之謂道，脩道之謂教。命猶令也，性即理也。天以陰陽五行化生萬物氣以成形，而理亦賦焉，猶命令也。於是人物之生，因各得其所賦之理，以為健順五常之德。所謂性也，率、循也。道，猶路也。人物各循其性之自然，則其日用事物之間莫不各有當行之路，是則所謂道也。脩，品節之也。性道雖同而氣禀或異，故不能無過不及之差，聖人因人物之所當行者而品節之，以為法於天下,則謂之教,若禮樂刑政之屬是也。蓋人知己之有性而不知其出於天,知事之有道而不知其由於性,知聖人之有教而不知其因吾之所固有者裁之也。故子思於此首發明之,而董子所謂道之大原出於天,亦此意也。

其實原文的三句話不難理解,從字詞的層面講甚至都不要注釋。但朱熹通過注釋卻大加發揮,原文便成了他哲學思想的注腳。再看郭象所注的《莊子》:

天之蒼蒼,其正色耶。其遠而無所至極耶。其視下也,亦若是則已矣。今觀天之蒼蒼,竟未知便是天之正色耶。天之為遠而無極耶。鵬之自上以視地,亦若人之自此視天,則止而圖南矣。言鵬不知道裏之遠近,趣足以自勝,而逝補大鵬之飛九萬裏,則其下視生物相吹之氣,亦如今觀天之色蒼蒼而已,言其遠之甚也。

郭象的注釋並沒有使得《莊子》原文變得容易理解,反而是由物及人,所闡釋的思想更為廣闊。

五、文字校勘

古書在流傳過程中,由於時間久遠,加之印刷術產生以前以傳鈔為主,印刷術產生以後也以雕版印刷為主要方式,除去抄寫之外,刻板過程中也會出現失誤,這些都會導致流傳下來的古書的文字會產生一些錯訛。所以在先秦以後,尤其是清代,對古書文字的校勘成為注釋古書的一項內容。

《文選·諸葛亮出師表》:"願陛下托臣以討賊興復之效,不效則治臣之罪,以告先帝之靈,若無興德之言則戮允等,以章其慢。"李善注:"《蜀志》載亮表雲,若無興德之言則戮允等以章其慢,今此無上六字,於義有闕誤矣。"

李善根據《三國志·蜀志》所記載,認為《文選》脫此六字,當補足。這就是校勘中常見的"脫文"現象。"脫文"即當有而沒有,非常容易發生的一種情況。清代阮元刻《十三經注疏》,並為其撰寫了《校勘記》,其中就有很多脫文的現象。如《詩經·周南·桃夭》孔穎達疏:"此雲家人,家猶夫也,猶婦也。"阮元《校勘記》:"猶婦上脫人字。"這裡當時根據句子結構以及句意就可以推理出來。另如《詩經·節彼南山》孔穎達疏中有"能實甽唯草木也。"阮元校勘記:"閩本明監本毛本同案浦堂云,甽下當脫谷字,是也。"這裏的注釋就參考了其它版本。

與"脫文"相對的則是"衍文",即不當有而有的情況,如《詩經·邶風·柏舟》"泛彼柏舟,亦泛其流。"鄭玄箋:"舟載渡物者,今不用,而與眾物泛泛然俱流水中。"阮元《校勘記》:"與下衍眾字,小字本無。"又如《禮記·檀弓》:"從母之夫,舅之妻,二夫人相為服。"俞樾在《古書疑義舉例》中寫道:"夫字衍文也,二人兩字合為夫。"即夫字本不該有,而是受到了"二人"影響多寫了一個字。

《左傳·宣公二年》:"趙穿攻靈公於桃園。"王引之《經義述聞》:"'攻'本作'殺','殺'字或隸作'煞',上半與'攻'相似,又因上文'伏甲而攻之'而誤為'攻'耳。趙穿殺靈公,故太史書曰'趙盾弑其君'。若但攻之而已,則殺與否未可知,太史書何由而書'弑'乎?杜注'宣子未出山而復'曰,聞公殺而還。'公殺'正謂趙穿殺靈公,則杜所據本作'殺',明甚。"

王引之據上下文文義推斷"攻靈公"之"攻"當為'殺'字,有一定的道理。此種也是校勘注釋中常見的一種。

對於學習古代漢語以及閱讀古書而言,參閱注釋是十分有幫助且必要的。清代阮元曾有一段話闡釋了古文注釋的重要性:

竊謂士人讀書,當從經學始,經學當從注疏始。空疏之士,高明之徒,讀注疏不終卷而思臥者,是不能潛心研索,終身不知有聖賢儒經傳之學矣。至於注疏諸義,亦有是有非;我朝經學最盛,諸儒論之甚詳,是又在好學深思實事求是之士,是由注疏推求尋覽之也。(《十三經注疏　重刻宋板注疏總目錄》)

第二節　句讀與標點

古書一般是沒有標點的,讀書的時候需要讀者自己判斷一句話的停頓及終了。有少數一部分古書在句子停頓的地方標注有類似標點的符號,一般是在句終之字的旁邊加一個點或畫一個圈,這叫作"句",而句中的停頓在旁邊加一個點,叫作"讀",二者合起來就是所謂的"句讀"。在古代,句讀是閱讀書籍的前提,亦是學習知識的基礎,韓愈曾說:"句讀之不知,惑之不解"。古人很重視句讀的訓練,《禮記·學記》曾有言:"一年視離經辨志。"即小孩讀書一年以後要考察句讀經書的能力。

句讀正確是理解句意的前提,如果斷句錯誤,說明對這句話的理解有偏差。《唐語林》卷一:"興元中有僧曰法欽以其道高居徑山時人謂之徑山長者。"有人將其句讀為"興元中,有僧曰法欽,以其道高,居徑山。時人謂之徑山長者。"文字被斷為兩句,則"以其道高,居徑山"前後為因果關係,因為道高才得以居徑山,這不合現實情理。合適的斷句當為"興元中,有僧曰法欽,以其道高,居徑山,時人謂之徑山長者。"將文字點為一句,則"以其道高"與"居徑山"為並列關係,均為被成為"徑山長者"的原因。

有時候,同一句話不同的句讀可能會有不同的理解。其中有個關於孔子的著名例子。《論語·鄉黨》:"廄焚。子退朝,曰,傷人乎。不問馬。"這是古今通行的標點方式,表現了孔子貴人賤畜的思想。但有人也提出疑問,馬在古代也是比較貴重,不應該不聞不問。於是唐陸德明《經典釋文》說:"一讀至'不'字絕句。"在"不"字後斷句,即可能將其標點為以下兩種:

廄焚。子退朝,曰:傷人乎不。問馬。

廄焚。子退朝,曰:傷人乎。不。問馬。

"不"通"否"。如此一來孔子就是先問人,人無事之後,再問馬。以此說明孔子既重視人,又重視馬。且不論後二種標點是否合古漢語的語法(其實不合,詳後文),但同樣的文字因為句讀不同而產生不同的句意,這種情況確實存在著,而且衍生了許多的故事或橋段。

句讀是古人斷句的方式,對於今天學習古代漢語而言,更多的情況是使用標點符號。標點符號直到近代文學革命才出現,分為標號與點號兩種。標號主要是標明詞語或句子性質和作用,有引號、括號、破折號、省略號、著重號、書名號、專名號。點號主要起標明句子停頓和語氣的作用,有句號、逗號、感歎號、問號、冒號、引號、分號。句讀與標點符號中的點號有相通之處,但二者並不相同。句讀只是單純地標注句子的停頓,標點除表停頓之外,還有其它諸如表句子語氣等作用,二者只是在斷句功能上一致,因此標點符號涵蓋了句讀的作用。

關於標點符號,有《標點符號用法》(GB/T 15834—1995)的國家標準,既適用於現代漢語,也適用於古代漢語。常見的古文標點符號大概有十三種:句號、逗號、歎號、頓號、分號、冒號、引號、括號、破折號、間隔號、書名號、專名號,下面分別簡單介紹最常用的幾種。

1. 句號(。)

句號表示一個陳述句或祈使句的終了,表達一個完整的意思。

《左傳·隱公元年》:"十年春,齊師伐我。"

《論語·陽貨》:"陽貨欲見孔子,孔子不見。"

詩、詞、賦、駢文等韻文的韻腳處,如果不影響句意的完整,一般可以點句號。

《詩經·周南關雎》:"關關雎鳩,在河之洲。窈窕淑女,君子好逑。"

辛棄疾《永遇樂》:"千古江山,英雄無覓、孫仲謀處。舞榭歌臺,風流總被、雨打風吹去。"

屈原《離騷》:"吾令羲和弭節兮,望崦嵫而勿迫。路漫漫其修遠兮,吾將上下而求索。”

2. 問號(?)

問號表示一個疑問句的終了。表示一個完整的句意,且帶有疑問的語氣。

《莊子·秋水》:“莊子往見之,曰:‘南方有鳥,其名為鵷鶵,子知之乎?’”

《史記·項羽本紀》:“沛公安在?”

《戰國策·秦策》:“秦王跪而請曰:‘先生何以幸教寡人?’”

反問句是一種不需要回答的文句,其末尾也是用問號。

《詩經·魏風·伐檀》:“不稼不穡,胡取禾三百廛兮?”

《莊子·秋水》:“子非魚,安知魚之樂?”

《左傳·僖公四年》:“豈不穀是為?先君之好是繼。”

句子是否使用問號,應根據句子語氣以及句意來確定,有些雖然有疑問詞,但全句並不表示疑問語氣,這時末尾當不用問號。

白居易《與元九書》:“吾不知相遇是何年,相見是何地。”

《史記·項羽本紀》:“今將軍內不能直諫,外為亡國將,孤特獨立而欲長存,豈不哀哉!”

3. 歎號(!)

嘆號表示一個感歎句的終了。表示一個完整的句意,且帶有強烈的感情。

《莊子·列禦寇》:“莊子曰:‘秦王有召醫:破癰潰痤者,得車一乘,舐痔者,得車五乘。所治愈下,得車愈多。子豈治其痔邪?何得車之多也?子行矣!’”

司馬遷《報任安書》:“嗟乎!嗟乎!如僕尚何言哉!尚何言哉!”

《論語·憲問》:“微管仲,吾其被髮左衽矣!

語氣強烈的祈使句末尾也用歎號。

《禮記·檀弓下》:“嗟!來食!”

不過古籍中的歎號不宜多用,可用歎號亦可用句號的時候,以句號為宜。

4. 逗號(,)

逗號表示句子內部較短的一般性停頓。

《論語·子路》:“既富矣,又何加焉?”

《孟子·梁惠王上》:“王若隱其無罪而就死地,則牛羊何擇焉?”

《左傳·隱公元年》:“亟請於武公,公弗許。”

判斷句的主語與謂語之間,一般需要用逗號點開。

《左傳·宣公二年》:“董狐,古之良史也。”

《史記·廉頗藺相如列傳》:“廉頗者,趙之良將也。”

韓愈《師說》:“師者,所以傳道授業解惑也。”

5. 頓號(、)

頓號表示句子內部並列詞語之間的停頓。

《孟子·滕文公》:“他日,子夏、子張、子游以有若似聖人,欲以所事孔子事之,強曾子。”

《戰國策·楚策》:“莊辛去之趙,留五月,秦果舉鄢、郢、巫、上蔡、陳之地。”

有些名詞並列,但不致引起誤會的,如“日月星辰”“伯仲叔季”“父子兄弟”等,可以不加頓號。

有時句子中的並列成分不止一層,一般第一層用頓號,而上一層則用句號。

《舊唐書·太宗本紀》:“太子太師、趙國公長孫無忌,太子太傅、梁國公房玄齡,太子太保、宋國公蕭瑀,各辭調護之職,詔許之。”

6. 分號(;)

分號表示複句內部並列成分之間的停頓。

《戰國策·楚策》:“莊辛對曰:‘聞鄙語曰:見兔而顧犬,未為晚也;亡羊而補牢,未為遲也。’”

李密《陳情表》:“臣密言:臣以險衅,夙遭閔凶。生孩六月,慈父見背;行年四歲,舅奪母志。”

分號停頓比逗號要大,分號前後文意緊接的句子。散文中,分號的使用要謹慎,可用句號、逗號之處,則以不用分號為宜。

分號在駢文中用得多,散文中對仗的句式,有時也使用分號。

王勃《滕王閣序》:“天高地迥,覺宇宙之無窮;興盡悲來,識盈虛之有數。”

歐陽修《醉翁亭記》:“臨溪而漁,溪深而魚肥;釀泉為酒,泉香而酒洌。”

揚雄《解嘲》:“故為可為於可為之時,則從;為不可為於不可為之時,則兇。”

7. 冒號(:)

冒號表示提示性話語之後的停頓,並用以提示下文。

《左傳·隱公元年》:“君子曰:穎考叔,純孝也。愛其母,施及莊公。”

《史記·魏其武安侯列傳》:“軍法:父子俱從軍,有死事,得與喪歸。”

如果冒號是引出話語,冒號後面要跟著引號。表示引文的句子,也要用冒號和引號。

《莊子·養生主》:“文惠君曰:‘善哉! 吾聞庖丁之言,得養生焉。’”

《史記·秦始皇本紀》:“《西京賦》曰:‘徼道外用,千盧內附。”

如果是轉述他人的話,或者是概括大意,則不必用冒號,直接用引號即可。

《史記·五帝本紀》:"授舜,則天下的其利而丹朱病;授丹朱,則天下病而丹朱得其利。堯曰'終不以天下之病而利一人',而卒受舜以天下。"

《史記·孔子世家》:"古者詩三千餘篇,及至孔子,去其重,取可施於禮義,上采契后稷,中述殷周之盛,至幽厲之缺,始於衽席,故曰"關雎之亂以為風始,鹿鳴為小雅始,文王為大雅始,清廟為頌始"。

《史記·項羽本紀》:"太史公曰:吾聞之周生曰'舜目蓋重瞳子',又聞項羽亦重瞳子。"

在總括性語句之前可用冒號總結上文。如

《史記·孔子世家》:"故吳楚之君自稱王,而春秋貶之曰'子';踐土之會實召周天子,而春秋諱之曰'天王狩於河陽':推此類以繩當世。"

《史記·五帝本紀》:"五刑有服,五服三就;五流有度,五度三居:維明能信。"

8. 引號(""''「」『』)

""''為橫排的雙、單引號,『』「」為豎排的雙、單引號。引號標明直接引用的話語。橫排第一層用雙引號"",第二層用單引號'',豎排第一層用單引號「」,第二層用雙引號『』。如果第二層引文中又有引文,橫排則用"",而直排則用「」。

《孟子·梁惠王》曰(有省略):"狗彘食人食而不知檢,塗有餓莩而不知發,人死,則曰:'非我也,歲也。'是何異於刺人而殺之,曰:'非我也,兵也'?王無罪歲,斯天下之民至焉。"

引號還用來標明著重論述的對象或是特別指出的詞:

《孟子·離婁上》:"《詩》曰:'天之方蹶,無然泄泄。'"泄泄"猶沓沓也。

9. 書名號(《》、〈〉、﹏﹏)

書名號主要是標注書名、篇名、樂曲名等。如:

《舊唐書·太宗本紀》:"是日,上制《破陣樂舞圖》。"

當作者與書名連用時的簡稱,如班固所著《漢書》簡稱為"班書",橫排則標為"班《書》",豎排則是班書。書名與篇名連用時的簡稱,如《隋書》的《經籍志》簡稱為"隋志",橫排則標為"《隋志》",豎排則為隋志。

10. 間隔號(·)

間隔號經常用於書名號中,標注書名與篇名之間的間隔。如《三國志·蜀志·諸葛亮傳》。

標點古書對於學習古代漢語而言有著重要的作用。正確標點(斷句)之後才能理解句意,而理解句意才能正確標點句子,二者是相輔相成的關係。面對沒有標點、句讀的字字相連的一段文章,首先是根據整體文字推斷文章的大體內容及主要意思。然後依據文意進行句子的劃分。一般要找到文章中主要的詞,如反復出現的名詞、代詞等,一般就可以作為句子的主語,可以初步確定句子停頓之處。其次找到句子中的虛詞,虛詞是斷句的主要標誌。例如"夫、其、惟、唯、蓋、盍、凡、竊、請、敬"等發語詞和表敬副詞,經常出現在句首,其前面多為上句的停頓。如"乎、哉、也、兮、耶、矣、耳、歟、焉、而已"等語氣詞經常出現在句尾,其後多是句子的終了。除此之外,可以根據句子的句式,如對仗、排比、駢句等進行斷句。有些古代漢語中的固定句式如"……者,……也""無乃……""況……乎""可得……歟"等,也是斷句的標誌。據以上方法,大體可以將壹段文章劃分成若干句子。

句子由詞組合而成,而漢文書寫不分詞,因此單個句子的標點,分詞是關鍵。這就要求在讀懂句意的前提下理解詞義,許多標點錯誤都是因為不明句意、不明詞義造成的。如:

《論衡·問孔篇》:"世儒學者好信師而是古以為賢聖所言皆無非專精講習不知難問"

有兩種標點:

世儒學者,好信師而是古,以為賢聖所言皆無非,專精講習,不知難問。

世儒學者,好信師而是古,以為賢聖所言,皆無非專精講習,不知難問。

二者標點的區別在於"皆無非"。"非"可以兩解,一為名詞,意為"錯誤",如上句;一為動詞,意為"不是",如下句。依據前句"好信師而是古"推之句意,可知上句標點是對的,如此標點才句通意順。

《左傳·宣公二年》:"使盡之而為之簞食與肉置諸橐以與之"

有兩種標點:

使盡之,而為之簞食與肉,置諸橐以與之。

使盡之,而為之簞食,與肉,置諸橐以與之。

兩種標點對於句意的理解一致,區別在於對"與"的理解。一種理解是"與"為連詞,一種理解為"與"為動詞。單看"而為之簞食與肉"幾字,兩種理解上都可以,但如果理解成動詞,其和後句後之"與"就重複了,因此應當理解為連詞。上句的標點是對的。

曹植《與楊德祖書》:"今往僕少小所著辭賦一通相與夫街談巷說必有可採

擊轅之歌有應風雅匹夫之思未易輕棄也”

兩種標點:

今往僕少小所著辭賦一通相與。夫街談巷說,必有可採;擊轅之歌,有應風雅;匹夫之思,未易輕棄也。

今往僕少小。所著辭賦一通。相與夫街談巷說,必有可採;擊轅之歌,有應風雅;匹夫之思,未易輕棄也。

此句的標點關鍵在於對“往”的理解,如果不明白在這裏“往”是送往的意思,自然會出錯誤。上句的標點是對的,意思是“現在我送我少年時代所寫的辭賦一篇給你。”下句在“小”後斷句,不通。另外,“相與夫”也不通,上文講過虛詞“夫”很多時候用在句首,可以作為劃分句子的標誌。從句式看,後面三段文字句式整齊,“相與”也應是多餘。

除了句通意順之外,句意還要和語言所記錄的實際相符,即句意要合情合理。有些標點過的句子,單從句意上講是通順的,但其與上下文意或者實際則有矛盾之處,這就說明標點也是有問題的,而且不容易發現。

《資治通鑑》卷二十:“韓信曰善從其策發使使燕燕從風而靡遣使報漢且請以張耳王趙漢王許之”

有兩種標點:

韓信曰:“善!”從其策,發使使燕。燕從風而靡,遣使報漢,且請以張耳王趙;漢王許之。

韓信曰:“善!”從其策。發使使燕,燕從風而靡。遣使報漢,且請以張耳王趙;漢王許之。

古漢語的一些句子的主語,如果上文出現過,下文再出現的時候會省略。這種情況就會導致句子主語或者是事件的施事者或是受事者比較模糊,容易產生失誤。此二例標點區別“遣使報漢,且請以張耳王趙”的主語或是施事是誰,是韓信,還是燕國。從歷史實際來講,燕漢對立,燕弱漢強,燕是沒有能力也沒有理由報漢以張耳王趙的。所以,施事者當為韓信,標點當以下句為符合實際。

《左傳・成公二年》:“綦毋張喪車從韓厥曰請寓乘從左右皆肘之使立於後”

兩種標點:

綦毋張喪車,從韓厥曰:“請寓乘。”從左右,皆肘之,使立於後。

綦毋張喪車,從韓厥曰:“請寓乘,從左右。”皆肘之,使立於後。

兩種標點句子停頓標注沒問題,二者區別在於“從左右”是否是韓厥所說話的一部分,這就涉及對句意的理解。從詞語上講,如果“從左右”為韓厥所說,那麼其與"皆肘之"則無直接聯繫,那麼"皆"字就無法落實。所以"從左右"非韓厥所說。從整體的句意上講,也以上句所標點為佳。

古文標點還要合古漢語的語法和韻律。先看一下上文《論語·鄉黨》的例子,三種標點方式:

廄焚。子退朝,曰,傷人乎。不問馬。

廄焚。子退朝,曰,傷人乎不。問馬。

廄焚。子退朝,曰,傷人乎。不。問馬。

王若虛在《滹南遺老集》卷五曾言:"聖人至仁,必不至賤畜而無所恤也。義理之是非,姑置勿論,且道世之為文者,有如此語法乎?故凡解經,其論雖高,其於文勢語法不順者,亦未可遽從,況未高乎!"此說是正確的。首先古代漢語的疑問語氣詞後沒有加"不"的用法;其次,也沒有以"不"字單獨作為一句話表否定的用法。所以僅在文字意義層面講得通是不夠的,還要考慮語法是否通順,有沒有這種用法等。

《論衡·非韓篇》:"夫拜謁禮義之效非益身之實也"

兩種標點:

夫拜謁,禮義之效,非益身之實也。

夫拜謁禮義之效,非益身之實也。

根據句意可判斷此句當為判斷句。古代漢語的判斷句一般是沒有判斷詞的,所以主謂之間的停頓需要斷句,需要標點逗號,以上句為是。依下句標點,"拜謁禮義"則可能被理解為動賓關係。

《論衡·談天篇》:"且夫天者氣邪體也"

有兩種標點:

且夫天者,氣邪?體也。

且夫天者,氣邪?體也?

一般而言,古代漢語中的"也"表陳述語氣,但在一部分選擇性問句中,往往以"邪"與"也"相呼應。所以,當以下句標點為是,"也"表疑問語氣。

《禮記·樂記》:"是故治世之音安以樂其政和亂世之音怨以怒其政乖亡國之音哀以思其民困"

有兩種標點:

是故治世之音安以樂,其政和;亂世之音怨以怒,其政乖;亡國之音哀以思,其民困。

是故治世之音安,以樂其政和。亂世之音怨,以怒其政乖。亡國之音哀,以思其民困。

據《經典釋文》卷一三:"雷讀上至安絕句,樂音岳,二字為句。崔讀上句依雷,下'以樂其政和',總為一句。下'亂世''亡國'各放此。"兩種標點方式的區別關鍵在於對"以"的理解。一般而言,以多作為介詞表目的。而恰恰在這裏,"以"字作為連詞,其用法與"而"相同。如此,"安以樂""怨以怒""哀以思",前後之間都是並列關係,這樣就容易理解了,句意也很通順。如若依下句標點,則"樂其政和""怒其政乖""思其民困"的主語及施事都是"音",於句意不通。

古代的文章很大一部分都是韻文,散文中也有許多押韻的語句。如果不懂音韻知識,也可能標點錯誤。

《史記·淮陰侯列傳》:"夫功者難成而易敗時者難得而易失時乎時不再來願足下詳察之"

有兩種斷句:

夫功者難成而易敗,時者難得而易失;時乎,時不再來。願足下詳察之。

夫功者難成而易敗,時者難得而易失;時乎時,不再來。願足下詳察之。

如果不考慮押韻的話,"時乎,時不再來"符合語法規則,上下文意也通順。但是,上古"時"與"來"字同屬一個韻部,可以押韻。如果點成"時乎時,不再來",不但更接近此句話原來的停頓,且使句子更有韻律感。

除去以上幾種,古代的天文地理、典章制度等文化常識也是標點古文所不可或缺的。

《史記·秦始皇本紀》:"彗星復見西方十六日夏太后死"

兩種標點:

彗星復見西方十六日。夏太后死。

彗星復見西方。十六日,夏太后死。

古人用干支記日,《史記》也是如此。《秦始皇本紀》中,凡記日都用干支。如九年四月"己酉",三十七年"癸丑"等。《史記》中,數字和"日"連用總是說多少天,而不說某月某日。所以,單獨的"十六日"是不應該出現的。當以上句標點為宜,是說彗星又在西方出現,一共經過十六天,並不是說夏太后在十六日死亡。

《資治通鑒》卷十七:"冬十一月初令郡國舉孝廉各一人從董仲舒之言也。"

兩種標點:

冬,十一月,初令郡國舉孝廉各一人,從董仲舒之言也。

冬,十一月,初令郡國舉孝、廉各一人,從董仲舒之言也。

在古代,孝廉為一科,二者不分,所以不應該用頓號斷開。所謂"各一人"是指郡國而言。

袁枚《黃生借書說》:"故有所覽輒省記通籍後俸去書來落落大滿。"

兩種標點:

故有所覽,輒省記。通籍後,俸去書來,落落大滿。

故有所覽,輒省記通籍。後俸去書來,落落大滿。

所謂"通籍",是指古代考生中進士後,其名字就會上通朝廷。正因為不知何為通籍,才致下句標點失誤。

由上文可以看出,標點古書不是一件容易的事情,除了有必要的古代漢語詞義、語法、音韻知識以外,還要注意繁雜的古代文化常識、歷史史實,熟悉各種標點符號的用法,而且在標點古書的過程中,還會遇到不少模棱兩可的情況。這就要求我們多讀古書,培養語感,然後經常實踐,等到有一定積累之後,為古文標點斷句也就比較容易了。

第三節　古文今譯

對於部分只是想要瞭解古代文化,而非專業學習古代漢語的人來說,是不必非得親自閱讀古書、鑽研古文注釋的,只需要閱讀今人對古文的翻譯即可。古文今譯對於傳統文化的繼承和傳播具有不可替代的作用。此外,古文今譯同樣可以培養閱讀古書的能力,尤其是初學古代漢語之時,古文今譯往往是入門的鑰匙。在學習的過程中,通過翻譯古文也可以檢驗對古代漢語知識的掌握程度,找出知識上的不足與缺漏,提升古代漢語水平。

古文今譯即將古書中的語言翻譯成現代漢語,通俗的說法就是將古文翻譯成白話文。翻譯的過程中,基本要求即嚴復所論:

譯事三難:信、達、雅。求其信,已大難矣。顧信矣不達,雖譯猶不譯也,則達尚焉……《易》曰"修辭立其誠",子曰"辭達而已",又曰"言之不文,行之不遠",三者乃文章正軌,亦即為翻譯楷模。故"信""達"之外,求其爾雅。

這是嚴復在翻譯英國赫胥黎所著《天演論》時所做的"譯例言"。雖然其所指為外語翻譯成中文,但其對於古文今譯同樣適用。所謂"信"就是忠實原文意義,"達"即譯文要明白曉暢,"雅"即譯文要典雅優美。

古文今譯的方法大體上有兩種類型,即直譯和意譯。所謂直譯就是按照字面的意思直接進行詞語對譯,有時還會保留原文的詞語。如:

《論語·學而》:"有朋自遠方來,不亦樂乎?"

譯文:有志同道合的人從遠處來,不也很快樂嗎?(楊伯峻《論語譯註》)

《周易·坤》:"天地變化,草木蕃。天地閉,賢人隱。"

譯文:天地變化,草木繁盛。天地閉塞,賢人隱居。(周振甫《周易譯注》)

直譯一般採用古文原有的語序,有時遇到古今語序不同的,也會對語序稍作調整,以符合現代漢語的表達習慣。如:

《論語·學而》:"子曰:'不患人之不己知,患不知人也。'"

譯文:孔子說:"别人不瞭解我,我不急;我急的是不瞭解别人。"(楊伯峻《論語譯注》)

《周易繫辭》:"古之葬者,厚衣之以薪,葬之中野,不封不樹,喪期無數。"

譯文:上古的下葬,用草柴包的很多,葬在野地裏,不堆土做墳,不種樹,服喪的期限沒有定數。

"厚衣之以薪"翻譯成"用草柴包的很多",將"以薪"翻譯成"用草柴"放在了前面,語序發生了改變。除了語序改變之外,基本還是一詞一詞的對譯。

意譯則是在無法直接對應譯出的時候,便不再拘泥於原文的詞語與語序,以翻譯句子大意為主。意譯有時候需要在原文詞語基礎上進行適當的補充說明,以講明文意。

《論語·為政》:"子夏問孝。子曰:'色難。有事,弟子服其勞;有酒食,先生饌,曾是以為孝乎?'"

譯文:子夏問孝道。孔子道:"兒子在父母面前經常有愉悅的容色,是件難事。有事情,年輕人效勞;有酒有肴,年長的人喫喝,難道這竟可認為是孝麼?"(楊伯峻《論語譯注》)

《周易·乾》:"《象》曰:天行健,君子以自強不息。"

譯文:《象傳》說:天道剛健,君子以(天為法),所以自強不息。(周振甫《周易譯注》)

《孟子·萬章上》:"父母使舜完廪,捐階,瞽瞍焚廪。使浚井,出,從而揜之。"

譯文:萬章問道:"舜的父母打發舜去修繕穀倉,等舜上了屋頂,便抽去了梯子,他父親瞽瞍還放火焚燒那穀倉。(幸而舜設法逃下來了。)於是又打發舜去淘井,(他不知道舜從旁邊的洞穴)出來了,便用土填塞井眼。"(楊伯峻《孟子譯注》)

括號內的內容都是譯者為了使句意通順、完整而另加的。

古文今譯很多時候都是直譯意譯兼而有之,相輔相成。如:

《孟子·告子上》:“孟子曰:‘仁,人心也;義,人路也。捨其路而弗由,放其心而不知求,哀哉!人有鷄犬放,則知求之;有放心而不知求。學問之道無他,求其放心而已矣。’”

譯文:孟子說:“仁是人的心,義是人的路。放棄了那條正路不走,喪失了那善良之心而不曉得去找,可悲得很呀!一個人,有鷄和狗走失了,便曉得去尋找,有善良之心喪失了,卻不曉得去尋求。學問之道沒有别的,就是把那喪失的善良之心找回來罷了。”(楊伯峻《孟子譯註》)

這段話的翻譯中便採用了直譯與意譯相結合的翻譯方式。

在翻譯的過程中往往是依據古文詞句結構以及原意,然後用現代漢語的表達習慣進行重新組織。在翻譯的過程中要做到以下幾點:

一、準確理解原文文意

理解古書原文是今譯的基礎。首先要理解全段以及全篇的大體內容以及主要意思,具體到每句話則要在上下文的語境中理解句意,懂得句中每一個詞語的意義。不然,翻譯出的句意與原文的意思肯定有所出入。如《左傳成公二年》:“射其右,斃於車中。”有人將其翻譯為“又射他車右的人,那人死在車中。”如果不結合上下文語意,此翻譯似無不妥,“斃”在現代漢語中的確有“死”的意思。但如果看到後文“韓厥俛定其右”,晉杜預注釋為“右被射仆車中,故俯安穩之。”說明車右並沒有死,所以“斃”此處不宜翻譯為“死”,而是“倒仆”的意思,先秦“斃”並沒有“死”義。所以,正確的翻譯應該是“又射他車右的人,那人倒在車中。”由此也可知古文今譯的時候,要盡量參考古注。

在翻譯的時候,還要注意古今詞語意義的變化。如《史記項羽本紀》:“項王按劍而跽曰:‘客何為者?’”有人將其翻譯為“項羽大吃一驚,按劍跪起大聲而問:‘來客是什麼人。’”其中所謂的“跪起”讓人不容易理解。所謂的“跽”是指臀部抬起,上身挺直的一種姿勢。因為古代的“坐”是兩膝著地,腳背朝下,臀部坐在腳後跟上,而“跽”就是從“坐”到“站”中間的狀態。至於“跽”與“跪”,段玉裁曾說:“係於拜曰跪,不係於拜曰跽。”可見“跪”與“拜”雖然相似,但內涵也是不同的,所以不能直接用“跪”來代替“跽”。此句中的“跽”著實不容易直譯,只能採用意譯的方式,可譯為“直起腰來”,整句的翻譯就是“項羽大吃一驚,握住劍把直起腰來,大聲得問:‘來客是什麼人。’”

又如《洛陽伽藍記·王子坊》“高臺芳榭,家家而築。”其中“臺”與“榭”是古代的園林建築。“臺”為高臺,“榭”是建築在臺上的房屋。如果按照原意,將“榭”直接翻譯成“建築在臺上的房屋”,顯得太過生硬,而現代漢語中又沒有與之相對應的簡單的詞,所以只能找一些與之形象、意義近似的詞語來翻譯。可譯為:“高聳的樓臺、幽雅的亭榭,家家都建築。”

又如《戰國策·趙策》:“雖少,願及未填溝壑而託之。”以及“一旦山陵崩,長安君何以自託於趙?”這兩句中,“填溝壑”以及“山陵崩”都是死的意思,“填溝壑”為自謙,“山陵崩”為尊語,與古代等級森嚴的制度相適應。如果兩個都直接翻譯為“死”,句意理解是沒大問題,但不能體現古代的等級制度在語言中的反映。而現代漢語已經沒有了這種現象,故而採用某些差不多的說法,比如將“填溝壑”譯為“死”,而“山陵崩”譯為“百年之後”。

二、注意句子的語法

古代漢語與現代漢語語序不盡相同,翻譯的時候要改變古代漢語的語序,按照現代漢語的表達習慣組織語言。有時候單純改變語序進行翻譯,也並不盡如人意。如《左傳·隱公元年》:“姜氏何厭之有?”翻譯時需調整語序,變為“姜氏有什麼滿足?”這樣翻譯屬於直譯,忠實原文,但現代漢語卻沒有這種表達習慣,還是需要利用意譯,譯為“姜氏哪裏滿足得了?”或是“薑氏哪能滿足?”就容易理解了。

古代漢語有的句子結構與現代漢語也不同。如韓愈《張中丞傳後敘》:“二公之賢,其講之精矣。”“其講之精矣”,結構為“動詞+賓語+補語”,但對於現代漢語而言,補語一般放在動詞之後,這就有了差別。這句話直譯的話應該是“他們考慮這件事很周到了。”不符合現代漢語的表達習慣,所以譯文就需要改變結構,譯成“他們考慮這件事考慮得很周到了。”或是“他們把這件事考慮得很周到了。”

再如《莊子·逍遙遊》:“且夫水之積也不厚,則其負大舟也無力。”其中的“水之積”的結構是“名詞+之+動詞”,直譯是“水的積聚”,現代漢語有這樣的結構,但不經常用。句子的謂語是“不厚”,直譯即“水的積聚不厚”。讀起來不通順,如果將句子的結構變為“名詞+動詞+補語”,譯成“水聚集得不厚”,則文通意順。

虛詞雖然沒有實在意義,其所具有的語法功能對於句意有著關鍵的作用,而且同一虛詞會有好幾個不同的語法意義,在翻譯虛詞的時候要仔細揣摩,弄清它到底起到什麼作用。如:

《論語·先進》:“吾以子為異之問,曾由與求之問。”

《戰國策·趙策》:“老臣病足,曾不能疾走。”

《列子·湯問》:“甚矣,汝之不惠。以殘年餘力,曾不能毀山之一毛。”

三個句子中的“曾”都是語氣副詞,作用都是加強語氣。但具體如何翻譯還要根據全句的句意和語氣。第一個句子中的“曾”可譯成“竟”,表示出乎意料,整個句子就是“我以為您是問別的人,竟是問仲由和冉求呀。”第二句中的“曾”就不是出乎意料,不能翻譯為“竟”,譯成“一點兒也不能”比較合適,全句為“老臣患了腳病,一點兒也不能快走。”第三句中的“曾”則要譯成“連……都……”全句為“你的不聰明到極點了,像你這樣年老力衰,李安山上的一根草都銷毀不了。”同一個虛詞,同樣的語法作用,三個句子中卻要有三種不同的翻譯,虛詞之於翻譯的重要性可見一斑。

與現代漢語相比,古代漢語的句子成分往往會出現省略,其中最常見的就是主語省略。碰到這種情況,翻譯的時候一般要將省略的成分進行補足,然後再進行翻譯。如《左傳·隱公元年》:“請京,使居之,謂之京城太叔。”句子中沒有出現任何主語,三個句子的主語都省略了,而且根據上下文意,三個句子的主語各不相同:第一個句子的主語是“姜氏”,第二個句子的主語是“莊公”,第三個句子的主語是“人們”。翻譯的時候如果不將省略的主語補出,則句意不全。

古書的對話往往是省略主語即說話人的,翻譯的時候也要補足。如《孟子·梁惠王》:

齊宣王問曰:“齊桓、晉文之事可得聞乎?”孟子對曰:“仲尼之徒無道桓、文之事者,是以後世無傳焉。臣未之聞也。無以,則王乎?”(齊宣王)曰:“德何如,則可以王矣?”(孟子)曰:“保民而王,莫之能禦也。”(齊宣王)曰:“若寡人者,可以保民乎哉?”(孟子)曰:“可。”

對話一開始點出對話雙方為孟子與齊宣王,然後為一問一答的格式,二者均被省略,括號中的內容為筆者所加,是翻譯時要補足的部分。

三、努力保持原文的語言風格

古文今譯的首要要求就是“信”,即忠實於原文的意思,在此基礎上保持原文的語言風格,則是譯文所追求的目標。完全將譯文的語言風格表現出來是很難的,最好的辦法就是忠實於原文,不僅忠實於內容,還要忠實於語言形式。力圖將原文的語氣、所用的修辭手法等都體現出來。

如《孟子·公孫丑》:“惡!是何言也!”有兩種譯文:

哎!這是什麼話!　　哎!這是什麼話呀!

兩種譯文差別在於後一種翻譯末尾的語氣詞“呀”,雖然原文以“也”結尾表判斷語氣,但句子本身具有比較強烈的語氣,翻譯的時候多用一個“呀”就可以將句子的語氣展現出來,從而更接近原句的語言風格。

柳宗元《封建論》:"周之敗端,其在乎此矣。"譯文有二:

周朝敗亡的原因,不外乎這個罷了。

周朝所以敗亡的原因,大概就在這裏了。

如果結合上下文,可知作者對於周朝敗亡的原因已經非常肯定了,這句話的語氣也應該是非常肯定的。在程度上,第一個翻譯的語氣沒有第二個語氣的肯定,相較之下,第二個翻譯更佳。再看一個例子。

《韓非子・五蠹》:"今欲以先王之政治當世之民,皆守株之類也。"譯文有二:

今天假使誰要用古代先王的政策來統治現代的人民,那都跟守株待兔的人一樣愚蠢。

今天還想用先王的一套辦法來統治當代的人民,那就是守株待兔一類的人。

保持原文的語言風格的基本要求就是忠實於原文,盡量不要減少或添加原文沒有的內容。譯文一添加了"像……一樣愚蠢",雖然合原文文意,但卻失去了原文含蓄簡練、意在言外的風格。

除了語氣之外,修辭方式也可以創造出不同的語言風格,在古文今譯的時候,如果能保留原文的修辭方式,那麼原文與譯文的語言風格就具有很大的一致性。如《史記・項羽本紀》:"頭髮上指,目眦盡裂。"譯為"頭髮上豎,眼角都張裂了。"保留了原文的誇張的修辭方式。再如《史記・陳涉世家》:"嗟乎,燕雀安知鴻鵠之志哉!"譯為"唉,燕子和麻雀哪裏能夠知道大雁和天鵝的志向呢!"保留了原文擬人的修辭格。二者都保證了譯文與原文之間語言風格的一致性。

古文中經常會有對偶、對仗的格式,而且很多時候都會涉及韻律等內容,這些內容是很難在翻譯中表現出來的。不過,碰到這種情況,還是要盡可能在允許的範圍內顧及修辭的方式。

諸葛亮《出師表》:"苟全性命於亂世,不求聞達於諸侯。"有二譯文:

只想在亂世中苟全性命,並不企圖飛黃騰達,使名聲傳播到諸侯之中。

只求在亂世中苟全性命,不想在諸侯中顯身揚名。

譯文二上下兩句頗為整齊對仗,從而使句子具有一定的韻律感,與原文的語言風格比較一致,這方面要優於譯文一。譯文一則採用了意譯的方式,翻譯的意思則更加明白。

對於古文今譯,要達到準確、通暢,已經不是很容易了,在此基礎上追求譯文的典雅,保留原文的語言風格則更難了。不過,這始終是古文今譯所追求的一個目標,需要不斷的探索和實踐。

附録三　法古文常用詞例釋

法

"法"本寫作"灋",後省為"法"。《説文》:"灋,刑也。平之如水,從水;廌(zhì),所以觸不直者,去之,從去。法,今文省。"將"灋"看作是一個會意字,由"水""廌""去"三部分組合而成。"法"本義為刑法。《尚書・吕刑》:"苗民弗用靈,制以刑,惟作五虐之刑曰法。"後泛指法律、法令。《易・蒙》:"利用刑人,以正法也。"《玉篇》:"法,法令也。"規章制度也可被稱為"法"。《周禮・天官・大宰》:"以八灋治官府。"陸德明釋文:"灋,古法字。"孫詒讓正義:"法本為刑法,引申之,凡典禮文制通謂之法。""法"有規律、常理的意思。《爾雅・釋詁》:"法,常也。"在此基礎上,"法"有了"方法、辦法"的意義。《墨子・辭過》:"為宫室之法,曰:高足以辟潤濕,邊足以圉風寒,上足以待雪霜雨露,宫牆之高,足以别男女之禮,謹此則止。"

"法"還有動詞的用法,可作"依法懲處"講。《史記・商君列傳》:"衛鞅曰:'法之不行,自上犯之。'將法太子。"也可作"效法、仿效"講。《易・繫辭上》:"知崇禮卑,崇效天,卑法地。"在上古文獻中,"法"還通"廢",表"廢棄"義。《管子・侈靡》:"利不可法,故民流;神不可法,故事之。"郭沫若等集校:"金文以'法'為'廢'字,此兩'法'字均當讀為'廢'。"

律

"律"本為古代用來校正樂音標準的管狀樂器之名,用竹或金屬製成,以管的長短來確定音階。從低音算起,成奇數的六個管叫律,成偶數的六個管叫吕,統稱為十二律,於是有了音律、樂律的意義。《尚書・舜典》:"聲依永,律和聲。"孔傳:"律謂六律六吕。"和"法"一樣,"律"也有規律、常法的意義。《爾雅・釋詁》:"律,常也。"後引申為"法律、法令"。《易・師》:"師出以律,否臧凶。"孔穎達疏:"律,法也。"《廣韻》:"律,律法也。""律"也可作為動詞使用,作"約束"講。《尉繚子・戰威》:"先廉恥而後刑罰,先親愛而後律其身。"另如今之"嚴於律己"等。還可作"遵循、效法"講。《正字通》:"律,法傚也。"《禮記・中庸》:"仲尼祖述堯舜,憲章文武,上律天時,下襲水土。"《左傳・哀公十六年》:"孔子卒,公誄之曰:'……嗚呼哀哉尼父!無自律。'"杜預注:"律,法也。言喪尼父,無以自為法。"

"律"還特指詩的格律,由此用以指代格律詩。明王思任《〈李賀詩解〉序》:"唐以律取士,猶今日之時文也。"另如,五律、七律等。

令

《說文》:“令,發號也。”“令”本義為發出命令,甲骨文中“命”“令”同字。《詩經·齊風·東方未明》:“倒之顛之,自公令之。”毛傳:“令,告也。”在此基礎上,“令”後來引申為命令、法令。《周禮·秋官·朝士》:“犯令者刑罰之。”《史記·司馬穰苴列傳》:“將在軍,君令有所不受。”唐柳宗元《駁〈復讎議〉》:“編之於令,永為國典。”“令”有時特指帝王對臣民發佈的詔令或文告。《史記·秦始皇本紀》:“命為制,令為詔。”《文心雕龍·詔策》:“誥命動民,若天下之有風矣。降及七國,並稱曰令。”後又引申為古代政府某些部門的官名,如尚書令、大司農令等;縣一級的行政長官也被稱為令。《漢書·百官公卿表上》:“縣令、長,皆秦官,掌治其縣。萬戶以上為令,秩千石至六百石。減萬戶為長,秩五百石至三百石。”

“令”之“發出命令”還可引申出“使、讓”之義。《廣雅·釋詁》:“令,使也。”《戰國策·趙策》:“故貴為列侯者,不令在相位。”唐王維《送劉司直赴安西》:“當令外國懼,不敢覓和親。”

“令”還可表示“美好”。《爾雅·釋詁上》:“令,善也。”《詩經·大雅·卷阿》:“如圭如璋,令聞令望。”“令聞令望”即指美好的聲譽。後成為對他人親屬的一種敬稱,常見者如令堂、令尊、令弟等。漢代《古詩為焦仲卿妻作》:“不堪吏人婦,豈合令郎君。”後又成為一個表示假設關係的虛詞,相當於“如果、假使”。《史記·魏其武安侯列傳》:“令我在也,而人皆籍吾弟;令我百歲後,皆魚肉之矣。”

格

“格”本義指樹木的長枝條。《說文》:“格,木長貌。”後放置、支撐器物的架子被稱為“格”,與之類似的如木柵欄也被稱為“格”。唐杜甫《潼關吏》:“連雲列戰格,飛鳥不能踰。”“格”即柵欄之屬。“格”遂有阻止、擱置之義。《字彙》:“格,沮隔不行。”《史記·梁孝王世家》:“大臣及袁盎等所有關說於景帝,竇太后議格,亦不遂復言以梁王為嗣事由此。”“格”在古代某些方言中還有“正、糾正”的意義。《方言》:“格,正也。”《尚書·冏命》:“繩愆糾謬,格其非心。”孔穎達疏:“心有妄作則格正之。”《論語·為政》:“道之以德,齊之以禮,有恥且格。”另外,“格”還用以指方形的框子,或是用線條組成的四方形。宋沈括《夢溪筆談》:“宮嬪自窗格引燭入照之。”“格”有尺度的意義。《文選·鮑照〈蕪城賦〉》:

“格高五嶽，袤廣三墳。”李善注：“格，量度也。”

“格”還可作法式、標準講。《字彙》：“格，格樣，法則也。”《禮記·緇衣》：“言有物而行有格也。”鄭玄注：“格，舊法也。”《後漢書·傅燮傳》：“朝廷重其方格。”李賢注：“格，猶標準也。”後“格”遂有“法律、制度”講。《北史·封懿傳附封述》：“時增損舊事，為《麟趾新格》，其名法科條，皆述所刪定。”《新唐書·刑法志》：“唐之刑書有四，曰律、令、格、式……格者，百官有司之所常行之事也。”《九朝律考·後魏律考·魏格》：“新定之格，勿與舊制相連，務在約通，無致冗滯。”

除此之外，“格”還作來、至講。《爾雅·釋詁》：“格，至也。”又有擊打、格鬥之義。《後漢書·陳寵傳》：“斷獄者急於篣格酷烈之痛。”李賢注：“格，擊也。”

式

《說文》：“式，法也。”“法”的本義為模範、榜樣的意思。《尚書·微子之命》：“世世享德，萬邦作式。”“作式”即作為萬邦之法式、榜樣。唐韓愈《子產不毀鄉校頌》：“維是子產，執政之式。”後引申為法度、規矩。《楚辭·天問》：“天式縱橫，陽離爰死。”王逸注：“式，法也。言天法有善陰陽從横之道。”《新唐書·刑法志》：“唐之刑書有四，曰律、令、格、式……式者，其所常守之法也。”“式”還有規格、樣式的意思。《禮記·仲尼燕居》：“樂得其節，車得其式。”後由名詞轉化為動詞用法，作效法、仿效講。《詩經·大雅·烝民》：“古訓是式。”鄭玄注：“式，法也。”《後漢書·崔駰傳附崔寔》：“使人主師三五帝而式三王。”“式”還可作“用”講。《爾雅·釋言》：“式，用也。”《尚書·梓材》：“後式典，集庶邦，丕享。”孔傳：“君天下能用常法，則和集眾國，大來朝享。”《左傳·成公二年》：“蠻夷戎狄，不式王命。”杜預注：“式，用也。”此外，“式”經常被用為語氣詞，沒有實際意義。《詩經·邶風·式微》：“式微式微，胡不歸？”

禁

《說文》：“禁，吉凶之忌也。”故從示。本義為忌諱。《漢書·藝文志·陰陽家》：“及拘者為之，則牽於禁忌，泥陰於小數，舍人事而任鬼神。”後引申為禁止、制止。《廣雅·釋詁》：“禁，止也。”《廣韻》：“禁，制也。”《禮記·王制》：“林麓山澤以時入而不禁。”《易·繫辭下》：“理財正辭，禁民為非曰義。”《左傳·僖公三年》：“齊侯與蔡姬乘舟於囿，蕩公，公懼變色，禁之不可。”又引申為禁令、法令。《尚書·周官》：“司寇掌邦禁，詰姦慝，刑暴亂。”《商君書·開塞》：“分定而無制,不可,故立禁;禁立而莫之司,不可,故立官。”又引申為監禁、拘禁的意思。《魏書·安定王休傳》:“世宗以其戚近,未忍致之於法,乃免官,禁之别館。”《北史·恩幸傳》:“遣軍士防送,禁治書侍御廳事。”在此基礎上,“禁”也可指監獄。《晉書·苻丕載記》:“徐義為慕容永所獲,械埋其足,將殺之……至夜中,土開械脱,於重禁之中若有人導之者,遂奔楊佺期。”

“禁”也可以指古代帝王居住之處。《正字通》:“禁,天子所居曰禁。”《史記·秦始皇本紀》:“二世常居禁中,與高決諸事。”漢陳琳《為袁紹檄豫州》:“及臻吕後季年,產禄專政……決事省禁,下凌上替,海内寒心。”

刑

“刑”有殺、割之義。《廣雅·釋詁》:“刑,剄也。”《韓非子·二柄》:“何謂刑、德?曰:殺戮之謂刑;慶賞之謂德。”《吕氏春秋·順説》:“甲之事,兵之事也,刈人之頭,剄人之腹,隳人之城郭,刑人之父子也。”高誘注:“刑,殺也。”後引申為傷害。《國語·越語下》:“天地未形,而先為之徵,其事是以不成,雜受其刑。”韋昭注:“刑,害也。”“刑”還有刑罰之義。《尚書·康誥》:“非汝封刑人殺人,無或刑人殺人。”孔傳:“言得刑殺罪人。”《論語·為政》:“道之以政,齊之以刑,民免而無恥。”“刑”還可作治、懲治。《廣雅·釋詁》:“刑,治也。”《尚書·大禹謨》:“刑期於無刑。”《論語·公冶長》:“邦無道,免於刑戮。”

“刑”可通“型”,指鑄造器物的模子。《廣雅·釋詁》:“刑,法也。”郝懿行義疏:“刑者,型之假音也。《説文》:‘型,鑄器之灋也。’經典俱借為刑。”《荀子·彊國》:“刑範正,金錫美,工冶巧,火齊得,剖刑而莫邪也。”“刑範”及“刑”即鑄劍之模具。在此基礎上,“刑”有了正的意思。《廣雅·釋詁》:“刑,正也。”《詩經·大雅·思齊》:“刑於寡妻,至於兄弟,以御家邦。”後又引申為法度。《爾雅·釋詁》:“刑,常也。”《詩經·大雅·抑》:“罔敷求先王,克共明刑。”毛傳:“刑,法也。”《尚書·律刑》:“王享國百年,耄荒,度作刑以詰四方。”《左傳·隱公十一年》:“許無刑而伐之,服而舍之。”杜預注:“刑,法也。”還“刑”可以作動詞,作“取法、效法、以……為法”講。《尚書·文侯之命》:“汝肇刑文武。”毛傳:“言汝今始法文武之道矣。”《詩經·周頌·我將》:“儀式刑文王之典。”毛傳:“刑,法也。”鄭玄箋:“法行文王之常道。”

罰

《説文》:“罰,辠之小者。”徐灝箋注:“罰,從网從言從刀。网者罪之省也;

言者爰書定罪之意；刀者自大辟以至劓、刵、髡、黥之屬，皆刑其肢體也。析言之，則重者為刑，輕者為罰。”段玉裁注：“辠，犯法也。罰為犯法之小者。”“罰”本義為過錯、罪過。《尚書・盤庚》：“邦之不臧，惟余一人有佚罰。”孔傳：“佚，失也。是己失政之罰，罪己之義。”《國語・周語上》：“國之不臧，則惟余一人是有逸罰。”韋昭注：“罰，猶罪也。”《左傳・成公二年》：“貪色為淫，淫為大罰。”《後漢書・袁術傳》：“武王伐紂，曰：‘殷有重罰。’”此處《史記・周本紀》作“殷有重罪”。由上述兩處異文可看出“罰”與“罪”密切相關。後引申為處罰、懲治。《尚書・無逸》：“亂罰無罪，殺無辜，怨有同，是叢於厥身。”《墨子・天志下》：“天子有善，天能賞之；天子有過，天能罰之。”諸葛亮《前出師表》：“宫中府中，俱為一體，陟罰臧否，不宜異同。”處罰程度上有輕有重，如今之“罰款”“罰球”“罰錢”“罰酒”等亦是此義。晉左思《蜀都賦》：“合樽促席，引滿相罰，樂飲今夕，一醉累月。”唐李白《春夜宴從弟桃花園序》：“如詩不成，罰依金谷酒數。”“罰”還可以作名詞，為刑罰。《尚書・康誥》：“汝陳時臬，司師，兹殷罰有倫。”孔傳：“汝當布陳是法，司牧其衆，及此殷家刑罰有倫理者兼用之。”《荀子・強國》：“故賞不用而民勸，罰不用而威行。”

懲

“懲”有鑒戒、警戒的意思。《玉篇》：“懲，戒也。”唐玄應《一切經音義》：“改革前失曰懲也。”《詩經・周頌・小毖》：“予其懲而毖後患。”《韓非子・難二》：“不誅過，則民不懲而易為非，此亂之本也。”“懲”還可作止講。《玉篇》：“懲，止也。”《詩經・小雅・沔水》：“民之訛言，寧莫之懲。”毛傳：“懲，止也。”《史記・屈原賈生列傳》：“懲違改忿兮，抑心而自彊。”清王念孫《讀書雜誌》：“懲，止也；違，恨也。言止其恨，改其忿，抑其心，而自彊勉也。”“懲”還有“懲罰”的意思。《詩經・魯頌・閟宫》：“戎狄是膺，荆舒是懲。”孔穎達疏：“荆楚羣舒叛逆者，於是以此懲創之。”《荀子・王制》：“故姦言、姦説、姦事、姦能、遁逃反側之民，職而教之，須而待之，勉之以慶賞，懲之以刑罰，安職則畜，不安職則棄。”《漢書・董仲舒傳》：“殷人執五刑以督姦，傷肌膚以懲惡。”

另外，“懲”還有苦於的意思。《列子・湯問》：“北山愚公者，年且九十，面山而居，懲山北之塞，出入之迂也，聚室而謀。”

犯

《説文》：“犯，侵也。”“犯”本義為侵犯。《論語・泰伯》：“犯而不校。”校作

“報”講,即被侵犯而不計較。《國語・晉語》:“忠不可暴,信不可犯。”《漢書・王尊傳》:“吴起為魏守西河,而秦韓不敢犯,讒人間焉,斥逐奔楚。”“犯”還有襲擊、突圍的意思。《左傳・桓公五年》:“陳亂,民莫有鬥心,若先犯之,必奔。”《左傳・定公九年》:“六月,伐陽關。陽虎使焚萊門。師驚,犯之而出,奔齊,請師以伐魯。”楊樹達《積微居讀書記》:“犯,突也,冒也,猶言潰圍。”後引申為傷害、損害。《國語・周語下》:“水火之所犯,猶不可救,而况天乎?”韋昭注:“犯,害也。”《禮記・檀弓下》:“季子皐葬其妻,犯人之禾。”鄭玄注:“犯,躐也。”又引申為觸犯、冒犯。《論語・憲問》:“子路問事君。子曰,勿欺之,而犯之。”何晏注:“事君之道,義不可欺,當能犯顏諫諍。”《禮記・檀弓上》:“事親有隱而無犯。”《左傳・襄公十年》:“衆怒難犯,專欲難成。”再引申為違反、違背。《周禮・夏官・大司馬》:“賊殺其親則正之,放弑其君則殘之,犯令陵政則杜之。”鄭玄注:“犯令者,違命也。”在此基礎上,有了犯罪、犯法的意思。《北齊書・祖珽傳》:“珽自知有犯,驚竄是常。”宋蘇軾《繳進陳繹詞頭狀》:“右臣等勘會陳繹知廣州日,私自取索,用市舶庫乳香斤兩至多,本犯極重,以元勘不盡,至薄其罪。”“犯”還有犯人、罪犯之義。《舊唐書・刑法志》:“德壽誅七百人,其餘少者不減數百人。亦有雜犯及遠年流人,亦枉及禍焉。”《晏子春秋・諫下二》:“景公有所愛槐,令吏謹守之,植木縣之,下令曰:‘犯槐者刑,傷之者死。’”唐韓愈《人日城南登高》:“扶杖凌圮阯,刺船犯枯葑。”

辟

《説文》:“辟,法也。從卩從辛,節制其辠也。從口,用法者也。”“辟”本義為法。《爾雅・釋詁》:“辟,法也。”《詩經・小雅・雨無正》:“如何昊天,辟言不信。”毛傳:“辟,法也。”《詩經・大雅・板》:“民之多辟,無自立辟。”毛傳:“辟,法也。”《漢書・匈奴傳》:“於是作《呂刑》之辟。”“辟”又特指刑法。《尚書・君陳》:“殷民在辟。”孔傳:“殷人有罪在刑法者。”《左傳・昭公六年》:“夏有亂政而作《禹刑》,商有亂政而作《湯刑》,周有亂政而作《九刑》。三辟之興,皆叔世也。”杜預注:“言刑書不起於始盛之世。”漢桓寬《鹽鐵論》:“故立法制辟,若臨百仞之壑,握火蹈刃,則民畏忌而無敢犯禁矣。”

“辟”又有罪、罪行的意思。《爾雅・釋詁》:“辟,辠也。”《左傳・僖公二十三年》:“冬,懷公執狐突曰:‘子來則免。’對曰:‘子之能仕,父教之忠,古之制也。策名委質,貳乃辟也。’”杜預注:“辟,罪也。”《國語・周語上》:“陰陽分布,震雷出滯。土不備墾,辟在司寇。”韋昭注:“辟,罪也。”又引申為刑罰、懲罰。

《尚書·君陳》:“辟以止辟,乃辟。”孔傳:“刑之而懲止,犯刑者乃刑之。”《尚書·呂刑》:“墨辟疑,赦,其罰百鍰。”孔傳:“墨刑疑,則赦。”《左傳·襄公二十五年》:“先王之命,唯罪所在,各致其辟。”《尚書·呂刑》:“大辟疑赦,其罰千鍰。”孔傳:“死刑也。”孔穎達疏:“《釋詁》雲:辟,罪也。死是罪之大者,故謂死刑為大辟。”後“辟”單獨指死刑。宋范仲淹《宋故同州觀察使李公神道碑銘》:“蓋殺人者一,餘四人,掩其骸爾,安可盡辟乎。”

獄

“獄”的本義為爭訟。《詩經·召南·行露》:“誰謂女無家,何以速我獄?”陸德明《釋文》:“獄,相質觳爭訟者也。”《周禮·秋官·大司寇》:“以兩劑禁民獄。”鄭玄注:“獄,謂相告以罪名者。”引申為訴訟案件。《易·賁》:“君子以明庶政,無敢折獄。”孔穎達疏:“勿得直用果敢折斷訟獄。”《左傳·莊公十年》:“小大之獄,雖不能察,必以情。”《漢書·景帝紀》:“獄疑者讞有司。有司所不能決,移廷尉。”又引申為刑獄。《易·噬嗑》:“噬嗑,亨,利用獄。”孔穎達疏:“以刑除間隔之物,故利用獄也。”漢董仲舒《春秋繁露》:“教,政之本也;獄,政之末也。”又引申為監獄。《爾雅·釋宮室》:“獄,又謂之牢,言所在堅牢也。又謂之囹圄。”《詩經·小雅·小宛》:“哀我填寡,宜岸宜獄。”朱熹《集傳》:“岸,亦獄也,《韓詩》作‘犴’。鄉亭之繫曰犴,朝廷曰獄。”《漢書·刑法志》:“今郡國被刑而死者歲以萬數,天下獄二千餘所,其冤死者多少相覆。”又引申為“罪、過失”。清徐灝《說文解字注箋》:“獄之引申,為罪,為訟。”《國語·鄭語》:“褒人褒姁有獄,而以為入於王,王遂置之,而嬖是女也,使至於為后而生伯服。”《史記》則作“褒人有罪”。

賊

《說文》:“賊,敗也。”段玉裁注:“敗者,毀也。毀者,缺也。”“賊”本義為破壞。《左傳·文公十八年》:“毀則為賊。”杜預注:“毀則,壞法也。”《淮南子·主術訓》:“若欲飾之,乃是賊之。”高誘注:“賊,敗也。”唐姚崇《執鏡誡》:“嗟爾在職,為代作則,刑不可濫,政不可賊。”引申為害、傷害之義。《玉篇》:“賊,傷害人也。”《詩經·大雅·抑》:“不僭不賊,鮮不為則。”《論衡·解除》:“蚤蝨食人,賊人肌膚。”後程度進一步加深,“賊”有了殺、殺害之義。《睡虎地秦簡·法律答問》:“甲告乙盜牛若賊傷人。”《國語·晉語》:“使鉏麑賊之。”韋昭注:“賊,殺也。”也可以指殺人的人。《尚書·舜典》:“寇賊姦宄。”孔傳:“殺人曰賊。”《史記·秦始皇本紀》:“燕王昏亂,其太子丹乃陰令荊軻為賊。”那些對國家、人民或者社會風氣造成嚴重傷害的人也可以稱為“賊”。《周禮·秋官·士師》:“二曰邦賊。”鄭玄注:“為逆亂者。”《漢書·高帝紀上》:“明其為賊,敵乃可服。”此後,“賊”又可用以指搶劫或偷竊財物的人。《荀子·正論》:“故盜不竊,賊不刺。”楊倞注:“盜賊,通名。分而言之,則私竊謂之盜,劫殺謂之賊。”與現今盜、賊的用法剛好相反。

盜

《說文》:“盜,私利物也。”王筠《說文解字句讀》:“私有所利於他人之物也。”“盜”本義為偷竊。《左傳·文公十八年》:“竊賄為盜。”孔穎達疏:“竊人財賄謂之為盜。”《穀梁傳·定公八年》:“非其所取而取之謂之為盜。”《左傳·僖公二十四年》:“竊人之財猶謂之盜,況貪天之功,以為己力乎?”《史記·高祖本紀》:“殺人者死,傷人及盜抵罪。”引申為以不正當的手段獲取。《莊子·胠篋》:“所盜者豈獨其國邪?並與其聖知之法而盜之。”《後漢書·黃瓊傳》:“處士純盜虛聲。”又引申為詐騙、欺騙。《莊子·庚桑楚》:“舉賢則民相軋,任知則民相盜。”有時“竊”也可以表示搶掠、劫持。《史記·田叔列傳》:“是時,孟舒坐虜入塞盜劫,雲中尤甚,免。”《列子·說符》:“遂共盜而殘之。”“竊”也用以指竊取或搶劫財物的人。《論語·陽貨》:“色厲而內荏,譬諸小人,其猶穿窬之盜也與?”《淮南子·人間訓》:“秦牛缺徑於山中而遇盜,奪之車馬,解其橐笥,拖其衣被。”殺人者或者刺客也可稱之為“盜”。《左傳·桓公十六年》:“宣姜與公子朔構急子,公使諸齊。使盜待諸莘,將殺之。”《尉繚子·武議》:“殺人之父兄,盜也。”《舊唐書·代宗紀》:“丁卯夜,盜殺李輔國於其第,竊首而去。”

殺

《說文》:“殺,戮也。”“殺”本義為殺死、致死。《尚書·大禹謨》:“與其殺不辜,寧失不經。”《論語·衛靈公》:“志士仁人,無求生以害仁,有殺身以成仁。”《晉書·武帝紀》:“大雨霖,伊洛河溢,流居人四千餘家,殺三百餘人。”“引申為討伐、攻殺之義。《禮記·王制》:“諸侯賜弓矢然後征,賜鈇鉞然後殺。”《商君書·画策》:“以殺去殺,雖殺可也。”“殺”還有滅、除去的意思。《莊子·大宗師》:“殺生者不死,生生者不生。”成玄英疏:“殺,滅也。”《禮記·月令》:“是月也,土潤溽暑,大雨時行,燒薙行水,利以殺草,如以熱湯。”

另外,“殺”可以用以指死刑。《周禮·秋官·司刑》:“殺罪五百。”鄭玄注:

“殺,死刑也。”《論語・子路》:“善人為邦百年,亦可以勝殘去殺矣。”亦可指流放。《孟子・萬章上》:“殺三苗於三危。”王國維《高宗肜日說》:“古訓殺為放,非必誅死之謂。”

罪(辠)

《說文》:“罪,捕魚竹網。從网、非。秦以罪為辠字。”段玉裁注:“本形聲之字,始皇改為會意字也……《文字音義》云,始皇以辠字似皇,乃改為罪。按經典多出秦後,故皆作罪。罪之本義少見於竹帛。”《說文》:“辠,犯法也。”可知,“辠”本義為犯法,“罪”本義為捕魚網,後以“罪”代“辠”,表示“犯法”義。

《玉篇》:“罪,犯法也。”《易・解》:“雷雨作,解,君子以赦過宥罪。”孔穎達疏:“罪謂故犯。”《論語・公冶長》:“雖在縲紲之中,非其罪也。”《荀子・王制》:“無功不賞,無罪不罰。”於程度上也可減輕,作過失、失誤講。《左傳・僖公三十三年》:“不替孟明,孤之過也。大夫何罪?且吾不以一眚掩大德。”《孟子・公孫丑》:“王曰,此則寡人之罪也。”《晏子春秋・諫上二》:“公曰:‘若是,孤之罪也。’”“罪”也可以作動詞,作懲罰、治罪講。《尚書・舜典》:“流共工於幽州,放驩兜於崇山,竄三苗於三危,殛鯀於羽山:四罪而天下咸服。”《吕氏春秋・仲秋》:“乃勸種麥,無或失時,行罪無疑。”高誘注:“罪,罰也。”《篇海類編》:“罪,罰曰罪。”“罪”還有歸罪、責備的意思。《孟子・梁惠王上》:“王無罪歲,斯天下之民至焉。”《左傳・莊公十一年》:“禹、湯罪己,其興也悖焉;桀、紂罪人,其亡也忽焉。”

報

《說文》:“報,當罪人也。从㚔,从𠬝。𠬝,服罪也。”㚔(niè)為古代刑具,𠬝為古“服”字。“報”字形即服其罪,以罪定刑也。“報”本義為按律定罪、判決。《韓非子・五蠹》:“楚之有直躬,其父竊羊,而謁之吏。令尹曰:‘殺之。’以為直於君而曲於父,報而罪之。”《韓非子・五蠹》:“司寇行刑,君為之不舉樂;聞死刑之報,君為流涕。”《史記・酷吏列傳》:“湯掘窟得盜鼠及餘肉。劾鼠掠治,傳爰書,訊鞫論報。”

“報”也有報答、報酬的意思。《詩經・衛風・木瓜》:“投我以木瓜,報之以瓊琚,匪報也,永以為好也。”《孟子・告子下》:“孟子居鄒,季任為任處守,以幣交,受之而不報。”也用以指報應、吉凶應驗。《荀子・宥坐》:“為善者天報之以福,為不善者天報之以禍。”漢劉向《說苑・貴德》:“夫有陰德者必有陽報,有隱行者必有昭名。”還可用作報復。《國語・越語上》:“昔者夫差恥吾君於諸侯之國,今越國亦節矣,請報之。”晉干寶《搜神記》:“吾干將、莫邪子也。楚王殺吾父,吾欲報之。”

“報”還有答復、報告的意義。清吳善述《說文廣義校訂》:“凡下覆上、上答下、及彼此答書皆曰報。”漢司馬遷《報任安書》:“闕然久不報,幸勿為過。”《後漢書・孔融傳》:“融報曰:‘猥惠書教,告所不逮。’”古代用以傳知朝政的文書抄本和政治情報也叫作“報”,從漢代開始使用。《全唐詩話》:“客曰,邸報制誥闕人,中書兩進名,不從。”如今的定期新聞出版物也叫“報”,如日報、晚報。以至於用文字報導消息或發表意見也可以叫作“報”,如喜報、黑板報等。

斷

《說文》:“斷,截也。”“斷”本義為截開、折斷。《釋名・釋言語》:“斷,段也。分為異段也。”《詩經・豳風・七月》:“七月食瓜,八月斷壺。”《易・繫辭》:“斷木為杵,掘地為臼,臼杵之利,萬民以濟。”陸德明《釋文》:“斷,斷絕。”後引申為分、區分的意思。《逸周書・度訓》:“明王是以極等以斷好惡,教民次分。”北魏賈思勰《齊民要術・笨麴並酒》:“磨不求細,細者酒不斷麤,剛強難押。”石聲漢注:“酒不斷,是清酒與酒糟不易分離。”唐白居易《〈新樂府〉序》:“凡九千二百五十二言,斷為五十篇。”在此基礎上,又引申為判斷、決定、裁決。《易・繫辭》:“繫辭焉以斷其吉凶,是故謂之爻。”《馬王堆漢墓帛書・經法》:“當斷不斷,反受其亂。”南朝梁劉勰《文心雕龍・指瑕》:“若夫注解為書,所以明正事理,然謬於研求,或率意而斷。”唐韓愈《京尹不臺參答友人書》:“小人言不可信類此,亦在大賢斟酌而斷之。”又可特指判罪、判決。如《鹽鐵論・周秦》:“吏不以多斷為良,毉不以多刺為工。”《新唐書・太宗紀》:“是歲,天下斷死罪者二十九人。”

訊

《說文》:“訊,問也。”“訊”本義為詢問。《詩經・小雅・正月》:“召彼故老,訊之占夢。”毛傳:“訊,問也。”晉郭璞《客傲》:“雖然,將祛子之惑,訊以未悟,其可乎?”“訊”也有告訴的意思。《爾雅・釋詁》:“訊,告也。”《詩經・小雅・雨無正》:“凡百君子,莫肯用訊。”鄭玄箋:“訊,告也。”三國魏嵇康《兄秀才公穆入軍贈詩》:“仰訊高雲,俯托輕波。”又引申為責問、責讓。《國語・吳語》:“吳王還自伐齊,乃訊申胥。”韋昭注:“訊,告讓也。”三國魏劉劭《人物誌・八觀》:“術士樂計策之謀,辨士樂陵訊之辭。”進一步引申為審問,如審訊、傳訊。《周禮・秋官·小司寇》:"以五刑聽萬民之獄訟。附於刑,用情訊之。"賈公彥疏:"用情實問之,使得其實。"《左傳·昭公二十一年》:"使子皮承宜僚以劍而訊之,宜僚盡以告。"《後漢書·方術傳》:"操大怒,使人廉之,知妻詐疾,乃收付獄訊,考驗首服。"

此外,"訊"還有書信、音信、消息等義。晉陸機《贈馮文羆》詩:"愧無雜珮贈,良訊代兼金。"明張居正《答閩撫涂任齋書》:"海賊挾倭奴為患閩中之訊,欲牽我師,仗公雄略,咸就殲夷。"宋蘇軾《答孔毅夫書》:"忽辱乎書及子由家訊,窮途一笑,豈易得哉。"

劾

《說文》:"劾,法有辠也。"段玉裁注:"法者,謂以法施之。""劾"之本義為"定罪、審判罪人"。《急就篇》:"誅罰詐偽劾罪人。"顏師古注:"劾,舉案之也。"王應麟補注:"劾,推窮罪人也。漢世問罪謂之鞠,斷獄謂之劾。"《史記·淮南衡山列傳》:"衡山王入朝,其謁者衛慶有方術,欲上書事天子,王怒,故劾慶死罪,彊榜服之。"《新唐書·孔戣傳》:"部將韋岳告位集方士圖不軌,監軍高重謙上急變,捕位劾禁中。""訊"還可作檢舉、揭發罪狀講。《史記·蒙恬列傳》:"太子立為二世皇帝,而趙高親近,日夜毀惡蒙氏,求其罪過,舉劾之。"《漢書·翟方進傳》:"方進劾立懷姦邪,亂朝政,欲傾誤要主上,狡猾不道,請下獄。"揭發罪狀的文書也叫作"劾"。《後漢書·范滂傳》:"滂覩時方艱,知意不行,因投劾去。"

鞫(鞠)

《爾雅·釋言》:"鞫,窮也。"陸德明《釋文》:"鞫,又作鞠,同。""鞫"的本義為審訊、審問。唐慧琳《一切經音義》:"鞠,張戩《考聲》云:'鞠,窮罪人也。'"《廣韻》:"鞠,推窮也。"《史記·酷吏列傳》:"湯掘窟得盜鼠及餘肉,刻鼠掠治,傳爰書,訊鞫論報。"裴駰《集解》引張晏曰:"鞫,一吏為讀狀,論其報行也。"《新唐書·王縉傳》:"及敗,劉晏等鞫其罪,同載論死。"《漢書·車千秋傳》:"未聞九卿廷尉有所鞫也。"顏師古注:"鞫,問也。"有時則寫為"鞠"。《史記·李斯列傳》:"於是群臣諸公子有罪,則下高,令鞠治之。"《漢書·景武昭宣元成功臣表》:"坐為太常鞠獄不實,入錢百萬贖死而完為城旦。"後引申為罪案。《周禮·秋官·小司寇》:"讀書則用灋。"鄭玄注引漢鄭司農曰:"讀書則用法,如今時讀鞫已,乃論之。"賈公彥疏:"漢時讀鞫已,乃論之者,鞫謂劾囚之要辭,行刑之時,讀已乃論其罪也。"

“鞫”又有窮困的意思。《詩經·大雅·雲漢》:“鞫哉庶正,疚哉冢宰。”鄭玄箋:“鞫,窮也。疚,病也。窮哉病哉者,念此諸臣勤於事而困於食,以此言勞倦也。”也可寫作“鞠”。《尚書·盤庚中》:“爾惟自鞠自苦。”孔傳:“鞠,窮也。言汝為臣不忠,自取窮苦。”《楚辭·九章·懷沙》:“鬱結紆軫兮,離慜而長鞠。”王逸注:“鞠,窮也。”

勘

《說文新附》:“勘,校也。”“勘”的本義為校對、核定。《玉篇》:“勘,覆定也。”《南史·任昉傳》:“武帝使學士賀縱共沈約勘其書目,官無者就其家取之。”唐白居易《題詩屏風絕句》:“相憶采君詩作障,自書自勘不辭勞。”引申為審訊、問罪。《篇海類編》:“勘,鞠囚也。”《隋書·薛道衡傳》:“付執法者勘之。”《舊唐書·來俊臣傳》:“請付來俊臣推勘,必獲實情。”

另外,“勘”經常通“戡”,表平定、剿除。《隋書·河間王弘傳》:“今者共舉義旗,勘剪兇虐。”

嫌

《說文》:“嫌,不平於心也。一曰疑也。”“嫌”的本義為仇怨、怨恨。《三國志·蜀志·董和傳》:“若遠小嫌,難相違覆,曠闕損矣。”“嫌”也有嫌疑的意思。《禮記·坊記》:“夫禮,坊民所淫,章民之別,使民無嫌,以為民紀者也。”《管子·君臣》:“明男女之別,昭嫌疑之節。”也可用為動詞,作猜疑、懷疑講。漢趙曄《吳越春秋·王僚使公子光傳》:“漁父曰:‘吾見子有饑色,為子取餉,子何嫌哉?’子胥曰:‘性命屬天,今屬丈人,豈敢有嫌哉?’”《漢書·杜鄴傳》:“則黎庶羣生無不說喜,上帝百神收還威怒,禎祥福祿何嫌不報!”顏師古注:“嫌,疑也。”後在程度上有所加深,表厭惡、不滿。《荀子·正名》:“其累百年之欲,易一時之嫌。”楊倞注:“嫌,惡也。”《世說新語·捷悟》:“王正嫌門大也。”後來程度進一步加深,表怨尤、仇隙。南朝宋劉義慶《世說新語·言語》:“太傅已搆嫌孝伯,不欲使其得謝。”《舊唐書·裴度傳》:“臣素知佞幸亦無讎嫌。”《新唐書·尉遲敬德傳》:“丈夫以氣相許,小嫌不足置胸中。”

圖書在版編目(CIP)數據

法古文選讀 / 金國正主編. -- 北京:法律出版社,
2017(2021.9重印)
ISBN 978-7-5197-1058-3

Ⅰ.①法… Ⅱ.①金… Ⅲ.①法律-文獻-匯編-中國-古代 Ⅳ.①D920.9

中國版本圖書館CIP數據核字(2017)第161876號

法古文選讀
FAGUWEN XUANDU

金國正 主編

策划编辑 郑怡萍
责任编辑 郑怡萍
装帧设计 李 瞻

出版发行 法律出版社
编辑统筹 法律教育出版分社
责任校对 郭艳萍
责任印制 沙 磊
经 销 新华书店

开本 710毫米×1000毫米 1/16
印张 24.75 **字数** 405千
版本 2017年8月第1版
印次 2021年9月第6次印刷
印刷 固安华明印业有限公司

地址:北京市丰台区莲花池西里7号(100073)
网址:www.lawpress.com.cn
投稿邮箱:info@lawpress.com.cn
举报盗版邮箱:jbwq@lawpress.com.cn
销售电话:010-83938349
客服电话:010-83938350
咨询电话:010-63939796

书号:ISBN 978-7-5197-1058-3
定价:68.00元
凡购买本社图书,如有印装错误,我社负责退换。电话:010-83938349